Jürgen Kirsch

Organisation der Bauproduktion nach dem Vorbild industrieller Produktionssysteme

Entwicklung eines Gestaltungsmodells eines Ganzheitlichen Produktionssystems für den Bauunternehmer

Reihe F, Forschung

Institut für Technologie und Management im Baubetrieb,
Universität Karlsruhe (TH)

Hrsg. Prof. Fritz Gehbauer

Heft 63

Das Institut für Technologie und Management im Baubetrieb (TMB) befaßt sich
in Forschung und Lehre mit dem gesamten Bereich des Baubetriebs von der
Maschinen- und Verfahrenstechnik bis hin zum Management der Projekte,
Facilities und Unternehmen.
Weitere Informationen und Kontakte unter www.tmb.uni-karlsruhe.de

Eine Übersicht der Institutsveröffentlichungen finden Sie am Ende des Buches.

Organisation der Bauproduktion nach dem Vorbild industrieller Produktionssysteme

Entwicklung eines Gestaltungsmodells eines Ganzheitlichen Produktionssystems für den Bauunternehmer

von
Jürgen Kirsch

universitätsverlag karlsruhe

Dissertation, Universität Karlsruhe (TH)
Fakultät für Bauingenieur-, Geo- und Umweltwissenschaften
Tag der mündlichen Prüfung: 15.12.2008
Hauptreferent: Prof. Dr.-Ing. Fritz Gehbauer, M.S.
                 Institut für Technologie und Management im Baubetrieb
                 Universität Karlsruhe (TH)
Korreferent: Prof. Dr. rer. nat. Otto Rentz
                 Institut für Industriebetriebslehre und industrielle Produktion
                 Universität Karlsruhe (TH)

Impressum

Universitätsverlag Karlsruhe
c/o Universitätsbibliothek
Straße am Forum 2
D-76131 Karlsruhe
www.uvka.de

Universitätsverlag Karlsruhe 2009
Print on Demand

ISSN: 1868-5951
ISBN: 978-3-86644-367-9

Vorwort des Herausgebers

Die Produktionsmethoden beim Erstellen von Bauwerken unterscheiden sich in vielfältiger Weise von denen der sogenannten industriellen Produktion. Trotz aller Ansätze von Mechanisierung und Vorfertigung sind sie noch weitgehend handwerklich geprägt. Sie werden auch gewöhnlich nicht bis in alle Details vorgeplant, sondern den ausführenden Personen überlassen. Der ausgeprägte Unikat-Charakter der meisten Bauwerke erschwert das Erstellen einer einheitlichen Produktionstheorie des Bauens. In der übrigen Industrie hat sich die Methodik aus dem Handwerklichen über den Taylorismus zunächst zu einheitlicher Massenproduktion entwickelt. Der jüngste Entwicklungsschritt ist die sogenannte Lean Production mit deren neuen Prinzipien es möglich ist, vielfältige und auf Kundenbestellung ausgerichtete Produkte zu Kosten zu produzieren, die der reinen Massenproduktion entsprechen. Die Ausgestaltung dieser Prinzipien ist nicht einfach, weil damit Reorganisationen und Wertewandel verbunden sind.

Aus den genannten Gründen ist die Anwendung der Lean Production im Bauwesen mit besonderen Schwierigkeiten verbunden. Wissenschaftler und Praktiker im internationalen Bereich haben vor etwa 15 Jahren den Begriff Lean Construction geprägt, ein Sammelbegriff, unter dem versucht wurde, die Prinzipien und Methoden, teilweise auch Werkzeuge der Lean Production auf Anwendbarkeit im Bauwesen zu prüfen. Einige der Methoden kommen mittlerweile im Bauwesen zur Anwendung. Darüber hinaus wurden eigene Methoden entwickelt, die es erlauben, die Prinzipien der Lean Production in angepasster und abgewandelter Form im Bauwesen erfolgreich einzusetzen. Gleichwohl bleiben das einzelne Werkzeuge und es ist bisher nicht gelungen, daraus ein einheitliches Produktionssystem für das Bauwesen zu gestalten.

Die vorliegende Arbeit hat sich zum Ziel gesetzt, ein solches Produktionssystem in seinen wesentlichen Elementen zu entwerfen, wobei eine Fülle vorhandener Werkzeuge herangezogen und sinnvoll zusammengeführt werden. Außerdem werden eigene Bausteine hinzugefügt.

In der bisherigen Entwicklung der Methoden der Lean Construction gibt es einige Prinzipien und Werkzeuge, die angewendet werden und auch zu beachteten Erfolgen geführt haben. Ein Gesamtsystem Lean Construction gibt es noch nicht. Der am weitestgehende Ansatz stammt von Prof. Glenn Ballard (Berkeley) mit seinem Lean Project Delivery System™. Dieses ist ein integrativer Ansatz zur Gestaltung der logischen Folgen des Planungs- und Ausführungsprozesses. Rückkopplungen und Vernetzungen werden teilweise berücksichtigt. Es handelt sich aber nicht um ein im Detail ausgearbeitetes ganzheitliches Produktionssystem.

Nachdem in Deutschland bis zum Jahre 2003 sich im Gebiet von Lean Construction fast nichts getan hat, sind wir nun dabei aufzuholen und eigene Beiträge zu leisten. Der Beitrag von Herrn Kirsch bringt dabei einen wesentlichen Fortschritt, der auch international beachtet werden wird.

F. Gehbauer

Vorwort des Verfassers

Die vorliegende Arbeit entstand während meiner Zeit als wissenschaftlicher Angestellter am Institut für Technologie und Management im Baubetrieb an der Universität Karlsruhe (TH). In dieser Zeit war es mir möglich, an der Entwicklung eines neuen Forschungs- und Lehrschwerpunktes »Lean Construction« von Beginn an teilzuhaben. Es war Inspiration und Grundlage für die vorliegende Dissertation und prägte auch nachhaltig meine weitere berufliche Entwicklung.

An erster Stelle danke ich Herrn Prof. Dr.-Ing. Fritz Gehbauer für die Übernahme des Hauptreferats und dafür, dass er mit seinem Engagement auf dem Feld der Lean Construction mir wesentliche Impulse als auch die Möglichkeit und die Freiheit gegeben hat, meine Vorstellungen und Ideen in Form dieser Dissertation zu verwirklichen.

Besonderer Dank gilt auch Herrn Prof. Dr. Otto Rentz für die Übernahme des Korreferats und seine Unterstützung besonders auf der Zielgerade meiner Promotion. Ebenfalls möchte ich mich herzlich bei Frau Prof. Dr.-Ing. Gisela Lanza und Herrn Prof. Dr.-Ing. Kunibert Lennerts für ihr Mitwirken am Promotionsverfahren bedanken.

Allen Mitarbeitern des Instituts für Technologie und Management im Baubetrieb gilt mein Dank für die gute fachliche Zusammenarbeit und ihre freundschaftliche Unterstützung, im Besonderen Marco Zeiher, Michael Ott und Harald Schneider. Dankbar bin ich Christian Hohlweck für seine tatkräftige Unterstützung im Entstehen und das sorgfältige Durchsehen des Manuskriptes.

Ein herzliches Dankeschön an Kamyar Bolourian und Mikko Börkircher für den fachlichen Austausch und ihren freundschaftlichen Rückhalt. Für die Unterstützung in allen Lebenslagen danke ich meiner Schwester Dr. Birgit Gutsche. Ganz besonders danke ich natürlich meinen Eltern für ihre uneingeschränkte Unterstützung über all die Jahre, die es mir ermöglicht hat diesen Weg zu gehen.

Viel Geduld und Verständnis habe ich von Diana erfahren dürfen, sie und Nando gaben mir Motivation und Rückhalt. Dafür möchte ich Ihnen diese Arbeit widmen.

Jürgen Kirsch

Kurzfassung

Zur Steigerung der Wertschöpfung in der Bauproduktion ist neben der seit Jahrzehnten verfolgten Produktstandardisierung und Vorfertigung die industrielle Organisation aller Produktions- und Planungsprozesse entscheidend. Die Organisation in der Projektabwicklung eines Bauproduktions-Unternehmens nach heutigen modernen industriellen Maßstäben zu gestalten, ist das zentrale Ziel der vorliegenden Dissertation.

Vorbild einer modernen industriellen Organisation sind die Gestaltungsprinzipien und Methoden der so genannten Produktionssysteme der industriellen Produktion. Ein Produktionssystem (PS) stellt ein interdependentes Netz miteinander verflochtener Gestaltungsprinzipien und Methoden für die Produktionsgestaltung dar. Der Erfolg eines PS liegt so nicht in der Umsetzung einzelner Elemente und Methoden allein, sondern in deren Zusammenwirken. Um dies zu betonen, werden sie heute auch als Ganzheitliche Produktionssysteme (GPS) bezeichnet. Die Elemente moderner PS basieren wesentlich auf den Grundlagen des Toyota Produktionssystems (TPS) und dem daraus abgeleiteten Produktionsmodell, der sog. Lean Production.

Im Bauwesen wurde seit Mitte der 90er Jahre begonnen, singuläre Gestaltungsprinzipien und Methoden der Lean Production zu adaptieren sowie neue Methoden zu entwickeln, die diese Prinzipien in der Bauproduktion umsetzen. Dieses fortwährende Bemühen wird international als Lean Construction bezeichnet, in die sich diese Arbeit ebenfalls einreiht.

Im Fokus der vorliegenden Dissertation steht die Zusammenführung und Vervollständigung der bisweilen einzeln betrachteten Methodenbausteine zu einem methodisch aufeinander abgestimmten Gesamtsystem-Modells im Sinne des Ganzheitlichen Produktionssystems. Es wird ein GPS für die Bauproduktions-Unternehmen als Branchenlösung für die Bauwirtschaft als Gestaltungsmodell entwickelt (Bau-Produktionssystem-Modell). Damit wird die Forschung und Entwicklung der Lean Construction mit der vorliegenden Forschungsarbeit um die ganzheitliche Betrachtungsweise und Konzeption eines GPS ergänzt.

Die Entwicklung des PS-Modells wird zunächst allgemein als eine Aufgabe der Systemgestaltung aufgefasst und mittels des Vorgehensmodells des »System Engineering« strukturiert (Kapitel 2). Als Einführung zu dem angestrebten Bau-

Produktionssystem-Modell (Bau-PS-Modell) werden ergänzend in Kapitel 2 die heutigen PS in der industriellen Produktion sowie die Kernaspekte und theoretischen Grundlagen der Lean Construction beschrieben.

Mit Kenntnis der Vorbilder der industriellen PS sowie des heutigen Stands der Methodenentwicklung in der Lean Construction wird im Kernteil der Arbeit (Kapitel 3) das Gestaltungsmodell eines Bau-Produktionssystem entwickelt. Im ersten Abschnitt werden die Gestaltungsprinzipien industrieller Vorbilder erklärt und ihre Übertragbarkeit auf die Bauproduktion aufgezeigt. Anschließend werden die Ergebnisse einer durchgeführten empirischen Analyse über den Stand der Methoden- und Werkzeugentwicklung mit Blick auf die Abbildung eines GPS und dessen Prinzipien für die Bauproduktion zusammengefasst. Daraus werden die offenen Forschungsaufgaben in der Integration, Adaption und Neuentwicklung der Lösungsbausteine zum Bau-PS-Modell für die vorliegende Arbeit definiert. Strukturiert nach den Hauptelementen »Arbeits- und Prozessorganisation«, »Just in Time«, »Kontinuierliche Verbesserung«, »Qualität und Robuste Prozesse« sowie »Professionelle Arbeitsroutinen, Standardisierung und Visualisierung« werden anschließend auf Basis des heutigen Stands der Technik die einzelnen Handlungsfelder mit ihren Methoden und Werkzeugen entwickelt. So entsteht in einer Synthese schließlich ein methodisch aufeinander abgestimmtes Gestaltungsmodell des Bau-PS. Die einzelnen Hauptelemente haben unterschiedliche Bedeutung und Einfluss im PS. Um ihre Einflussnahme als Grundlage für eine Implementierung einschätzen zu können, werden als Abschluss der Modellentwicklung die Hauptelemente in ihrer Interdependenz zueinander betrachtet und klassifiziert (Kapitel 4). Die Verifizierbarkeit des Bau-PS-Modells wird am Ende von Kapitel 4 diskutiert und ein Nachweis der Anwendbarkeit deduktiv-analytisch gegeben. Mit der Ausarbeitung eines Fallbeispiels wird zum Schluss mit Kapitel 5 die Verbesserungswirkung des Bau-PSM auf heutige Praxisprobleme in der Projektabwicklung qualitativ aufgezeigt und das PS-Modell in seinen Praxiskontext eingebettet.

Das Gestaltungsmodell eines Bau-Produktionssystem als Ergebnis dieser Forschungsarbeit stellt den Praktikern einen Ordnungsrahmen einer modernen, ganzheitlichen Unternehmensentwicklung zur Verfügung, den es gilt, in der Dynamik von Innovationen und eigener Unternehmensentwicklung mit konkreten Handlungsanweisungen in ein Produktionssystem umzusetzen und kontinuierlich weiterzuentwickeln.

Abstract

To maximise value in construction, we mostly have aimed to standardise our products and to use prefabrication in the last decades. To maximise value in construction the organisation of all our production and planning processes is much more important. The aim of the following dissertation is to show, how the organisation of a construction company has to be developed due to our modern forms of industrial organisation.

References of a modern industrial organisation are the core principles and methods of the so called production systems of industrial production. A production system (ps) can be defined as a holistic and interdependent network of these core principles« and methods. The key to success of a ps is not the use of single elements and methods, it is their interdependent functioning. To emphasize this, they are called holistic production systems in today's practise. The elements of modern ps in production are commonly based on the Toyota Production System (TPS) alias Lean Production, as the derived production model from the TPS.

Since the early 90's they also started in construction to adapt single principles and methods of Lean Production as well as to develop their own methods to transfer the lean principles in a construction environment. This ongoing international effort in research and practise is commonly called Lean Construction.

The aim of the following thesis is the consolidation and completion of the single contemplated methods to a complementary design equivalent of the holistic production systems in production. A model of a holistic production system is developed as result for construction companies organisations (contractor-production system model (psm)). It complements the lean construction research in a holistic approach and design of production systems in construction.

At the beginning of the dissertation (chapter 1) the research question and method is discussed. In chapter 2 the development of the production system model (psm) is defined as a task of system design and detailed due to the »System Engineering« approach. In addition and as an introduction of the contractor-psm the modern production systems in industrial production and the basics of lean construction are described. In chapter 3 the model of the contractor-ps is developed. The first part shows general description of the principles of lean production and transfers them to a construction environment. As a result of an empirical analyses part two summarises the actual developments in the use of methods and tools corresponding to holistic production systems and its transfer to construction. In conclusion the research tasks within the thesis can be classified as tasks of integration, adaptation or new development of complementary elements in order to build up the contractor-psm.

This contractor-psm is structured in following columns: »process and work organisation«, »just in time-production/logistics«, »continuous improvement«, »quality and workflow stability« and »standardised work and visualisation«. Based on today's state of the art, elements of the contractor-psm are developed in their methods and tools shown in the body of chapter 3. Finally the model of contractor-ps is designed as synthesis of complementary elements.

The single columns of the contractor-psm differ in their impact. To appraise their impacts, the interdependencies of the columns are analysed and classified as a basic of future ps implementation in chapter 4. This chapter closes by discussing the verification of the contractor-psm and a deductive-analytic proof of its applicability. In chapter 5 a case study finally shows, how the contractor-ps could improve occurring problems of today's construction practise.

The model of the contractor-ps is giving a new concept of a modern holistic organisational development to construction companies. According to their own dynamic environment of innovations and organisational development the construction companies can implement this model in practise and create their own ps by defining guidelines and instructions according to their own operation and improving them continuously.

Inhaltsverzeichnis

Abbildungsverzeichnis

Tabellenverzeichnis

Abkürzungsverzeichnis

3-D	3-dimensional
Abb.	Abbildung
AG	Auftraggeber
AMS	Anlieferungsmanagementsystem
AP	Arbeitspaket
APO	Arbeits- und Prozessorganisation
Bau-PS	Bau-Produktionssystem
Bau-PSM	Bau-Produktionssystem-Modell
BE	Baustelleneinrichtung
BL	Bereitstellungslager
bspw.	beispielsweise
BSRIA	The Building Services Research and Information Association
bzw.	beziehungsweise
CAD	Computer Aided Design
d.h.	das heißt
DCPS	DaimlerChrysler Produktionssystem
eKVP	Expertengetragener Kontinuierlicher Verbesserungsprozess
engl.	Englisch
ePMS	EDV-gestütztes Produktionsmanagementsystem
et al.	Et alii (lateinisch: und andere)
etc.	et cetera (lateinisch: und so weiter)
ETO	Engineered to order
evtl.	eventuell
Fig.	Figur (englisch: Abbildung)
FM	Facility Management
ggf.	gegebenenfalls
GPS	Ganzheitliches Produktionssystem
GU	Generalunternehmer
GÜ	Generalübernehmer
HOAI	Honorarordnung für Architekten und Ingenieure
i.a.	im Allgemeinen
i.d.R.	in der Regel
IMS	Ideenmanagementsystem
inkl.	inklusive
JIT	Just in Time
Kap.	Kapitel
KVP	Kontinuierlicher Verbesserungsprozess
LC	Lean Construction
Lkw	Lastkraftwagen

LP	Last Planner
LPDS	Lean Project Delivery System
LPS™	Last Planner System
LV	Leistungsverzeichnis
M&E	mechanical and electrical (englisch: mechanisch und elektrisch)
MBS	Materialbeschaffungssystem
MIT	Massachusetts Institut of Technology
mKVP	Mitarbeitergetragener Kontinuierlicher Verbesserungsprozess
MM	Material Manager
MS	Microsoft
MTO	Made to order
MTS	Made to stock
NU	Nachunternehmer
o.ä.	oder ähnlich
PASV	Professionelle Arbeitsroutinen, Standardisierung und Visualisierung
PEA	Prozentsatz der erledigten Aufgaben
PM	Produktionsmanagement
PMS	Produktionsmanagementsystem
PPC	Percent Plan Complete (englisch: Prozentsatz der erledigten Arbeiten)
PS	Produktionssystem
PSM	Produktionssystemmodell
PTCA	Planen – Tun – Checken – Aktion
QM	Qualitätsmanagement
QMS	Qualitätsmanagementsystem
QRK	Qualitätsregelkreis
QRP	Qualität und Robuste Prozesse
QS	Qualitätssicherung
QZ-Bau	Qualitätszirkel-Bauteam
QZ-PM	Qualitätszirkel-Produktionsmanagement
REFA	Reichsausschuss für Arbeitszeitermittlung, Heute: Verband für Arbeitsgestaltung, Betriebsorganisation und Unternehmensentwicklung
RTP	Rahmenterminplan
S.	Seite
s.o.	siehe oben
SAB	Standardarbeitsblätter
SE	Systems Engineering
SFB	Schlüsselfertigbau
sog.	so genannte
SPC	Statistic process control (englisch: Statistische Prozesskontrolle)
SU	Subunternehmer
Tab.	Tabelle
TGA	Technische Gebäudeausrüstung
TGU	Technische Generalunternehmen
TPS	Toyota Produktionssystem

TQM	Total Quality Management
u.	und
u.a.	und andere
u.ä.	und ähnlich
u.a.m.	und andere(s) mehr
u.U.	unter Umständen
u.v.a.	und viele(s) andere
U-W	Ursache-Wirkung
UK	United Kingdom (englisch: Vereinigtes Königreich)
usw.	und so weiter
v. V.	vom Verfasser
v.a.	vor allem
vgl.	vergleiche
VP	Vorschauplanung
vs.	versus (lateinisch: gegenüber gestellt)
z.B.	zum Beispiel
z.T.	zum Teil

1 Einführung

1.1 Problemstellung

Die Bauindustrie verfolgt seit Jahrzehnten das Ziel einer industriellen Bauproduktion. Zum einen wurde durch Einsatz von Produktstandardisierungen und Vorfertigungen angestrebt, die Bauproduktion in industrielle Produktionsanlagen zeitlich und örtlich vorzuverlagern. Zum anderen wurde der Einsatz von Automationstechnologien in der Baustellenfertigung vielfach diskutiert. Trotz dieser Bemühungen wird heute noch immer weitgehend manuell in einer Baustellenproduktion gefertigt. Daher ist zur Steigerung der Wertschöpfung in der Bauproduktion eine industrielle Organisation aller Produktions- und Planungsprozesse entscheidend. Sie birgt erhebliches Potential, die Bauproduktion neu zu gestalten.

Die stationäre Industrie gestaltet heute die lohnintensiven Produktionsabläufe der Fertigung und Montage möglichst durchgängig mit Gestaltungsprinzipien und Methoden sog. moderner Produktionssysteme, die im besonderen Maße von den Gestaltungsprinzipien der Lean Production bestimmt sind. In den Produktionssystemen (PS) sind die Gestaltungsprinzipien sowie ihre Methoden und Werkzeuge eng miteinander verflochten. Sie werden als Ganzheitliche Produktionssysteme (GPS) bezeichnet und heute in zunehmender Zahl in den Industrieunternehmen implementiert und weiterentwickelt.

In der internationalen Bauforschung wurde mit der Übertragung und Anpassung einzelner Lean Production-Prinzipien der PS auf die Bauproduktion (Lean Construction) begonnen. Hierbei wurden auch bereits einzelne Lösungsbausteine in Adaption aus Produktionssystemen der Automobilbranche isoliert entwickelt und in Pilotprojekten wirtschaftlich erfolgreich umgesetzt (z.B. [Koerckel/Ballard 2005; Arbulu/Koerckel/Espana 2005] u.v.a.). Gleichzeitig entstanden und entstehen in der Lean Construction (LC) neue Methoden und Werkzeuge, um die universellen Gestaltungsprinzipien der Lean Production für eine Bauproduktion nutzbar zu machen. Diese einzelnen Lösungsbausteine wurden bisweilen noch nicht zu einem methodisch aufeinander abgestimmten System – dem Ganzheitlichen Produktionssystem (GPS) – für eine Bauproduktion zusammengeführt.

Mit einer wissenschaftlichen Betrachtung kann die Zusammenführung bestehender und eine Neuentwicklung noch fehlender Lösungsbausteine in ein
Gestaltungsmodell erreicht und somit die Grundlagen und Voraussetzungen für
einen wirtschaftlichen Erfolg von PS in der Baupraxis geschaffen werden.

1.2 Zielsetzung

Kernziel dieser Forschungsarbeit ist es, für Bauunternehmen aller Gewerke ein
bislang nicht existierendes Gestaltungsmodell eines GPS zu entwickeln. Es soll
ihnen als ein Ordnungsrahmen dienen, eine industrielle Organisation der
Bauproduktionsprozesse in Form eines Produktionssystems ganzheitlich in die
Praxis umzusetzen. Die Zielsetzung lässt sich auf zwei zentrale Punkte
zusammenfassen:

1. Untersuchung der Gestaltungsprinzipien, Methoden und Werkzeuge
   industrieller Produktionssysteme und der Lean Construction sowie deren
   Übertragbarkeit auf die Produktions- und Geschäftsprozesse der Bauproduktions-Unternehmen.

2. Entwicklung eines Gestaltungsmodells eines Bau-Produktionssystems
   als methodisch aufeinander abgestimmtes Gesamtsystems als Basis der
   Produktionssystem-Ausgestaltung (durch Handlungsanweisungen und
   Regeln) in der Praxis

Auf Basis der theoretischen Grundlagen der industriellen Produktionssysteme,
der Erkenntnisse der Lean Construction und der heutigen Praxis der Projektabwicklung in der Bauproduktion sollen mit dieser Forschungsarbeit die Grundlagen für ein Gestaltungsmodell eines Ganzheitlichen Produktionssystems für
die Bauproduktions-Unternehmen (Bau-Produktionssystem-Modell (Bau-PSM))
entwickelt werden (vgl. Abb. 1). In einem ersten Schritt sind die GPS-Gestaltungsprinzipien der industriellen Vorbilder auf ihre Übertragbarkeit auf die Bauproduktion zu diskutieren. Im Weiteren sind in einer empirischen Untersuchung
die Methoden und Werkzeuge der PS der stationären Industrie (Lean
Production) sowie der Lean Construction, d.h. bereits bestehende branchenspezifische Lösungsbausteine des Baugewerbes, zu analysieren und mit Blick
auf die Entwicklung eines Bau-PS zu selektieren. In einem nächsten Schritt
werden bestehende Lücken zur Vervollständigung aus den Erkenntnissen der

empirischen Analyse identifiziert und hierfür neue Lösungsbausteine im Rahmen dieser Arbeit entwickelt.

Der wesentliche Erkenntnisgewinn zu den vorhandenen Forschungsergebnissen aus dem Bereich der Lean Construction stellt besonders die Vervollständigung mit neu entwickelten Methodenbausteinen sowie letztlich die Zusammenführung der einzelnen, sinnvoll kombinierbaren Lösungsbausteine dar.

Die Abbildung 1 veranschaulicht zusammenfassend das Forschungsziel und die eingeschlagene Strategie:

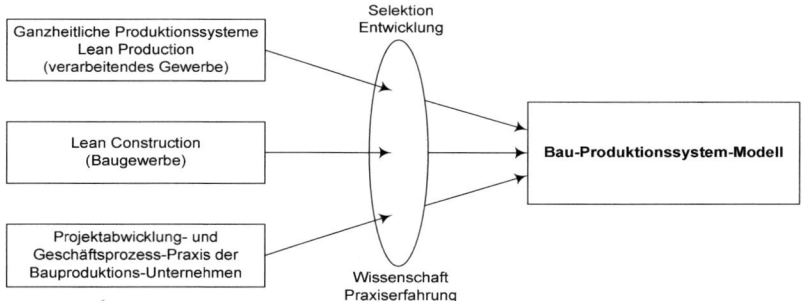

Abb. 1: Forschungsziel und -strategie

Dieses Gestaltungsmodell des Produktionssystems ist die Grundlage, um das Wissen innovativer Prozess- und Organisationsgestaltung im Bauwesen aufzubauen und daraus in unternehmensspezifische Lösungen ein Bau-Produktionssystem durch aufbauende Definition von Handlungsanweisungen und Regeln zu entwickeln. Es kann den Unternehmen als Basis und Referenz dienen, ihre eigene individuelle PS-Entwicklung selbst anzustoßen und kontinuierlich fortzuführen.

Mit dieser Forschungsarbeit wird die internationale Lean Construction-Forschung um den neuen Blick auf ein methodisch aufeinander abgestimmtes Gesamtsystem[1] – im Sinne des GPS – ergänzt sowie die Umsetzung von GPS in der Bauproduktion[2] im Modell aufgezeigt. Die Übertragung des GPS auf den Bausektor schafft entscheidende Grundlagen zur weiteren Umsetzung im gesamten Wertschöpfungsnetz Bau. Das „System Bauen" wird letztlich

---

[1] Vgl. hierzu [Picchi/Granja 2004].
[2] Vgl. hierzu die Studienergebnisse zur Verbreitung von GPS: [Becker/Korge/Scholtz 2005].

nachhaltig durch eine neue Form der Zusammenarbeit in der Umsetzung eines Produktionssystem nach dem Vorbild industrieller Systeme (v.a. Automobilbranche) erneuert. Vergleichend zu den Erfolgen im verarbeitenden Gewerbe können so eine rationellere baubetriebliche Ausführung erreicht und eine Steigerung in der Wertschöpfung erzielt werden.

1.3 Abgrenzung der Forschungsfrage

Ein PS ist mehr als eine Beschreibung und Kombination von Gestaltungs-prinzipien und Methoden und ihrer Interdependenzen. Diese Beschreibung und Kombination stellt die erste Ebene der Systementwicklung dar und ist gleichzu-setzen mit einem Gestaltungsmodell, Gesamtkonzept oder Vorstufe, für eine anschließende Systemrealisierung. Ein PS ist erst dann erreicht, wenn dieses Gestaltungsmodell in der Systemrealisierung durch Regeln und Handlungsan-weisungen weiter detailliert wird, so dass die Produktion in standardisierten Methoden, Werkzeugen und Regeln erfolgt. Mit der vorliegenden Arbeit soll das Gestaltungsmodell als erste Ebene zur späteren Überführung in ein Bau-Produktionssystem entwickelt werden.

Bauprojekte sind bekanntermaßen durch eine Vielzahl an Entscheidungsträgern und Akteuren in ihrer Planung und Ausführung bestimmt. Es besteht eine dynamische, komplexe Interaktion zwischen Planung, Vorbereitung und Aus-führung von baulichen Anlagen. Das im Rahmen dieser Forschungsarbeit ent-wickelte Bau-PSM richtet sich in erster Linie an die ausführenden Unternehmen in der Bauproduktion, ihrer Planungs-, Arbeitsvorbereitungs- und Produktions-prozesse (analog zur Produktion der industriellen Vorbilder). Die eigentliche Organisation ihrer Bauproduktion, die zugehörigen Geschäftsprozesse des Bauunternehmers und deren Unternehmensentwicklung können ausgehend vom entwickelten Bau-PSM neu gestaltet und als PS in der Praxis verankert werden. Die Bauunternehmen stehen dabei im besagten dynamischen und komplexen Wechselspiel mit Bauherren, Architekten und Fachplanern sowie ihren Supply Partnern (Lieferanten, Neben- und Nachunternehmern). So auch das in dieser Arbeit entwickelte Bau-PSM, welches dieses Wechselspiel durch industrielle Organisation und unter Einbeziehung Aller zu verbessern vermag.

BALLARD entwickelte das sog. *Lean Project Delivery System (LPDS)* als ein Rahmenkonzept und umreißt darin, wie von der Vorplanung bis zur Ausführung eine Projektabwicklung unter Lean-Gesichtspunkten strukturiert wird. Das Bau-PS dieser Arbeit fokussiert und leistet einen Beitrag zur Ausgestaltung der Phasen-Bausteine »Lean Supply« und »Lean Assembly« dieses LPDS-Modells (vgl. [Ballard 2000c]). Eine Vielzahl an Fragen der Organisation und Vertragsgestaltung zur verbesserten Verknüpfung der Phasen im LPDS können im Rahmen dieser Arbeit nicht behandelt werden und stellen einen zentralen zukünftigen Forschungsbedarf in der Lean Construction dar.

1.4   Aufbau und Gliederung der Arbeit

In Kapitel 1 wird mit der Formulierung der Forschungsziele sowie der Erläuterung und Definition des forschungsmethodischen Vorgehens in die Forschungsarbeit eingeführt.

Die Grundlagen zur Gestaltung eines PS werden zur Schaffung eines Grundverständnisses im Kapitel 2 vermittelt. Die Entwicklung des Bau-Produktionssystems wird darin als eine Aufgabe der Systemgestaltung eingeordnet. Die PS in der industriellen Produktion und deren Gestaltungsprinzipien sind die Grundlage und der stetige Bezugspunkt für die angestrebte Produktionssystementwicklung. Es erfolgt zunächst eine Definition und einführende Beschreibung von Ganzheitlichen Produktionssystemen der industriellen Produktion, bevor am Ende des Kapitels die heute bestehenden Grundzüge und Grundlagen der Lean Construction skizziert werden.

In Kapitel 3 wird als Kern dieser Arbeit das Bau-Produktionssystem-Modell entwickelt. Im ersten Abschnitt werden die Gestaltungsprinzipien industrieller Vorbilder erklärt und ihre Übertragbarkeit auf die Bauproduktion aufgezeigt (Kapitel 3.2). Anschließend werden die Ergebnisse einer durchgeführten empirischen Analyse über den Stand der Methoden- und Werkzeugentwicklung mit Blick auf die Abbildung eines GPS und dessen Prinzipien für die Bauproduktion zusammengefasst und offene Forschungsaufgaben in der Integration, Adaption und Neuentwicklung der Lösungsbausteine zum Bau-PSM definiert (Kapitel 3.3). Strukturiert nach den Hauptelementen eines PS werden auf Basis des heutigen Stands der Technik die einzelnen Handlungsfelder in ihren Methoden und Werkzeugen anschließend in den Kapiteln 3.4 bis 3.8 entwickelt und in ihren Wechselwirkungen zueinander dargestellt.

Das Gestaltungsmodell des Bau-PS wird in Kapitel 4 als Gesamtsystem zusammengefasst und hinsichtlich der Bedeutung seiner einzelnen Elemente und ihrer
Interdependenzen vertiefend betrachtet. Abschließend wird die Verifizierbarkeit
des geschaffenen Gestaltungsmodells des Bau-PS diskutiert.

Mit Kapitel 5 wird anhand eines ausgearbeiteten Fallbeispiels die Wirkungsweise der Bau-PS-Methoden zur Verbesserung anhand von zentralen
Praxisproblemen aufgezeigt.

Kapitel 6 schließt mit einer Zusammenfassung und einem Ausblick die vorliegende Arbeit ab.

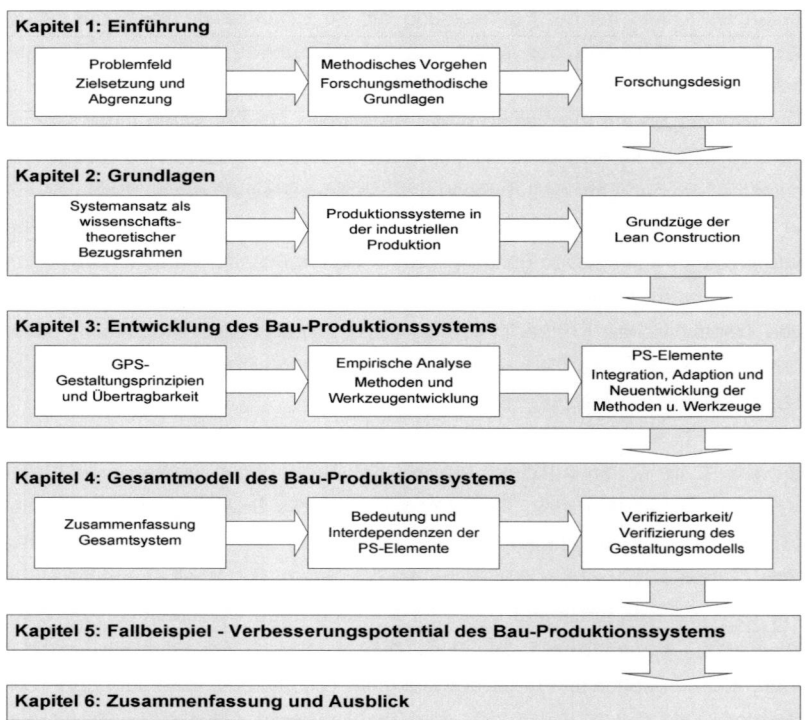

Abb. 2: Systematischer Überblick

1.5   Methodisches Vorgehen

Für die vorliegende Forschungsaufgabe wurde eine Forschungslogik abgeleitet, die in diesem Kapitel in ihren Aktivitäten und Stufen beschrieben wird. In dieser werden die gewählten Forschungsstrategien und Aufgabenstellungen des herangezogenen operationsanalytischen Ansatzes (vgl. [Strobel 1968, Ulrich/-Hill. 1976b, S.347]) den einzelnen Aktivitäten zugeordnet (vgl. Abb. 3). Die zugrunde liegenden forschungsmethodischen Grundlagen sowie der darin aufgegriffene operationsanalytische Ansatz werden ergänzend mit Anlage 1 erläutert und die formulierte Forschungsaufgabe dieser Arbeit methodisch darin eingeordnet.

Ausgehend von den in der Baupraxis wahrnehmbaren Problemen wurde im ersten Schritt des Projekts eine empirische Untersuchung des Gegenstandsbereiches (Vorstudie) durchgeführt, um den Forschungsstand und -bedarf zu identifizieren. Im zweiten Schritt stand die Schaffung eines Begriffsystems zur Beschreibung der Forschungsobjekte im Mittelpunkt. So wurde der Systemansatz (Systemtheorie) als Entdeckungszusammenhang und Basis des gedanklichen (theoretischen) Bezugsrahmens[3] dieser Arbeit formuliert. Ferner wurden die vom Gegenstandsbereich angesprochenen Untersuchungsfelder »Lean Production/Ganzheitliche Produktionssysteme« und »Lean Construction« analysiert.

Den Kern dieser Arbeit stellt die Entwicklung des Gestaltungsmodells eines Ganzheitlichen Produktionssystems als Referenz für den Bauunternehmer in seiner PS-Gestaltung dar (Bau-PSM). Die Erkenntnisgewinnung ist zum einen eine empirisch-induktive Aufgabenstellung der Analyse und Adaption in der Praxis angewendeter Lösungsbausteine bekannter PS, der Lean Production und der Lean Construction. Die Selektion der für den Forschungsgegenstand spezifischen Lösungsbausteine, die Neuentwicklung/Adaption neuer Methoden zur Vervollständigung sowie letztlich deren Synthese in der Zusammenführung der Einzelbausteine zum Gesamtmodell eines Bau-PS ist zum anderen eine analytisch-deduktive Aufgabenstellung. In dieser sachlich-analytischen Entwicklung des Modells dient der theoretische Bezugsrahmen der Strukturierung und Begründung.

---

[3]   Nach GROCHLA: vgl. [Grochla 1978, S.65].

Der erste Teil der Erkenntnisgewinnung in der Modellbildung, die Analyse der angewendeten Lösungsbausteine (empirisch-induktiver Teil), erfolgte mit unterschiedlichen qualitativen Verfahren und Datenquellen, so dass die Untersuchungsergebnisse durch Triangulation validiert werden können (Güteprüfung empirischer Forschung).

Unter der Methode der Triangulation wird die gleichzeitige Betrachtung eines Forschungsgegenstandes von verschiedenen Ebenen im Forschungsprozess, z.b. durch die Verwendung verschiedener Datenquellen und Interpreten, Theorieansätzen oder Methoden, verstanden [Girmscheid 2004, S.25f]. Die Triangulation ist ein Weg, um zu einer umfassenderen und vielschichtigeren Erkenntnis zu gelangen und hilft, die den Realwissenschaften eigene Problematik der subjektiven Wahrnehmung und der durch eigene Interessen beeinflussten Werturteile des Beobachters zu reduzieren [Ulrich/Hill 1976a, S.306]. Der Forderung nach Reliabilität in dieser Untersuchung wird durch eine nachvollziehbare Strukturierung und Dokumentierung Rechnung getragen.

Der zweite Teil der Erkenntnisgewinnung umfasst die Modellbildung des Gestaltungsmodells eines Bau-PS nach der operationsanalytischen Konzeption [Strobel 1978]. Dies impliziert, dass das Gesamtmodell letztlich kein Erklärungsmodell sondern ein Gestaltungsmodell als Vorstufe eines Entscheidungsmodells[4] darstellt, welches im betrachteten Fall eine weitgehende empirisch-induktive Basis besitzt. Konsequenz der operationsanalytischen Konzeption ist der Übergang vom Falsifizierungskriterium zum Realisierungskriterium der relativen Beobachtungshäufigkeit postulierter Zielwirkungen. Beispielsweise gewinnt eine neue organisationstheoretische Konzeption, die empirisch noch nicht verwirklicht ist, erst in dem Maße zunehmend an theoretischer Bedeutung, in dem sie sich in erfolgreichen Realisierungsversuchen in der Praxis bewährt [Ulrich/Hill 1976b, S.347] (→Aktionsforschung).

---

[4] Das Gesamtsystem stellt formal nur einschränkend ein Entscheidungsmodell dar, da die formalen Kriterien des Bestätigungsgrads und dessen Zielwirkung als Entscheidungsparameter nur bedingt erfüllt werden konnten. Es besitzt so den Charakter eines Gestaltungsmodells als Vorstufe des Entscheidungsmodells (vgl. hierzu Modellarten in [Corsten/Reiß 1994, S.54].

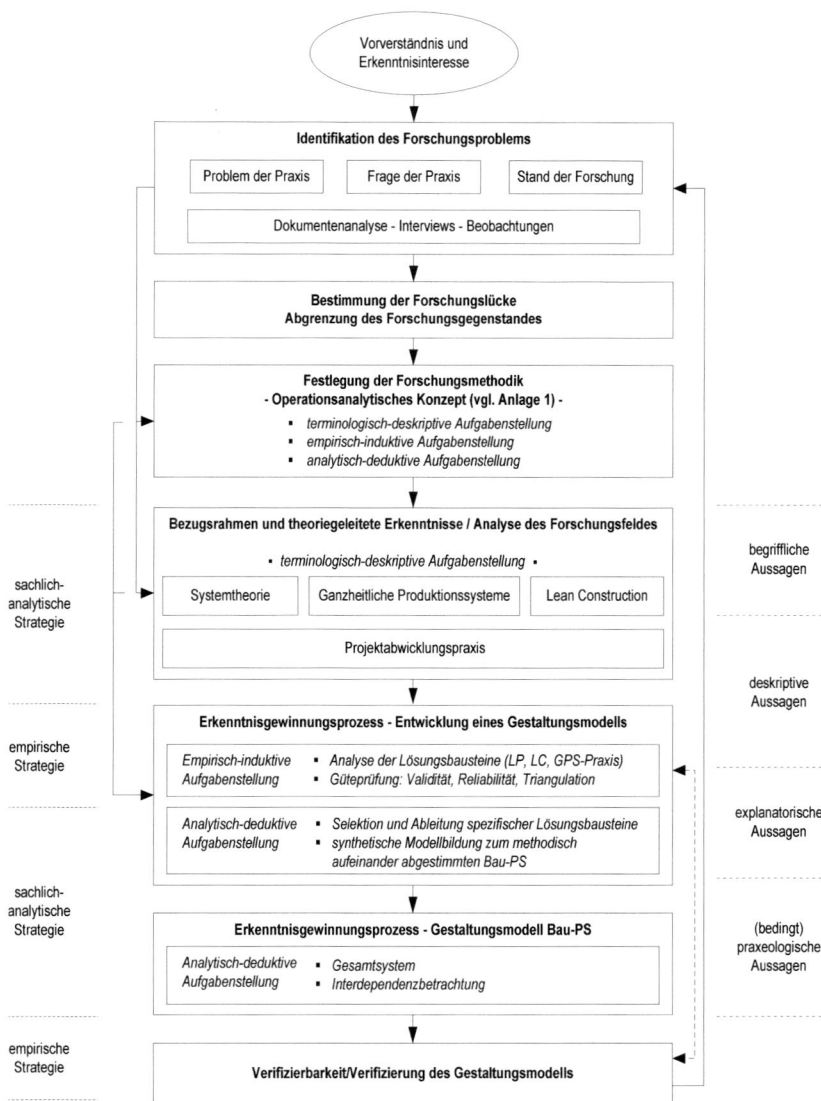

Abb. 3: Forschungsdesign

Die Praxiseinführung als Realisierbarkeitstest (Aktionsforschungs-Konzept) wäre folglich der erste Schluss für die vorliegende Modellkonzeption. Begründet auf der Tragweite eines PS auf die Geschäftsprozesse eines Unternehmens und des erforderlichen zeitlichen Umfangs von geschätzten drei bis zehn Jahren[5] stellt die Implementierung als Aktionsforschungsprozess zur Bestätigung des Gestaltungsmodells keinen realisierbaren Lösungsweg im Rahmen dieser Forschungsarbeit dar. Eine alternative Umsetzung von einzelnen Elementen oder nur einzelner Methoden dieses PS in die Praxis wäre möglich, ist faktisch aber kein Realisierbarkeitstest des Gesamtmodells und seiner prognostizierten Zielwirkung[6].

Der zweite Schluss greift die Modellbildungsmethodik auf. Das Gesamtmodell wird als Synthese der empirisch-induktiven Erkenntnisse der einzelnen Elemente und Methoden (synthetische Modellbildung) entwickelt[7] und mittels theoretischem Bezugsrahmen deduktiv strukturiert und begründet. Der theoretische Bezugsrahmen bildet das Netz, in dem die Realität eingebettet wird, um das subjektive Modellkonstrukt durch Triangulation einer Objektivität zuzuführen und ihm damit eine deduktive Basis für die extrapolierten neuen Handlungsempfehlungen zu geben [Girmscheid 2004, S.164ff.].

Erweiternd und im dritten Schluss liegen für nahezu alle Elemente des Produktionssystems-Modells und deren Methoden empirische Erkenntnisse aus Praxisanwendungen vor[8]. Das Realisierbarkeitskriterium für die Anwendung der Teilsysteme wird so belegbar erfüllt. Auf dieser Tatsache beruhend und in Anlehnung an die synthetische Modellbildung kann ein deduktiv-analytischer Nachweis der Realisierbarkeit abgeleitet (vgl. Kap. 4.3) und das Gestaltungsmodell in seiner Anwendbarkeit und Überführbarkeit in ein PS d unter den Randbedingungen dieser Forschungsarbeit verifiziert werden.

---

[5] Der erforderliche Zeitrahmen zur Systemimplementierung eines Produktionssystems stammt aus einem Praxisgespräch zwischen einem Lean Experten der Beratungsunternehmen Mercedes Benz Technology und dem Verfasser sowie aus [Korge 2003].

[6] Zielwirkung ist allgemein die Steigerung der Rentabilität, Mitarbeiter- und Kundenzufriedenheit.

[7] Mit Einschränkung in den neuentwickelten Methoden zur Vervollständigung zum ganzheitlichen Bau-PS (siehe hierzu Kap. 4.3).

[8] Siehe hierzu Kapitel 4.3.

2 Grundlagen

Nach Einführung in die Zielsetzung und methodische Ausgestaltung der vorliegenden Arbeit sollen mit diesem Kapitel die Grundlagen zur Entwicklung des
Produktionssystemmodells vermittelt und der Einstieg in die Forschungsarbeit
erleichtert werden. Zu Beginn wird der Systemansatz als wissenschafts-
theoretischer Bezugsrahmen der vorliegenden Fragestellung erläutert und die
Aufgabenstellung der PS-Gestaltung in die Methodik des sog. »Systems
Engineering (SE)« eingebettet. Im Anschluss soll einführend erläutert werden,
was in der industriellen Produktion unter (Ganzheitlichen) Produktionssystemen
verstanden wird und wie Produktionssysteme heute gestaltet werden. Am Ende
des Kapitels wird das Forschungsfeld der Lean Construction (LC), in das sich
diese Forschungsarbeit einreiht, in seinen bestehenden theoretischen Grundlagen einführend beschrieben und die Forschungsfrage dieser Arbeit in den
Stand der Forschung und Entwicklung eingeordnet.

2.1 Der Systemansatz als wissenschaftstheoretischer Bezugsrahmen

Der Systemansatz[9] ist ein Instrument zur Beschreibung, Analyse und Gestal-
tung komplexer Sachverhalte. Er ist ein interdisziplinärer Ansatz, der alle
Gestaltungs- und Führungsprobleme von „produktiven sozialen Systemen"
(Unternehmungen) untersucht [Ulrich 1970].

Der Systemansatz kann angewendet werden, um die Wirklichkeit gedanklich zu
erfassen, zu beschreiben und zu erklären. Schließlich dient er auch dazu, eine
betrachtete Wirklichkeit zu gestalten. Dabei ist es durch Vereinfachung und
Abstraktion möglich, auch sehr komplexe Zusammenhänge zu erfassen, da in
der Abhängigkeit von einer gegebenen Problemstellung unterschiedliche
Teilausschnitte der Wirklichkeit betrachtet werden können. Zudem ermöglicht
es der Systemansatz, Beziehungen und Interdependenzen zwischen einzelnen
Teilausschnitten zu berücksichtigen, so dass Synergien aber auch Konflikte
zwischen Teilbereichen identifiziert werden können. Produktionssysteme

---

[9] Der Systemansatz geht auf die Systemtheorie zurück [Bertalanffy 1951].

können grundlegend als Philosophie, Systematik und Umsetzung von Methoden für Prozesse der Produktion beschrieben werden [Fleischer 2005, S.4-3]. Sie konkretisieren somit den allgemeinen Systemansatz in Bezug auf die Prozesse und Aufgaben der Produktion und ihrer Umwelt im Unternehmen.

2.1.1 Systemtheoretische Grundlagen

ULRICH definiert ein System als „...eine geordnete Gesamtheit von Elementen, zwischen denen irgendwelche Beziehungen bestehen oder hergestellt werden können" [Ulrich 1970, S.105ff.]. Diese allgemeine Systemdefinition legt nicht fest

- von welcher Art die Elemente oder ihre Beziehungen sind
- welchen Zweck das System hat
- wie die Elemente angeordnet sind
- welchen Sinn und welche Bedeutung das momentane Verhalten des Systems hat.

Die formale Betrachtung von Systemen erlaubt es somit, je nach Erfordernis Elemente und Beziehungen zu bestimmen sowie Systeme abzugrenzen, ihnen einen bestimmten Zweck zuzuweisen oder ihr Verhalten zu interpretieren. Systeme lassen sich durch eine Vielzahl von Merkmalen charakterisieren. Eine Auswahl möglicher Systemeigenschaften zur Klassifizierung zeigt Tabelle 1:

Technische Systeme	Natürliche System
▪ wurden von Menschenhand entwickelt (z.B. Maschinen, Gebäude u. Software) ▪ Entwicklung nach einem Plan	▪ haben sich in einem Evolutionsprozess nach selbstorganisatorischen Prinzipien entwickelt (z.B. Lebewesen, soziale Gruppen) ▪ Entwicklung nach Regeln
Sozio-technische Systeme	
▪ Systeme mit technischen und sozialen Elementen (z.B. Unternehmen)	
Komplizierte Systeme	**Komplexe Systeme**
▪ viele verschiedene Komponenten ▪ viele verschiedene Beziehungen ▪ Verhalten unveränderlich und überschaubar	▪ veränderbare Komponenten ▪ veränderbare Beziehungen ▪ Verhalten variabel und vielfältig
Statische Systeme	**Dynamische Systeme**
Zustand des Systems ändert sich im Laufe der Zeit nicht	Zustand des Systems ändert sich im Laufe der Zeit
Offene Systeme	**Geschlossene Systeme**
Beziehungen zu anderen Systemen	keine Beziehungen zu anderen Systemen

Zweckorientierte Systeme	Zielorientierte Systeme
• Ausübung einer Funktion im Interesse der Systemumwelt	• Festlegung von Zielen durch das System selbst
• Ableitung eines Zwecks nur durch Betrachtung von außen möglich	• Streben nach der Erreichung dieser Ziele durch das System selbst
Determinierte Systeme	**Probabilistische Systeme**
Systemverhalten ist vollständig voraussagbar	Systemverhalten ist nicht vollständig voraussagbar

Tab. 1:   Systemeigenschaften[10]

Grundsätzlich kann in der Systembetrachtung weiter unterschieden werden in:

- eine umfeldorientierte Betrachtungsweise, bei der das System zunächst vernachlässigt und sich auf die Zusammenhänge zwischen dem System und dessen Umgebung konzentriert wird
- eine wirkungsorientierte Betrachtung, bei der die Frage im Mittelpunkt steht, welche wichtigen Einwirkungen oder Eingangsgrößen (Inputs) aus dem Umfeld zusammen mit den Verhaltensmöglichkeiten des Systems welche Auswirkungen oder Ausgangsgrößen (Outputs) auf das Umfeld zur Folge haben
- eine strukturorientierte Betrachtung, bei der die Elemente des Systems und deren Beziehungen im Vordergrund stehen. Diese Sichtweise ist geeignet, um darzustellen, wie der Output aus dem Input entsteht bzw. – wie hier im Falle der Darstellung eines Lösungskonzepts – wie der Input in den gewünschten Output umgewandelt werden soll

Im vorliegenden Zusammenhang hat die strukturorientierte Betrachtung zentrale Bedeutung. Innerhalb dieser Systemstruktur kann, insbesondere in von Menschen geschaffenen Systemen, die Dynamik oder das Verhalten eines Systems ein bestimmtes Ziel verfolgen. Unterschieden wird allgemein zwischen „Zweck" und „Ziel" eines Systems: unter „Zweck" wird die Funktion verstanden, die ein System in seiner Umwelt ausübt oder ausüben soll, unter „Ziel" die vom System selbst angestrebten Verhaltensweisen oder Zustände [Ulrich 1970, S.114]. Ein Unternehmen kann als ein zielorientiertes System charakterisiert werden.

---

[10]   Vgl. [Ninck et al. 2004, S.40ff.; Ulrich 1970, S.111ff.].

2.1.2 Definition und Betrachtungsebenen von Produktionssystemen in der Produktions- und Bauwirtschaft

Der Begriff des Produktionssystems (PS) hat in der Produktionswirtschaft seinen Ursprung. Ein PS stellt neben den Maschinen, Betriebsmitteln und Produktionsstätten etc. auch das Regelwerk und die Methode dar, nach denen bestimmte Prozesse der Produktion durchgeführt werden. Sie sind nach Definition der Produktionswirtschaft unternehmensspezifisch ausgestaltet. Schon diese allgemeine erste Definition impliziert den ganzheitlichen Ansatz zur Berücksichtigung menschlicher, organisatorischer und technologischer Aspekte in PS. Die Bestandteile und die Entwicklung von PS, vom Toyota Produktionssystem (TPS) als erstes Best-Practise bis zum Konzept der Ganzheitlichen Produktionssysteme, werden im Kapitel 2.2 dieser Arbeit näher beschrieben.

In der Bauwirtschaft wird der Begriff des PS nur innerhalb der neueren Forschungs- und Praxisbemühungen der Lean Construction verwendet, welche die Prinzipien und Methoden der PS der stationären Industrien, insbesondere des TPS, auf die Bauproduktion übertragen wollen. Dabei wird in der LC allgemein die Bauproduktion als eine in Projekte strukturierte Produktion charakterisiert. So wird das Bauprojekt bzw. die Baustelle als ein temporäres PS verstanden [Ballard et al. 2001, Schramm/Rodrigues/Formoso 2006]. Diese gewählte Betrachtungsebene des Projekts als PS ist zunächst schlüssig, werden doch die entwickelten Methoden des Produktionsmanagements (z.B. das LPS™) zwischen allen Beteiligten auf der Projektebene einer Bauproduktion angewendet.

In Analogie zur Definition der Produktionswirtschaft besitzt ein PS aber auch eine unternehmensbezogene Dimension[11]. So sind PS Ziel und Ergebnis von langfristigen Unternehmensentwicklungen und in zentralen Bestandteilen, wie beispielsweise der Kontinuierliche Verbesserungsprozess (KVP), nur auf Ebene der Unternehmen oder in Erweiterung in ihren Wertschöpfungspartnerschaften nachhaltig umsetzbar.

Im Schluss daraus seien die Betrachtungsebenen eines PS in der Bauwirtschaft wie folgt für die vorliegende Arbeit definiert:

1. Ein Produktionssystem ist analog zur Produktionswirtschaft auf das Unternehmen spezifisch definiert.

---

[11] Vgl. hierzu auch [Nakagawa/Shimizu 2004, Arbulu 2006].

2. Die Supply Chain[12] in der Bauproduktion besteht idealerweise aus methodisch aufeinander abgestimmten Produktionssystemen einzelner Wertschöpfungspartner.

3. Ein Bauprojekt besteht aus einer Vielzahl „kompatibler" Supply Chains und den jeweiligen Unternehmensproduktionssystemen.

2.1.3   Klassifizierung von Produktionssystemen

Produktionssysteme lassen sich nach den allgemeinen Systemeigenschaften in Tabelle 1 klassifizieren als:

- Sozio-technische Systeme, da sie per Definition technische und soziale Elemente der Produktion vereinen müssen.

- Komplexe Systeme, da ihre Elemente und Beziehungen untereinander sich ständig verändern (z.B. durch angestrebte Verbesserungsprozesse). Das gewünschte Systemverhalten wird nur durch den ständigen Verbesserungs- und Veränderungsprozess im System angestrebt.

- Offene Systeme, da sie in Interaktion zu ihrer Umwelt (Kunden, Supply Chain) stehen.

- Zielorientierte Systeme, da sie allgemein zum Ziel haben, Geschäftsprozesse in einem Unternehmen zu gestalten. Daneben sind Unternehmen als Gegenstandsbereich per se zielorientierte Systeme.

- Probabilistische Systeme, da sie wesentlich vom Faktor Mensch bestimmt werden und ihr Verhalten nicht voraussagbar ist.

2.1.4   Der Systemansatz in der Gestaltung von Produktionssystemen

Mit der Schaffung eines PS-Gestaltungsmodell soll ein Referenzmodell mit dieser Arbeit gestaltet werden, in dem Aufbau- und Ablaufstrukturen geordnet und festgelegt werden. Die vorliegende Arbeit konzentriert sich somit auf die Konstruktion oder Gestaltung des Systems. Der Begriff „Gestaltung" ist dabei in Anlehnung an die Definition des Verbands für Arbeitsgestaltung, Betriebsorganisation und Unternehmensentwicklung (REFA) als das schöpferische Formen und Ordnen von Objekten, ihrer Elemente und ihrer Beziehungen

---

[12] Der englische Begriff Supply Chain bedeutet übersetzt Wertschöpfungskette. Mit ihr wird in der Systematik des Betriebsprozesses der Weg eines Produkts oder einer Dienstleistung bis zum Verbraucher mitsamt der in jeder Stufe erfolgten Wertsteigerung bezeichnet.

untereinander zu interpretieren, dessen Ergebnis ein gegenständliches System-element, das System selber oder ein Modell davon ist [REFA 1985a, S.20].

Beim Entwurf von Systemen können grundsätzlich zwei Vorgehensweisen unterschieden werden: Bei dem „outside-in-approach" wird ein System aus-gehend von einer Betrachtung seiner Umwelt und seiner gewünschten Wirkung konzipiert, während bei dem „inside-out-approach" zunächst ein System nach funktionellen und leistungsmäßigen Anforderungen im Detail entworfen wird, das dann nachträglich in seine Umgebung eingepasst werden muss [Daenzer/-Huber 1999, S.167ff.]. In der Praxis werden diese beiden Vorgehensweisen häufig kombiniert, wenn beispielsweise ein übergeordnetes Rahmenkonzept gemäß einem „outside-in-approach" entwickelt wird, wichtige Komponenten des Systems jedoch in einem „inside-out-approach" detailliert erarbeitet werden. In Analogie konzentriert sich diese Forschungsarbeit auf die Schaffung eines Rah-menkonzepts, dem hier bezeichneten Gestaltungsmodell des Bau-PS, in einem „outside-in-approach", welches mit einer zukünftigen Praxisimplementierung be-sonders in seinen heuristischen Methoden weiter „inside-out" zum Bau-PS zu detaillieren ist.

Ein formaler Rahmen für den Ablauf der Systemgestaltung stellt die Methodik des »Systems Engineering (SE)« dar. Sie ist aufgrund ihrer allgemeinen Konzeption generell bei komplexen Systemgestaltungen aller Art anwendbar. Das SE betrachtet den Prozess der Systemgestaltung als Problemlösungs-prozess, der aus der Problemlösung im eigentlichen Sinne sowie aus der Orga-nisation und Koordination (Projektmanagement) dieser Lösung besteht. Es schlägt ein Vorgehensmodell mit folgenden Hauptkomponenten vor [Daenzer/-Huber 1999, S.29]:

- Vorgehen vom Groben zum Detail
- Prinzip des Denkens in Varianten
- Gliederung nach Projektphasen
- Lösung von Problemen nach dem Problemlösungszyklus

Der Zusammenhang zwischen den verschiedenen Komponenten dieses Vor-gehensmodells sei in Abbildung 4 zusammengefasst. Das darin skizzierte SE-Vorgehensmodell (vgl. [Daenzer/Huber 1999]) wurde zur Entwicklung des PS-Modells (d.h. die Entwicklungsphase des SE-Vorgehensmodells mit Ergebnis eines Gestaltungsmodells als Gesamtkonzept in Abb. 4) im Rahmen dieser Arbeit herangezogen.

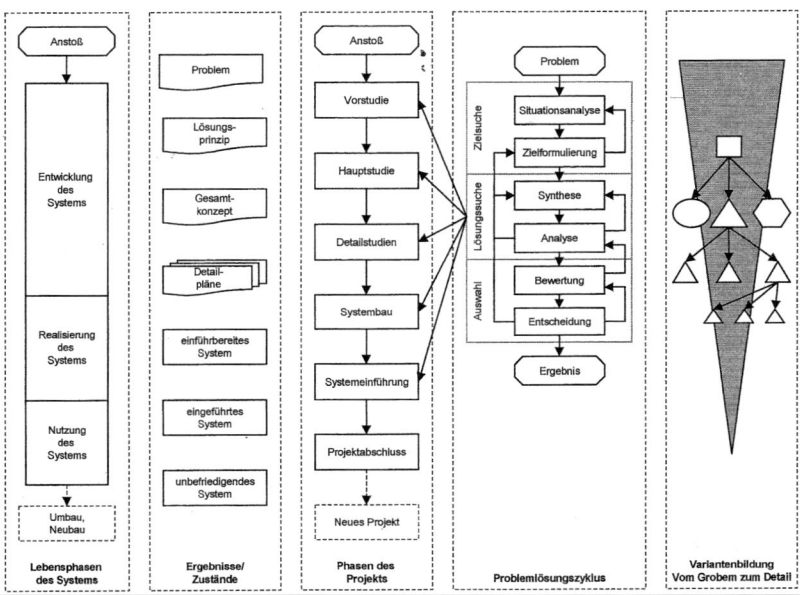

Abb. 4: Komponenten des SE-Vorgehensmodells[13]

2.2 Produktionssysteme in der industriellen Produktion

2.2.1 Einführung und Begriffsabgrenzung

Die Produktionswirtschaft definiert den Begriff der Produktion nicht nur als den Unternehmensbereich, in dem produziert wird. Vielmehr umfasst die Produktion alle Aufgabenstellungen des Produktionsprozesses: Fertigung und Montage, Disposition und Logistik, Planung und Steuerung, Wartung und Instandhaltung sowie Information, Qualifizierung und Einbindung der Mitarbeiter. Ein PS berücksichtigt folglich den gesamten Prozess des Produzierens, unabhängig von Unternehmensbereichen. In Abbildung 5 ist der Begriff des PS in seiner Definition beschrieben:

---

[13] Vgl. [Daenzer/Huber 1999, S.59 u. S.38].

Ein Produktionssystem ist …
- Philosophie
- Systematik
- Umsetzung
… von Methoden für Prozesse der Produktion.

Ein Produktionssystem beinhaltet …
- Methoden
- Werkzeuge
- Regeln
… zur Unterstützung der Produktion im Sinne der kontinuierlichen Verbesserung.

Die Methoden, Werkzeuge und Regeln werden darin …
- standardisiert
- konsequent angewandt
- auditiert.

Abb. 5: Definition eines Produktionssystems[14]

Die heute eingesetzten Methoden, Werkzeuge und Regeln in der Produktion sind auf historisch entwickelte Produktionskonzepte zurückzuführen. Diese basieren auf einem unterschiedlichen Verständnis der Produktionsgestaltung und stehen unmittelbar im Kontext zu ihrer historischen Entwicklung. Die Wurzeln dieser Produktionskonzepte liegen, wie dies auch ihre Namensgebung verrät, meist in der Automobilindustrie. Dennoch sind sie branchenunabhängig und weitestgehend in allen Industriebereichen wieder zu finden oder umsetzbar. Es existieren in Theorie und Praxis die folgenden Produktionskonzepte:

- Taylorismus und Fordismus: stammen aus der Massenproduktion
- Lean Production, Toyotismus oder das Toyota Produktionssystem
- Innovative Arbeitsformen: auch Volvoismus
- Ganzheitliche Produktionssysteme: als innovative Symbiose aus Elementen des Taylorismus, Fordismus, Toyotismus und Volvoismus.

Ein PS stellt kein starres System dar. Es entwickelt sich aus der Produktionspraxis heraus. Mit dem Ziel, die Produktionsprozesse unter Einbeziehung des vorhandenen Sets an Methoden, Werkzeugen und Regeln fortlaufend zu verbessern, sind sie zeitlich veränderlich und unternehmensspezifisch. Ein PS ist

---

[14]   Vgl. [Fleischer 2005, S.4-3].

in einer langfristigen Perspektive zu betrachten. Eingesetzte Methoden und Werkzeuge (wie. z.b. KVP) führen in manchen Fällen erst nach Jahren zu den gewünschten Produktivitätssteigerungen[15]. Es bildet die Basis und den Rahmen für eine selbstlernende Organisation in den Unternehmen.

2.2.2 Toyota Produktionssystem, Lean Production und Lean Management

Ein noch heute als wegweisend geltendes PS wurde nach Ende des Zweiten Weltkrieges bei der Toyota Motor Company entwickelt. Unter der Ausgangs-situation der japanischen Nachkriegszeit entwickelte Taiichi Ohno, Projekt-ingenieur bei Toyota, ein neues Modell, welches durch Vermeidung von Ver-schwendungen an Ressourcen eine kontinuierliche Kostensenkung zum Ziel hatte und hat. Dabei werden die in Amerika und Westeuropa angewandten Konzepte der Massenproduktion (Taylorismus[16], Fordismus[17]) aufgegriffen. Das Prinzip der Fließfertigung ist ein solches Beispiel, welches aber im TPS mit dem Just-In-Time (JIT)-Prinzip ergänzt wird und möglichst auf Puffer an Material und Halbfertigteilen verzichtet. Der Arbeitsprozess ist darin noch immer durch einen hohen Grad an Arbeitsteilung gekennzeichnet, aber einheitliche Prozessstan-dards (Standardisierung) dienen im TPS als verbindliche Vorgaben in der Produktion. Der Mitarbeiter ist dabei aktiv beteiligt, durch Motivation und Qualifi-kation an der Kostensenkung und Prozessoptimierung beizutragen.

Die von Toyota entwickelten Methoden und Werkzeuge (Abb. 6) haben das Ziel, die Komplexität des Produktionsprozesses durch die Einführung kleiner selbststeuernder Regelkreise zu reduzieren und vollkommene Transparenz zu schaffen. In der Praxis tritt das TPS häufig synonym mit dem Begriff der Lean Production (deutsch: „schlanke" Produktion) auf. Der Ursprung des Begriffs

---

[15] Beispielsweise erfordert die Umsetzung der KVP-Methode ein Umdenken der einzelnen Mitarbeiter im Unternehmen und hat so direkten Einfluss auf die Führung und Unterneh-menskultur. Die Praxis zeigt, dass ein solcher Unternehmenswandel erst nach Jahren Früchte trägt.

[16] Der Taylorismus stellt drei Grundprinzipien in den Mittelpunkt. Die Produktionsarbeit soll auf präzisen Anleitungen basieren, die vom Management vorgegeben werden. Dieses erste Prinzip kann nur durch eine hohe Arbeitsteilung realisiert werden. Geld wird als Motivationsfaktor (Akkordarbeit, Prämienlohn) eingesetzt. Der Taylorismus führte zu einer starken Rationalisierung in den Betrieben [Hebeisen 1999].

[17] Am strengsten realisierte sich der Taylorismus bei Henry Ford. Im sog. Fordismus wurde auf eine stark standardisierte Massenfertigung gesetzt und diese mit einer Fließbandproduktion umgesetzt.

Lean Production liegt in der vom Massachusetts Institut of Technology (MIT) durchgeführten Studie [Womack/Jones/Roos 1990] zur damals erheblichen Überlegenheit der Japaner in Produktivität, Flexibilität, Schnelligkeit und Qualität. Lean Production bezeichnet heute ein Produktionskonzept, welches die Gestaltungsprinzipien und Werkzeuge des TPS überträgt und anwendet.

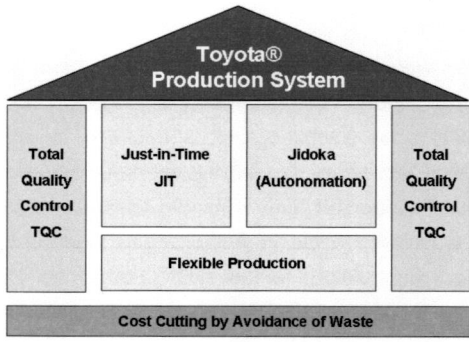

Abb. 6: Die Hauptelemente des Toyota-Produktionssystems (klassische Darstellung)[18]

Als Lean Management wird die logische Erweiterung der Lean Production auf das Gesamtsystem eines Unternehmens verstanden. Es lag nahe, die primär für die Produktionsprozesse entwickelten Elemente (z.B. Kontinuierlicher Verbesserungsprozess) auf alle Prozesse des Unternehmens (bspw. auch auf die Administration) zu übernehmen. Die Anwendung der Lean Management-Philosophie ist nicht begrenzt. So findet sich heute das sog. „Lean Thinking" nicht nur in produzierenden Unternehmen sondern auch in der Verwaltung (Lean Administration). Dabei wird der Begriff „Lean" in allen Kombinationen synonym verwendet. Inhaltlich basieren diese auf den gleichen Arbeitsprinzipien, die alle auf das TPS zurückgehen.

Die Frage, was neu im Lean Management ist, wird unterschiedlich diskutiert. Zum einen sind die entwickelten und standardisierten Methoden aus dem TPS und dessen konsequente Umsetzung als wesentlich zu nennen. Da Lean Management weniger für einen Systemzustand als für eine Entwicklungstendenz steht, waren und sind zum anderen gleichzeitig sehr viel mehr Betriebe und Unternehmen auf dem Wege der Verschlankung, als ihnen bewusst ist

---

[18] Vgl. [Oeltjenbruns 2000, S.33] u.a.

[Bösenberg/Metzen 1993, S.14]. Das „Leane Unternehmen" zeichnet sich besonders durch die außerordentliche Beständigkeit aus, mit der alle eigenen und fremden Ideen, Methoden und Strategien zur Steigerung der eigenen Leistungsfähigkeit in die Tat umgesetzt werden. Tatsächlich stellt dies jedoch eines der ältesten Erfolgsrezepte dar.

2.2.3 Ganzheitliche Produktionssysteme

Ganzheitliche Produktionssysteme stellen heute das Innovationsziel in der Produktionsgestaltung der produzierenden Unternehmen dar [Bullinger 2001]. Dabei wird in ihrer Entwicklung auf die drei Wurzeln der Produktionsorganisation zurückgegriffen: den sog. Produktions(Unternehmens-)modellen (vgl. Abb. 7):

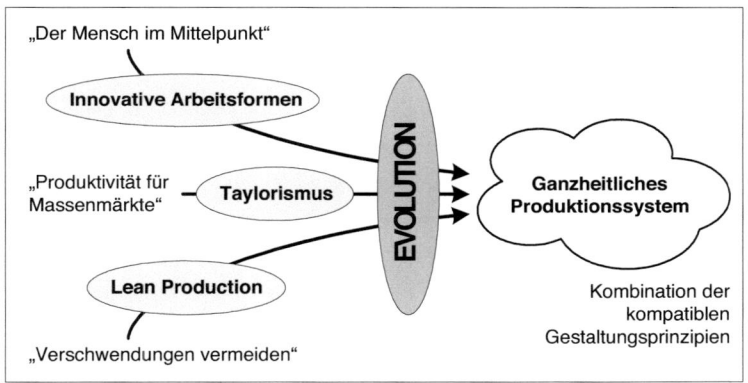

Abb. 7: Die drei Wurzeln moderner Produktionssysteme[19]

Ziel ist es, grundsätzlich zu prüfen, inwieweit diese Konzepte kombiniert werden können, und spezifische Kombinationen zu finden, die die Stärken verbinden und die Schwächen ausräumen [Spath 2003a, S.33ff.]. Damit spiegelt die Entwicklung von GPS die Unternehmenswirklichkeit in Europa und USA wider. Aufbauend auf traditionellen Modellen des Taylorismus wurden in den vergangenen Jahren einzelne Elemente der Lean Production sowie der Innovativen Arbeitsformen umgesetzt. Der Kombinationsfähigkeit sind dabei Grenzen gesetzt. So widersprechen sich z.T. die grundlegenden Prinzipien vollends und

---

[19] in Anlehnung an [Spath 2003a, S.46].

führen zu Widersprüchen. Dies führte in der Vergangenheit oft dazu, dass Unternehmen mit der Einführung einzelner Elemente als Insellösungen, wie z.B. der bloßen Einführung von Teamarbeit, Kanban oder Total Quality Management, nicht den erwarteten Erfolg erzielten. Der Ganzheitlichkeit in der Entwicklung eines PS ist so folglich eine hohe Bedeutung zuzusprechen. Deutlich wird auch, dass es sich hierbei nicht um ein grundsätzlich neues Managementkonzept handelt. Vielmehr wird aus der Vielzahl bestehender Gestaltungsprinzipien, Methoden und Regeln und der Besonderheiten der Produktionsaufgabe eine durchgängige, umfassende und bruchlose Produktion entwickelt und für das Unternehmen festgelegt. Ein GPS kann zusammenfassend und stark vereinfacht „...als eine umfassende, alle Bereiche des Wertschöpfungsprozess Rechnung tragende Bedienungsanleitung für eine Fabrik verstanden werden" [Fleischer 2005, S.4-2].

2.2.4 Was ein Produktionssystem ausmacht

Werden Unternehmen betrachtet, die erfolgreich funktionierende PS betreiben, so erscheinen die Lösungen klar, einfach und logisch. Wird dann jedoch versucht, die typischen Elemente eines PS darzustellen, so ist eine Vielzahl an Prinzipien, Konzepten und Methoden zu beschreiben. Es gleicht einem Puzzlebild, in dem die Einzelteile zueinander passen und das Gesamtbild den Anforderungen der Branche und des einzelnen Unternehmens bestmöglich zu entsprechen scheint [Schlauß 2003, S.50]. Es gibt also nicht das eine PS. Einzelne Elemente und Elementkombinationen finden sich in jedem System wieder. Aber diese Elemente in einem Gesamtsystem entsprechend der jeweiligen Produktionsaufgabe und unter den Randbedingungen des einzelnen Unternehmens bestmöglich zu integrieren ist die Aufgabe der branchen-typischen und unternehmensspezifischen Ausgestaltung der PS.

Das GPS kann allgemein zunächst als eine Ansammlung an Lösungsbausteinen beschrieben werden. Die genaue Gliederung dieser Lösungsbausteine zu einem Gesamtsystem ist von Unternehmen zu Unternehmen unterschiedlich aber letztlich für den Erfolg eines PS nicht entscheidend. Wird das GPS näher untersucht, so sind schnell Elemente der Lean Production und der Innovativen Arbeitsformen zu entdecken. Deren Methoden und Arbeitsprinzipien bilden einen großen Anteil an den Lösungsbausteinen der GPS.

2.2.5 Darstellungsform von Ganzheitlichen Produktionssystemen

Ganzheitliche Produktionssysteme zeichnen sich durch eine abgestimmte und vernetzte Struktur aus. Die Gliederung der zentralen Gestaltungsprinzipien, die in jedem GPS gleich sind oder unter synonymen Begriffen auftauchen, können anhand einzelner Handlungsfelder unterschieden werden. Unter diesen sog. Handlungsfeldern lassen sich Methoden und Werkzeuge des PS mit entsprechendem Fokus grob zuordnen. In der Unternehmenspraxis finden sich synonym auch die Begriffe „Elemente" oder „Subsysteme", „Schwerpunktbereiche" und „Module" anstatt Handlungsfelder wieder. Eine mögliche Unterteilung in diese Handlungsfelder (Elemente) und ihre Bezeichnung kann wie folgt lauten[20] und soll in der Darstellung des Bau-PSM aufgegriffen werden:

- Arbeits- und Prozessorganisation (APO)
- Just-in-Time (JIT)-Produktion/Logistik (JIT)
- Kontinuierlicher Verbesserungsprozess (KVP)
- Qualität und Robuste Prozesse (QRP)
- Professionelle Arbeitsroutinen, Standardisierung und Visualisierung (PASV)

Welche Grundideen und Gestaltungsprinzipien sich unter den einzelnen Elementen für eine Industrieproduktion als auch für die hier betrachtete Bauproduktion verbergen, wird im Hauptteil der Arbeit (Kapitel 3) detailliert und beschrieben.

2.2.6 Das Produktionssystem als Netzwerk

Der Erfolg des PS liegt nicht in der Anwendung der einzelnen Handlungsfeldern und Methoden allein sondern in deren Zusammenspiel. PS stellen ein interdependentes Netz miteinander verflochtener Elemente dar. Fehlt ein Element, so entsteht eine Lücke im Gesamtsystem, die wiederum zu einer mangelnden Funktion des Ganzen führt [Oetjenbruns 2001, S.148]. Hinzu kommt, dass eine stimmige Vernetzung zu Synergieeffekten innerhalb des Unternehmens führt. Dabei spielt es keine Rolle, in welcher Form und Gliederung ein PS die Handlungsfelder zusammenführt. Das Porsche Produktionssystem besteht aus zwölf, bei DaimlerChrysler sind es fünf Handlungsfelder. Entscheidend ist, dass

---

[20] Die Unterteilung in die dargestellten, typischen Handlungsfelder orientiert sich an Industriebeispielen und greift die in [Scholtz 2003] gewählten Bezeichnungen und Gliederungen auf.

die Verantwortlichen erkannt haben, dass ein PS nicht als Ansammlung von Methoden sondern als ein ganzes System verstanden werden muss, die untereinander vernetzt sind. Jeder muss mit seiner Verantwortung und Überzeugung dahinter stehen. Dies macht die zentrale Bedeutung des PS für die Unternehmenskultur eines Betriebes deutlich. Einige Beispiele sollen die Vernetzung der einzelnen Handlungsfelder verdeutlichen:

Professionelle Arbeitsroutinen und KVP. Professionelle Arbeitsroutinen sollen durch die Mitarbeiter als Grundlage zunächst erarbeitet und als Standard vereinbart werden. Sie bilden die Basis für den fortlaufenden Verbesserungsprozess. Der kontinuierliche Verbesserungsprozess (KVP) löst wiederum eine Anpassung der Standards aus.

Just in Time-Logistik und Robuste Prozesse. Die Einführung des Just-in-Time(JIT)-Prinzips in die Produktion führt dazu, dass Bestände verkleinert und Fehler durch kleine Regelkreise schnell an die Mitarbeiter rückgemeldet werden. Die Produktionsprozesse werden so transparenter und Ursachen von Störungen schneller behoben. Störungen werden möglichst durch die Mitarbeiter selbst im Prozessschritt beseitigt, was gleichzeitig als Erfahrung in den KVP der Mitarbeiter eingebracht werden kann.

Die Beispiele könnten noch fortgesetzt werden; sie zeigen aber bereits exemplarisch, dass die einzelnen Methoden erst im Gesamtzusammenhang ihr volles Potenzial erreichen.

2.2.7   Universalität von Produktionssystemen

Ein Produktionssystem ist im Allgemeinen branchenunabhängig. Es befasst sich mit den einzelnen Prozessen und deren Stabilisierung, egal was es für Prozesse sind. So ist folglich die Übertragung auf alle Branchen und Anwendungsfälle möglich, in denen mit Prozessen gearbeitet wird. Trotz des Ursprungs in der Automobilindustrie lassen sich die Aufgaben der Produktion, Planung und Dienstleistung in Prozessschritten abbilden. So ist weder die Größe noch das Geschäftsfeld des Unternehmens bedeutsam für die Übertragung von PS. Es finden sich heute schon Praxisbeispiele für die Einführung von GPS in verschiedensten Branchen: in Notarbüros, Krankenhäusern bis hin zu Flugzeug- und Elektrogeräteherstellern [Winnes 2002, S.110]. Wie die Erfahrungen mit Lean Production zeigen, werden sich GPS ausgehend von den Automobilherstellern zunächst auf deren Zulieferer weiterverbreiten. Die bereits heute vorliegenden Erkenntnisse belegen, dass GPS zu deutlichen Wettbewerbsvorteilen führen (vgl. [Becker/Korge/Scholtz 2005]]. Aus diesen Erfahrungen heraus, werden andere Branchen mit der Konzipierung von GPS früher oder später nachziehen.

Für die Einführung eines GPS gilt es, die Methoden und Werkzeuge auf seine Bedürfnisse abzustimmen, anzupassen und ggf. weiterzuentwickeln. Bei der Übertragung der Methoden und Werkzeuge über die Branchengrenze hinweg, sind an die jeweiligen Prozessbedingungen angepasste Lösungsbausteine erforderlich. Aus dem entstehenden Pool branchenspezifischer Lösungen erfolgt abschließend eine unternehmensspezifische Ausgestaltung. Nach dem Best-Practise-Prinzip werden einzelne PS ihre Vorteilhaftigkeit in der Branche beweisen und später Beispiele für weitere Unternehmen sein.

Bedeutsam für die zukünftige Entwicklung von GPS ist es, inwieweit branchenspezifische und unternehmenstypische Lösungen erarbeitet werden können, um damit die Konzeption und die Einführung von GPS zu vereinfachen [Becker/Korge/Scholtz 2005].

2.3 Produktionssysteme in der Bauproduktion - Lean Construction

2.3.1 Bedeutung und Entwicklung der Lean Construction

Lean Construction (LC) kann allgemein als eine moderne Managementphilosophie zur Gestaltung der Baustellenproduktion bezeichnet werden. LC steht für das weltweite Bestreben, die Philosophie des „Lean Thinking[21]" im Bauwesen zu entwickeln und langfristig in der Baupraxis zu verankern. Mitte der 90er Jahren wurde zunächst wissenschaftlich begonnen, Gestaltungsprinzipien, Methoden und Werkzeuge des TPS und der Lean Production in die Planungs- und Produktionsgestaltung der Bauindustrie zu übertragen und branchenspezifisch weiterzuentwickeln.

---

[21] Der Begriff „Lean Thinking" impliziert eine Verallgemeinerung und Übertragung der grundlegenden Gestaltungsprinzipien der Lean Production bzw. des TPS (als Ursprung von allem) auf die unterschiedlichen Anwendungsbereiche, angefangen von Produktion, Entwicklung, Administration und Dienstleistung etc. sowie verschiedenen Branchen (z.B. Gesundheitswesen, Verwaltung, Bau etc.).

Bisweilen wurde in der Bauindustrie versucht, die Wertschöpfung durch Verbesserung der Maschinentechnik und Bauverfahren, Automation und Vorfertigung
zu erhöhen. Die Produktionsprozesse und der detaillierte Workflow auf der Baustelle spielten eine untergeordnete Rolle. So zeichnet sich heute das Baupro-
jektmanagement durch ein reaktives Verhalten aus und ist vor allem ein
„Management der Verträge" [Gehbauer/Kirsch 2006]. Es basiert auf dem Verständnis, dass ein Projekt in Teilaufgaben (Teilverträge) untergliedert und unter
Berücksichtigung der Schnittstellen autonom in einem vorbestimmten Kostenrahmen realisiert werden kann. Das Bausoll wird im Einzelnen durch Justierung
von Ressourcen und Bauzeiten erreicht [Ballard 2000a, S.1-4]. Das Projektmanagement endet zumeist an der Termin- und Kapazitätsplanung sowie der
Zuweisung der Verantwortungen. Im Verständnis eines Produktionsmanagements auf der Shop-Floor-Ebene, die Baustelle, steht dagegen die
durchgängige Betrachtung der Arbeitsprozesse, der Workflow, im Mittelpunkt.
In der LC liegt hier ein zentraler Ansatzpunkt. Sie ändert das Managementver-
ständnis vom Projektmanagement der Baustelle zum Produktions(Prozess-)ma-
nagement auf der Baustelle. Die Entwicklung der LC wird derzeit durch
vielfältige weltweite Aktivitäten belebt. Ausgangspunkt der Forschung ist hierbei
immer wieder die Kernfrage:

Welche Gestalt hat die Bauproduktion im Vergleich zur stationären
Produktion und wie lassen sich erfolgreich Prinzipien, Methoden und
Werkzeuge derselben gewinnbringend und praxisgerecht übertragen?

Dieser Frage folgend, werden zunächst im Weiteren die Besonderheiten der
Bauproduktion diskutiert und die Grundlagen sowie die heutigen zentralen
Ansätze und Kerngedanken der LC einleitend zur hier betrachteten For-
schungsfrage eines Bau-PS beleuchtet.

2.3.2   Die Besonderheit der Bauproduktion

Die Bauproduktion lässt sich einteilen in die klassische Baustellenproduktion
und in eine Industrieproduktion, in der alle industriell gefertigten Baustoffe,
Hilfsstoffe und Fertigteile einzuordnen sind. Zur Rationalisierung der Bauproduktion stehen im Allgemeinen zwei Strategien zur Verfügung:
Die Erste kann als eine Produkt-Strategie bezeichnet werden. Es wird dabei
versucht, mehr und mehr die eigentliche Baustellenproduktion in eine industri-

elle Vorfertigung zu verlagern. Damit nehmen die Wertschöpfungstiefe und die Komplexität der Baustellenproduktion ab. Die Baustellentätigkeiten reduzieren sich auf die Montagearbeit vorgefertigter Elemente. Die zweite Strategie lässt sich als eine Prozess-Strategie bezeichnen. Hier steht die Weiterentwicklung und Optimierung der eigentlichen Baustellenfertigung als ein komplexes PS im Mittelpunkt.

Die viel zitierte Komplexität entsteht aus unterschiedlichen Quellen: erstens herrscht bei den Baubeteiligten das häufig pauschal getroffene Verständnis vor, dass Bauen eine Unikat-Fertigung ist. Die Produktionsprozesse bleiben aus diesem Grunde meist unzureichend dokumentiert und somit den Beteiligten vielfach selbst undurchsichtig. Wird die oberflächliche Projektsicht verlassen, so zeigt sich jedoch schnell, dass das Bauen aus einer Vielzahl von wiederkehrenden Prozessen besteht.

Zweitens stellt die Baustelle ein temporäres PS dar, in dem die Ressourcen mit anderen Projekten geteilt werden müssen. Auf der Seite des Unternehmers aber auch des Kunden sind Ad-hoc-Organisationen zur Projektdurchführung gebildet worden. Sie führen zu unstetigen Personal- und Führungsstrukturen im Projekt. Allein aus diesen zwei Gesichtspunkten entwickelt sich eine Unstetigkeit und Eigendynamik in der Baustellenproduktion. Ergänzend ist jedes Projekt wiederum ein Teilprojekt eines anderen und unterliegt dessen Schwankungen im Projektverlauf (vgl. [Gehbauer 2008a, S.27ff]).

Zusammenfassend kann festgehalten werden: Bauen ist ein undokumentierter Prozess (verglichen zur industriellen Produktion), der in einem Zusammenspiel zwischen einem komplexen/dynamischen Kunden und einem komplexen und dynamischen PS steht und in einer temporären Produktionsstätte stattfindet (vgl. [Bertelsen 2004, S.46ff.]).

Das Grundverständnis der LC ist es, das Bauen als einen komplexen Prozess zu verstehen, dessen Wertschöpfung zu erhöhen und Verschwendungen weitestgehend zu vermeiden sind.

2.3.3   Forschungsansätze und theoretische Grundlagen der LC

Zentrale Aspekte in der heutigen LC-Forschung

Die Forschungsansätze der Lean Construction und deren Entwicklungen stellen sich vielfältig dar. LC ist eine neue Philosophie der Prozessgestaltung im Bauwesen, die darauf abzielt, erprobte Methoden und praktische Arbeitswerkzeuge aus stationären Industrien in die Baurealität einzuführen.

Eine zentrale Bedeutung hat die Prozessorientierung und das detaillierte Prozessmanagement in der Bauproduktion (Produktionsmanagement[22]) sowie die daraus abgeleitete Definition eines neuen Bauprojektmanagement-Verständnisses. Es ist dessen Aufgabe, nicht allein die vertragliche Umsetzung eines Bauwerks durch die Arbeitsvorbereitung zu organisieren und reaktiv durch Ressourcen- und Zeitanpassung zu steuern, sondern vielmehr die einzelnen Planungs- und Bauprozesse aktiv zu gestalten, zu steuern und so eine größtmögliche Prozesssicherheit auf der Baustelle zu erreichen. Von einem Management der Verträge hin zu einem Management der einzelnen Produktionsprozesse lautet ein zusammenfassendes Credo.

Mit LC werden neue Wege gegangen. Ein Bauprozessmanagement stabilisiert die störungsanfällige Bauproduktion. Der Workflow und dessen Prozesssicherheit zwischen und innerhalb der einzelnen Planungs-, Bau- und Kontrollprozesse stehen dabei stets im Mittelpunkt. Die Verschwendungen in den Prozessen, d.h. der Anteil an nicht-wertschöpfenden Tätigkeiten, werden im Ergebnis reduziert. Zusammen mit einer Effizienzsteigerung der eigentlichen wertschöpfenden Tätigkeiten, d.h. einer Optimierung („Verschlankung") der Prozesse, kann die Produktivität der Bauproduktion signifikant gesteigert werden.

---

[22] Der Begriff Produktionsmanagement sei im Rahmen dieser Arbeit als Element der Prozessplanung und -steuerung in Erweiterung des bekannten Projektmanagements definiert. Was darunter für den Praktiker zu verstehen ist, wird insbesondere im Kapitel 3 dieser Arbeit konkretisiert.

Das Flussprinzip als Basis der LC

Allgemein werden in der Produktionstheorie drei Beschreibungsmodelle unterschieden (Abb. 8):

	Transformationsprinzip	**Flussprinzip**	**Wertschöpfungsprinzip**
Bild der Bauproduktion	Umwandlung des Inputs (Ressourcen, Informationen) in das Bauprodukt (Output) durch eine Serie von Aktivitäten	Fluss von Informationen und Ressourcen zur Erfüllung eines Arbeitspaketes (bestehend aus Transformation, Kontrolle, Transport und Warten)	Wertschöpfungsprozess zur Erfüllung der Kundenbedürfnisse
Gestaltungsprinzipien	Hierarchische Gliederung der Aktivitäten; Controlling und Optimierung der Einzelaktivitäten	Gliederung in Prozesse; Vermeidung von Verschwendung; Reduktion der Durchlaufzeiten	Eliminierung von Wertverlusten - Lücke zwischen erreichter und möglicher Wertschöpfung
Methoden und Werkzeuge	Projektstrukturplan; CPM-Plan Planungsprinzip: Startmeilensteine definieren und Verantwortlichkeiten durch Verträge nachweisen	Teamarbeit; Reduzierung von Prozessunsicherheiten; Produktionsnivellierung; Prozesskoppelung Planungsprinzip: Prozessorientierte Steuerung (Zeit und Qualität)	Kundenorientierung als Prämisse des Unternehmens (TQM-Ansatz) Planungsprinzip: Aufbauorganisation, Verfahrensprozesse, Partizipation der Mitarbeiter
Praxis - Leitbild	Die notwendigen Dinge müssen getan werden!	Die unnötigen Dinge möglichst vermeiden!	Kundenwüsche bestmöglichst erfüllen!

Abb. 8: **Transformation – Fluss – Wertschöpfung**[23]

Eine Produktion wird nach dem Prinzip der Transformation, des Flusses von Material und Information über Zeit und Raum oder der Wertschöpfung für den Kunden betrachtet. Alle drei Beschreibungsmodelle sind passend und notwendig, um auch eine Bauproduktion vollständig zu beschreiben.

Traditionell wird Bauen primär als die Umsetzung einer Planung in ein Bauwerk mit Hilfe von Ressourceneinsatz und Zeit verstanden (Transformationsmodell). In dieser Sichtweise stellt der Produktionsfluss mit dessen Differenzierung in wertschöpfende und nicht-wertschöpfende Prozesse eine untergeordnete Rolle dar. Diese Betrachtungsweise wurde mit der sog. T-F-V-Theorie (transfomation-flow-value) erweitert [Koskela 2000]. Eine Bauproduktion kann danach als eine Symbiose dieser drei Beschreibungsmodelle verstanden werden.

Lean Construction konzentriert sich vor allem auf die Anwendung des Flussmodells und seiner Gestaltungsprinzipien im Bauwesen. Das Flussmodell baut sich aus den drei Ebenen der primären Prinzipien, sekundären Gestaltungsprinzipien und heuristischen Methoden auf (Abb. 9).

---

[23] Vgl. [Ballard 2000a, Tab. 1.1].

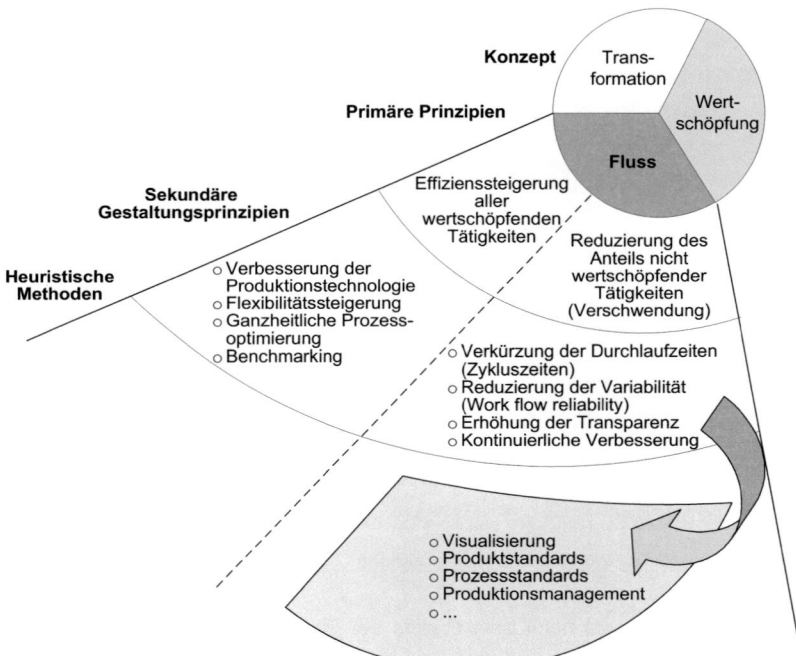

Abb. 9: Flussmodell – Prinzipien und Struktur[24]

Das größte Verbesserungspotential liegt nach den Erfahrungen der Lean Production besonderes in der Reduzierung des Anteils an nicht-wertschöpfenden Tätigkeiten (Verschwendungen)[25]. Eine Vielzahl an entwickelten Prinzipien, Methoden und Werkzeugen in der Lean Production/Construction konzentrieren sich auf dieses zentrale Ziel.

Die ausgewiesenen Strukturmerkmale und bereits angedeuteten Gestaltungsprinzipien des Flussmodells in Abbildung 9 stellen den Rahmen und die konzeptionelle Basis – aus Sicht des Forschungsfeldes »Lean Construction« – für die Entwicklung des Bau-PSM im folgenden Kapitel 3 dieser Arbeit dar.

---

[24] In Anlehnung an [Santos 1999, S.88].
[25] Zur Definition und Klassifizierung von Verschwendungen allgemein und in einer Bauproduktion vergleiche insbesondere [Ohno 1988; Koskela 2004; Macomber/Howell 2004].

2.3.4   Ganzheitliche Produktionssysteme in der Bauproduktion?

In der Bauproduktion sind PS, wie sie heute in der Automobil- und Fertigungs-industrie eingesetzt werden, weitgehend unbekannt. Bisher wurden meist nur einzelne Gestaltungsprinzipien bzw. Methoden und Werkzeuge singulär be-trachtet. Deren Zusammenwirken als Gesamtsystem wurde bisher wenig Beachtung in Forschung und Praxis geschenkt. So wurde als eines der Innova-tionsziele der LC erkannt, dass die eingesetzten Gestaltungsprinzipien und Methoden ganzheitlich (im Sinne eines GPS) in der Praxis einzusetzen sind (vgl. [Picchi/Granja 2004]). Neben der Eingliederung bestehender Forschungs-ergebnisse der LC und der Ergänzung weiterer, bisher nur ansatzweise berück-sichtigten oder neu zu entwickelnden Methoden und Werkzeuge, besteht eine neue Herausforderung darin, eine Architektur des Gesamtsystems für die branchenspezifische Ausgestaltung zu erstellen. Diese Gestaltung von PS wird heute allgemein als wesentlicher Forschungsbedarf von der *International Group for Lean Construction*, dem internationalen Experten- und Forschungsnetz-werks der LC, formuliert[26]. Parallel zur intensiveren Methodenentwicklung und weiteren Adaptionen aus der stationären Industrie soll so zukünftig ebenfalls der Innovationsschritt zum GPS forciert werden.

Die Umsetzung von LC in die Baupraxis steht aber trotz einer Vielzahl an Pro-jekten, verglichen zum Gesamtpotential, noch am Anfang. Von der Verbreitung des GPS im Bauwesen kann deswegen heute keinesfalls gesprochen werden. International ist der Erfahrungsstand und die Bekanntheit der Konzeption »Ganzheitlicher Produktionssysteme« in der Bauindustrie als gering, wenn nicht sogar – wie in Deutschland[27] – als nicht existent einzustufen. LC zum einen und GPS zum anderen stellen so neue Perspektiven für die Forschung und Praxis international und für Deutschland im Besonderen dar. Diese Forschungsarbeit leistet allgemein einen Beitrag, das Wissen und die Anwendung von Lean Construction und Ganzheitlicher Produktionssysteme im Bauwesen – beson-ders auch in Deutschland – zu verbreiten. Des Weiteren trägt die Entwicklung

---

[26] Vgl. Forschungsthemen/-bedarf der IGLC [IGLC 2007].
[27] Das Fraunhofer Institut für Arbeitswirtschaft und Organisation führte eine Studie zur Verbreitung von GPS in deutschen Unternehmen branchenübergreifend aus. Für den Anlagenbau, als die der Bauindustrie am artverwandtesten Sparte, konnte kein fundiertes Wissen über GPS evaluiert werden. Daraus und aus der weitestgehenden Unbekanntheit des Lean Construction in der Bauindustrie kann heute davon ausgegangen werden, dass GPS im Bauwesen in Deutschland und auch international bis auf wenige Pilotprojekte weitgehend unbekannt sind [Becker/Korge/Scholtz 2005].

des Bau-PSM als das erklärte Forschungsziel dieser Arbeit dazu bei, die Forschungslücke eines Gestaltungsmodells zur ganzheitlichen Betrachtung von PS in der LC zu schließen.

2.4   Zusammenfassung

Mit diesem Kapitel wurden als Einführung in den Forschungsgegenstand die Grundlagen zur Gestaltung eines Produktionssystems aufgezeigt. So konnte die Fragestellung der PS-Gestaltung als eine Aufgabenstellung des »Systems Engineering« eingeordnet und strukturiert werden (Kapitel 2.1). Anschließend wurde ein Grundverständnis über PS und deren Einsatz in der industriellen Produktion vermittelt (Kapitel 2.2). Die Gestaltungsprinzipien dieser industriellen PS auf eine Bauproduktion zu übertragen, ist Ziel der so genannten Lean Construction. So wurde im anschließenden Kapitel 2.3 in die bestehenden theoretischen Grundlagen der LC eingeführt sowie die Übertragbarkeit von GPS auf ein Bauproduktionsunternehmen allgemein hergeleitet. Abschließend konnte die Forschungsfrage der Bau-PS-Entwicklung in den Stand der Technik eingeordnet und die Forschungslücke in der Entwicklung des GPS-Gestaltungsmodells für Bauproduktionsunternehmen identifiziert werden.

3 Entwicklung des Bau-Produktionssystem-Modells

3.1 Einführung

Mit Kapitel 2 wurden zunächst die theoretischen Grundlagen der Forschungsfrage dieser Arbeit geschaffen. Das folgende Kapitel 3 beschreibt die Entwicklung des Bau-Produktionssystems-Modells (Bau-PSM), das zentrale Forschungsziel dieser Arbeit.

Zu Beginn wird mit Kapitel 3.2 die Gestaltungsprinzipien ganzheitlicher Produktionssysteme (GPS) der industriellen Vorbilder als Grundlage herangezogen. Der Frage, welche und in welcher Form Methoden bereitstehen, um diese Gestaltungsprinzipien unter den Bedingungen der Bauproduktion umsetzen zu können, wurde in einer empirischen Voruntersuchung nachgegangen (Kapitel 3.3) und bestehende Forschungslücken und -aufgaben in der Methodenentwicklung eines Bau-PS formuliert. In den anschließenden Kapiteln 3.4 - 3.8 wird letztlich die Entwicklung des Bau-PSM als zentrales Ergebnis der vorliegenden Arbeit mit der Ableitung und ggf. Neuentwicklung der Methoden und Werkzeuge jedes Elements beschrieben.

3.2 Übertragung der GPS-Gestaltungsprinzipien auf die Bauproduktion

Die Gestaltungsprinzipien der Ganzheitlichen Produktionssysteme haben universellen Charakter [vgl. u.a. Winnes 2002, S.110], d.h. sie sind auf die Organisationsaufgaben der Bereiche Entwicklung, Administration, Engineering und Produktion der unterschiedlichen Industriebereiche grundsätzlich übertragbar. Die Prinzipien bleiben dabei die gleichen, die einzusetzenden Methoden sind jedoch für die Aufgabe jeweils spezifisch zu wählen oder gar neu zu entwickeln. Im Folgenden wird zunächst die Darstellungsform des Bau-PS-Modells definiert, die einzelnen Elemente als die Handlungsfelder eines PS in ihrer Definition und Bedeutung grundlegend erläutert und schließlich die Gestaltungsprinzipien auf die hier betrachtete Bauproduktion übertragen.

3.2.1 Darstellungsform und Gliederung des Bau-Produktionssystem-Modells

Werden die bestehenden Produktionssysteme der Industrie verglichen, so fällt augenscheinlich ihre unterschiedliche Darstellungsform und Gliederung auf. Mit einer unterschiedlichen Gliederung der Elemente und Elementbezeichnungen wird das PS individualisiert; die Methoden sind vielfach die gleichen. So sollen einzelne zentrale Elemente und Methoden für das Unternehmen besonders herausgehoben und betont werden. Auch durch gestalterische Elemente in der Darstellung, wie z.B. in Form eines KVP-Zyklus, wird den inhaltlich weitgehend deckungsgleichen Systemen in der industriellen Produktion eine individuelle Note verliehen[28].

Das Bau-Produktionssystem-Modell wird in die fünf Elemente[29] »Arbeits- und Prozessorganisation (APO)«, »JIT-Produktion/Logistik (JIT)«, »Kontinuierliche Verbesserung (KVP)«, »Qualität und Robuste Prozesse (QRP)« sowie »Professionelle Arbeitsroutinen, Standardisierung und Visualisierung (PASV)« gegliedert (vgl. Kap. 2.2.5). Es lehnt sich so in seiner Darstellung an ein Grundmodell der verarbeitenden Industrie an[30].

3.2.2 Element und Gestaltungsprinzipien - „Arbeits- und Prozessorganisation (APO)"

3.2.2.1 Begriffsbestimmung und Bedeutung im PS

Die Arbeits- und Prozessorganisation legt die Rahmenbedingungen für die betrieblichen Leistungsprozesse fest und bestimmt die Art und Weise der Zusammenarbeit der Menschen im Unternehmen. Dabei ist nach neuem Verständnis auf eine ausreichende Freiheit für die Mitarbeiter zu achten, um deren Innovationsfähigkeit im Unternehmen zu erschließen.

Die organisatorische Gestaltung der Arbeit ist ein zentraler Bestandteil dieses Handlungsfeldes. So spiegelt es sich direkt in der Aufbauorganisation und im Führungsverhalten wider. Da die Organisation generell ein Querschnittsbereich

---

[28] Unterschiedliche Gestaltungsformen und Gliederungen sind u.a. in [Spath 2003b, S.122ff; IAA 2002, S.39ff.] dargestellt.

[29] In der Literatur und Praxis wird synonym von Elementen und Handlungsfeldern in der Gliederung von PS gesprochen. In der vorliegenden Arbeit wird im Weiteren der zumeist in der Praxis verwendete Begriff Element gewählt.

[30] Vgl. u.a. [Fleischer 2005, S.4-9], [Scholtz/Korge/Schlauß 2003, S.64].

in jedem Unternehmen darstellt, ist das Element der Arbeits- und Prozess-organisation eine Basis für alle Bereiche des PS. So ist beispielsweise die im Folgenden erläuterte prozessorientierte Arbeitsorganisation eine Voraussetzung für die Umsetzung einer JIT-Produktion. Die Eigenverantwortung und Selbstor-ganisation schlägt sich nicht nur in den primären Leistungsprozessen, sondern auch im KVP nieder.

3.2.2.2 Gestaltungsprinzipien der „Arbeits- und Prozessorganisation"

Dem Element der »Arbeits- und Prozessorganisation« lassen sich die folgenden vier Gestaltungsprinzipien zuordnen und zunächst allgemein erläutern:

Prozessorientierung beschreibt, dass nicht mehr primär die einzelnen Funktionen (Aufgaben, Aufgabenstellungen) betrachtet werden, sondern vor allem deren Zusammenspiel. Zur Prozessverbesserung müssen natürlich auch die einzelnen Funktionen optimiert werden. Dabei werden sie aber immer in ihrem Zusammenwirken als Teil des gesamten Prozesses betrachtet. Im Gegensatz dazu wurden bei der traditionellen Funktionsorientierung zunächst die einzelnen Funktionen optimiert und dann versucht die optimierten Einzel-lösungen zu verketten.

Integrierte Bereiche. Zur Umsetzung der Prozessorientierung ist diese in der Aufbauorganisation des Unternehmens abzubilden. Die Abteilungen und Bereiche eines Unternehmens sind so zu gestalten, dass der ganze Prozess vollständig „in einer Hand" und ohne Schnittstellen von einer Gruppe bearbeitet wird. Diese prozessgerechte Organisation erstreckt sich auch auf indirekte Funktionen, wie z.B. Arbeitsvorbereitung und Disposition, um im Ergebnis kundennahe, übersichtliche Bereiche zu verwirklichen.

Selbstorganisation und Eigenverantwortung. Zu diesem Gestaltungsprinzip lässt sich zentral der Grundgedanke der Gruppenarbeit zählen. Anzustreben ist ein hohes Maß an Delegation, um teilautonomes (selbstorganisiertes, eigenver-antwortliches) Arbeiten zu ermöglichen. Grundsätzlich wird davon ausgegan-gen, dass durch teilautonome Gruppenarbeit die Motivation und die Kreativität des Einzelnen für das Unternehmen gewinnbringend gesteigert werden kann.

Zielbewusstsein und Leistungsanreiz. Um Selbstorganisation und Eigenver-antwortung im Unternehmen zu verankern, ist es eine Grundvoraussetzung, dass die Ziele des Unternehmens und Anforderungen der Kunden jedem einzelnen bewusst und idealerweise Leistungsanreiz sind.

3.2.2.3 Übertragung der Gestaltungsprinzipien auf die Bauproduktion

Die Arbeits- und Prozessorganisation der stationären Industriebetriebe ist mit der einer Bauproduktion aufgrund der spezifischen Bedingungen des Bauens als instationäre Einzelfertigung nicht direkt vergleichbar. Die in der Industrie angewandten Prinzipien auf die Bauorganisation zu übertragen, bedeutet deswegen im Speziellen für ein Bau-PS:

- Ein Paradigmenwechsel von der Aufgaben- und Vertragserfüllung zum vertrags- und aufgabenübergreifenden Systemdenken der Beteiligten. Dies erfordert eine prozessorientierte Aufbauorganisation und ein kooperatives Führungsverhalten (*Prozessorientierung*).

- Die Schaffung *Integrierter Bereiche*[31], die die vertraglich starren und traditionell handwerklich geprägten Arbeitsstrukturen in der Bauabwicklung als Fernziel aufbrechen. Neben eines partnerschaftlichen Modells der Projektabwicklung (Partnering) kann auch in letzter Konsequenz die Arbeitsteilung zwischen den Gewerken im Einzelnen hinterfragt und umstrukturiert werden.

- Die projektbezogenen und temporären Ablaufstrukturen von Bauprojekten haben im Vergleich zur arbeitsteiligen Fabrikfertigung bereits aus ihrer Aufgabe heraus ein hohes Maß an *Eigenverantwortung und Selbstorganisation* in der Projekt- und Bauleitungsebene. Diese Verantwortung ist bis auf die Ebene der Facharbeiter durchgehend zu erweitern und die betrieblichen Rahmenbedingungen sind entsprechend anzupassen.

- Wird die Eigenverantwortung und Selbstorganisation auf der Ebene der Facharbeiter noch weiter verstärkt, ist es besonders von Bedeutung, die Ziele besser als heute dem einzelnen bewusst zu machen und als Leistungsanreiz zu vermitteln.

---

[31] Integrierte Bereiche stehen im Bauwesen zum einen für die Umsetzung von gemischten Arbeitsgruppen, d.h. dass die Arbeitsgruppen nicht mehr nach Gewerken sondern sich nach dem Prozess zusammensetzen [Scholtz/Korge/Schlauß 2003]. Zum anderen steht es in der heutigen Bauorganisation für ein kooperatives Projektmanagement zwischen den beteiligten Akteuren (Partnering).

3.2.3   Element und Gestaltungsprinzipien - „Just in Time" (JIT)

3.2.3.1 Begriffsbestimmung und Bedeutung im PS

Just in Time (JIT) ist eine Produktions- und Logistikstrategie. Sie soll die Bedarfserfüllung zum richtigen Zeitpunkt, in der richtigen Qualität und Menge am richtigen Ort gewährleisten und so eine bedarfsorientierte Produktion umsetzen. Dieses Prinzip gilt für den Gesamtprozess, aber besonders auch für die einzelnen Teilprozesse einer Produktion. Umgesetzt werden kann dieses Prinzip mit einer Auswahl von Methoden, die eine wirtschaftliche, auf den Bedarf abgestimmte Beschaffung, Produktion und Lieferung ermöglichen. Die wesentlichen Vorteile liegen in einer signifikanten Kostenreduktion durch Einsparung von unnötigen Transporten und Lager aber auch der vereinfachten und kanalisierten Informationsflüsse. Zusätzlich werden die Prozesse transparenter und stabiler, Probleme und Fehler besser erkannt und die Qualität unter dem Strich gesteigert.

Das Element „Just in Time" stellt ein Schlüsselelement in der Einführung von PS dar, da es sehr umfassende Auswirkungen auf die betrieblichen Abläufe hat. Im Vergleich mit Maßnahmen der Visualisierung (vgl. Kap. 3.8), die als „Insellösungen" in einzelnen Produktionsbereichen zur Sensibilisierung eingeführt werden können, werden mit Umsetzung der JIT-Gestaltungsprinzipien die zentralen Abläufe in der Produktion und Logistik neu organisiert. Gleichzeitig erfordert dies ein Umdenken und stellt einen Lernprozess für alle Beteiligten dar.

3.2.3.2 Gestaltungsprinzipien „Just in Time"

In der industriellen Produktion werden mit dieser Neuorganisation der Produktion und Logistik fünf JIT-Prinzipien eingeführt, die zunächst allgemein im Folgenden beschrieben werden:

Pull-Production bezeichnet eine Zugsteuerung der Produktion, bei der die einzelnen Fertigungsschritte entsprechend der Nachfrage synchronisiert werden. Dabei wird nur ein Arbeitsschritt gesteuert, und zwar durch den Kundenauftrag. Bei Serienfertigung wird der Kundenauftrag oftmals im letzten Fertigungsschritt eingesteuert. Der Arbeitsschritt holt sich, zum Zeitpunkt und in der Menge wie er es braucht, sein notwendiges Material von den vorgelagerten Fertigungsschritten heran (vgl. Abb. 10). Die Materialentnahme stellt einen Auftrag für den vorgelagerten Arbeitsschritt dar. Dieser Regelkreis wird z.B. mit der

Kanban-Methode[32] in der Praxis realisiert. In einem traditionellen Steuerungs-system nach dem Push-Prinzip muss im Gegensatz dazu jeder einzelne Arbeitsschritt gesteuert werden.

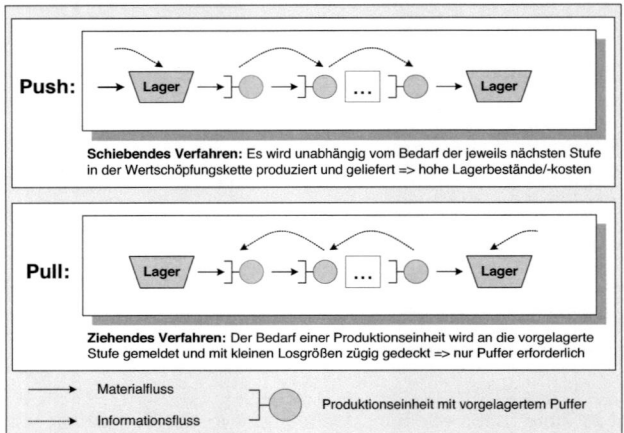

Abb. 10: Push-Prinzip vs. Pull-Prinzip[33]

Fließfertigung bezeichnet hier, dass Teile nach jedem Produktionsschritt mög-lichst ohne zu liegen an den nächsten Produktionsschritt weitergeleitet werden. Es ist dabei eine Zwischenlagerung und Umsortierung der einzelnen Teile zu vermeiden, so dass sich keine Lagerbestände aufbauen.

Taktfertigung. Um eine Fertigung im Fluss zu ermöglichen, sind die einzelnen Kapazitäten der Produktionsschritte aufeinander abzustimmen und die Arbeits-stationen möglichst in der Reihenfolge des Fertigungsflusses anzuordnen. Bei konsequenter Umsetzung des Pull-Prinzips gibt die Engpass-Station den Takt für die ganze Prozesskette vor.

Produktionsnivellierung und -glättung. Grundsätzlich gilt, dass große Los-größen in der Fertigung Bestände erzeugen, die Durchlaufzeiten verlängern und die Flexibilität verringern. Aus diesem Grunde werden häufig kleine Lose gebildet und die Produktionsmengen und -varianten gleichmäßig auf kleinere Zeiträume verteilt. Dadurch wird eine Minimierung der Durchlaufzeiten und eine flexible Materialversorgung erforderlich. Ziel ist es, eine gleichmäßige und

---

[32] Vgl. Anhang 3.
[33] Vgl. [Fleischer 2005, S.4-13].

flexible Produktionsauslastung zu erreichen, auf die sich die Produktion optimal einstellen kann.

Flexibilisierung. Durch kurzfristige Kundenbedürfnisse sind Schwankungen in der Auslastung unvermeidlich. Das PS muss darauf ausgelegt sein. Flexible Arbeitszeitmodelle, Mehrfachqualifikation der Mitarbeiter, dezentrale Organisationsstrukturen, schnelle Materialversorgung und kurze Rüstzeiten helfen Kapazitätsengpässe auszugleichen.

3.2.3.3 Übertragung der Gestaltungsprinzipien auf die Bauproduktion

Mit erstem oberflächlichem Blick werden Teilprinzipien von JIT bereits in der Bauproduktion angewendet: So wird beispielsweise die Taktfertigung in Spezialfällen von Baustellen mit hohen Wiederholungsraten von immer gleichen Bauteilen und Arbeitsvorgängen (z.B. Hochhausbau, Fertigteilproduktion) klassisch angewendet. Ebenfalls wird in der Termin- und Ablaufplanung des Bauprojektmanagements und deren Softwarelösungen vielfach von einer Nivellierung der Arbeitspakete und eingesetzten Ressourcen gesprochen. Bei all diesen Anwendungen handelt es sich aber immer um die Vorplanungs- und reaktive Projektmanagementebene und anders als in der Fabrikfertigung nicht um eine konsequente Umsetzung der JIT-Grundprinzipien (Pull Produktion, Fließ- und Taktfertigung, Produktionsnivellierung und -glättung, Flexibilisierung) auf der Fertigungsebene, in diesem Fall der Baustelle. Die Einführung einer JIT-Produktion bedeutet so auch, dass die Fertigungsebene in den Mittelpunkt gestellt wird. Statt des reaktiven Handelns soll auf der Baustelle zum einen eine Vorplanung in Umsetzung der JIT-Prinzipien und zum anderen eine aktive Steuerung zur Sicherung dieses JIT-Konzepts implementiert werden.

Mit dem Ziel der Umsetzung der genannten fünf JIT-Grundprinzipien auf die Bauproduktion wird schnell der grundlegende Unterschied zwischen einer Baustellen- und Fabrikfertigung deutlich. Einer der interessanten Unterschiede zwischen der Welt der verarbeitenden Industrien und des Bauens ist dabei, dass in der verarbeitenden Industrie der Produktionsfluss physisch durch die Standorte der Maschinen und im Bauen durch den Arbeitsauftrag und -einsatz auf der Facharbeiterebene[34] bestimmt ist. Den Facharbeitern wird auf den Baustellen übertragen, welche Arbeitspakete wann zu tun sind, und sie arbeiten

---

[34] In Engl.: crew level assignments.

diese dann auf Basis einer Planung in verschiedenen Arbeitsbereichen zu bestimmten Zeiten ab. Heute ist diese Planung üblicherweise der bekannte Bauzeitenplan [Knapp/-Charron/Howell 2006, S.439]. So kommt es zum Fluss von Informationen, Materialien und erforderlichen Ressourcen zu den einzelnen geplanten Arbeitspaketen. Dieser Fluss der Bauproduktion wird durch die Arbeitsaufträge bzw. -zusagen der einzelnen Arbeitsvorgänge und ihrer Verantwortlichen indirekt abgebildet. Die Arbeitsaufträge und -vorgänge sind in der Bauproduktion plan-, prüf- und steuerbar. »Just in Time« im Bauwesen umzusetzen, bedeutet in diesem Flussverständnis einer Bauproduktion auch, die JIT-Prinzipien auf die Art und Weise der Planung und Steuerung dieser Arbeitsaufträge anzuwenden. Für die Bauproduktion lassen sich so die zentralen Gestaltungsprinzipien von JIT, wie folgt, im Speziellen ableiten:

Pull Production: Die Zugsteuerung der Produktion kann physisch auf der Baustelle z.B. in der Materiallogistik umgesetzt sowie im übertragenen Sinne in der Planung und Vorbereitung der Arbeitsaufträge und -vorgänge als Abbild der Produktion angewendet werden.

Fließ- und Taktfertigung als Gestaltungsprinzip hat in der Bauproduktion zentrale Bedeutung in der Arbeitsplanung, welche der Ausgangspunkt jeglicher Arbeitsaufträge ist. Hierin ist sicherzustellen, dass die Arbeitsvorgänge und ihre erforderlichen Informationen und Ressourcen im Fluss und – soweit die Bauaufgabe es ermöglicht – auch im Takt sind.

Produktionsnivellierung und -glättung. Die Losgröße ist auf die Bauproduktion bezogen die Größe eines Arbeitsauftrags, der in Umfang und Dauer eines Arbeitsvorgangs durch die Bestimmung von Arbeitsabschnitten und einsetzbaren Ressourcen in der Arbeitsplanung definiert wird. Die Nivellierung und -glättung kann dabei von den Beteiligten in der Arbeitsplanung unter Berücksichtigung aller Einflussgrößen planerisch erreicht werden.

Transparenz und Stabilität (Neudefinition in der Bauproduktion[35]). Anders als in der Industrieproduktion spielt die Flexibilisierung als Gestaltungsprinzip keine zentrale Rolle, da in der Bauproduktion an sich bereits ständig flexibel auf

---

[35] Das Prinzip von Transparenz und Stabilität in einer Bauproduktion wurde früh in der Adaption von Lean Management-Prinzipien in der Bauforschung erkannt und als ein zentrales Gestaltungsprinzip in der Lean Construction formuliert.

die Varianzen in der Produktion reagiert werden muss. Die Bauproduktion hat hier den „Vorteil" an keinem starren Fertigungsband zu produzieren. Im Umkehrschluss ist es aber ein zentrales Anliegen in der Bauproduktion, Transparenz und Stabilität in den Prozessen zu erreichen, um im flexiblen aber störungsanfälligen Produktionssystem Baustelle die ungewollten Varianzen zu reduzieren. Aus diesem Grund sei an dieser Stelle „Transparenz und Stabilität" als bauspezifisches JIT-Grundprinzip ergänzt.

3.2.4 Element und Gestaltungsprinzipien - „Kontinuierlicher Verbesserungsprozess" (KVP)

3.2.4.1 Begriffsbestimmung und Bedeutung im PS

Das Element „Kontinuierliche Verbesserung[36]", auch als Kontinuierlicher Verbesserungsprozess (KVP) häufig bezeichnet, umschreibt die Bemühungen in einem Unternehmen „alles ständig zu verbessern" und dies als „tägliche Aufgabe für alle" im Denken und Handeln der Mitarbeiter zu verankern. Der Ursprung liegt im Kaizen-Prinzip des Toyota Produktionssystems (TPS). Kaizen kommt aus dem Japanischen und setzt sich aus den Begriffen Kai (=verbessern) und Zen (= gut) zusammen. „Kaizen bedeutet das Gute ständig durch das Bessere zu ersetzen" [Imai 1992]. Das Prinzip des Kaizen unterschied sich grundsätzlich zu den damaligen westlichen Verbesserungsansätzen: Nicht nur durch Innovationen (verbunden mit hohen Investitionen) wird eine Verbesserung von Prozessen erreicht, sondern auch indem komplexe Abläufe in viele Einzelschritte zerlegt und inkremental unter Teilnahme aller Mitarbeiter verbessert werden (Verbesserungsstrategie). Innovation bedeutet Neuerung und kann „als der große Sprung" zur Verbesserung der Arbeitsabläufe und Prozesse umschrieben werden. Kontinuierliche Verbesserung hingegen schafft dies in vielen kleinen Schritten unter Einbeziehung der Mitarbeiter. Innovation und Kaizen ergänzen sich so gegenseitig (vgl. Abb. 11). Die deutschen Begriffe „Kontinuierliche Verbesserung oder Kontinuierlicher Verbesserungsprozess (KVP)" werden in dieser Arbeit als Synonym für Kaizen verwendet.

---

[36] Zur Begriffseinordnung ist folgendes Zitat hier angemessen: „Die Begriffe Kaizen, Total Quality Management (TQM) und Kontinuierlicher Verbesserungsprozess können im Hinblick auf ihre Zielrichtung und die Wahl der angewendeten Werkzeuge synonym benutzt werden. Ein Unternehmen, welches sich von überflüssiger Verschwendung befreien möchte, sollte Kaizen, TQM oder KVP anwenden. Die Wahl des Begriffs ist dabei nebensächlich." [Oeltjenbruns 2000, S.58].

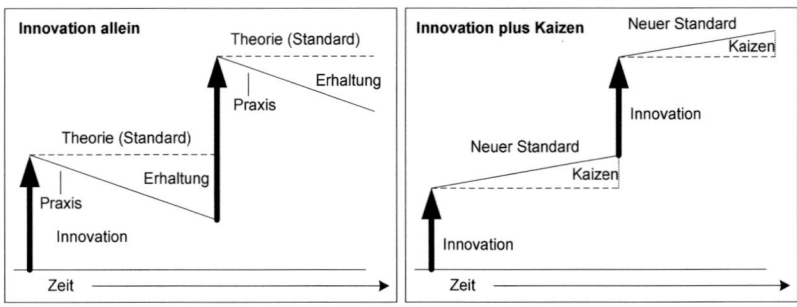

Abb. 11: Innovation und Kaizen[37]

Der Prozess der Kontinuierlichen Verbesserung ist ein integraler Bestandteil eines PS. Die Umsetzung eines PS ist ohne die Einführung des KVP nutzlos. Das Element KVP ist Basis für die Umsetzung in die Praxis und der Motor für die Weiterentwicklung des PS im Unternehmen (vgl. Abb. 12). Den Wandel schaffen und erhalten kann als zentrale Aufgabe definiert werden. KVP ist nicht allein eine Ansammlung von Methoden, sondern wirkt nachhaltig als Managementkonzept auf die Unternehmenskultur ein. Nur ein Unternehmen, in dem offen und partnerschaftlich Probleme kommuniziert werden können, ermöglicht eine systematische und langfristige Weiterentwicklung des Unternehmens.

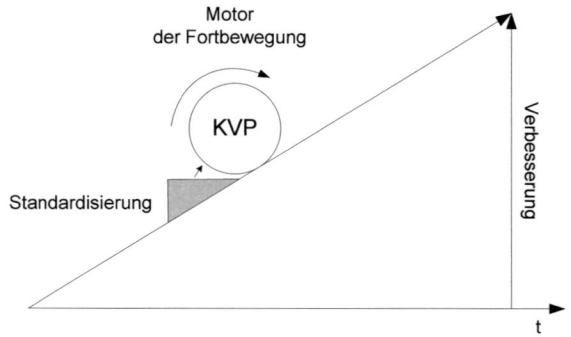

Abb. 12: KVP als Motor der Weiterentwicklung

---

[37]   Vgl. [Imai 1992, Abb. 2.1].

3.2.4.2 Gestaltungsprinzipien des „Kontinuierlichen Verbesserungs-prozess"

Das Element KVP kann durch die zwei Gestaltungsprinzipien beschrieben werden:

Alles ständig verbessern (in kleinen Schritten). Ausgangspunkt sind die vielen kleinen Fehler, Abweichungen, Differenzen und Mängel entlang der gesamten Wertschöpfungskette. Diese hindern die Mitarbeiter daran, ihre Arbeit termin-, qualitäts- und kostengerecht zu erledigen. Durch eine systematische und kontinuierliche Erfassung, Bewertung und Lösung auf allen Ebenen können eine bessere Arbeitssituation erreicht und Verschwendungen vermieden werden. Dabei sind besonders die Mitarbeiter vor Ort aufgefordert, dazu beizutragen, dass sich ihr Arbeitsumfeld bessert. KVP ist eine Querschnittsaufgabe in einem Unternehmen und nicht nur ein Werkzeug oder Programm, das nur gelegentlich eingesetzt wird [Scholtz/Korge/Schlauß 2003, S.64].

Tägliche Aufgabe für jeden. Neben der Erfüllung seiner ursprünglichen Arbeit ist jeder Mitarbeiter aufgefordert, in seinem Aufgabenumfeld nach ständigen Verbesserungen zu suchen. Dafür ist vielfach ein Bewusstseinswandel erforderlich. Das KVP-Prinzip steht und fällt, je nachdem wie die Mitarbeiter dazu eingestellt sind, ob sie bereit sind, sich einzubringen und Eigeninitiative zeigen. So sollte KVP vom Management getragen und als eine langfristige und wenn auch manchmal „langwierige" Aufgabe verstanden werden.

3.2.4.3 Übertragung der Gestaltungsprinzipien auf die Bauproduktion

Das Element „Kontinuierliche Verbesserung" ist universell und unabhängig von der Produktionsaufgabe, Nationalität und Kultur der Mitarbeiter. Es ist nur eine Frage der Mentalität der Unternehmer, Bauleiter, Poliere und Arbeiter eines Bauunternehmens, die vorgeschlagenen Methoden zur systematischen Problemlösung auch auf den Baustellen einzuführen.

3.2.5 Element und Gestaltungsprinzipien - „Qualität und robuste Prozesse (QRP)"

3.2.5.1 Begriffsbestimmung und Bedeutung im PS

Im Kontext moderner PS wird Qualität in erster Linie als das Bestreben aller bezeichnet, täglich in jedem Arbeitsschritt das „Null-Fehler-Ziel" im Prozess und letztlich im Produkt zu erreichen. In vielen Unternehmen ist die Mentalität verankert, mit viel Aufwand durch Qualitätskontrollen erst am Ende der Prozesskette fehlerhafte Produkte zu identifizieren und in Nacharbeit oder durch Ersatz die Fehler zu beheben. Die zugehörigen Gestaltungsprinzipien, wie „Qualität im Prozess", „Schnelle Erkennung und Fehlerbeseitigung" und „Kundenorientierung", integrieren und unterscheiden sich aber gleichermaßen von den bekannten „traditionellen" Qualitätsmanagement (QM)-Methoden.

Robuste Prozesse bedeutet, Produkte und ihre unzähligen Bestandteile so zu entwickeln, dass diese in vorgegebenen Toleranzen erstellt werden können. Es bedeutet auch, dass die erforderlichen Prozesse fähig sind, voraussagbare, stabile und steuerbare Ergebnisse zu erzielen [Scholtz/Korge/Schlauß 2003, S.62ff.].

Das Ziel der Einführung eines PS ist es, die Kundenbedürfnisse besser zu erfüllen. Neben der Einhaltung von Kosten und Termine ist dabei die Erfüllung der gesetzten Qualitätsanforderungen die zentrale Aufgabe an die Unternehmen und Mitarbeiter. Ein PS kann dazu maßgeblich beitragen, die Qualität zu sichern und die Kundenzufriedenheit – besonders beim schlechten Qualitätsimage des Bauens – zu erhöhen.

Robuste Prozesse zu erreichen, ist das zweite und eigennützigere Ziel für den Unternehmer. Die Voraussagbarkeit und Dauerhaftigkeit stabiler Prozesse unterstützen die Umsetzung von JIT, indem Prozessschwankungen aus Fehlern nachhaltig abgebaut werden. Diese Nachhaltigkeit in der Beseitigung von Fehlerursachen wird mit dem Element der Kontinuierlichen Verbesserung gestützt. So sollen Probleme in der Produktion, die letztlich zu Fehlern führen, kontinuierlich ausgeräumt werden, um die Qualität – als oberstes Ziel – zu verbessern. Ein Qualitätsbewusstsein der Mitarbeiter und ein Bekenntnis zu formulierten Qualitätszielen werden durch den KVP unterstützt. Hier werden die Interaktionen und Schnittmengen zwischen den Elementen JIT, KVP und QRP besonders deutlich.

3.2.5.2 Gestaltungsprinzipien „Qualität und Robuste Prozesse"

Um Qualität und Robuste Prozesse in der Produktion zu erreichen, sind die folgenden drei zusammenhängenden Gestaltungsprinzipien (vgl. Abb. 13) zu nennen:

Qualität wird produziert und nicht erprüft. Die Qualitätssicherung ist in die einzelnen Arbeitsgruppen delegiert. Mit vorgegebenen Methoden obliegt ihnen die Verantwortung, ihren Prozessschritt qualitativ auszuführen. Die einzelnen Methoden sind von den Gruppenmitgliedern in der täglichen Arbeitsroutine bzw. in der Gruppensitzung zur Qualitätssicherung anzuwenden. Zusätzlich sollen durch präventive Methoden bereits vor Beginn Fehler unterbunden werden (*präventives Qualitätsmanagement*). Mit „Professionellen Arbeitsroutinen" werden standardisierte Arbeitsabläufe und Verfahren eingeführt. Dies führt dazu, dass zum einen *robuste Prozesse* erzeugt und zum anderen Fehler und ihre Ursachen einfacher identifiziert werden können.

Fehler werden schnell erkannt und beseitigt. Da unvermeidlich Fehler in der Produktion auftreten, sollen diese sofort nach der Produktion erkannt und beseitigt werden. Eine fortlaufende Qualitätskontrolle der einzelnen Mitarbeiter erfolgt nach jedem Prozessschritt im Sinne von internen Kunden-Lieferanten-Beziehungen (*Kundenorientierung*). Festgelegte Routinen bestimmen dann den Ablauf der Fehlerbehandlung und -beseitigung im Anschluss.

Fehlerursachen ausräumen. Treten Fehler in der Produktion mehrfach auf, so sind festgelegte Standardabläufe definiert. Sie legen fest, bei welcher Fehlerhäufigkeit die Produktion zu stoppen ist, Fehlerschwerpunkte identifiziert und dokumentiert werden müssen. Sie geben Vorgaben, wie eine wirtschaftliche Ursachenbeseitigung erfolgen kann. So festgelegte Methoden identifizieren die wahren Ursachen von Problemen, indem sie dem Mitarbeiter eine strukturierte Fehlersuche und Vorgehensweise liefern.

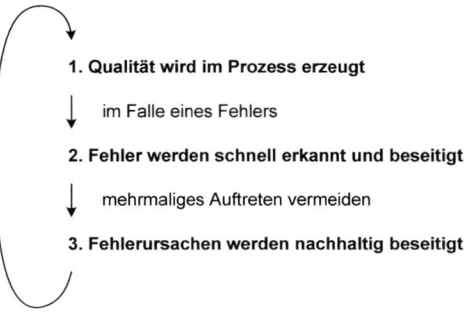

Abb. 13: Qualität und robuste Prozesse – drei zusammenhängende Prinzipien[38]

---

[38]   Vgl. [Scholtz/Korge/Schlauß 2003, S.63].

3.2.5.3 Übertragung der Gestaltungsprinzipien auf die Bauproduktion

Die formulierten Gestaltungsprinzipien zur Erzielung von Qualität und robusten Prozessen sind universell formuliert und die Umsetzung auf die Bauproduktion mit adaptierten Methoden der Industrie zweifelsfrei möglich. In Analogie zur Industrieproduktion wird ein grundlegender Wandel im Qualitätsmanagement und der Qualitätssicherung mit diesen Prinzipien vollzogen und mit Struktur und Methoden auf der Produktionsebene verankert.

3.2.6 Element und Gestaltungsprinzipien - „Professionelle Arbeitsroutinen, Standardisierung und Visualisierung (PASV)"

3.2.6.1 Begriffsbestimmung und Bedeutung im PS

»Professionelle Arbeitsroutine« steht synonym für den „besten Weg" zu finden, auf welcher Art und Weise ein Arbeitsprozess optimal auszuführen ist, und diesen zum verbindlichen Standard zu machen. Es gilt dabei, das anwendbare Wissen um diesen besten Weg zu erarbeiten, zu speichern und jedem Beteiligten bekannt zu machen. Die Subelemente »Standardisierung und Visualisierung« (oder: visuelles Management[39]) stellen hierfür Methoden und Werkzeuge zur Verfügung. Aufgabe der Standardisierung ist es allgemein, eine Vereinheitlichung zu erreichen, um unnötige Varianz zu vermeiden sowie Verbindlichkeiten für alle Beteiligten herzustellen. Der Standard ist allen Beteiligten zu vermitteln und muss im Arbeitsprozess visuell erkennbar sein (Visualisierung).

Das Element PASV beinhaltet Prinzipien und Methoden, die zusammen mit der Umsetzung einer neuen Arbeits- und Prozessorganisation die Basis eines PS bilden. Die Methoden der Standardisierung und Visualisierung können zunächst in der Implementierung in einzelnen Produktionsbereichen zur „Sensibilisierung" eingesetzt werden. Sie sind ebenfalls der Ausgangspunkt, die Voraussetzung und das Arbeitsmittel zur Einführung aller anderen Elemente des PS.

Ein definierter Standard eines Produkts oder Prozesses ist immer der Startpunkt für dessen Weiterentwicklung. So ist die Standardisierung auch eine Ausgangsbasis für jeden KVP und hilft gleichzeitig zu verhindern, dass ein Prozess auf einen ineffizienten, zurückliegenden Zustand zurückfällt. Die Standardisierung erfolgt nach dem Subsidiaritätsprinzip durch die betroffenen

---

[39] Speziell die Funktion der Visualisierung, Störungen im Prozess aufzuzeigen, wird häufig als visuelles Management bezeichnet [Takeda 1995, S.93ff; Oeltjenbruns 2000, S.49].

Arbeitsgruppen selbst und führt dazu, dass die Arbeitsgruppen eigenverantwortliche Aufgaben und Kompetenzen erhalten. Eine partizipierende Arbeitsorganisation (vgl. Gestaltungsprinzipien APO) wird gleichzeitig aufgebaut und
gefestigt.

Die Visualisierung hat zum Ziel, den Kommunikationsprozess zu verbessern
und Transparenz zu schaffen. Darüber hinaus werden die Methoden der Visualisierung in allen anderen Hauptelementen des PS zur Ausgestaltung ihrer Methoden und Werkzeuge verwendet. Visuelles Management dient dazu, Ziele
und Vorgaben zu verdeutlichen und Abweichungen vom „besten Weg" hervor-
zuheben.

3.2.6.2 Gestaltungsprinzipien „Professionelle Arbeitsroutinen, Standardisierung und Visualisierung"

Den besten Weg finden. Eine professionelle Routine stellt den besten Weg
dar, der zu einem bestimmten Zeitpunkt bekannt ist. Dabei gibt es kaum ein
Unternehmen, in dem keinerlei Routinen existieren und nur Improvisation
anzutreffen ist. Die Entwicklung von professionellen Routinen ist der erste
Schritt auf dem Weg der Verbesserung und dient als Ausgangspunkt kontinuierlicher Verbesserung. Im Ergebnis wird die Qualität und Wiederholbarkeit von
Prozessen gewährleistet und eine Basis für die Einarbeitung von neuen Mitarbeitern geschaffen. Auch Such-, Wege- und Rüstzeiten werden so verringert.

Vereinheitlichung. Unnötige Varianz vermeiden. Es ist sinnvoll, unterschiedliche Lösungen auf möglichst wenige Varianten (Bauteile/Produkte, Prozesse)
zu reduzieren. Vereinheitlichte Lösungen statt eine Mannigfaltigkeit an Ausfüh-
rungsvarianten erhöhen den Überblick im Prozess und steigern die Produktivität. Um die gegenüber den Kundenwünschen notwendige Flexibilität zu
gewährleisten, sind einer solchen Vereinheitlichung auch Grenzen gesetzt.

Verbindlichkeiten herstellen. Die Standardisierung von Prozessen im Unternehmen macht die Arbeitsroutinen verbindlich. Zur Herstellung der Verbindlichkeit im Unternehmen lassen sich zwei grundlegend verschiedene Arten unterscheiden. Dies sind erstens Zwang und Anreiz, welche eine immer aktuelle und
fehlerfreie Planung erfordern da auch offenkundig falsche Standards verbindlich
sind. So können komplexe Strukturen und eine aufwändige, starre Bürokratie
aufgebaut werden. Dies widerspricht dem Grundgedanken von eigenverant-
wortlichen und mitdenkenden Mitarbeitern. Die zweite Art stellt die

Verbindlichkeit durch »Commitment«, d.h. als Konsens und aus Überzeugung aller, her. Hier wird Sinn und Einverständnis auf breiter Basis getragen. Die Information, Qualifikation und Einbindung des einzelnen Mitarbeiters spielt hier die entscheidende Rolle.

Übersicht auf einen Blick. Mittels optischen und graphischen Werkzeugen sollen Informationen leicht verständlich und schnell verbreitet werden. Sie sollen den einzelnen Mitarbeiter in die Lage versetzen, auf einen Blick zu erkennen, ob die Prozesse ordnungsgemäß ablaufen oder ob es Probleme gibt. **Hilfe zur Selbsthilfe.** Mit visuellen Mitteln sollen Expertenwissen und Informationen aus produktionsfernen Bereichen in die Werkstatt weiter getragen werden. Durch diesen transparenten Informationsfluss wird die Identifikation der Mitarbeiter mit ihrem Arbeitsbereich gesteigert und Eigenverantwortung gefördert. **Darstellung des besten Wegs.** Neben dem Überblick über Ziele, Bedingungen und Prozessstandards ist die Visualisierung im Unternehmen so anzulegen, dass diese Informationen als ein Teil der Arbeitsfunktion durch den Mitarbeiter verwendet werden. Die Informationen sind so Anreize, die eigenen Arbeitsabläufe zu analysieren und zu verbessern. **Soll-Ist-Abweichungen sichtbar machen.** Visualisiert werden können Informationen, Kennzahlen und Steuerungsgrößen, die den Mitarbeitern ein direktes und prozess- und erfolgsbezogenes Feedback geben. Auf diese Weise können Abweichungen auf einen Blick erkannt und behoben werden.

3.2.6.3 Übertragung der Gestaltungsprinzipien auf die Bauproduktion

Die Grundprinzipien der Standardisierung und Visualisierung werden bereits heute in der Bauproduktion angewendet, jedoch nicht in dem Umfang und der Konsequenz der industriellen Beispiele. Für die Bauproduktion sei hier ein entscheidender Praxisgesichtspunkt ergänzt: der „beste Weg" lässt sich in einer Produkt- sowie Prozessperspektive darstellen. Die Produktperspektive umfasst das Bauwerk (Endprodukt) und dessen einzelne Bau- und Anlagenteile (Halbfabrikate). Diese sind vom Kunden in seinen Spezifikationen weitestgehend formuliert und durch den Unternehmer im Projekt meist nur bedingt beeinflussbar. Der Bauprozess zur Transformation der einzelnen Produkte in der Bauausführung ist jedoch die Kompetenz des Unternehmers. Anders als beim „Produkt" bieten sich hier dem Unternehmer noch vielfältige Gestaltungsmöglichkeiten in Standardisierung und Visualisierung (Prozessperspektive) an.

3.3   Stand der Methodenentwicklung in der Bauproduktion

3.3.1   Vorgehensweise der Systementwicklung

Zur Entwicklung der einzelnen Elemente des Bau-PSM werden die zur Verfügung stehenden Lösungsbausteine, d.h. Methoden und Werkzeuge, nach ihren Handlungsfeldern und mit Blick auf die Umsetzung auf eine Bauproduktion empirisch analysiert und beschrieben (deskriptive Aussagen). Auf dieser empirischen Basis können die Lösungsbausteine bereits erklärt, strukturiert und in Bezug zueinander gesetzt werden. Das Ergebnis dieser Analyse (Kapitel 3.3.2) zeigt weiter, welche Methoden heute bereits in der Bauproduktion eingesetzt werden und welche Lücken derzeit noch existieren, die durch Adaption aus industriellen PS oder durch Neu- bzw. Weiterentwicklung im Rahmen der vorliegenden Arbeit zu füllen sind.

Für die einzelnen Hauptelemente werden in der Systemgestaltung zahlreiche Unterelemente (Methoden) zur Umsetzung der definierten Gestaltungsprinzipien eines jeden Elements gebildet. Durch Selektion und Synthese erfolgt so die Entwicklung methodisch aufeinander abgestimmter Teilsysteme. Die verschiedenen Werkzeuge, die für die Umsetzung der Methoden in der Praxis angewendet werden können, sind in der Elementbeschreibung (Kap. 3.4 bis 3.8) benannt und aufgezählt. Sie werden im Text *kursiv* geschrieben, was auf eine ergänzende Erklärung des jeweiligen Werkzeugs im Methoden- und Werkzeugglossar im Anhang 3 dieser Arbeit verweist. Am Ende jeder Elementbeschreibung werden die Unterelemente und Bestandteile des jeweiligen Handlungsfeldes nochmals zusammengefasst.

3.3.2   Ergebnisse der Analyse zur Methodenentwicklung - Forschungslücken

Um den Stand der Methodenentwicklung zur Gestaltung eines GPS im Bauwesen als Ausgangspunkt zu erfassen, wurde eine umfangreiche empirische Untersuchung (Literaturrecherchen, Interviews) in den Forschungsfeldern Produktionstechnik, Lean Production, Ganzheitliche Produktionssysteme (industrielle Vorbilder) sowie Bauorganisation und -management, Lean Construction (Baubetrieb) durchgeführt. In Anhang 2 sind die empirischen Belege für die Praxis- und Forschungsanwendungen als Ergebnis dieser empirischen Analyse in tabellarischer Form zusammengefasst. In diesen Tabellen wurden die Hauptelemente in ihre Unterelemente und Bestandteile in Analogie zur endgültigen Gliederung des Bau-PSM (Kapitel 3.2.1) aufgegliedert und ihre empirischen Nachweise mit Quellenangaben und Kurzbeschreibung zugeordnet. Das Ergebnis dieser empirischen Analyse der bestehenden Methodenentwicklung zur Umsetzung eines Bau-PS ist mit Tabelle 2 zusammengefasst worden. Die darin aufgeführten Methoden eines Bau-PSM werden in den anschließenden Kapiteln 3.4 bis 3.8 hergeleitet und beschrieben. Die notwendigen Forschungsaufgaben zur Entwicklung des Bau-PS als ein vollständiges GPS sind an dieser Stelle zunächst klassifiziert und bestehende, identifizierte Forschungslücken herausgestellt worden.

In der Klassifikation der notwendigen Forschungsaufgaben wurde dabei unterschieden:

- **Integration:** Methoden, die bereits auf die Bauproduktion adaptiert oder spezifisch entwickelt wurden, sind im Rahmen dieser Arbeit in das Gesamtmodell eines Bau-PS noch zu integrieren.

- **Adaption:** Sofern keine Methoden zur Umsetzung spezifischer Gestaltungsprinzipien in der Bauproduktion adaptiert wurden oder neue innovative Methoden in den industriellen Vorbildern existieren, die noch nicht in der Bauforschung berücksichtigt wurden, sind diese auf die Anforderungen einer Bauproduktion zu adaptieren.

- **Entwicklung:** Existieren keine Methoden oder fehlen systematische Methodenbausteine, die für ein vollständiges „Ganzheitliches Bau-Produktionssystem" erforderlich sind, liegt hier ein offener Forschungsbedarf[40] vor.

---

[40] Dieser Entwicklungsbedarf wird als 1. Ordnung bezeichnet, da es primäre Ergänzungen zur Vervollständigung des PS sind. Zur Integration und Adaption der einzelnen Methoden besteht ein zusätzlicher Entwicklungsbedarf in der Ausgestaltung der Werkzeuge und Arbeitshilfsmittel (2.Ordnung), der aber mit Blick auf das Gesamtsystem im Rahmen der vorliegenden Arbeit nicht aufgegriffen wird.

			Klassifikation PS-Entwicklungsaufgabe			Weiterentwicklungsbedarf (1. Ordnung) einer Produktionssystemmodell-Gestaltung[1]
			Integration	Adaption	Entwicklung	
Methoden - Bau-Produktionssystem	APO	Bau-PS-Organisationsmodell	X			
		Gruppenarbeit PM Team	X			
		Gruppenarbeit Facharbeiter-Teams	X			
		Partnering NU/Lieferanten	X			
		Leistungs- u. Zielvereinbarungen		X		
	JIT	Phasen-, Vorschau- u. Wochenarbeitsplanung	X			
		Arbeitsbereichplanung			X	Methode zur kooperativen Planung von Logistik- und Arbeitsraum in Abhängigkeit zum zeitlich veränder-lichen Produktionsverlauf und in Analogie zum LPS
		Produktionsorientiertes Layout	X			
		Wertstromdesign	X			
		JIT-Logistiksystemlösungen	X		X	Entwicklung von Logistiksystemlösung aus bekannten Bausteinen (MBS, AMS, Material Manager, Log.-Zentrum, Kanban) in Abhängigkeit der Produktionssteuerung und Projektklassifikation)
	KVP	Ideenmanagementsystem			X	
		Qualitätszirkel PM-Teams			X	
		Qualitätszirkel Facharbeiter-Teams			X	Entwicklung eines integrativen KVP-Konzepts in Abstimmung mit der Arbeitsorganisation
		KVP - Workshops			X	
		KVP - Teams	X		X	
		KVP - Wertschöpfungspartners.			X	
	QRP	Fehler-Ursachen-Analyse	X			
		Werkereigenprüfung	X			
		Arbeitsgruppenprüfung	X			
		Arbeitspaket-Start-Check	X			Entwicklung eines Regelkreissystems in Analogie zum Qualitätsregelkreis-Konzepts
		Kundenprüfung	X			
		Fehlerverhinderung /-vermeidung	X			
		Kunden-Lieferanten-Beziehungen	X			
		Systematische Fehleranalyse	X			
		Audits	X			
		Transparente Qualitätsziele	X			
		Qualitätsvereinbarungen		X		
		Mitarbeiterschulung/Ein-Punkt-Schul.	X			
	PASV	Produktstandardisierung	X			
		Bauteilstandardisieurng	X			
		Einrichtungsstandardisierung	X			
		Ablaufstandardisierung	X			
		Visualisierung im Prozess	X			
		Bauteilkennzeichnung	X			
		Objektvisualisierung	X			
		5 S (A)	X			

[1] Weiterentwicklungsbedarf 1. Ordnung bezeichnet primäre Ergänzungen zur Vervollständigung des PS-Modells. Zur Integration und Adaption der einzelnen Methoden besteht ein zusätzlicher Entwicklungsbedarf in der Ausgestaltung der Werkzeuge und Arbeitshilfsmittel (2.Ordnung), der aber mit Blick auf das Gesamtsystem im Rahmen der vorliegenden Arbeit nicht aufgegriffen wird.

Tab. 2: Überblick über die Bau-PSM-Elemente und Abgrenzung der jeweiligen Entwicklungsaufgaben

Neben der Selektion und Integration bestehender singulärer Methoden in ein methodisch aufeinander abgestimmtes Bau-PSM zeigte die durchgeführte Analyse folgende zentrale Entwicklungslücken auf, um ein GPS in seiner Gesamtheit im Bauwesen abbilden zu können:

Arbeitsbereich-Planung. Arbeitsbereiche, d.h. Arbeits- und Logistikflächen, werden heute als Best-Practise in Form von einfachen Visualisierungen in Grundrissen einer Baustelle statisch und abschnittsbezogen im Vorfeld geplant und auf den Baustellen mit visuellen Hilfsmitteln (Markierungen, Beschilderungen u.ä. ausgewiesen (vgl. u.a. [Mastroianni/Abdelhamid 2003; Ott 2005]. Um ein produktionsorientiertes Layout, vergleichbar zu den industriellen Vorbildern, planerisch zu erzeugen, muss die Planung der Arbeitsbereiche dynamisch mit dem Baufortschritt erfolgen. Es besteht der offene Forschungsbedarf, eine Methode zur kooperativen Planung von Arbeits- und Logistikflächen in Abhängigkeit des zeitlich veränderlichen Produktionsverlaufs sowie integriert in der Produktionsplanungsmethode, hier dem LPS™, zu entwickeln. Diese Arbeitsbereich-Planung wurde im Rahmen der Forschungsarbeiten als neue Methode entwickelt und wird mit Kapitel 3.5.3.3 vorgestellt.

JIT-Logistiksystemlösungen. Zur Umsetzung einer JIT-Logistik existieren in der Bauproduktion einzelne, (meist in Einzelprojekten) erprobte Bausteine (Materialbeschaffungssystem, Anlieferungsmanagementsystem, Material Manager, Logistik-Zentrum und Kanban-System[41]). Diese Bausteine wurden bisweilen nur singulär oder in einzelnen Kombinationen in der Baupraxis eingesetzt, so dass durchgängige JIT-Systemlösungen der Beschaffung und Bereitstellung vergleichbar mit den industriellen Vorbildern nur im Ansatz existieren. Gleichzeitig besteht die Aufgabe darin, diese Systemlösungen in Abhängigkeit zu den unterschiedlichen Projektanforderungen (Projektgröße, Randbedingungen) sowie in Einklang mit der Produktionssteuerung (PMS/ePMS[42]) einer Baustelle zu entwickeln (vgl. Kap. 3.5.4.4).

Integrative KVP-Lösung. Inwieweit heute KVP-Methoden in den Bauunternehmen umfassend und konsequent eingesetzt werden, konnte aus der empirischen Untersuchung zunächst nicht vollends erschlossen werden. Die Anwen-

---

[41] Zur Definition und Erklärung dieser Bausteine sei auf das folgende Kapitel 3.5 verwiesen.
[42] Im Vorgriff zu Kapitel 3.5 kann in zwei Arten der Produktionssteuerung auf Basis des LPS™ unterschieden werden: das einfache Produktionsmanagementsystem (PMS) oder die rechnergestützte Variante, die hier als ePMS bezeichnet wird.

dung der KVP-Methoden bildet sich intern in den Unternehmen ab und kann nur bedingt von außen und von Dritten erschlossen werden. Im Ergebnis konnte aber festgestellt werden, dass KVP in seinen vollständigen Facetten und durchgängig auf den unterschiedlichen Ebenen eines Unternehmens, wie es industrielle Beispiele zeigen, in der Bauindustrie nicht belegbar organisatorisch verankert ist und angewendet wird. Um diese Lücke zu schließen, wird zur Vervollständigung des PS durch Adaption der Konzepte, Methoden und Werkzeuge der stationären Industrie und im Einklang mit der Arbeitsorganisation des Bau-PS eine integrative KVP-Lösung neu entwickelt (vgl. Kapitel 3.6.6).

Qualitätsregelkreise. Einzelne Bausteine einer Qualitätsprüfung nach den Gestaltungsprinzipien „Qualität und Robuste Prozesse" wurden für sich bereits in der Bauproduktion erprobt. Ein fehlender Beitrag liegt jedoch in der Ableitung eines Regelkreissystems (im Sinne des Qualitätsregelkreis-Konzept in der stationären Industrie), in welchem die singulären Methoden zusammengeführt werden. Dieser Bau-Qualitätsregelkreis wird mit Kapitel 3.7.2 als Teil des Elements QRP neu abgeleitet.

3.4   Das Element „Arbeits- und Prozessorganisation"

Zunächst wird in einem Überblick die Ausgangslage in der Bauorganisation (Kap. 3.4.1) und heutige Grundkonzepte zur Entwicklung einer Organisationsstruktur nach den APO-Prinzipien erläutert sowie ein Organisationsmodell für das Bau-PS (Kap. 3.4.2) vorgeschlagen. Zur Umsetzung und Verankerung einer neuen Arbeits- und Prozessorganisation werden die Methoden und Werkzeuge der Gruppenarbeit, des Partnerings und der Umsetzung von Selbstorganisation und Eigenverantwortung in ihrem aktuellen Stand beschrieben und als Bausteine in das Bau-PSM integriert (Kap. 3.4.3 – 3.4.6).

3.4.1   Ausgangslage: Organisation in der Bauproduktion

Bauprojekte werden heute in einem Netzwerk aus unabhängigen Unternehmen der einzelnen Gewerke organisiert. Es sind temporäre Zusammenschlüsse und Organisationen, in denen die Operativen-Ebenen und Projektmanagement-Ebenen einzelner Unternehmen in der Bauabwicklung zusammenwirken. In dieser konventionellen hierarchischen Organisationsstruktur erfolgt die Koordination der Bauaufgaben in den Bau- und Planungsbesprechungen. Hier stoßen die Interessen der einzelnen Unternehmen und Nachunternehmen zusammen und stehen vielfach im Vordergrund vor der eigentlichen Bauaufgabe. Die Kommunikation zwischen Projektmanagement und Ausführenden erfolgt durch Regeln und Weisungen über die Bauleiter, Nachunternehmer-Bauleiter und Vorarbeiter. Die Verantwortung der Vor- und Facharbeiter ist heute vielfach nur auf die manuelle Ausführung der Arbeiten beschränkt. Im Ergebnis stehen am Ende der Kommunikationskette häufig fehlende oder falsche Informationen, die die Koordination zwischen den unterschiedlichen Gewerken behindert und die Bauqualität beeinträchtigt. Es handelt sich um eine klassische „top-down" Struktur, die heute die Unternehmen und Baustellen bestimmt.

Die Umsetzung der GPS-Gestaltungsprinzipien erfordert einen Paradigmenwechsel zu einer „bottom-up" Organisationsstruktur. Eine auf Teamarbeit ausgerichtete Organisation ist ebenso wie eine Veränderung von Unternehmenskultur und Führungsstil (→Lean Leadership) eine Grundvoraussetzung und zentrale Aufgabe für die Umsetzung des PS. Zum Beispiel ist die Einführung von JIT-Prinzipien mit der Methode des LPS™ zwangsläufig mit einem Wandel zur team-basierten Organisation verbunden. Die Einführung von KVP setzt ebenfalls die Teamarbeit voraus und entwickelt diese gleichzeitig weiter.

3.4.2   Ableitung des Organisationsmodells für ein Bau-PS

Das Organisationsmodell des Bau-PSM vollzieht den Wandel zur teambasierten „bottom-up" Struktur. Die Rollen der Facharbeiter (Bauteam) und Projekt-, Bau- und Nachunternehmerbauleiter (mittleres Management) sind in diesem Wechsel neu zu definieren[43]:

Neue Rolle des mittleren Managements

Das hier bezeichnete mittlere Management umfasst die Projekt- und Bauleiter des Hauptunternehmens als auch des Nachunternehmens. In der Bauorganisation sind sie in ihren Unternehmen für die Abwicklung der Bauprojekte verantwortlich. Mit neuen Aufgaben sollen auch neue Bezeichnungen in dieser Arbeit die Zäsur zum Althergebrachten unterstreichen. Im Organisationsmodell des Bau-PS ersetzen Projekt- und (NU-)Prozessmanager die heutigen Bezeichnungen Projekt- und Bauleiter. Ihre Aufgabe ist es, die notwendigen Rahmenbedingungen für die Ausführung zu schaffen, konkrete Ziele mit der Mannschaft zu formulieren bzw. zu vermitteln und wenn erforderlich korrigierend einzugreifen. Dabei wird Verantwortung stärker auf die Arbeitsgruppen delegiert. Das Führungsverhalten wechselt von der Kontrolle zu einer Informations- und Ressourcensteuerung sowie zum Coaching der Arbeitsgruppen. Das Selbstverständnis ist eine Unterstützerrolle statt der klassischen Arbeitsleiterrolle. Treten Fehler der Arbeitsgruppen in der Ausführung auf, so sollen sich die Führungskräfte zunächst immer die Frage stellen, was sie selbst an Unterstützung versäumt haben und welche weitere Unterstützung zur Regulierung erforderlich ist.

Neue Rolle der Facharbeiter

Trotz der handwerklichen Qualifikation sind in der heutigen Praxis die Aufgaben der Facharbeiter meist nur auf die reine Montage beschränkt. In Anlehnung an eigenverantwortliche, teilautonome Arbeitsgruppen erweitert sich ihre Rolle wieder auf die selbständige Planung, Steuerung und Kontrolle der

---

[43]   Die neue Rollendefinitionen des mittleren Managements und der Facharbeiter orientiert sich am Verständnis von: [Buch/Sander 2005]

Arbeitspakete, d.h. die Qualitätssicherung, Arbeitssicherheit, Material- und Werkzeugbereitstellung und Qualitätskontrolle (vgl. Abb. 14).

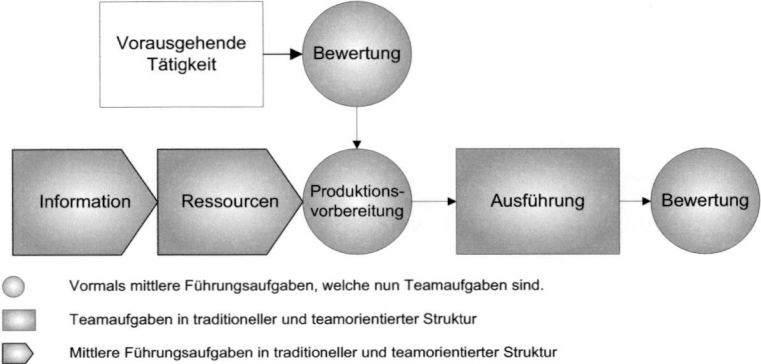

Abb. 14: Neue Rollen des mittleren Managements und der Facharbeiter-Teams[44]

Eine zentrale Aufgabe ist es somit, Probleme und Vorlaufzeiten zu erfassen und zu dokumentieren sowie eine reibungslose Zusammenarbeit mit allen Baubeteiligten und Gewerken zu erreichen.

Organisationsmodell des Bau-PSM

Der Wandel von den klassischen Strukturen zur mit den Gestaltungsprinzipien „APO" skizzierten Aufbauorganisation des Bau-PSM ist in Abbildung 15 zusammengefasst.

Im Zentrum steht das hier bezeichnete *PM Team*, welches gesamthaft für die Projektabwicklung verantwortlich ist. Es bildet das zentrale Element der übergreifenden Gruppenarbeit zwischen der operativen Ebene der Facharbeiter/ Teamleiter und dem Projekt- und Prozessmanagement in der Abwicklung und Steuerung der Baustellen.

Diese Aufbauorganisation unterstützt die Prozessorientierung in der Projektabwicklung, in dem der Ort und die Beteiligten der Wertschöpfung (Facharbeiter-Teams) in den Mittelpunkt rücken. Allen Management- und Leitungsebenen (besonders dem Prozess- und Projektmanagement) fällt somit eine Unterstützerrolle zu. Sie leiten die Projektabwicklung kooperativ und vertreten die Organisation gegenüber Bauherren und Nebengewerken.

---

[44]   Vgl. [Buch/Sander 2005, Fig. 5].

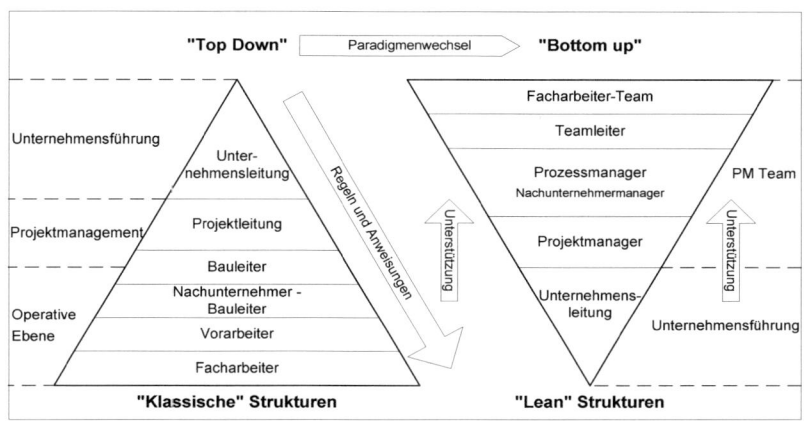

Abb. 15: Organisationsmodell des Bau-PSM: Von „top down" zu „bottom up"

Vorteile des Organisationsmodells

Das dargestellte Organisationsmodell ist essentiell in der Umsetzung des Bau-PS und leitet sich aus dessen Bedürfnissen an die Aufbauorganisation direkt ab. Es ist Gewähr für die Entwicklung einer Unternehmenskultur und -führung der *Lean Leadership*. Das Organisationsmodell betont das Subsidiaritätsprinzip, d.h. die Facharbeitergruppen sollen möglichst alle Aufgaben übernehmen, die von ihnen selbst bewältigt werden können.

In der Praxis bedeutet dies, dass das „mittlere" Management – die heutigen Projekt- und Bauleiter – nicht mehr nur die „Feuerwehrmänner" auf den Baustellen sind, sondern durch die Entlastung ihren wesentlichen und gewinnbringenden Aufgaben im Informations- und Ressourcenmanagement und deren Prozessverbesserung nachkommen können und sollen. Für die Facharbeiter-Teams bedeutet dies eine Erweiterung ihrer Aufgaben und eine Bereicherung an eigenverantwortlicher Arbeit (Job-Enrichment/-Empowerment) und führt zu erhöhter Leistungsbereitschaft und letztlich besserer Leistung jedes Einzelnen. Zentrales Element des Organisationsmodells ist die Gruppenarbeit. Welche Bedeutung sie bereits heute in der Bauproduktion hat und wie sie im Organisationsmodell weiter gestärkt werden kann, wird im folgenden Kapitel beschrieben.

3.4.3   Gruppenarbeit – Baustein zur Umsetzung des Organisationsmodells

Bedeutung und aktueller Stand in der Bauproduktion

In gruppen- oder teamorientierten Arbeitsformen übernehmen mehrere Personen gemeinsam die Bearbeitung einer Aufgabe, eines Produktes, Teilproduktes oder eines Prozesses. Die mit den Prozessen verbundenen Planungs-, Entscheidungs- und Prüfaufgaben werden in die Gruppe integriert. Im Falle der Bauabwicklung hat die Gruppenarbeit unterschiedliche Formen. So kann heute von einer horizontalen Zusammenarbeit in den einzelnen Arbeitsgruppen der Gewerke in Form einer Gruppenarbeit bereits gesprochen werden. In der Projektabwicklung herrscht jedoch eine hierarchisch aufgeteilte Aufbauorganisation von Projekt- und Bauleitern, Vorarbeitern und Facharbeitern vor. Besonders in dieser vertikalen Zusammenarbeit ist die Gruppenarbeit heute zumeist nur ansatzweise erkennbar und noch zu verbessern.

Herleitung einer Gruppenarbeit in der Bauorganisation

Gruppenarbeit bedeutet allerdings in beiden Fällen mehr. Anders als in aktueller Form auf den Baustellen verstärkt die Gruppenarbeit die Selbststeuerung der Prozesse. Dies bedeutet, dass die Verantwortung der Facharbeitergruppen auf den gesamten Prozess inkl. dessen Vorplanung und Arbeitseinsatzplanung ausgeweitet wird. Durch diese Ganzheitlichkeit und Überschaubarkeit der Aufgaben wird aufgabenbezogenes Lernen und KVP möglich. Für die Aufbauorganisation bedeutet eine moderne Form der Gruppenarbeit, dass anders als heute üblich eine vertikale gruppenorientierte Arbeitsform in der Steuerung der Projekte umgesetzt wird (*PM Team*). Einhergehend mit dem Wandel des Führungsverhaltens in den Projekten und der Umsetzung von Gruppenarbeit fordernden und fördernden Elementen des PS (v.a. PMS, Qualitätszirkel, KVP-Workshop) wird die Gruppenarbeit als Grundvoraussetzung evoziert und in der Organisation etabliert.

Zur Stärkung der Gruppenarbeit auf der horizontalen Ebene der Facharbeitergruppen sind drei Entwicklungsstufen vorgeschlagen: In einer ersten Stufe ist die Gruppenarbeit der bestehenden Facharbeitergruppen aufzuwerten und mit Organisationselementen zu vervollständigen. In einer zweiten Stufe gilt es, Gruppenarbeit über die Grenzen der Facharbeiter derart zu etablieren, dass eine gewerkeübergreifende Kooperation in der Ausführung möglich ist. So ist ein internes Kunden-Lieferanten-Verhältnis in den einzelnen, heute nach Gewerken gegliederten Arbeitsgruppen umzusetzen. Entlang der Bauprozesskette kann damit die termin- und qualitätsgerechte Erfüllung der Teilprozesse erreicht werden (Prozessorientierung). Dies wird beispielsweise durch die Einführung des LPS™ (→[45]JIT) oder von Qualitätsregelkreisen (→QRP) unterstützt.

In der letzten Stufe und in voller Konsequenz einer Prozessorientierung sind als Fernziel integrierte Bereiche umzusetzen. Dies bedeut, die vertraglich starren und handwerklich gewachsenen Arbeitsstrukturen vollends aufzubrechen und – immer von den Bauprozessen bestimmt – neue Arbeitsgruppen zu bilden sind, in denen durch *Mehrfach-Qualifikation* die Arbeiten nicht sequentiell nach Gewerken sondern in logisch aufbauenden Montageschritten komplett von einer Arbeitsgruppe gefertigt werden („*multi-skilled tradesmen*" [Hawkins 1997]; *Fertigungsinseln,* [Scholtz 2003]). Um dieses Fernziel langfristig oder in Teilen zu erreichen, wären erstens gemischte Arbeitsgruppen (wenn technologisch möglich) zu bilden und zweitens umfassende Weiterqualifikationen der Facharbeiter mit Ziel einer Mehrfachqualifikation einzuleiten.

Grundsätzlich muss es immer das Ziel sein, in allen Ebenen der Projektrealisierung die Gruppenarbeit als integratives Element der Arbeitsorganisation zu stärken und diese mit Hilfsmitteln moderner PS zu unterstützen und zu vervollständigen.

Umsetzung der Gruppenarbeit im Organisationsmodell

Das Organisationsmodell des Bau-PSM sieht – wie zuvor beschrieben – in den *Facharbeiter-Teams (Bauteam)* als auch im *PM-Team* das Element der Gruppenarbeit vor. Um dieses erfolgreich einzuführen, sind entsprechende betriebliche Rahmenbedingungen zu schaffen, die im Folgenden mit Verweis auf einsetzbare Hilfsmittel erläutert werden.

Die Zusammenarbeit im *PM-Team* als Gruppenarbeit zur Planung und Steuerung der Bauabwicklung wird durch das LPS™ gestützt. Ebenfalls ist die Gruppenarbeit ein integrativer Bestandteil der KVP-Strategie und wird zwangsläufig mit ihr hervorgerufen und weiterentwickelt. Wichtig bleibt besonders bei der

---

[45] Das →-Symbol steht als allgemeiner Querverweis zu einem anderen Element des Bau-PS

Planung und Steuerung der Projekte, dass die Verantwortungen in den Gruppen klar definiert werden.

Die Aufgaben und Methoden zur Umsetzung der Gruppenarbeit im *Facharbeiter-Team* orientieren sich nach dem beschriebenen Grad der Zusammenarbeit (s.o.):

In ersten Schritten können in den Arbeitsgruppen mit der Umsetzung eines *Qualitätszirkels Bauteam* (→KVP) *Gruppengespräche* etabliert werden. Besonderes Augenmerk sollte hier auf die Einführung von *Gruppensprechern* und ihrer Qualifikation als Moderatoren der Gruppen gelegt werden, da diese als Bindeglied die Gruppen kooperativ führen. Auch hier gilt es, innerhalb der Gruppen die Verantwortungen fest zu definieren und mit Hilfe einer *Qualifikationsmatrix* transparent zu machen. Um alle relevanten Informationen dieser Gruppen für die tägliche Arbeitsroutine zu veranschaulichen (z.B. Anwesenheit, Urlaubsplanung, Qualifizierungsmatrix, Themenspeicher des Qualitätszirkel, Ansprechpartner anderer Bereiche) und die Gruppenarbeit zu unterstützen, sollten *Gruppentafeln* für die Arbeitsgruppen vor Ort eingerichtet werden.

Weiterhin soll die Einführung des LPS™ (PMS) ein Prozessdenken auslösen und es in den Köpfen der Projekt- und Prozessmanager, der Facharbeiter und deren Teamleiter verinnerlichen. Es führt mittelfristig zu einer vertieften Zusammenarbeit. Aus dem Zwang des LPS™ kann sich eine gewerkeübergreifende Kooperation entwickeln. Ein triviales Beispiel soll dies verdeutlichen: In Sanitäranlagen werden die Rahmenkonstruktionen des Installationssystems (Gewerk Trockenbau) und WC-Anschlusssystem (Gewerk Sanitär) nicht von zwei Gewerken sondern beispielsweise komplett durch eine „Arbeitsgruppe Sanitär" installiert. Bei entsprechender Qualifizierung der Mitarbeiter sind beginnend bei einfachsten bis hin zu komplexeren Montageabläufen hier weitere Beispiele denkbar. So sind technisch weniger anspruchsvolle Einheiten ohne Spezialkenntnisse schnell auch von fachfremden Gewerken installierbar. In einer weiteren Stufe wäre dann langfristig eine breitere Qualifikationsgrundlage in verschiedenen Gewerken (»multi skilling«) der Mitarbeiter zu schaffen. Alternativ könnten bei komplexeren Montagearbeiten (z.B. Versorgungszentralen) die Arbeitsgruppen auch aus den verschiedenen Gewerk-Facharbeitern zusammengesetzt werden (gemischte Arbeitsgruppen/*Mehrfach-Qualifikation*).

In letzter Konsequenz müssen die handwerklich gewachsenen Strukturen der Gewerke in der Montage langfristig aufgebrochen werden und einer

Prozessorientierung mehr und mehr weichen. Diese gewachsenen Strukturen stellen natürlich wesentliche Hindernisse dar, die nur in vielen kleinen Schritten aufzuheben sind. Hinzu kommt, dass für Einzelgewerke heute spezialisierte Nachunternehmer mit Gewährleistungsverpflichtungen beauftragt werden. Für die konsequente Umsetzung des Bau-PSM sind so zwangsläufig auch neue Wege in der Wertschöpfungspartnerschaft und Vertragsgestaltung mit den Nachunternehmen zu gehen (vgl. Kap. 3.4.5).

3.4.4 Selbstorganisation und Eigenverantwortung – Bausteine des Organisationsmodells

Im hier entwickelten Organisationsmodell steht die Selbstorganisation und Eigenverantwortung jedes einzelnen Mitarbeiters im Mittelpunkt. Um erfolgreich in dieser Arbeitsform der Gruppenarbeit zu handeln, ist es erforderlich, dass auf allen personellen Ebenen der Bauabwicklung die Ziele dem Einzelnen bewusst sind und idealerweise als Leistungsanreize dienen. Die erforderlichen Ziele können zum einen kurzfristige Produktivitätsziele und zum anderen mittelfristige Ziele der Bauprojektabwicklung sein.

Die kurzfristigen Produktivitätsziele der Arbeitsgruppen werden durch die Arbeitsvereinbarung im Rahmen des Produktionsmanagements (»Arbeitszusagen«) gesetzt. Deren Erfüllungsgrad wird anhand des PEA-Werts[46] im PMS ausgewiesen (→JIT). Die Produktivität, Verlässlichkeit und Termintreue der einzelnen Arbeitsgruppen ist über diesen Kennwert indirekt ersichtlich.

Für die einzelnen Bauprojekte können die Ziele in *Leistungs- und Zielvereinbarungen* mit den beteiligten Arbeitsgruppen vereinbart werden, um zu gewährleisten, dass alle an einem Strang ziehen. Grundsätzlich sollen die Mitarbeiter bei Leistungsvereinbarungen Einwände und Vorschläge einbringen dürfen. So werden Ziele „top-down" vorgeschlagen und „bottom-up" vereinbart, so dass sich die Mitarbeiter für die operative Zielerfüllung verantwortlich fühlen. Als Zielgrößen sind hier geeignet:

- Geleistete (Ist-)Arbeitsstunden zu kalkulierten (Soll-)Arbeitsstunden (Produktivität)
- Fehler-(Mängel-)Quote: Anzahl der Kundenreklamationen (Qualität – *Kundenqualitätssensor*)

---

[46] Prozentsatz der erledigten Arbeiten (vgl. *LPS™-Produktionssteuerung* – Anlage 3)

- Rate der Verbesserungsideen je Arbeitsgruppe sowie der umgesetzten Ideen (→KVP)
- Durchschnittlicher PEA-Wert (→JIT) der Arbeitsgruppe im Projekt (Verlässlichkeit / Termintreue)

Diese vereinbarten Gruppenziele sollen mit Kennzahlentafeln den Arbeitsgruppen visualisiert werden. Sie sind ein Hilfsmittel zur Selbststeuerung der Gruppen (*Gruppentafeln*).

Neben der Schärfung des Zielbewusstseins kann mit den Leistungsvereinbarungen ein Leistungsanreiz an die Gruppe gesetzt werden. Daneben können in Ergänzung zum anforderungsorientierten Entgeltanteil ebenfalls leistungs- und erfolgsorientierte Bestandteile vorgesehen werden (*Entgeltsystem*).

Hierbei ist allerdings zu berücksichtigen, dass die Mitarbeitermotivation nicht durch leistungsorientierte Entgeltbestandteile sondern noch stärker durch Beteiligung, Vertrauen und Verantwortung für jeden einzelnen erreicht werden kann.

3.4.5 Partnering – Verankerung des Organisationsmodells

Wird die heutige Baupraxis betrachtet, so wird schnell bewusst, dass die skizzierte Reorganisation nicht an den Grenzen der Projekt- und Aufbauorganisation des Unternehmens halt machen kann. So bezieht sich zum einen ein PS immer zunächst auf ein einzelnes Unternehmen; die getroffenen Prinzipien und Organisationselemente sind zum anderen aber über die Schnittstellen der Unternehmen zwangsläufig und mittelfristig auszuweiten. Ein PS pflanzt sich so innerhalb bestehender Wertschöpfungsketten und -partnerschaften fort[47].

In der heutigen Bauindustrie sind Haupt- und Nachunternehmer sowie deren Zulieferer feste Bestandteile. Ihr Verhältnis untereinander zeichnet sich aber durch eine fehlende vertikale Kooperation und opportunistischen Verhaltens zwischen den Beteiligten aus. Dies ist bedingt durch die traditionellen Organisationsprinzipien dieses Industriezweigs, die eine untergeordnete Rolle der Nachunternehmer in der Hierarchie des Planungs-Management-Bau-Prozesses vorsehen. Häufig sind deshalb angespannte bis feindselige Beziehungen zwischen den Haupt- und Nachunternehmern in den Bauprojekten zu beobachten [Welling/Kamann 2001].

---

[47] Dieses zeigt insbesondere die Entwicklung der GPS in der Automobilbranche [Becker/Korge/Scholtz 2005].

Ist es das Ziel, ein PS zu etablieren, so stehen einem Unternehmen in der Arbeitsorganisation grundsätzlich die beiden Optionen einer verstärkten Eigenleistung oder langfristiger strategischer Partnerschaften zur Wahl. Die Nachunternehmervergaben sind heute in vielen Bauprojekten ein fester Bestandteil; so soll diese Arbeitsteilung auch für das hier betrachtete PS als Ausgangspunkt gelten. Die Schaffung von strategischen Partnerschaften ist somit der Schlüssel für die Verankerung des vorgeschlagenen Organisationsmodells des PS. Strategisches Ziel kann deswegen nur ein Kooperationsnetzwerk mit Nachunternehmern und Lieferanten, mittelfristig aber auch mit den jeweiligen Nebengewerken, sein[48]. Dieser partnerschaftliche Ansatz in der Realisierung des PS greift gleichzeitig indirekt ein zukünftiges Szenario der Baumarktentwicklung auf, in dem der Wettbewerb in der Bauwirtschaft sich langfristig als ein Wettbewerb von Unternehmensnetzwerken entwickeln wird. Wie ist die partnerschaftliche Zusammenarbeit zwischen den Unternehmen zu erreichen? Die Idee des »Partnering« ist in der Bauwirtschaft in stetiger Diskussion und ihr Nutzen für alle Beteiligten heute vordergründig akzeptiert. In Forschung und Praxis wurden bereits Grundlagen von Partnerschafts-Modellen entwickelt und in Projekten auch erfolgreich angewendet. Hierfür sind folgende Beispiele mit Quellenangaben besonders zu nennen, um den Entwicklungsstand abzubilden:

Helmus/Weber 2003	Empirische Untersuchung zum heutigen Stand der Zusammenarbeit von General- und Nachunternehmern, Wertschöpfungspartnerschaften durch vertikale Kooperation
Blecken/Boenert 2003	Baukostensenkung durch Anwendung innovativer Wettbewerbsmodelle (Forschungsbericht)
Fett/Breyer 2003	Rechtliche und wirtschaftliche Parameter von Partnering in der deutschen Bauwirtschaft
Bauindustrie 2005	Positionspapier und Darstellung eines Partnerschaftsmodell – Arbeitskreis des Hauptverbandes der Deutschen Bauindustrie
Cain 2004	Fachpublikation mit Praxisbeispielen zur Umsetzung von Partnering in der Bauwirtschaft, Praxisbeispiel aus UK / LC
Toolanen/Olofsson 2006	Fallstudienbericht: Schwedisches Partnering-Projekt
Sterzi/Isatto/Formoso 2007	Strategische Supply Chain Partnerschaften und LPS™
Shimizu/Cardoso 2002	Überblick über aktuellen Entwicklungsstand von Kooperationsnetzwerken in der internationalen Bauforschung

Tab. 3: Partnering-Modelle in Forschung und Praxis - Überblick relevanter Beiträge

---

[48] Einzelne Best-Practise Beispiele können aus den in Tabelle 3 bereits genannten und aus weiterer Sekundär-Literaturquellen herangezogen werden. Beispielhaft sei hier auf die Forschungsergebnisse von [Barlow et al. 1997] verwiesen.

Auf diese Modelle und Erfahrungen kann und soll in der Ausgestaltung des PS zurückgegriffen werden. Bei der Ausgestaltung der Zusammenarbeit ist zu gewährleisten, dass in kooperativer Form die Nachunternehmer und Lieferanten so weit in das PS integriert werden, dass die Umsetzung der Methoden und Werkzeuge des PS in den Projekten ganzheitlich gewährleistet ist. Die Grundsätze des Organisationsmodells der Subsidiarität, Gruppenarbeit, Eigenverantwortung und Zielbewusstsein sind auf die Projektorganisation der Partner/Nachunternehmer zu übertragen. Die Vorteile der eingesetzten Methoden werden die Nachunternehmer mittelfristig dazu bewegen, ihre eigenen Vorteile vollständig zu erkennen und sogar Methoden und Werkzeuge selbst weiterzuentwickeln.

So ist die Vergabe der Nachunternehmerleistungen – wie dies bereits auch heute schon der Fall ist – nicht alleine vom Preis abhängig zu machen. Hier können Leistungsvereinbarungen getroffen werden, in denen zum einen Produktivitätsziele festgelegt und gleichzeitig Anreizsysteme in die Verträgen[49] übernommen werden. Die Leistungsvereinbarungen können analog zu den Zielgrößen der Facharbeiterteams (vgl. Kap. 3.4.4) formuliert werden.

Gleichzeitig sollten die Prinzipien, Methoden und Werkzeuge des PS in den Vereinbarungen mit den Nachunternehmen fixiert werden. Hier liegt die Initiative bei den Hauptunternehmen, die Partnerunternehmen zu verpflichten, zu qualifizieren und die konsequente Umsetzung einzufordern. Das PS – einmal beschlossen – bildet so einen stetigen Impuls, das »Partnering« auch umzusetzen, vertieft es mit den täglichen Arbeitsroutinen und führt letztlich zu einer Win-Win-Situation der beteiligten Unternehmen.

3.4.6   Zusammenfassung des entwickelten Elements „APO"

Mit diesem Kapitel wurde eine neue organisatorische Gestaltung für die Projektabwicklung im Unternehmen konzipiert. Ausgehend von der heutigen Aufbauorganisation in der Projektabwicklung und im Einklang mit den neuen Gestaltungsprinzipien und Methoden des GPS wurde eine neue, auf Teamarbeit basierende, kooperative Aufbauorganisation vorgeschlagen. Im Kern wird mit ihr ein Paradigmenwechsel zu einer „bottom-up" Organisation umgesetzt. Hierin wurden mit neuen Bezeichnungen die Rollen der Projekt- und

---

[49] Diese Verträge werden als relationale Verträge bezeichnet (vgl. [Colledge 2005; Matthews/Howell 2005; Sakal 2005]).

Prozessmanager sowie der Facharbeiterteams und ihrer Teamleiter neu definiert. Diese Organisation schafft die notwendigen Rahmenbedingungen für eine stärkere Prozessorientierung, der Umsetzung integrierter Bereich sowie einer höheren Eigenverantwortung und Selbstorganisation der Mitarbeiter.

Zur Umsetzung des Organisationsmodells im Unternehmen wurden Methoden der Gruppenarbeit, Eigenverantwortung und Selbstorganisation sowie dazu passende Werkzeuge integriert und vorgestellt. Mit Blick auf die heutige Praxis des Nachunternehmertums im Bauwesen wurde gleichzeitig die Notwendigkeit einer neuen Zusammenarbeit in der Bauindustrie dargelegt, und eine Realisierung auf Basis von »Partnering-Modellen« in Kooperationsnetzwerken zwischen Nachunternehmern und Lieferanten in diesem Zusammenhang vorgeschlagen.

Die Bestandteile des Elements „Arbeits- und Prozessorganisation" des Bau-PSM werden in Abbildung 16 zusammenfassend dargestellt:

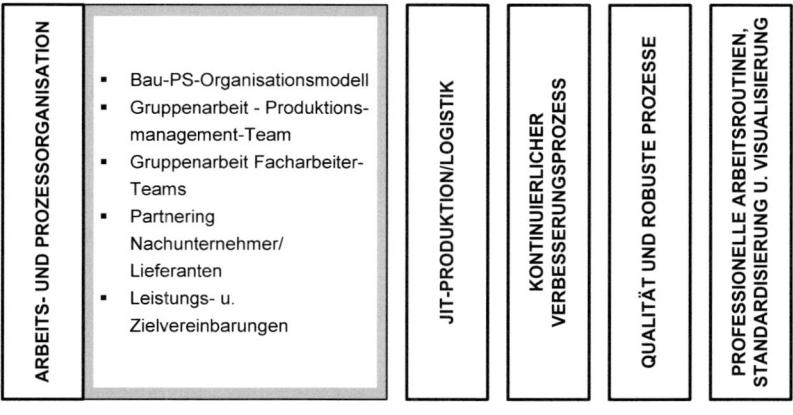

Abb. 16: Das Element „Arbeits- und Prozessorganisation (APO)" im Bau-PSM

3.5   Das Element „Just in Time - Produktion/Logistik"

Die Gestaltungsprinzipien von JIT in eine Bauproduktion einzuführen, bedeutet besser und umfangreicher als heute die Produktion und Logistik zu planen und zu steuern. Abbildung 17 stellt zunächst einen Überblick und Ordnungsrahmen zu den einzelnen Bausteinen von JIT in einer Bauproduktion dar:

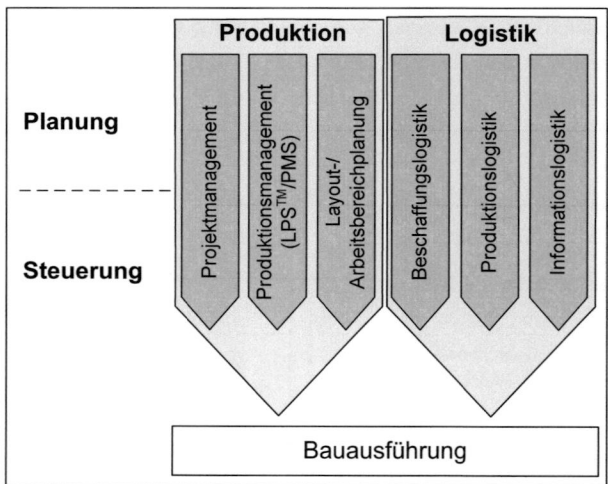

Abb. 17: Bestandteile des JIT-Elements

In erster Ebene wird darin in die Phasen Planung und Steuerung unterschieden sowie die Kernbereiche Produktion und Logistik aufgeschlüsselt. Der Bereich Produktion lässt sich in eine Projektmanagement- und Produktionsmanagement-Komponente sowie in die Layout- bzw. Arbeitsbereich-Planung einteilen. Der Kernbereich Logistik unterteilt sich in die Teilbereiche der Beschaffungs- und Produktions(Material)-logistik sowie der Informationslogistik.

Anhand dieses Ordnungsschemas sollen in diesem Kapitel zunächst der aktuelle Entwicklungsstand (Kapitel 3.5.1 bis 3.5.2) und anschließend die jeweils einsetzbaren Methoden und Methodenbausteine in der Bauproduktion und Logistik erläutert, abgeleitet und sofern Entwicklungslücken (vgl. Kap. 3.3.2) bestanden, neue Methoden, die im Rahmen der Forschungsarbeit entwickelt wurden, vorgestellt.

3.5.1 Aktueller Entwicklungsstand des Produktionsmanagements – das Last Planner System™

Produktionsmanagement im Kontext des Bauwesens beschreibt die zwei neuen Komponenten Produktionsplanung und Produktionssteuerung in Ergänzung zum Projektmanagement. Das so genannte Last Planner System™ (LPS™) wurde als ein Produktionsmanagementsystem[50] (PMS) für die Bauproduktion entwickelt. Neben einer detaillierten, prozessorientierten wie auch kooperativen Ablauf- und Produktionsplanung ergänzt das LPS™ als weiteres Novum eine Produktionssteuerungskomponente für die Baustellenproduktion (Abb. 18).

Mit dem LPS™ werden so zum einen die JIT-Grundprinzipien (vgl. Kap. 3.2.3) durch eine neue Form der Produktionsplanung und -steuerung in der Baustellenproduktion umgesetzt. Zum anderen werden mit der im Resultat höheren Verlässlichkeit und Planbarkeit der Bauproduktionsprozesse ebenfalls die Voraussetzungen geschaffen, dass sich in ihrer Supply Chain, d.h. im Informations-, Material- und Ressourcenzufluss (Logistik) der einzelnen Arbeitspakete, die JIT-Idee fortpflanzen kann.

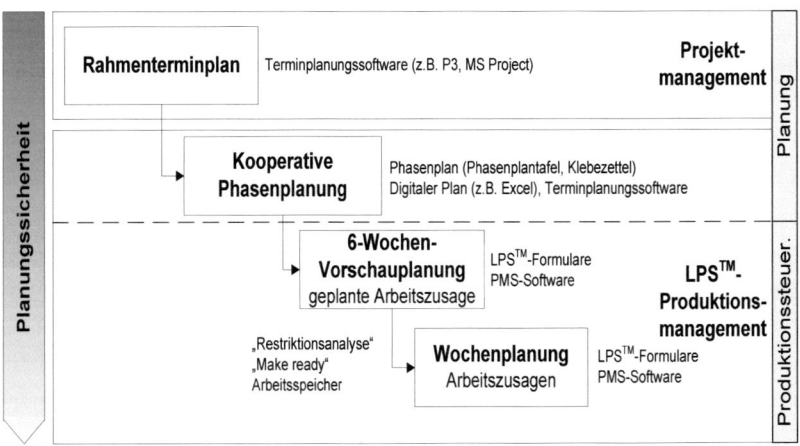

Abb. 18: Überblick über das LPS™ und seine Schnittstelle zum Projektmanagement

---

[50] In Ergänzung und Anlehnung an die Begrifflichkeit des Projektmanagements wird hier eine Detaillierung in diesem Sinne als Produktionsmanagement definiert. In Anlehnung an den Managementsystembegriff sei in dieser Arbeit dieses Managementsystem zur Planung und Steuerung der Bauproduktion in Ergänzung zum Projektmanagement als PMS definiert.

Das LPS™ führt einen vollkommen neuen Planungsprozess in der Vorbereitung eines Bauprojekts/einer Bauproduktion ein. Dieser Unterschied zum Bisherigen wird dem interessierten Leser im Methodenglossar unter Punkt L*PS™ – Planungsprozess* (Anlage 3) ergänzend verdeutlicht. Ebenfalls werden die zwei Komponenten des LPS™, *LP-Ablaufplanung und -steuerung* (engl. work flow control) sowie der *LP-Produktionssteuerung* (engl. production unit control), in ihrer grundlegenden Funktionsweise in der Anlage 3 ergänzend beschrieben. Beide Komponenten stellen die Bausteine des Produktionsmanagements im JIT-Element des Bau-PSM dar.

3.5.2 Stand der Technik in der Baulogistik

Logistik zielt im Allgemeinen auf die Gestaltung von Objektflüssen (Güter, Informationen, Werte) entlang der Prozessstufen der Lieferkette ab. Für die hier betrachtete Bauproduktion sind im engeren Sinne vor allem die Teilbereiche Beschaffungslogistik (vom Lieferanten bis ins Eingangslager/Baustelle) und Produktionslogistik (Material- und Warenflüsse mit ihren einhergehenden Informationen in den eigenen Wertschöpfungsstufen) relevant. Für die Baupraxis bedeutet es, wie auch in jeder anderen Produktion, im Konkreten:

> *Die richtige Menge der richtigen Güter (Materialien) in der richtigen Qualität zu den richtigen Kosten an den richtigen Ort mit der richtigen Information für alle Beteiligten*[51].

In den beiden Bereichen der Beschaffung und Produktion lassen sich der physische Materialfluss und der Informationsfluss allgemein unterscheiden. Dabei hängt der Informationsfluss direkt mit dem Materialfluss zusammen, da er Voraussetzung, Auslöser als auch Teil des Materialflusses sein kann. Der Informationsfluss kann aber auch unabhängig vom Materialfluss zur Baustelle auftreten (z.B. Planungsinformationen). Beide jedoch sind mit einem definierten, einzelnen Produktionsschritt (Einzelprozess) des Arbeitsflusses (engl.: work flow) auf der Baustelle fest gekoppelt und zuzuordnen (Prozessorientierung).

Kopplung der Material- u. Informationsflüsse mit dem Bauproduktions-Workflow

Das Grundproblem der Logistik liegt in der Varianz in Abruf und Versorgung von Material und Information. In der Bauproduktion fällt genau dies besonders ins

---

[51] Dieser Satz wird auch als die „Sechs R der Logistik" bezeichnet [Wiki/Logistik 2007].

Gewicht. So ist für eine Bauproduktion ein Szenario passend (vgl. Abb. 19), in dem die Nachfrage und deren Terminsicherheit erstens sehr schwankt (beispielsweise mit mittlerer Zuverlässigkeit von 70 %) als auch zweitens die Versorgung der Materialien und deren Verlässlichkeit nicht zu Hundertprozent gesichert ist (z.B. nur 80 % Liefertreue). Der Effekt in diesem vereinfachten Szenario ist es, dass zum einen die Umlaufbestände (d.h. gleichzeitig auch die Zwischenlager) auf der Baustelle als auch bei den Zulieferern ansteigen und zum anderen durch die unzuverlässigen Lieferungen ebenfalls Verzögerungen in der Produktion auf den Baustellen entstehen können. Dies wirkt sich negativ auf die Baukosten und die Bautermine aus (z.B. Materialsuche auf Baustellen, erhöhte Lagerungskosten etc.) und reduziert gleichzeitig die Bauqualität und Arbeitssicherheit[52] in den Projekten.

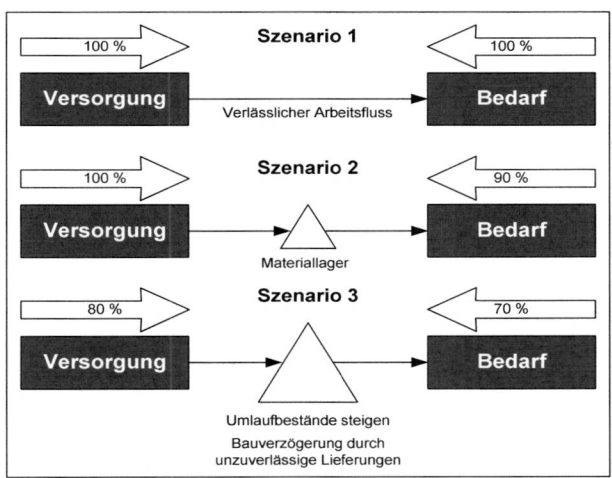

Abb. 19: Supply Chain Szenarios – Verlässlichkeit von Bedarf und Versorgung[53]

Das dargestellte Szenario ist stark vereinfacht und es berücksichtigt nicht, dass die Baustelle aus einer Vielzahl von Versorgungssträngen gespeist wird, die alle diesen Schwankungen unterliegen und sich auch noch gegenseitig

---

[52] Baustellenlagerungen blockieren beispielsweise Arbeitsbereiche, wodurch unter Umständen durch unsachgemäße Lagerung und unnötige Umlagerungen Materialbeschädigungen riskiert werden. Gleichzeitig führen Baustellenlagerungen zu Problemen in der Ordnung und Sauberkeit auf Baustellen, was wiederum sich nachteilig auf die Arbeitssicherheit auswirkt.
[53] Vgl. [Arbulu/Ballard 2004].

beeinflussen können. Die Gesamttermintreue und Zuverlässigkeit eines Arbeits-
paketes fällt hierbei exponentiell mit der Anzahl der angesprochenen Versor-
gungsketten [Arbulu/Ballard 2004, S.6; Hopp/Spearman 2000, S.698].
Mit der Einführung des LPS™ wird erreicht, dass die Baustellenprozesse stabilisiert und zuverlässiger werden. Ein Ausdruck für diese Zuverlässigkeit ist der
»Prozentsatz der erledigten Arbeiten (PEA-Wert[54])«. Gleichzeitig wird die Nachfrage an Materialien und Informationen stabilisiert als auch die Terminsicherheit
erhöht. Eine Möglichkeit, diese Nachfragezuverlässigkeit zu erfassen, ist
wiederum der PEA-Wert. Das Ziel ist es also, das in Abbildung 19 dargestellte
Szenario 2 in einer Bauproduktion zu erreichen, in dem die Nachfrage und
Zuverlässigkeit des Arbeitsflusses einen Wert von 80-90 %[55] erreicht, die Liefer-
zuverlässigkeit weitestgehend gesichert und durch geringe kurzzeitige Material-
puffer unvermeidliche Schwankungen ausgeglichen werden.
Im Kern wird dies mit dem in dieser Arbeit skizzierten JIT-Logistikmodell gelöst.
Dabei steht im Mittelpunkt, das komplexe Supply System einer Baustelle zu ent-
zerren, indem ausgehend von den einzelnen Bauprozessen der Material- und
Informationsfluss gekoppelt wird. So soll, besser als heute bereits improvisiert
durch die Bauleiter auf Baustellen versucht, eine bedarfsorientierte (pull-ge-
steuerte) Versorgung der Arbeitsgruppen mit Material und Information erfolgen.

Materiallogistik

Die Baustellenfertigung ist von Hause aus stark von seinen logistischen
Prozessen bestimmt. Die Materiallogistik hat immense Bedeutung auf Zeit und
Kosten in den Projekten; erhebliche Einsparungen sind heute durch eine ver-
besserte Baulogistik erzielbar. So zeigten Untersuchungen, dass ein Zeitanteil
der Größenordnung von 30 % der Gesamtzeit bei Roh- und Ausbauarbeiten
durch eine verbesserte Logistik positiv beeinflusst werden können [Boenert/-
Blömeke 2003, S.278; Berner 1983, S.121]. Allgemein lassen sich die
Materialien auf Baustellen anhand ihrer Beschaffung in drei generelle
Materialklassen[56] unterscheiden:

---

[54] PEA (oder im Englischen: Percent Plan Complete (PPC)) ist eine Kennzahl der LP-Produk-
      tionssteuerung. Definition und Bedeutung siehe u.a. die Methodenbeschreibung *LP-Produk-
      tionssteuerung* im Anhang 1.
[55] Diese Nachfragezuverlässigkeit kann annähernd über den PEA-Wert des PMS ausgedrückt
      werden.
[56] Lagerprodukte (MTS-Materialien) sind Massenprodukte (z.B. Dichtungen, Schrauben,
      Rohre). Auftragsprodukte (MTO-Materialien) sind normalerweise Standardprodukte, die

- o Lagerprodukte – »made to stock (MTS)«,

- o Auftragsprodukte – »made to order (MTO)«

- o Entwicklungsprodukte auf Kundenwunsch – »engineered to order (ETO)«

Anhand ihrer Bereitstellung auf der Baustelle unterscheiden sich diese Materialien in eine erste Gruppe, die bedarfsgesteuert auf Abruf beschafft und bereit gestellt werden (Abrufprodukte), sowie in eine zweite Gruppe, die in definierten Mengen in Lagern (Lagerprodukte) vorgehalten werden (vgl. Abb. 20).

Abb. 20: Einteilung der Materialklassen

Um für diese unterschiedlichen Materialklassen eine Beschaffung und Bereitstellung nach dem JIT-Prinzip einzuführen, sind in der Beschaffungslogistik auf Baustellen zwei grundsätzliche Vorgehensweisen umzusetzen:

1. Lagerprodukte (MTS) haben üblicherweise kurze Lieferzeiten. Für diese Waren, die normalerweise bereits in Lagern auf Baustellen vorgehalten werden, kann ein physisches Materialbewirtschaftungssystem mit Kanban-Technik und verbrauchsgesteuertem Routenverkehr eingesetzt werden.

2. Auftragsprodukte (MTO) sowie Entwicklungsprodukte (ETO) besitzen normalerweise längere Lieferzeiten; diese müssen bereits in der Terminplanung des Projekts berücksichtigt und z.T. auch heute bereits explizit darin ausgewiesen werden. Für diese Produkte sind die Durchlaufzeiten im Vorfeld mit den Supply Partnern fest zu definieren und ggf. zu verbessern.

gefertigt werden, sobald der Kundenauftrag vorliegt (z.B. Lüftungskanäle). ETO-Materialien sind Produkte, die nach detaillierten Spezifikationen des Kunden geplant und produziert werden (z.B. Vorfertigungsmodule von Steigleitungen u.ä.).

Die Lieferprozesskette mit ihren Durchlaufzeiten kann mit dem jeweils angesprochenen Bauprozess verknüpft werden. Der Materialbedarf wird mit dem PMS verlässlicher gemeldet; das Material kann bei definierter Durchlaufzeit „just in time" durch die Lieferkette quasi auf die Baustelle „gezogen" werden. Ergänzend ist diese Vorgehensweise auch bei Standardbauteilen, die als MTS-Produkte klassifiziert aber aufgrund ihrer Transportparameter (insbesondere: Größe, Gewicht) heute bedarfsgesteuert abgerufen und nicht in Lagern vorgehalten werden, einzusetzen.

Überblick innovativer Logistiklösungen in der Baupraxis

Mit Tabelle 4 sei ein Überblick über die einzelnen, existierenden Logistiklösungen gegeben, die zur Umsetzung dieser beiden Grundvorgehensweisen in der Beschaffung und Bereitstellung von Abruf- und Lagerprodukten auf Baustellen herangezogen werden können. In Stichpunkten werden darin die einzelnen Bausteine kurz beschrieben sowie ihr Zweck und ihre Einsatzkriterien allgemein aufgezeigt.

Diese Logistiklösungen wurden bis heute nur in vereinzelten „Best-Practice-Projekten" eingesetzt und sind einzelne Innovationen aber keinesfalls heute der Standard in der Baulogistik. Gleichzeitig wurden die Lösungen nur als einzelne Systeme angewendet[57]. Der Entwicklungsbedarf von Systemlösungen wurde bereits in Kapitel 3.3 hier benannt; mit Kapitel 3.5.4 werden die zugehörigen Bausteine beschrieben und Systemlösungen abgeleitet.

Logistik-lösung	Kurzbeschreibung	Anwendungs-beispiele
(1) Anlieferungsmanagementsysteme (AMS)	• Avisierung aller Baustellenanlieferungen, Planung und Kontrolle der Anlieferungen in Zeitfenstern • Web-Applikationen stehen zur Online-Avisierung und Terminplanung den ausführenden Unternehmen, Zulieferern und Logistikdienstleistern zur Verfügung **Einsatzkriterien:** meist innerstädtische Baustellen in Ballungsgebieten, begrenzte Baustellenlagerungs- und Materialumschlagskapazitäten, behördlichen Auflagen **Zweck:** gleichmäßige Anlieferungen auf die Baustellen	[Tamaschke 2006], [Brooks 2006]

---

[57] Nur mit Ausnahme der gleichzeitigen Anwendung von MBS und Kanban-Systemen in den LC-Pilot-Projekten in London: Neubau des Terminal T5 - Airport London-Heathrow und CTRL105 St. Pancras Station (vgl. [Arbulu/Ballard/Harper 2003; Arbulu/Ballard 2004]).

(2) Logistik-zentrum / Routen-verkehr	• Anlieferung der Zulieferer an ein zentrales Logistik-zentrum, Zwischenlagerung und Disposition nach Abruf von der Baustelle • Baustellenanlieferung im Routenverkehr gemischt oder nach Unternehmen getrennt **Einsatzkriterien:** meist innerstädtische Baustellen in Ballungsgebieten, stark begrenzte Baustellenlagerungs- und Materialumschlagskapazitäten oder gestörte Zuliefermöglichkeiten (Verkehr etc.) **Zweck:** Erhöhung der Liefertreue durch Pufferung im Lager, gleichmäßige Anlieferung auf die Baustellen durch Routenverkehr	[Blumenthal 2006], [PII 2004]
(3) Material-manager (MM)	• neben der Avisierung und Planung aller Baustellenan-lieferungen (siehe (1) werden die Materialien mit Barcode-Technologie identifiziert • der Materialfluss wird ergänzend auf der Baustelle mit Hilfe von modifizierten Lagerverwaltungsprogrammen bis zu den Bereitstellungslagern[58] am Einbauort gesteuert **Einsatzkriterien:** komplexe Baustellentransportsysteme (wie z.B. im Hochhausbau) **Zweck:** Materialflusssteuerung in komplexen Transport-systemen	[Brooks 2006]
(4) Material-beschaf-fungs-system (MBS)	• Funktionserweiterung der ePMS[59], Abbildung und Kopplung des Materialbeschaffungsprozess an den auslösenden Bauprozess im Datenbanksystem • Vorschau des Materialbedarfs für den Zulieferer in Web-basierter Anwendung • Auslösung u. Controlling des Beschaffungsprozesses **Einsatzkriterien:** Voraussetzung ist ein ePMS **Zweck:** Standardisierung und Steuerung der Material-beschaffungsprozesse, Informationsmanagement	[SPS 2005], [Arbulu/ Koerckel/ Espana 2005]
(5) Kanban-System	• bedarfsgerechte und einfache Beschaffung von Ver-brauchsmaterialien und kleinteiligen MTS-Produkten vom Lieferanten zum zentralen Baustellenlager (externer Kreis) sowie vom zentralen Baustellenlager zur Materialbereitstellung (interner Kreis), interner und externer Routenverkehr **Einsatzkriterien:** Einsatz für alle Verbrauchsmaterialien und kleinteiligeren MTS-Materialien **Zweck:** einfache Steuerung des Beschaffungsprozesses und Materialfluss von Verbrauchsmaterialien sowie kleinteiligem MTS-Material zur und auf der Baustelle	[Arbulu/ Ballard/ Harper 2003]

Tab. 4: Überblick über die bestehenden Logistiklösungen in der Baupraxis

---

[58] Bereitstellungslager sind definiert als Lagerflächen an oder in unmittelbarer Nähe der Einbaustellen.

[59] Die Abkürzung ePMS wird hier definiert als EDV gestützte Produktionsmanagementsysteme. Sie sind datenbankbasierte Anwendungen, die die LPS™-Systematik in eine Software-anwendung übertragen und erweitert haben. Am Markt existiert, derzeit das hier als ePMS bezeichnete System nur von einem Anbieter, der sog. SPS Production Manager [SPS 2005].

3.5.3   Entwicklung des Elements „JIT": Produktion

Aufbauend auf dem im Kapitel 3.5.1 skizzierten Stand in der Entwicklung von Lösungsbausteinen einer JIT-Produktion, wird in diesem Kapitel das JIT-Element des Bau-PS in seinen Bestandteilen Projekt- und Produktionsmanagement sowie Layout-/Arbeitsbereich-Planung neu ausgearbeitet. Im Kern wird das LPS™ als PMS integriert und als Eigenbeitrag ein neuer Baustein der Arbeitsbereich-Planung neu entwickelt.

3.5.3.1 Projektmanagement

Voraussetzungen für eine JIT-Produktion schaffen
Zu Beginn eines Projekts besteht die Aufgabe darin, strategisch-organisatorisch die Voraussetzung für eine Umsetzung von JIT zu schaffen. Dies bedeutet zuerst eine unternehmerische Entscheidung zu treffen, welche Leistungen in eigener Regie und welche durch Dritte erbracht werden. Sind Arbeitspakete der Produktion (Nachunternehmer) als auch der Logistik (Lieferanten) – wie heute im Bau vielfach üblich – an Dritte übertragen, so ist sicherzustellen, dass die Projektbeteiligten organisatorisch vollständig eingebunden werden, um im Sinne einer Win-Win-Situation im JIT-Produktionssystem zu partizipieren.

Rolle des Projektmanagements
Mit der Einführung dieses JIT-Modells wird das heutige Projektmanagement nicht ersetzt sondern vielmehr um ein Produktionsmanagement ergänzt. Die Hauptaufgabe des Projektmanagements ist es weiterhin, Kundenziele im Vorfeld sowie im Verlauf der Projekte zu definieren und Vorgaben für die Bauausführung hinsichtlich der Kosten, Termine und Qualitäten zu geben. Die klassischen Aufgaben des Projektmanagements bleiben somit weitgehend unberührt. Die Termine werden im Rahmenterminplan (RTP) der übergeordneten Bauablaufplanung als Meilensteine definiert und stellen Ausgangspunkte der kooperativen Phasenplanung des LPS™ dar.

3.5.3.2 Produktionsmanagement

Kooperative Phasenplanung

Die Phasenplanung[60] ist zunächst die Verbindung zwischen der grundlegenden technisch-planerischen Gestaltung der Arbeitsaufgaben und übergeordneten Rahmenterminplanung (Planung und Arbeitsvorbereitung) sowie der nachfolgenden Produktionssteuerung des LPS™. Sie ist die erste Stufe im LPS™ (vgl. Abb. 18). Die kooperative Phasenplanung ist eine neue Planungsmethode, mit der im Team der Baubeteiligten und durch eine sog. »Pull-Ablaufplanung«[61] ein detaillierter Bauablaufplan gemeinsam erstellt wird. In diesem Bauablaufplan werden die Schnittstellen definiert und die erforderlichen »Übergaben« an Informationen, Vorleistungen, Raum, Material etc. zwischen den jeweiligen Beteiligten spezifiziert (vgl. [Ballard/Howell 2003]).

Diese Planungstechnik wird im Rahmen von Planungsmeetings mit Beteiligung aller, die für die Ausführung der jeweiligen Arbeiten vor Ort verantwortlich sind, angewendet. Die „Team-Planung" zur Ablaufplanung einer Bauphase wird typischerweise mit den Hauptunternehmern (Bauleitern, Polieren) und den jeweiligen Nachunternehmern (Bauleitern, Polieren) sowie mit weiteren Vertretern von Bauherren und Planern durchgeführt. Basis und Ausgangspunkt stellt immer der Grobablauf- und Rahmenterminplan des Projekts dar. Der grundsätzliche Ablauf einer *kooperativen Phasenplanung* wird zum Verständnis im Glossar in Anhang 3 vollständig beschrieben und kommentiert.

Als Ergebnis dieses Planungsprozesses entsteht ein kooperativ entwickelter Ablaufplan als ein Netzwerk von Arbeitszusagen der Projektbeteiligten, um die erforderlichen Arbeitspakete innerhalb des vorgegebenen Zeitfensters des RTP auszuführen. Dieses Netzwerk von Zusagen bildet schließlich indirekt den Wertstrom der Bauproduktion ab, d.h. es steht für den Arbeitsfluss von einer Aktivität

---

[60] Im Englischen als »Phase Scheduling/Phase Planning« bezeichnet und hier mit dem Begriff „Phasenplanung" im Deutschen übersetzt.

[61] Im Kontext der Phasenplanung wird im Englischen auch von »pull planning« gesprochen, da durch die inverse Planung (engl.: Reverse phase scheduling) der Prozessschritte vom Endmeilenstein aus sich das „Pull-Prinzip" indirekt abbildet.

zur anderen. Die kooperative Phasenplanung kann deswegen auch als ein Pendant zum Wertstromdesign[62] gesehen werden.

Die Vorteile dieser Phasenplanung lassen sich aus Sicht der Praxis wie folgt zusammenfassen [Knapp/Charron/Howell 2006]:

- Projektteams haben ein besseres Wertverständnis des Projekts
- Teambildung durch kooperative Planungsrunde
- jedes Teammitglied erkennt die Erfordernisse der anderen zur Ausführung ihrer Arbeiten
- Die Arbeitspakete werden gemeinsam geplant, so dass ein gemeinsames Verständnis und Zustimmung darüber besteht, was wann ausgeführt werden muss und welche Vorbereitungen zu treffen sind
- ein logischer Bauablauf wird geplant und angemessene Vorgangsdauern werden definiert (Fließfertigung, Produktionsnivellierung)
- Rahmenterminpläne, die auf Basis der Phasenplanung überarbeitet werden, sind verlässlicher
- dem Projektteam ist bekannt, woraus der Vorschauplan entwickelt wurde, der im weiteren Verlauf zur Steuerung der Arbeiten im LPS™ eingesetzt wird

Vorschauplanung

Ausgangspunkt und Basis der *Vorschauplanung (VP)* sind die geplanten Arbeitsabläufe und -zusagen des Phasenplans. Das hier kooperativ erarbeitete und abgebildete Netzwerk an Arbeitsprozessen stellt einen detaillierten Zeitplan der geplanten, zugesagten Arbeiten der Beteiligten in einem Zeitfenster von 3 bis 12 Wochen als Vorschau zur Verfügung. Der jeweils gewählte Vorschauzeitraum ist anhand der Projektcharakteristik, der bestehenden Planungssicherheit des Bauherren und im erarbeiteten Phasenplan im Projekt zu definieren. Der Ablauf der *Vorschauplanung* lässt sich wie folgt kurz an dieser Stelle in seinen drei Arbeitsschritten umreißen:

- Selektion der Aktivitäten
- Analyse der fehlenden Voraussetzungen (Restriktionsanalyse)[63]
- Vorschau- und Controllingprozess

---

[62] Wertstromdesign ist eine einfache aber wirksame Methode, den aktuellen Stand einer Produktion und deren Prozesse zu erfassen und darauf aufbauend eine flussorientierte Produktion zu konzipieren und zu realisieren (vgl. hierzu [Rother/Shook 2004]).
[63] Im engl.: «constraint analysis».

Abbildung 21 gibt ergänzend einen Überblick über die Arbeitschritte und ordnet sie im Gesamtsystem des LPS™ ein; im Werkzeugglossar (Anhang 3) werden sie letztlich detailliert in ihrem Ablauf beschrieben.

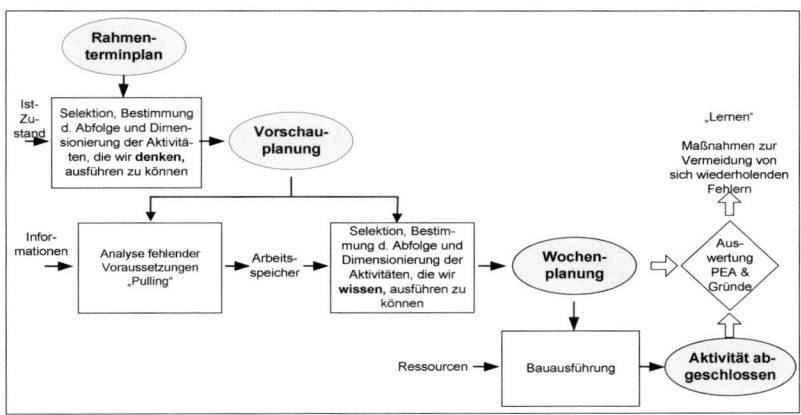

Abb. 21: Die Vorschauplanung im LPS™[64]

Mit dieser VP wird zum einen das Pull-Prinzip umgesetzt und systematisch eine Arbeits- und Ressourcenplanung durchgeführt. Beim Pull-Prinzip werden Material, Informationen und Ressourcen in den Prozess gezogen, wenn dieser zur Ausführung bereit ist. Dass alle Aktivitäten zur Ausführung bereit sind, wird durch die Vorschauplanung sichergestellt. In diesem Vorschauprozess wird überprüft, ob alle Voraussetzungen erfüllt sind; fehlende Voraussetzungen (z.B. Material, Planungsinformation) werden im Vorschauzeitraum durch die betroffenen Projektbeteiligten behoben, indem Anforderungen an die vorausgehenden Prozesse klar kommuniziert werden. Die Aktivitäten werden so im Vorschauzeitraum zur Ausführung bereitgemacht (im engl.»make ready«). Durch diese Systematik wird das Pull-Prinzip im Vorschauprozess explizit abgebildet. Dabei wird innerhalb des Vorschauprozesses im Team unter Abgleich von Aufwand und Kapazitäten durch die jeweils Beteiligten im Prozess ein Arbeits- und Ressourcenabgleich genauer als heute durchgeführt, bevor die Aktivitäten als Arbeitszusagen in die Wochenplanung, der letzten Ebene der Steuerung, eintreten (Produktionsnivellierung).

---

64   Vgl. [Ballard 2000a, fig. 3.2] (v.V. übersetzt).

Varianten der Kooperativen Phasenplanung und Vorschauplanung

Die kooperative Phasenplanung stellt zunächst einmal ein Werkzeug dar, und kann je nach Größe und Komplexität des Projekts in unterschiedlicher Detaillierung und Zusammenspiel zwischen Rahmentermin- und Vorschauplanung eingesetzt werden. Maßgeblich sollte jeweils die gewählte Struktur und Größe des Gesamtprojekts sein. In der Literatur wurden bisweilen keine festen Vorgehensweisen in diesem Zusammenspiel bestimmt und klassifiziert. An dieser Stelle werden durch den Verfasser die 3 optionalen Vorgehensweisen abgeleitet und vorgeschlagen. In Analogie zur Projektstruktur, die örtliche Abschnitte und zeitlich versetzte Bauphasen aufschlüsselt, kann die mit der Phasenplanung betrachtete „Phase" im Vorfeld festgelegt werden. Darauf aufbauend ergeben sich drei unterschiedliche Vorgehensoptionen, die in Abbildung 22 zusammengefasst und im Folgenden beschrieben sind:

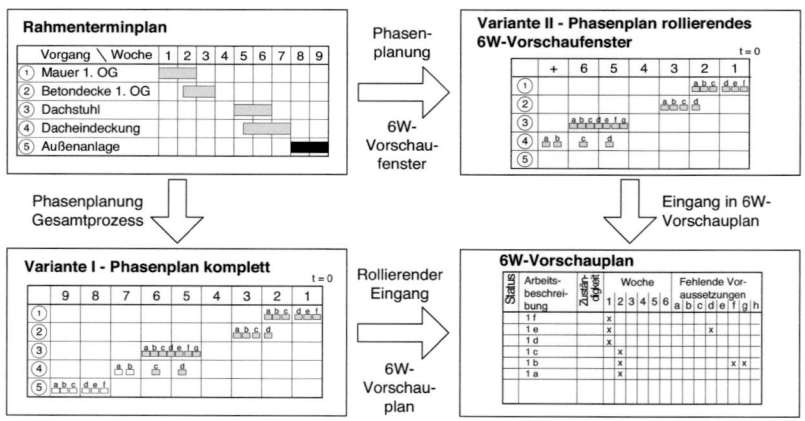

Abb. 22: Vorgehensoptionen in der Phasen- und Vorschauplanung

Die **Vorgehensweise A** sieht zunächst vor, aufbauend auf dem RTP für die gesamte Phase (z.B. Bauabschnitt, Teilprojekt oder Gesamtprojekt), die Phasenplanung durchzuführen (Variante I in Abb. 22). Der erstellte Phasenplan wird anschließend visualisiert, wobei hier ein rein grafisches Abbild des Plans[65] oder eine Übertragung in bekannte Terminplanungsprogramme und -darstellungen

---

[65]   I.d.R. wird der Plan mit einfachen Bearbeitungen in MS Excel, MS Visio o.ä. visualisiert.

möglich ist. Rollierend[66] werden danach die Arbeitspakete der Phasenplanung in die Vorschauplanung übernommen. Vorteil ist die vollständige Planung der gewählten Phase; nachteilig kann die eingeschränkte Übersichtlichkeit durch die hohe Zahl der zu berücksichtigenden Prozessketten sein.

Mit **Vorgehensweise B** werden rollierend aus dem Vorschauzeitraum (z.B. sechs Wochen) die betroffenen Arbeitspakete[67] (Meilensteine) herausgefiltert und mittels der Phasenplanung kooperativ aufgeschlüsselt (Variante II in Abb. 22). Die definierten Prozesse werden anschließend in die Vorschauplanung übernommen. Durch die Vorselektion wird der Umfang der Phasenplanung reduziert, jedoch setzt der kooperative Planungsansatz später ein und auf einen korrekten, logischen Rahmenterminplan der Bauherren ist hier besonders von Beginn an zu achten.

Vorgehensweise C sieht eine Kombination aus A und B vor. Hier wird zunächst auf erster Ebene (wie in Vorgehensweise A) eine komplette Phasenplanung der betrachteten Phase durchgeführt (Variante I; Abb. 22) und der RTP detailliert und vervollständigt. Auf einer zweiten Detaillierungsebene können, rollierend aus dem Vorschauzeitraum die betroffenen Arbeitspakete herausgefiltert und in einer Phasenplanung weiter aufgeschlüsselt werden (nach Variante II; Abb. 22), bevor abschließend die Prozessketten in die Vorschauplanung übernommen werden.

Insgesamt betrachtet, besteht die Herausforderung darin, aus den projektspezifischen Anforderungen das Optimum aus Vorplanung in der Rahmenterminplanung des Projektmanagements und kooperativer Phasenplanung zu finden. Vorgehensweise C bietet sich beispielsweise in größeren Projekten an, in denen in erster Ebene die Bauleiter, Nachunternehmerleiter, Bauherren und Planer einen „Rahmenphasenplan" erstellen und dieser anschließend baubegleitend auf der operativen Ebene der Bauleiter und Poliere weiter detailliert wird. Bestimmend ist unter anderem auch, ob schließlich zur Steuerung eine Wochenplanung oder Tagesplanung (Planungshorizont) eingesetzt wird. Hierin wird deutlich, dass die kooperative Phasenplanung flexibel und projektspezifisch als Planungsmethode einsetzbar ist.

---

[66] Rollieren: regelmäßig wechseln, in dem eins dem anderen folgt.
[67] Ein Arbeitspaket ist betroffen, wenn der Starttermin des Vorgangs sich innerhalb des definierten Vorschauzeitraums befindet, auch wenn der Vorgang über die 6-Wochengrenze hinaus andauert.

Wochenarbeitsplanung

Die *Wochenarbeitsplanung*[68/69] stellt die letzte Planungs- und Steuerungsebene im LPS™ dar. Sie findet in wöchentlichen so genannten Wochenarbeits-planungsrunden mit allen Ausführungsbeteiligten statt. Der Ablauf dieser Planungsrunde ist, wie auch ausführlich im Werkzeugglossar (Anhang 3) beschrieben, in vier Schritten standardisiert:

1. Abfrage der Erledigungsstände des vorangegangenen Wochenarbeits-plans und Ursachenanalyse bei Nichterfüllung (*PMS Fehler-Ursachen-Analyse*)
2. Erstellung des Wochenarbeitsplans der kommenden Woche
3. Fortschreibung des Vorschauplans
4. Auswertung und *PEA-Analyse*

Kernstück der Wochenarbeitsplanung ist das Controlling der Aufgabenerfüllung sowie die Ursachenanalyse bei Nichterfüllung (*PMS Fehler-Ursachen-Analyse*). So wird zu jeder Arbeitszusage der Erledigungsstand abgefragt und im Wochenarbeitsplan dokumentiert (*PEA-Analyse*). Falls eine Arbeitszusage nicht erledigt wurde, gilt es zwingend, die tatsächliche Ursache der Abweichung im Team zu bestimmen und Maßnahmen zur Lösung, Behebung oder Verbes-serung im Team herbeizuführen. Dies ist der im Rahmen dieser Arbeit definierte »kontinuierliche Verbesserungsprozess I« als ein Teil der hier entwickelten KVP-Lösung, dessen Ablauf im Element KVP (Kapitel 3.6) noch beschrieben wird. Der Grund und die Ursache der Abweichung werden dokumentiert und kategorisiert. Exemplarische und bewährte Kategorien sind in den Formblättern des PMS ersichtlich (vgl. Anhang 3).

Aus dem Controlling der Arbeitszusagen wird im Nachgang vom Prozess-manager der PEA-Wert ermittelt und im Verlauf über die Bauzeit visualisiert. Ferner wird in der Auswertung eine Zusammenstellung der kumulierten Abweichungen nach Kategorien erstellt und mittels *Histogrammen* aufbereitet, um als Bewertungsgrundlage des Gesamtprojekts im KVP-Modell zu dienen (→»kontinuierliche Verbesserung II« vgl. Kap. 3.6.3). Es gilt letztlich der Grundsatz, dass zwar auch mit dem LPS™ nicht alle Abweichungen zwischen

---

[68] Engl.: «weekly work plan».
[69] Die Wochenarbeitsplanung kann bei Projekten auch durch eine Tagesarbeitsplanung in Kombination einer 2-Wochenvorschauplanung abgelöst werden. Im Folgenden sei jedoch von einer Wochenarbeitsplanung ausgegangen.

Plan und Soll verhindert werden, aber aus der Problemidentifikation alle Beteiligten daraus lernen und die Abweichungen zukünftig reduziert werden sollen.

Im Ergebnis wird mit der Wochenarbeitsplanung eine Konditionierung der Beteiligten bis auf die letzte Steuerungsebene so auch erreicht, so dass der Anteil an ungeplanten Arbeiten reduziert wird. Basis dafür ist, dass nur Aktivitäten ausgeführt werden, die durch den Vorschauprozess tatsächlich bereit zur Ausführung sind, im geplanten Detailablauf terminiert oder als Ausweichtätigkeit (Arbeitsspeicher) bei Störungen geplant ausgeführt werden. Mit diesem Vorgehen wird der Bauprozess transparenter sowie gleichzeitig der Anteil an unfertigen Arbeiten reduziert, was in Folge zahlreiche Verschwendungsquellen auf den Baustellen (Bestände, Wartezeiten, Behinderung etc.) versiegen lässt (Transparenz u. Stabilität).

EDV-gestützte Managementsysteme in der Produktionssteuerung (ePMS)

Entwickelte EDV-gestützte Produktionsmanagementsysteme (ePMS) weisen im Grunde zwei Funktionsbereiche auf [SPS 2005]: (1) Produktionsplanung und -steuerung als Umsetzung des LPS™ und (2) die prozessorientierte Wissensmanagementkomponente.

Der Funktionsbereich Produktionsplanung und -steuerung stellt eine weiterentwickelte EDV-gestützte Lösung zur Durchführung und Dokumentation der LPS™-Systematik dar. Analog zu Vorschau- und Wochenplanungen werden softwaregestützt die Aktivitäten in ihrem geplanten und koordinierten Ablauf aus dem Phasenplan in eine Datenbankanwendung eingepflegt und vom Vorschauprozess bis zur Wochenplanung gesteuert. Der Vorteil des ePMS liegt darin, dass durch das Datenbanksystem die Erstellung von Wochenplanungen aus der Vorschauplanung und die zugehörigen Auswertungen (PEA-Analyse, Histogramme der Ursachenanalysen) teilautomatisiert sind, statt diese händisch in Tabellen erarbeiten zu müssen. So ist der Produktionssteuerungsprozess vor allem in größeren Projekten oder bei höherer Detaillierung der Planung einfacher und transparenter. Als Web-Applikation ist die Anwendung flexibel von Arbeitsgruppen ortsunabhängig einsetzbar und ermöglicht durch die Systemarchitektur die Steuerung und Auswertung des Projekts auf verschiedenen Ebenen von Arbeitsgruppen, Bauleitern und Projektmanagern.

Der Zeithorizont der Vorschauplanung ist im ePMS ebenfalls flexibel wählbar. So wurde beispielsweise in der Ausführungsphase eine 2-Wochen-Vorschauplanung in Verbindung mit einer Tagesplanung statt der in tabellarischer Anwendung häufig angewendeten 6-Wochen-Vorschauplanung mit Wochenplanung praktiziert [Arbulu/Koerckel/Espana 2005; SPS 2005]. Bei Detaillierung auf Tagesplanung und bei entsprechender Größe des Projekts kommen die Vorteile des ePMS als rechnergestützte Anwendung voll zum Tragen. Ferner beinhalten ePMS-Systeme eine einfache Wissensmanagementkomponente. Mit ihr können jedem definierten Arbeitsprozess ergänzende Informationsunterlagen (Pläne, Dokumente) in der Datenbank hinterlegt und zugegriffen werden (siehe auch Kap. 3.5.4.3 Informationslogistik).

Zusammenfassend ist ein ePMS besonders von Vorteil, wenn es als Gesamtsystem mit seinen erweiterten Funktionsbereich des Wissensmanagements und dem Materialbeschaffungssystem (MBS), als zusätzliches Add-on zur Steuerung der Beschaffungslogistik (vgl. Kap. 3.5.4) eingesetzt wird. Ein Nachteil jedoch ist das bis heute nur ein System in dieser Form am Markt verfügbar ist.

3.5.3.3 Neuentwicklung der Arbeitsbereich-Planung als Basis eines produktionsorientierten Layouts

Mit Kapitel 3.3 wurde der Bedarf zur Entwicklung der Arbeitsbereich-Planung bereits begründet. Im Folgenden wird diese neu entwickelte Planungsmethode in ihren Bestandteilen beschrieben.

Die Arbeitsbereich-Planung stellt eine mögliche und zu berücksichtigende Planungs- und Steuerungsmethode für das Flächenmanagement auf den Baustellen dar. Aufgabe des Flächenmanagement ist es, Arbeits- und Lagerraum sowie Transportwege an und zu den Arbeits- und Produktionsstätten einer Baustelle produktionsorientiert bereitzustellen. Im Kontext des Hochbaus wird hierfür vielfach auch synonym von der Etagenlogistik gesprochen, die Teil projektbezogener Logistikplanungen ist. In der heutigen Praxis werden i.d.R. nur zentrale Einrichtungs- und Lagerflächen im Vorfeld definiert und in einer globalen Baustelleneinrichtungsplanung abgebildet. Arbeits-, Lagerflächen und Transportwege der Montagestellen werden nicht im Vorfeld geplant sondern nur mehr oder minder gut improvisiert gestaltet. Aber gerade hier liegt bekanntermaßen ein hohes Maß an Verschwendungen vor [Ott 2005, Boenert/Blömeke 2003, Thomas/Riley/Messner 2005]. Die zitierten Untersuchungen zeigten bereits das Potenzial einer verbesserten Organisation des Arbeits- und Lagerraums auf.

Die Bau begleitende Definition und Planung der benötigten Flächen der einzelnen Arbeitsbereiche in einem sog. Projektlogistikplan erwies sich als ein einfaches, effektives Werkzeug. Hierbei wurden auf Basis des Bauzeitenplans fortlaufend die benötigten Flächen für Lagerung und Transport in Grundrisszeich-
nungen eingeplant und visualisiert [Mastroianni/Abdelhamid 2003, Ott 2005].
Diese Planungsansätze sollen mit der hier bezeichneten Arbeitsbereich-Planung aufgegriffen und als Novum dieser Arbeit in die Systematik des LPS™ des
JIT-Produktionsmanagement integriert werden. So wurde eine Planungssyste-
matik bestehend aus einer *Arbeitsbereich-Phasenplanung, -Vorschauplanung
und -Wochenplanung* durch den Verfasser neu entwickelt und nachfolgend
beschrieben.

Arbeitsbereich-Phasenplanung

In Analogie zum Aufbau des Produktionsmanagements auf der Planungsebene
wird die *Arbeitsbereich-Phasenplanung* als erster Schritt in Ergänzung zur kooperativen Phasenplanung und aufbauend auf eine Baustelleneinrichtungs(lo-
gistik-)planung konzipiert. Der kooperative Phasenplan stellt die Basis der
Arbeitsbereich-Phasenplanung dar. Mit dessen Fertigstellung ist der Ablauf der
einzelnen Bauprozesse und ihre Abhängigkeiten als Netzwerk auf dieser Planungsebene bestimmt und terminiert worden. Als Input der Logistik ist zusätzlich im Vorlauf ein Grob-Baustelleneinrichtungsplan – in üblicher Form – zu konzipieren, in dem die logistischen Vorgaben (verfügbare zentrale Lager- und Einrichtungsflächen, Transportmittel, Transportwege etc.) für eine Arbeitsbereich-
Planung vorgegeben sind.

Die Arbeitsbereich-Planung erfolgt im Rahmen der Phasenplanungsrunde durch
die Schritte 10.-13., die sich direkt an die 9 Schritte der →*kooperative Phasenplanung* anschließen sollen (vgl. Anlage 3):

10. *Visualisierung der logistischen Vorgaben in den Grundrissplänen der
    Einbaubereiche*
    Auf Basis bestehender Grundrisspläne des Objekts werden in Einrich-
    tungsplänen die geplanten Baustelleneinrichtungselemente, Transport-
    mittel und -wege etc. visualisiert. Die Pläne sind den entsprechenden
    Phasenplänen und ihren Einzelprozessen und Zeitperioden zuzuordnen
    und bilden die Planungsunterlage für die nächsten Schritte (vgl. Abb. 23).

11. *Definition und Zuordnung des Einzelprozesslager- und Arbeitsflächen-*
    bedarfs

    Von den einzelnen Gewerken, Nachunternehmern oder Arbeitsgruppen
    wird korrespondierend zu ihren bereits geplanten Arbeitspaketen der La-
    ger- und Arbeitsflächenbedarf abgeschätzt. Hierfür wird analog auf Haft-
    zetteln der Flächenbedarf der Lager, d.h. Größe, „ideale Lage" in der Ar-
    beitszone (Raum), Belegungsdauer sowie der zugehörige Arbeitsflächen-
    bedarf, d.h. Größe und Lage in der Arbeitszone, visualisiert und zur be-
    trachteten Zeitperiode (analog zum Arbeitspaket) in der angesprochenen
    Arbeitszone in den Grundrissplänen an der Wandtafel zugeordnet. Der
    Planungsprozess bricht analog zum Ablauf der kooperativen Phasenpla-
    nung wiederum aus, wenn der Arbeitsraumbedarf in Verknüpfung zu den
    anderen beteiligten Gewerken/Arbeitsgruppen und den örtlichen Vorgaben
    gesehen wird. Neue logistische Abläufe, Kapazitätsanpassungen sowie
    eine Anpassung der Phasenplanung der Arbeitspakete können Resultate
    dieser kooperativen Planung sein.

12. *Überprüfung der Arbeitsbereich-Phasenplanung auf Vollständigkeit und*
    Kollisionsfreiheit

13. *Visualisierung der Arbeitsbereich-Phasenplanung*

    Wenn alle Beteiligten dem Arbeitsbereich-Phasenplan einvernehmlich
    zustimmen, sollten die erarbeiteten Angaben in den jeweiligen ange-
    sprochenen Grundrissplänen abschließend visualisiert werden. Sie bilden
    korrespondierend zum geplanten Detailbauablauf den Flächenbedarf für
    Lagerung und Montagetätigkeiten ab und sind Basis für die weiteren
    Planungsschritte der Vorschauplanung.

Als Ergebnis wird mit dieser Arbeitsbereich-Planung die kooperative Phasenplanung der Produktionsprozesse um die Planungsebene des Arbeitsbereichs in
den jeweiligen Arbeitszonen detailliert. Die räumlichen Abhängigkeiten unter
den Beteiligten werden in erster Ebene koordiniert. Der Arbeitsbereich-Phasenplan ist der planerische Ausgangspunkt für die weiteren Schritte der Vorschau-
und Wochenplanung zur Umsetzung einer koordinierten Arbeitsbereich- oder
Etagenlogistikplanung in der Bauausführung.

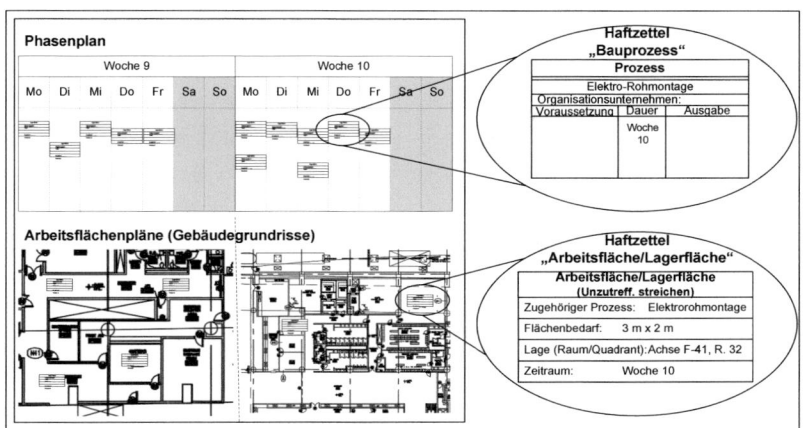

Abb. 23: Übersicht Arbeitsbereich-Phasenplanung (vereinfachtes Grundprinzip)

Arbeitsbereich-Vorschauplanung und -Wochenplanung

Aufbauend auf den Arbeitsbereich-Phasenplan ist der Planungsprozess auf der Steuerungsebene der Bauproduktion fortzuführen. Die Arbeitsschritte erfolgen in Anlehnung und parallel zur Produktionssteuerung des LPS™.

In der **Arbeitsbereich-Vorschauplanung** ist bei Änderung der Aktivitäten (Bauprozesse) der Arbeitsbereich-Plan entsprechend fortzuschreiben. Der Arbeitsraum stellt im Vorschauprozess des LPS™ zunächst eine fehlende Voraussetzung dar. Sie wird mit der Arbeitsbereich-Planung ergänzend aufgeschlüsselt und geplant (*Arbeitsbereich-Vorschauplanung*).

In der **Arbeitsbereich-Wochenplanung** schließlich, in der die Aktivitäten in verbindliche Arbeitszusagen münden, wird der *Arbeitsbereich-Wochenplan* abgeschlossen. Darin sind Arbeits-, Lager- und Transportzonen für die betroffenen Arbeitsbereiche (Etagen) der kommenden Woche koordiniert und definiert worden. Mit dieser Planvorgabe können in der Ausführungsvorbereitung die Arbeits-, Lager- und Transportzonen vor Ort auf den Baustellen visualisiert (→PASV) und der erste Baustein eines Produktionsorientiertes Layout[70] durch die prozessorientierte Arbeitsflächennutzung auf der Baustelle erreicht werden.

---

[70] Ein zweiter Baustein eines produktionsorientierten Layout ist die Arbeitsplatzgestaltung selbst, die in der Detailplanung durch Arbeitsplatzstandardisierung, Visualisierung (→PASV) produktionsorientiert verbessert werden kann.

3.5.3.4 Umsetzung der JIT-Produktion auf der Ausführungsebene

Kommunikation zwischen Produktionsmanagement und Arbeitsgruppen

Auf letzter Stufe vor der Ausführung der Arbeiten steht mit dem LPS™ die verbindliche Arbeitszusage des Teamleiters (oder NU). Die Kunst und Aufgabe der Teamleiter ist es, zum einen diese definierten Produktionsziele transparent bis zum letzten Arbeiter zu kommunizieren und gleichzeitig Problempunkte aufzugreifen, gemeinsam zu besprechen und zu lösen. Mit der Umsetzung der Gruppenarbeit (→APO) haben sich zur „Zwei-Wege-Kommunikation" zwischen Teamleiter und ihren Arbeitsgruppen kurze *tägliche Gruppengespräche/Regelkommunikation*[71] in der Praxis bewährt. Dabei teilen die Teammitglieder kurz und knapp den Stand der Arbeiten seit dem letzten Tag mit und die Arbeitszusagen (-ziele) werden besprochen. So ist die Rückkopplung zur Wochenplanung zwischen den Facharbeiter-Teams, den Teamleitern und dem Prozessmanager gewährleistet. Unterstützt werden kann diese Regelkommunikation durch den Einsatz des Kanbanprinzips, indem auf sog. Produktionskanbans die Aufgaben und die dazu erforderlichen Informationen der einzelnen Aktivität (Arbeitszusagen) aus der Wochenplanung (LP-Besprechung) auf die Arbeitsebene in einfacher definierter Weise kommuniziert werden (vgl. [Jang/Kim 2007]). Gleichzeitig können Problempunkte mit Kanban-Karten signalisiert und der KVP-Prozess von den einzelnen Beteiligten (Facharbeitern, Teamleitern, Prozessmanagern) angestoßen werden.

Schaffung eines Produktionsorientierten Layouts

Die *Arbeitsbereich-Planung* für die Baustellen soll ein produktionsorientiertes Layout der Arbeitsstellen als Gestaltungsprinzip der JIT-Produktion umsetzen, indem mit ihr im ersten Schritt die Flächen und Einrichtungen von Lager- und Arbeitsprozessen dynamisch und kooperativ geplant werden. Produktionsorientiertes Layout bedeutet allgemein, die Arbeitsstellen dahingehend zu verbessern, dass Wege von Material und Personal vereinfacht und reduziert werden. Neben diesem ersten Schritt der Planung des Arbeitsbereichs sind weitere vielfältige Lösungen sinnvoll als ein Standard auf den Baustellen einzuführen. Mit den Methoden der Standardisierung und Visualisierungen (vgl. Kap. 3.8) werden hierbei weitere Lösungsbausteine (Standardarbeitsplätze, Standard-

---

[71] Im Englischen auch als „Daily Huddle Meeting" bezeichnet.

werkzeuge und -einrichtungen) zur Einführung eines Produktionsorientierten Layouts auf der Ausführungsebene gegeben.

3.5.4   Entwicklung des Elements „JIT": Logistik

Mit Kapitel 3.5.2 wurde aufgezeigt, welche neuen Möglichkeiten und Methoden-bausteine heute vorhanden sind, um eine Baulogistik nach JIT-Gestaltungsprin-zipien umzusetzen. Gleichzeitig wurde die Notwendigkeit der Entwicklung von abgestimmten Logistiksystemlösungen aus diesen Bausteinen in Kapitel 3.3 begründet. So soll, strukturiert in die Bereiche der Materiallogistikplanung und -steuerung sowie Informationslogistik, ein PS-Logistik-Element abgeleitet werden. Hierbei werden erstmals für die gesamte Prozesskette der Beschaffung und Bereitstellung innovative Baulogistik-Einzellösungen kombiniert und aufein-ander abgestimmt und im Einklang mit den Produktionssteuerungsmethoden als Systemlösungen neu entwickelt (Kapitel 3.5.4.4).

Mit der Neuorganisation der Produktion- und Materiallogistik ergeben sich gleichzeitig neue Möglichkeiten der Informationslogistik, die mit Kapitel 3.5.4.3 aufgezeigt werden.

3.5.4.1 Planungsaufgaben der JIT-Logistik: Durchführung einer Einrich-tungs- und Materialflussplanung

Die Logistik unterteilt sich in die zwei Bereiche Beschaffungs- und Produktions-logistik. Mit der neu entwickelten Arbeitsbereich- sowie der bekannten Baustel-leneinrichtungsplanung werden zentrale Planungsaufgaben der Produktionslo-gistik durch die Definition von Lager- und Transportflächen und Einrichtungen erfüllt.

Für die Beschaffungslogistik stehen zwei planerische Aufgaben im Mittelpunkt. Erstens ist die Integration der Zulieferer in der technischen und logistischen Pla-nung sicherzustellen. Hier sind die Rahmenbedingungen zur Bildung von Zu-lieferpartnerschaften in organisatorischer Sicht zu schaffen (→APO). Zweitens und entscheidend ist für die Beschaffung eine Logistikplanung zu erstellen, die detaillierter als bisher erfolgen muss. Um eine bedarfsgerechte Materiallogistik umzusetzen, müssen die Beschaffungsprozesse transparent und die Durchlauf-zeiten vom Baustellenabruf bis zur Lieferung bekannt sein. Eine Methode, die hier auf der Planungsebene anzuwenden ist, ist das *Wertstromdesign*. Mit dieser einfachen und wirksamen Methode wird im ersten Schritt der heutige

Stand der einzelnen Beschaffungsprozesse erfasst und der aktuelle Stand des Material- und Informationsflusses dokumentiert. In einem zweiten Schritt kann darauf aufbauend eine verbesserte, flussorientierte Beschaffung konzipiert und unter Beteiligung der Lieferanten realisiert werden. Diese Planungsmethode kann in der Vorplanung nach Priorität der Beschaffungsprozesse oder bei auftretenden Problemen individuell eingesetzt werden. Die hier definierten Durchlaufzeiten finden Eingang in die Steuerung der Lieferprozesse von Auftrags- und Entwicklungsprodukten.

Es bleibt die Herausforderung für die Projektverantwortlichen, unter den spezifischen Rahmenbedingungen ein strategisch-organisatorisches Logistikkonzept Maß zu schneidern. Hierfür werden im folgenden Abschnitt dieser Arbeit neue Systemlösungen zur Umsetzung von JIT abgeleitet und den Verantwortlichen als Planungsgrundlage zur Verfügung gestellt.

3.5.4.2 Logistikbausteine zur Materialbeschaffung und -bereitstellung

Die JIT-Logistiklösungen umfassen die Materialsteuerung in der Beschaffung und Bereitstellung zur und auf den Baustellen. Es soll das Methodenset der heute angewendeten, innovativen Logistiklösungen als Neuerung in Systemlösungen zusammengeführt werden. Für die unterschiedlichen Materialklassen lassen sich die Logistiklösungen unterscheiden in (vgl. Abb. 24): (1) die bedarfsgesteuerte Beschaffung und Bereitstellung von Halbfabrikaten (ETO- und MTO-Bauteilen, Baugruppen und großvolumigen/schweren Standardbauteilen [MTS]), die als Abrufprodukte von den Baustellen geordert werden, sowie (2) in die auf Lager beschafften und bereitgestellten Lagerprodukte (Hilfs- u. Betriebsstoffen, kleinvolumigen/lagerfähigen MTS-Bauteilen).

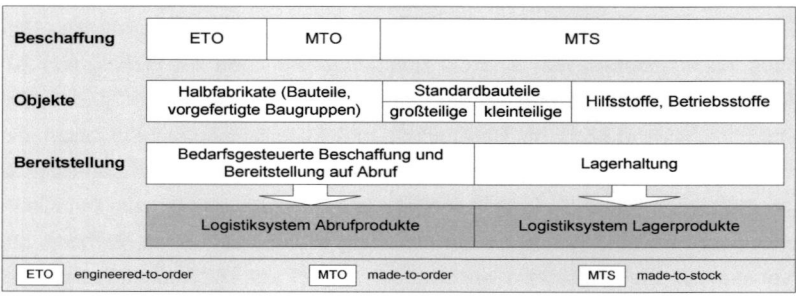

Abb. 24: Materialklassen und Logistiksysteme

Die einzelnen Teilsysteme für die beiden Beschaffungs- und Bereitstellungs-
logistiksysteme für Abruf- und Lagerprodukte sind im nächsten Abschnitt als ein
Methodenset dargestellt.

Logistiksystem - Abrufprodukte

Zur bedarfsgesteuerten Beschaffung und Bereitstellung sind alle Materialien
zunächst einer Bauaktivität zuzuordnen, da der gesamte Logistikprozess an
diese gekoppelt wird. Der Logistikprozess und einsetzbare Teilsysteme zur Beschaffung und Bereitstellung von Abrufprodukten sind in Abbildung 25 skizziert::

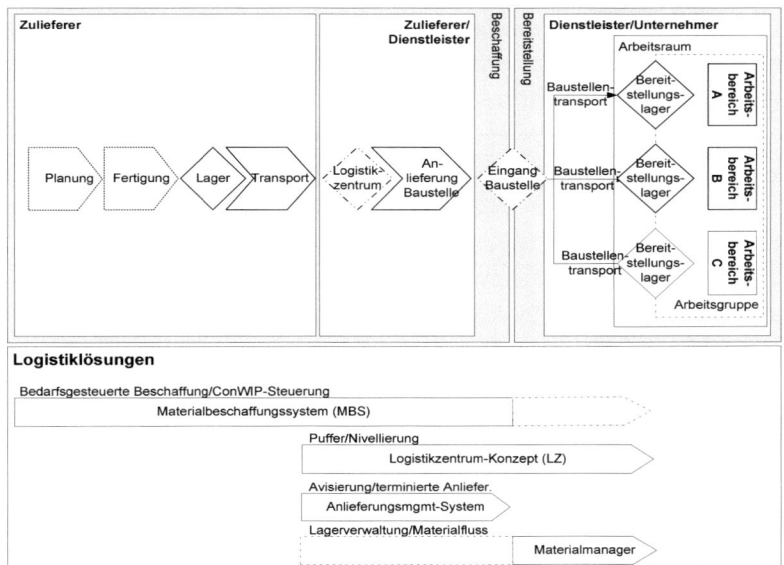

**Abb. 25: Logistikprozesse und ihre zugeordneten Logistiklösungen zur bedarfsgerechten
Beschaffung und Bereitstellung**

Nach definiertem Logistikkonzept[72] erfolgt der Abruf von der Baustelle unter
Berücksichtigung der Durchlaufzeiten[73] von der Bestellung bis zum Einbau. Je
nach Materialbeschaffungsklasse startet der Beschaffungsprozess mit der Planung, Fertigung des Einbauteils oder mit Abruf vom Lieferantenlager.
Anschließend erfolgen Transport und Anlieferung auf die Baustelle. Ab Eingang

---

[72] Logistikkonzept umschreibt die planerischen Vorgaben der Logistik (vgl. Kap. 3.5.4.1).
[73] Vgl. Kapitel 3.5.4.1 Planungsaufgaben der JIT-Logistik

der Baustelle werden durch Baustellentransporte die Materialien an den Bereitstellungslagern nahe der jeweiligen Arbeitsbereichen vorgehalten. Die Bereitstellungslager werden im Rahmen der *Arbeitsbereich-Planung* festgelegt.
Zur Steuerung dieses Logistikprozesses stehen dabei heute unterschiedliche Lösungen zur Verfügung (vgl. Kap. 3.5.2), die einzeln für sich bereits angewendet, aber erst im Rahmen dieser Arbeit methodisch abgestimmt zusammengeführt werden. Folgende Teilsysteme werden in den Logistiksystemen berücksichtigt (Abb. 25): (1) das Materialbeschaffungssystem (MBS) zur bedarfsgesteuerten Bestellauslösung und Überwachung des Beschaffungsprozesses, (2) das Logistikzentrumskonzept (LZ) zur Nivellierung der Anlieferungen, (3) das Anlieferungsmanagementsystem (AMS) zur Avisierung, Terminierung und Nivellierung von Baustellenanlieferungen und (4) das Materialmanagementsystem (Materialmanager [MM]) zur Materialwirtschaft auf der Baustelle.

Materialbeschaffungssystem (MBS). Das Materialbeschaffungssystem ist eine Funktionserweiterung (Add-on) des ePMS[74]. Auf Basis einer mit den Lieferanten erarbeiteten Logistikplanung (Prozessroutinen, Durchlaufzeiten) kann zum einzelnen Bauprozess der jeweilige Materialbedarf und dessen Beschaffungsprozess im System abgebildet und gekoppelt werden. Von der Vorschauplanung bis zur Wochen- bzw. Tagesplanung kann der Bedarf dynamisch nach aktuellem, erforderlichem Lieferzeitpunkt ausgewiesen, der Beschaffungsprozess zeitgerecht ausgelöst und bis zur Bereitstellung auf der Baustelle überwacht werden (vgl. Abb. 26 und 27).

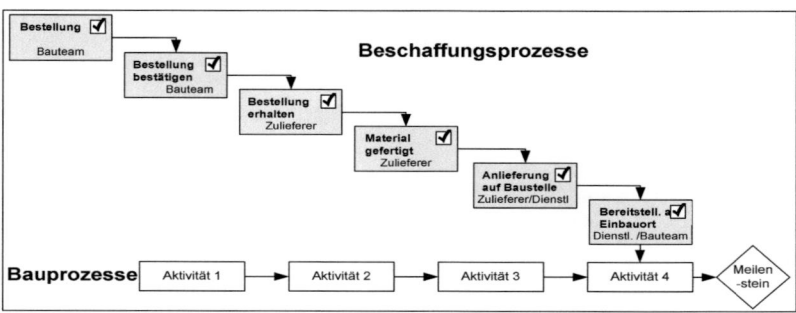

Abb. 26: MBS – Prinzipskizze der Kopplung des Bau- und Beschaffungsprozesses

---

[74] Bisweilen ist nur der SPS Material Manager als Add-on zum SPS Production Manager (ePMS) als MBS auf dem Markt verfügbar.

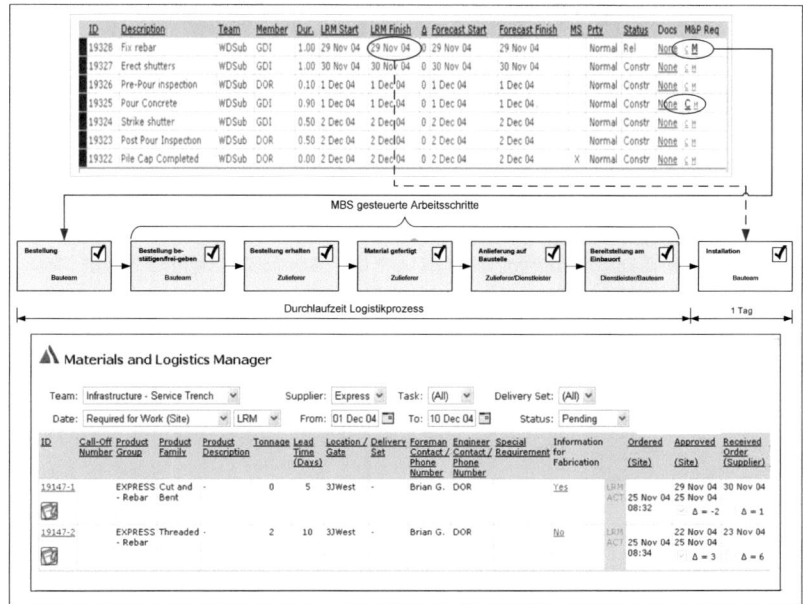

Abb. 27: MBS – Beispiel SPS Material Manager[75]

Beim MBS handelt es sich um eine hybride[76] Steuerung des Zulieferprozesses, indem die Bestellung nach Bedarf und Vorschau und je nach Materialklasse in den Beschaffungsprozessschritt der Planung, Fertigung oder Auslieferung vom Lieferantenlager in die Supply Chain eingesteuert wird. Die anschließenden Beschaffungsprozesse werden durch die Web-Applikation von den Beteiligten kooperativ gesteuert, d.h. die Erledigungsstände der Prozessschritte von der Planung bis zur Bereitstellung am Einbauort werden im System eingetragen und überwacht. Ergänzend stellt diese Anwendung eine Informationsmanagementfunktion zur Verfügung. So können Bestell- (Planungsunterlagen, Dokumente u.ä.) und Anlieferungsinformationen (Anliefertermin, Zielpunkt, Entlade-

---

[75] In Anlehnung an [SPS 2005].
[76] Hybride Steuerungsverfahren vereinigen die Prinzipien von schiebenden und ziehenden Verfahren in sich [Fleischer 2005, S.35]; so wird das Material nach Bedarfsmeldung des Bauprozesses in den Beschaffungsprozess gezogen und durchläuft im schiebenden Verfahren und mit definierten/standardisierten Durchlaufzeiten den anschließenden Beschaffungsprozess bis zur Einbaustelle.

dauer) mit dem Beschaffungsprozess im System hinterlegt werden [SPS 2005]. Der Einsatz von ePMS ist für diese Kombi-Steuerung von Produktions- und Logistikprozessen unabdingbar. Von Beginn an stoßen einfache, manuelle Lösungen an ihre Grenzen; die rechnergestützte Web-Applikation des MBS macht diese Form der Zusammenarbeit erst möglich.

Anlieferungsmanagementsystem (AMS). Das MBS sieht bereits heute vor, Informationen für die Anlieferung bereitzustellen und zu speichern. So kann der genaue Anlieferungszeitpunkt, der Ort und die geschätzte Entladedauer bereits als Information ausgewiesen werden [SPS 2005]. Ergänzend kann mit einem AMS jede Anlieferung durch den Zulieferer in einzelnen Zeitfenstern selbst avisiert und zentral für die Baustelle terminiert werden. Diese AMS sind einfache Web-Applikationen und werden heute vereinzelt als Einzelsystem in Großprojekten eingesetzt; eine Kopplung oder Integration über definierte Schnittstellen zwischen dem MBS und AMS existiert bisher nicht und stellt einen zukünftigen Entwicklungsbedarf dar. Als Alternative zur Steuerung und Nivellierung der Direkt-Baustellenlieferung mittels AMS können zentrale Logistikzentren eingerichtet werden.

Logistikzentrum-Konzept. Hier werden bis auf schwere (Groß-)Bauteile die Materialien in zentralen Logistikzentren durch die Lieferanten angeliefert, zwischengelagert und in einem Routenverkehr zum geplanten Lieferzeitpunkt auf der Baustelle bereitgestellt. Das Logistikzentrum stellt einen Kurzzeit-Puffer im Beschaffungsprozess dar und ermöglicht gleichzeitig die Nivellierung der Anlieferungen durch die Einführung eines Routenverkehrs. Es wurde bereits zum einen für einzelne Projekte Logistikzentren eingerichtet[77], zum anderen wurden in Ballungsräumen auch zentrale projektübergreifende Zentren von Logistikdienstleistern errichtet, die mehrere Bauprojekte versorgen [PII 2004, Blumenthal 2006]. Die gesamte Materialwirtschaft in den Logistikzentren wird mit Standard-Lagerverwaltungsprogrammen unterstützt, mit denen neben der eigentlichen Lagerverwaltung als Modifikation auch der Materialfluss bis zum Bereitstellungslager gesteuert und überwacht werden kann. Diese Modifikation wird im Folgenden als Materialmanager bezeichnet.

---

[77] Im Rahmen von durchgeführten Interviews mit TGU-Projektleitern wurden Logistikzentren in der geschilderten Form auf Großprojekten in Frankfurt a. M. in Sonderfällen bereits eingesetzt.

Materialmanager. Dieses System ist eine modifizierte Kombination der Standardanwendungen aus Lagerverwaltungsprogramm, Materialflusssteuerungssystem und Materialidentifikationssystem (Ident-System). In den Standardanwendungen werden Materialien eingelagert, d.h. im System eingebucht und einem Lagerort zugewiesen. Als Modifikation werden auf Baustellen angelieferte Materialien am Baustelleneingang mittels Ident-Systemen identifiziert, im Materialmanager eingebucht und entsprechend dem vordefinierten Lagerort (hier z.B. das Bereitstellungslager) zugeordnet. Der Baustellentransport bis zur Bereitstellung zur Montage wird durch das Ident-System überwacht und standardisiert durchgeführt. Ist das Material am Lagerort angekommen, erfolgt die entsprechende Buchung im Materialmanager, dass das Material bereit steht. Nach Projektcharakteristik und Komplexität der Baustellentransporte können beliebige Zwischenstufen (z.B. zur Entkopplung einzelner Transportketten von horizontalen und vertikalen Transporten im Hochhausbau) definiert und systemtechnisch im Programm realisiert werden. Der Materialmanager dient somit zur Steuerung und Überwachung der Materialflüsse auf Baustellen (siehe auch [Brooks 2006]).

Die Standardprogramme sind projektspezifisch auf die Baustelle anzupassen. Der damit verbundene Aufwand wird heute nur in Ausnahmefällen betrieben. Hier besteht Entwicklungsbedarf, um diese Grundsysteme einfacher und schneller für die Materialflusssteuerung auf Baustellen abändern und einsetzen zu können.

Logistiksystem Lagerprodukte

Nach der Darstellung der Logistikteilsysteme zur bedarfsgesteuerten Beschaffung und Bereitstellung von Abrufprodukten wird im nächsten Abschnitt für die Beschaffung und Bereitstellung von Lagerprodukten ein Logistiksystem skizziert.

Die Kanban-Strategie ist die einfachste Weise, das Pull-Prinzip im Management der Beschaffung und in der Bereitstellung der Lagermaterialien[78] einzuführen. Das Grundprinzip eines Kanban-Steuerungssystems sieht allgemein wie folgt aus: Wenn Material benötigt wird, ist der vorgelagerte Prozess, meist der Zulieferer, aufgefordert, neues Material anzuliefern. Diese Aufforderung wird

---

[78] Als Lagermaterialien werden Hilfs- und Betriebsstoffe sowie kleinteilige Baugruppen/-teile verstanden, die üblicherweise auf den Baustellen bevorratet werden.

durch einen Kanban (jap.: Karte, Zettel) realisiert, der grundsätzlich mit der Ware transportiert und z.b. bei Anbruch dieser an den vorgelagerten Prozess zurückgegeben wird [Scholtz 2003]. Übertragen auf die Beschaffungs- und Bereitstellungsprozesse einer Baustelle kann die Kanban-Strategie, wie in Abbildung 28 dargestellt, umgesetzt werden.

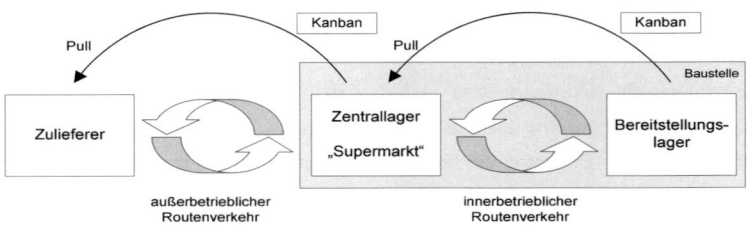

Abb. 28: Kanban-Strategie

Dieses Kanban-System besteht im Wesentlichen aus dem internen und externen Steuerkreis. Liegt ein Materialbedarf am Bereitstellungslager vor, d.h. ein Minimalbestand wird unterschritten (z.B. durch *Min-Max-Steuerung / Zwei-Behälter-Prinzip* indiziert), erfolgt die Materialanforderung durch ein Kanban-Signal (Karte/leerer Behälter). Auf der Kanban-Karte ist die Teilenummer, Bezeichnung und Menge der Teile, deren Herkunft und Bestimmungsort usw. vermerkt. Dieser sog. Bestellkanban wird über einen innerbetrieblichen Routen-verkehr gesammelt. Am Zentrallager (*Supermarkt*) der Baustelle wird das Material kommissioniert und mit einem Transportkanban zum jeweiligen Bereit-stellungslager transportiert. Das Zentrallager dient als Puffer, um die Durch-laufzeit im Routenverkehr kurz zu halten. Ausgehend vom Zentrallager erfolgt die Beschaffung und Bereitstellung des Materials in gleicher Weise in einem externen Steuerungskreis mit außerbetrieblichem Routenverkehr zwischen dem Zentrallager (Baustelle) und den einzelnen Lieferanten. Lagerverwaltungs-systeme können einfache Standardsoftware-Datenbanksystemlösungen mit überschaubaren Investitionskosten darstellen, die die Kommissionierung der Waren je nach Projektgröße vereinfachen können. Für kleinere Projekte sind aber auch einfachere Lösungsmöglichkeiten mit Tabellenkalkulationsprogram-men einsetzbar. Abbildung 29 visualisiert zusammenfassend das Gesamt-system zur Kanban-Beschaffung und Bereitstellung der Lagermaterialien.

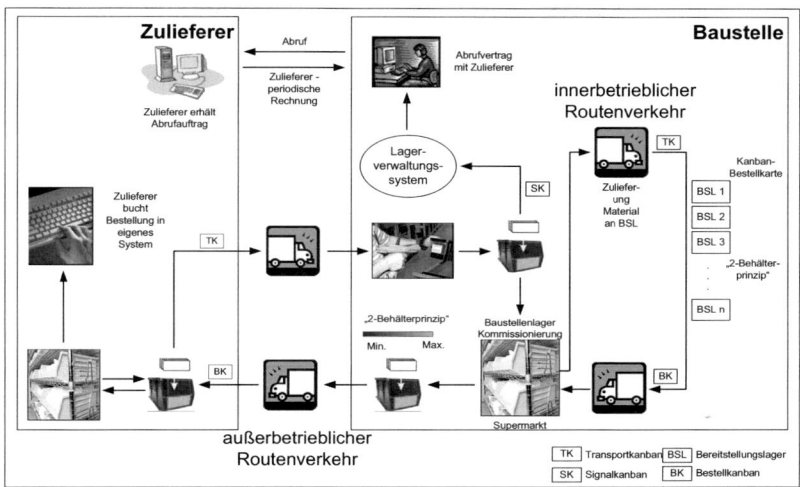

Abb. 29: Kanban-System[79]

Ein Kanban-System ordnet in einfacher Weise diese Logistikprozesse. Es erfordert und konditioniert ein neues Verhalten zur Materialbeschaffung, bei dem das Material in kleinen Mengen (Losgröße) von der Arbeitsgruppe täglich abgerufen und vorgehalten wird. Heute ist meist nur die zentrale Vorhaltung der Lagermaterialien in einem Vorrat von ein bis zu mehreren Wochen üblich. Die Einführung eines Kanban-Systems verringert die Lagerhaltung von Material, erhöht die Transparenz und reduziert deutlich die Verschwendungen in den Logistikprozessen der Baustellen. Dieses System wurde bereits in der Praxis eingesetzt und konnte diese Vorteile in der Baustellenproduktion bestätigen.

3.5.4.3　Lösungsbausteine der prozessorientierten Informationslogistik

Der Informationsfluss (Informationslogistik) ist Teil des Produktionsflusses, der mit dem LPS™ geplant und gesteuert wird. Dieser bildet sich analog mit den Arbeitszusagen der Beteiligten indirekt ab und kann mit diesen gesteuert werden. In der Ablaufplanungs- und Steuerungsphase werden als Teil der *kooperativen Phasenplanung*, notwendige Planungsinformationen der einzelnen Prozesse identifiziert und versucht, deren Fluss sicher zu stellen. In der Produk-

---

[79] In Anlehnung an [Arbulu/Ballard/Harper 2003].

tionssteuerung wird mit der Vorschauplanung der zeitgerechte Informationsfluss zur Ausführung eines Arbeitspakets überprüft (Restriktionsanalyse). Mögliche Mängel im Informationsfluss werden mit Hilfe des LPS™ identifiziert (Ursachenfindung) und ggf. durch detaillierte Umplanungen behoben. So kann ein großer Teil der Informationsflüsse mit Umsetzung des LPS™, als einfacher Planungs- und Steuerungsmechanismus, in den Bauprojekten gesichert werden. Bei dem Einsatz von EDV gestützten Produktionsmanagementsystemen (ePMS)[80] besteht heute eine weitere Möglichkeit, zentrale Informationsflüsse von Projekten (z.B. Prüfunterlagen, Planungsinformationen) analog eines Materialflusses als Prozesskette zu planen und mit den angesprochenen Arbeitsprozessen im System zu verknüpfen.

Die Informationsspeicherung (Informationsmanagement), als zweite Komponente der Informationslogistik, kann mit Hilfe von ePMS prozessorientiert erfolgen: Die ePMS sind mit einfachen Wissensmanagementkomponenten zur Speicherung von Informationen ausgestattet. Den einzelnen eingepflegten Arbeitsschritten (Einzelprozessen) können ergänzende Informationsunterlagen (Pläne, Dokumente) in der Datenbank hinterlegt werden. Mit der Möglichkeit der Standardisierung von Prozessketten in der Anwendung können erforderliche Dokumente oder auch Standardinformationsprozessketten gespeichert werden. Das Informationsmanagement mit Hilfe von ePMS und möglichen Verknüpfungen zu bekannten Dokumentenmanagementsystemen oder Projekträumen sind neue Fragestellung für zukünftige Entwicklungen.

3.5.4.4 Entwicklung von Logistiksystemlösungen in Abhängigkeit zur Produktionssteuerung

Ausgehend von den unterschiedlichen Materialgruppen (Abruf- oder Lagerprodukte) wurde bisher ein Methodenset zur Steuerung der Beschaffung und Bereitstellung zusammengestellt, welches anhand der Projektcharakteristika und Rahmenbedingungen auf das einzelne Projekt Maß zu schneidern ist. Um dies für den Baupraktiker zu vereinfachen, wurde dieses Methodenset aufeinander abgestimmt und Systemlösungen für das Bau-PSM daraus entwickelt.

---

[80] Die Abkürzung ePMS wird hier definiert als EDV gestützte Produktionsmanagementsysteme. Sie sind datenbankbasierte Anwendungen, die die LPS™-Systematik in eine Softwareanwendung übertragen und erweitert haben. Am Markt existiert, derzeit das hier als ePMS bezeichnete System nur von einem Anbieter, der sog. SPS Production Manager [SPS 2005].

In allen Systemlösungen wurden die Logistikteilsysteme für die Beschaffung und Bereitstellung von Abruf- und Lagerprodukten berücksichtigt. Die Teilsysteme der Abrufprodukte strukturieren sich nach folgenden Unterelementen:

- Abruf- und Beschaffungssteuerung (Pullsteuerung)
- Anlieferungssteuerung
- Baustellen-Materialflusssteuerung

Die Teilsysteme für Lagerprodukte umfassen als einfachste und erprobte Methode ein Kanban-System. Dieses wird in allen Systemlösungen eingesetzt.

Abbildung 30 gibt zunächst einen Überblick über die abgeleiteten Systemlösungen. Um die Systemlösungen an dieser Stelle eindeutig zu identifizieren, wurde eine Bezeichnung nach der Kodierregel in Abbildung 31 eingeführt.

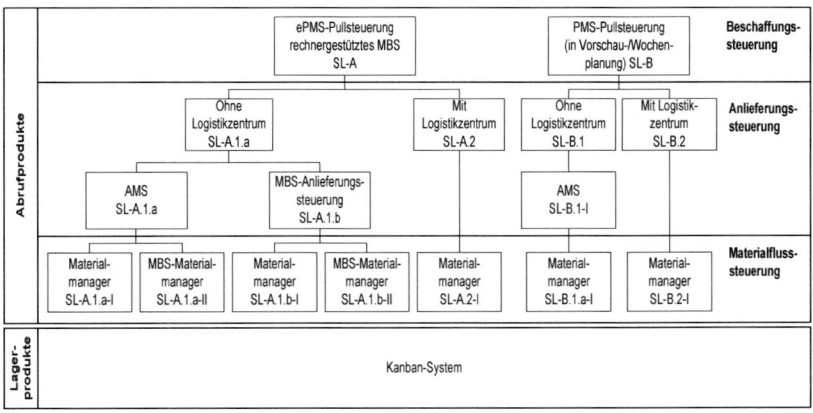

Abb. 30: Überblick der Systemlösungen

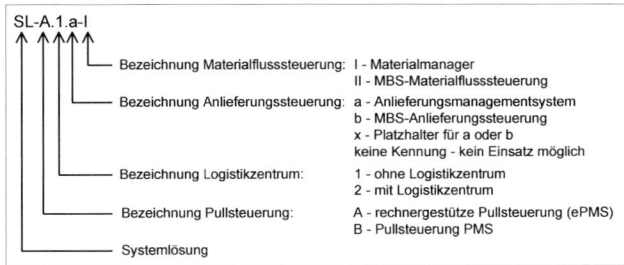

Abb. 31: Bezeichnungsschlüssel der Systemlösungen

Auf erster Ebene lassen sich die Systemlösungen grundsätzlich unterscheiden, inwieweit eine Pull-Steuerung in der Beschaffung und Bereitstellung der Abrufprodukte erfolgt.

SL-A – Systemlösungen mit rechnergestützter Pull-Steuerung (ePMS u. MBS)

Abruf und Beschaffungssteuerung: Die Materialflüsse der einzelnen Arbeitsvorgänge zur Baustelle können im Materialbeschaffungssystem abgebildet, ausgelöst und gesteuert werden (Pullprinzip). Für diese Systemlösungen ist die Anwendung eines ePMS systemtechnisch erforderlich. Begründet in den Investitionskosten für ein ePMS/MBS ist die Projektgröße als Auswahlkriterium wesentlich.

In dieser Gruppe von Systemlösungen mit rechnergestützter Pullsteuerung (SL-A) lassen sich zwei Untergruppen respektive ihrer unterschiedlichen Anlieferungssteuerung mit und ohne Logistikzentrum weiter unterscheiden:

SL-A.1 – Systemlösung mit rechnergestützter Pull-Steuerung und ohne Logistikzentrum

Diese Systemlösung ist in ihrem Materialfluss mit Abbildung 32 zusammengefasst und setzt sich aus den folgenden Teilsystemen zusammen:

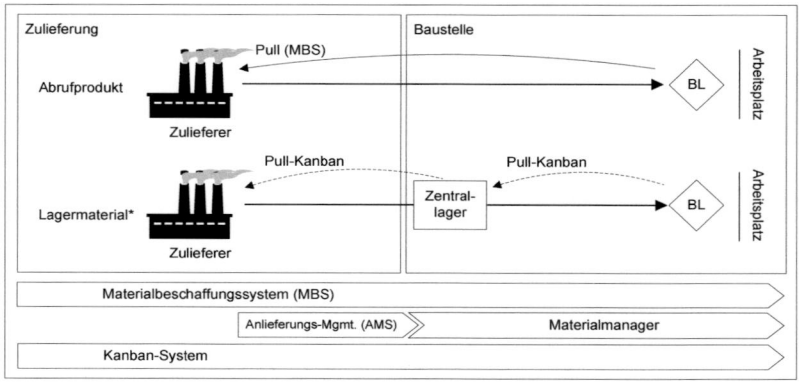

* = Hilfs- und Betriebsstoffe, lagerfähige Halbfabrikate   BL = Bereitstellungslager

Abb. 32: SL-A.1 – Systemlösung mit rechnergestützter Pull-Steuerung ohne Logistikzentrum

Anlieferungssteuerung. Ergänzend zur Steuerung der Beschaffungsprozesse mit dem MBS können die Anlieferungen auf die Baustelle durch eine Anlieferungssteuerung koordiniert werden. Besonders bei innerstädtischen Baustellen können Restriktionen (behördliche Auflagen, Umschlags- und Lagerflächen) in der Anlieferung bestehen. Hier können zwei Varianten eingesetzt werden:

SL-A.1.a - Anlieferungsmanagementsystems (AMS): Dieses System (vgl. Beschreibung in Kap. 3.5.4.2) ist einfach in seinen Funktionen und die Kosten für Anschaffung und Betrieb sind verhältnismäßig gering. Lieferinformationen, die bereits im MBS hinterlegt wurden, können über Schnittstellen zusätzlich ausgetauscht werden.

SL-A.1.b - Variante MBS-Anlieferungssteuerung: Im MBS besteht bereits die Möglichkeit, Lieferinformationen (ID-Nr., Uhrzeit, Ort, Verantwortlicher) von den Zulieferern zu hinterlegen (Avisierung). Über Schnittstellen können diese Informationen auch in einer kostengünstigeren Variante eines Excel-Terminplans exportiert und die Anlieferungen so vereinfacht gesteuert werden.

Baustellen-Materialflusssteuerung. Zur Steuerung und Verfolgung von Materialflüssen auf der Baustelle können zwei Teilsysteme eingesetzt werden:

SL-A.1.x.I – Materialmanager: Bei komplexen Baustellentransportsystemen (z.B. Hochhausbau) können die Materialflüsse mit dem Materialmanager (vgl. Kap. 3.5.4.2) gesteuert werden. Nachteilig ist jedoch, dass ohne ein Logistikzentrum ein eigenständiges Steuerungssystem mit entsprechenden Investitionskosten anfallen.

SL-A.1.x.II - MBS-Materialflusssteuerung: Eine vereinfachte Materialflusssteuerung für Projekte mit durchschnittlicher Komplexität im Baustellentransportsystem kann bereits mit dem MBS umgesetzt werden. Dabei werden definierte Prozessschritte und Kontrollpunkte des Materialtransports auf der Baustelle (z.B. Eingang Baustelle, Zwischenlager, Bereitstellungslager) in der Materialflusskette des MBS erweitert abgebildet und überwacht. Der Vorteil ist, dass zur ausreichenden Steuerung von durchschnittlichen Baustellen kein zusätzliches System erforderlich ist.

*SL-A.2 – Systemlösung mit rechnergestützter Pull-Steuerung und Logistik-
zentrum*
Diese Systemlösung unterscheidet sich durch den Einsatz eines Logistikzentrums. Der Materialfluss wird in Abbildung 33 zusammengefasst. Die eingesetzten Teilsysteme dieser Lösung werden im Folgenden aufgezählt.

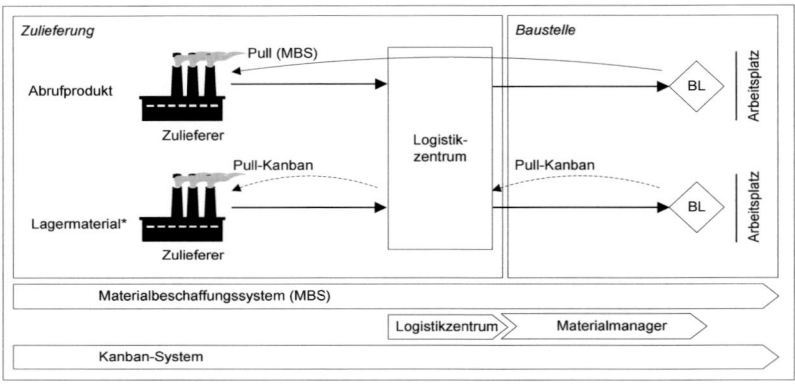

Abb. 33: SL-A.2: Systemlösung mit rechnergestützter Pull-Steuerung mit Logistikzentrum

Anlieferungssteuerung. In der Anlieferung ist als Kurzzeitpuffer und Distributionspunkt ein Logistikzentrum zwischengeschaltet, um eine Nivellierung der
Baustellenanlieferungen im Routenverkehr zu erreichen. Zum einen können
Restriktionen in der Anlieferung erfüllt und die Baustellenlagerung wesentlich
reduziert werden. Als nachteilig können sich im Systemvergleich die anfal-
lenden Investitions- und Betriebskosten auswirken.

Baustellen-Materialflusssteuerung. Durch das Logistikzentrum wird der Einsatz eines Materialwirtschafts- und Materialidentsystems von vornherein erforderlich. So ist der Einsatz eines Materialmanagers zur Steuerung der Material-
ströme vom Logistikzentrum zum Baustellenbereitstellungslager in einfacher
Weise und kostengünstig umsetzbar. Der Einsatz kann durch die Synergie im
System mit dem Logistikzentrum bereits bei durchschnittlich komplexem Baustellentransportsystem sinnvoll eingesetzt werden.

SL-B – Systemlösung - Pullsteuerung mittels PMS

Abruf- und Beschaffungssteuerung: Für Projekte mit durchschnittlicher Größe kann die Produktionssteuerung noch in einfacher Form eines PMS durchgeführt werden. Die Beschaffung und das Bereitstellen von Abrufprodukten werden von den Beteiligten im Rahmen der LP-Vorschau- und Wochenplanung im Vorfeld definiert, zeitgerecht ausgelöst und als Restriktion des Bauprozesses überwacht.

In dieser Gruppe der Systemlösungen »PMS-Pullsteuerung (SL-B)« lassen sich auf zweiter Ebene zwei Untergruppen respektive ihrer unterschiedlichen Anlieferungssteuerung mit und ohne Logistikzentrum weiter unterscheiden:

SL-B.1 – Systemlösung - PMS-Pullsteuerung ohne Logistikzentrum

Diese Systemlösung ist in ihrem Materialfluss mit Abbildung 34 zusammengefasst und setzt sich aus den folgenden Teilsystemen zusammen:

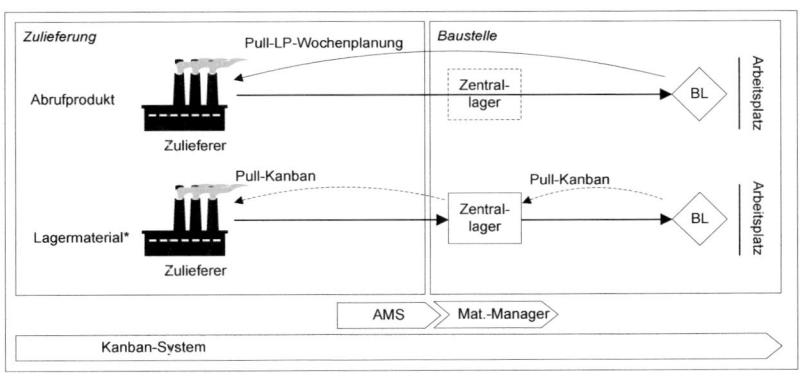

* = Hilfs- und Betriebsstoffe, lagerfähige Halbfabrikate   BL = Bereitstellungslager

Abb. 34: SL-B.1 – Systemlösung mit PMS-Pull-Steuerung ohne Logistikzentrum

Anlieferungssteuerung. Wird die Beschaffung innerhalb des PMS gesteuert, kann ein AMS derart unterstützend eingesetzt werden, indem über Routinen in einem definierten Vorschaufenster bereits die Anlieferungen auf der Baustelle von den Lieferanten als Vorschau avisiert werden. So kann bauseitig leichter in der Vorschauplanung überprüft werden, ob die Restriktion der Materiallieferung ausgeräumt wurde. Auf der Ebene der Wochenplanung sollten die Avisierung und Terminplanung der Anlieferung in Absprache mit Lieferanten und

Baustellen verbindlich gemacht und überprüft werden. Diese ergänzende Planungsfunktion in Analogie zum PMS kann mit den bestehenden Systemen ohne weiteres umgesetzt werden.

Baustellen-Materialflusssteuerung. Bei komplexen Transportsystemen kann (wie in der Systemlösung *SL-A.x.l* beschrieben) ein Materialmanager zur Steuerung der Materialflüsse auf der Baustelle eingesetzt werden.

SL-B.2 – Systemlösung - PMS-Pullsteuerung und Logistikzentrum

Diese Systemlösung unterscheidet sich durch den Einsatz eines Logistikzentrums. Der Materialfluss wird in Abbildung 35 zusammengefasst und die Teilsysteme sind folgende:

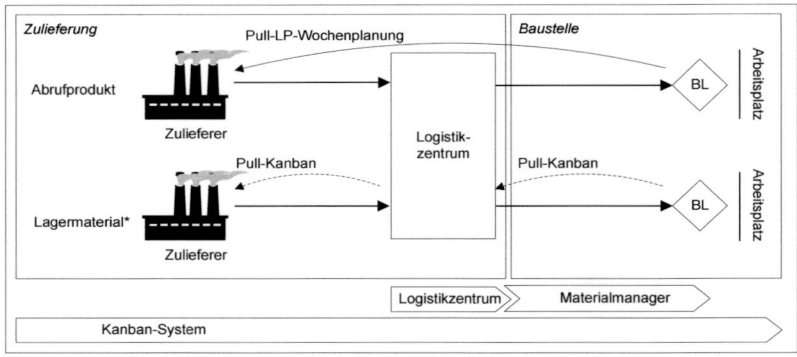

Abb. 35: SL-B.2 – Systemlösung mit PMS-Pull-Steuerung und Logistikzentrum

Anlieferungssteuerung. In der Anlieferung ist als Kurzzeitpuffer und Distributionspunkt wiederum ein Logistikzentrum zwischengeschaltet, in dem bis auf schwere und (Groß-)Bauteile alle Abrufprodukte angeliefert und weiterverteilt werden. Funktionen und Vorteile sind identisch zu denen in Lösung »SL-A.2«. Zusätzlich ist zu erwarten, dass im Vergleich zur Tagesplanung mit ePMS die PMS-Planung über eine Woche mit höheren Unsicherheiten in der exakten Terminierung des Materialbedarfs behaftet ist. Mit einem Logistikzentrum, als Kurzzeitpuffer außerhalb des Baufeldes, kann diese Varianz ausgeglichen werden, ohne die Bauproduktion durch Baustellenlagerungen zu stören.

Baustellen-Materialflusssteuerung. Wie bereit bei Systemlösung SL-A.2 ist der Materialmanager eine gute Ergänzung, um den Materialfluss auf der Baustelle ergänzend zu steuern. Die genannten Vor- und Nachteile gelten hier gleichermaßen.

Reduzierte Varianten der entwickelten Systemlösung

Für die Entwicklung der JIT-Systemlösungen wurde vom Verfasser festgelegt, dass die Beschaffung, Anlieferung und Bereitstellung auf der Baustelle durchgängig mit Logistiksystemen gesteuert werden soll. In Abhängigkeit zu den Projektbedingungen oder als Zwischenstadium in der Implementierungsphase können die Systemlösungen auch in reduzierter Form, d.h. beispielsweise ohne Materialflusssteuerung oder Anlieferungsmanagementsystem, eingesetzt werden. Dem ist zunächst nichts entgegenzusetzen, im Rahmen der vorliegenden Arbeit werden jedoch nur durchgängige Systemlösungen als Teile des Bau-PS berücksichtigt.

Offener systemtechnischer Entwicklungsbedarf

Die skizzierten Systemlösungen kombinieren einzeln erprobte Logistikbausteine und zugehörige Softwaresysteme. Wie in der Beschreibung dieser einzelnen Systemlösungen bereits angedeutet, besteht weiterer Entwicklungsbedarf zur Harmonisierung/Integration der singulären Softwaretools. Dies kann zum einen über eine Synchronisierung der Anwendung mittels Datenaustausch zwischen den Teilprogrammen an definierten und systemtechnisch umgesetzten Schnittstellen erfolgen. Zum anderen wäre die Weiterentwicklung des zentralen MBS-Systems in Form einer Integration der beschriebenen Bausteine und zugehörigen Logistikprogrammen als neue Add-ons aus Sicht des Verfassers denkbar.

3.5.4.5 Forschungsbedarf zur Auswahl der optimalen Systemlösungen

Mit Kenntnis dieser grundlegenden Systemlösungen und der jeweiligen Projektcharakteristiken gilt es, für das jeweilige Projekt eine bestmögliche und angepasste Systemlösung für die Beschaffung und Bereitstellung der Abrufprodukte auszuwählen. Für die Einsatzentscheidung ist letztlich das Verhältnis von Kosten und Nutzen projektspezifisch zu beurteilen. Um in dieser Frage den Baupraktiker zu unterstützen, ist ein Bewertungssystem zur Einsatzentscheidung zu entwickeln.

Zur baupraktischen Anwendung sei vom Verfasser vorgeschlagen, anhand definierter Projektszenarien (variierend in Projektgröße, Restriktionen in Anlieferung/Lagerung und Komplexität des Baustellentransportsystems) mögliche Systemlösungen zu bewerten und in einer Entscheidungsmatrix gegenüberzustellen. In diesem Sinne wurde vom Verfasser zur ersten groben Orientierung für den Praktiker und soweit dies im deduktiven Schluss aus den dokumentierten Erfahrungen der Praxisanwendungen der einzelnen Teilsysteme[81] möglich ist, die Systemlösungen acht typischen Projektszenarien gegenübergestellt.

| Projektszenarien | Abrufprodukte - Systemlösungen | | | | | | | Lagerprodukte |
	SL-A.1a-I	SL-A.1a-II	SL-A.1b-I	SL-A.1b-II	SL-A.2-I	SL-B.1a-I	SL-B.2-I	Kanban-System
Großprojekt - starke Restriktion Anlieferung/Lagerung - komplexe Baustellentransportlogistik *(großes innerstädtisches Hochbauprojekt)*	+ +	+ +	+ +	+	+ +	+	+	+ +
Großprojekt - starke Restriktion Anlieferung/Lagerung - durchschnitt. Baustellentransportlogistik	+	+ +	+	+	+ +	o	o	+ +
Großprojekt - keine Restriktion Anlieferung/Lagerung - komplexe Baustellentransportlogistik	+	+	+ +	+	+	o	+	+ +
Großprojekt - keine Restriktion Anlieferung/Lagerung - durchschnitt. Baustellentransportlogistik *(großfläch.Hochbauprojekt außerh.Kernzone)*	+	+	+	+ +	+	o	o	+ +
Projekt durchschnittlicher Größe - starke Restriktion Anlieferung/Lagerung - komplexe Baustellentransportlogistik *(mittleres innerstädtisches Hochbauprojekt)*	o	o	+	+	o	+ +	+ +	+ +
Projekt durchschnittlicher Größe - starke Restriktion Anlieferung/Lagerung - durchschnittliche Baustellentransportlogistik	o	o	o	o	o	+	+	+ +
Projekt durchschnittlicher Größe - keine Restriktion Anlieferung/Lagerung - komplexe Baustellentransportlogistik	o	o	o	o	o	+	+	+ +
Projekt durchschnittlicher Größe - keine Restriktion Anlieferung/Lagerung - durchschnittliche Baustellentransportlogistik *(mitteleres Hochbauprojekt außerh. Kernzone)*	o	o	o	o	o	o	o	+ +

++ Einsatz empfehlenswert (sehr gutes Kosten-Nutzenverhältnis zu erwarten)
+   Einsatz vorteilhaft (gutes Kosten-Nutzenverhältnis zu erwarten)
o   Vorteil offen (Kosten-Nutzenverhältnis projektspezifisch und nicht abschätzbar)

Abb. 36: Projektszenarien und Einsatz von JIT-Systemlösungen

---

[81] Vgl. hierzu Tabelle 4 und dortige Quellenverweise.

Die resultierende Matrix in Abbildung 36 besitzt dabei formal einen Hypothesen-charakter und soll als Ansatzpunkte zur weiteren Forschung an dieser Stelle dienen. Zur Bewertung von Logistiksystemen in den dargestellten Projektsze-narien oder zur Entscheidungsunterstützung in Einzelprojekten kann der Ein-satz von Simulationssystemen sinnvoll sein und ist in weiteren Untersuchungen in Betracht zu ziehen.

3.5.4.6 Umsetzung der JIT-Logistik auf der Ausführungsebene

Die Produktionslogistik[82] einer Baustelle kann allgemein auf einer Organi-sations- und auf einer Ablaufebene betrachtet werden. Auf der Organisations-ebene der Bauproduktion steht wesentlich die strategisch-organisatorische Ent-scheidung, inwieweit im Projekt- und Unternehmenskontext die Nebenleistung der Materialbereitstellung von den Hauptleistungen (der Montagetätigkeit) abgekoppelt werden kann und soll. Heute wird in der Praxis die Materialbereit-stellung von den Arbeitsgruppen eigenständig durchgeführt.

Alternativ und abhängig von den Projektrahmenbedingungen kann die Material-bereitstellung am Einbauort auch von Dritten (eigenes Hilfspersonal, zentrale Logistikarbeitsgruppe oder externe Dienstleister) erfolgen. Diese Organisations-entscheidung ist wesentlich davon mitbestimmt, welche Logistik-Systemlösung aus den in diesem Kapitel vorgeschlagenen verwirklicht werden soll.

Zur Ablaufebene sind die klassischen Lager- und Transportmittelplanungen und deren Einrichtungen (Teil der Baustelleneinrichtungs- und Arbeitsbereich-Pla-nung) zuzuordnen. Auch hier gilt es, durch Standardisierung und Visualisierung (Standard-Materialtrolley, Standardbehälter etc.) dem Produktionsorientierten Layout der Arbeitsstelle gerecht zu werden (→PASV). Die Umsetzung einer JIT-Produktion/Logistik stellt letztlich die Synergie aus Elementen des Bau-PS und den vielen kleinen Schritten in der Umsetzung dieser in die Praxis dar.

3.5.5   Über die Grenzen des Unternehmens hinweg: die JIT-Supply Chain

Mit dem Element der »Arbeits- und Prozessorganisation« wurde bereits auf die grundsätzliche Einbeziehung der Nachunternehmer und Zulieferer und ihre Verankerung im Organisationsmodell eines Bau-PS eingegangen. Im Kernpunkt

---

[82]   Der Begriff der Produktionslogistik steht für eines von fünf Subsystemen der Logistik und bezeichnet die Material- und Warenwirtschaft im Produktionsprozess (hier auf der Baustelle) [Wiki/Logistik 2007].

wurde hier der Weg hin zu Wertschöpfungspartnerschaften in der Projektabwicklung (Partnering) als zentral bewertet, um eine Zusammenarbeit nach
den Grundsätzen der Subsidiarität, Gruppenarbeit, Eigenverantwortung und des
Zielbewusstseins zu gestalten. Leistungs- und Qualitätsvereinbarungen, Leistungsanreize durch Partizipation am Erfolg stellen hierfür nicht nur intraorgani-
sational in der Wertkette (Value Chain)[83] sondern auch in der unternehmens-
übergreifenden Wertschöpfungskette (Supply Chain) wirksame Methoden zur
Verfügung. Mit dem Element JIT wird diese Notwendigkeit besonders deutlich.
JIT erfordert, die Nach- und Nebenunternehmer als auch die Zulieferer nachhaltig einzuschließen. Die Gestaltungsprinzipien, Methoden, Regeln und Werkzeuge zur Planung, Steuerung und Ausführung in Produktion und Logistik sind
auf die Nachunternehmen und Nebenunternehmen zu transferieren[84], einzufordern, schrittweise anzuleiten und weiterzuentwickeln. Beginnend mit dem
LPS™, als zentrale Planungs- und Steuerungsmethode, der Arbeitsbereich-
Planung bis hin zu den erforderlichen Logistik- und Baustellenroutinen der Ausführung muss der Bauunternehmer die treibende Kraft in der „down stream"-
Implementierung innerhalb der Wertschöpfungskette sein.

Mit Umsetzung der dargestellten Logistiklösungen sind, beginnend von der
Logistikkonzeption auf Planungsebene bis zur Umsetzung einer projektspezifischen Logistiksystemlösung, die Zulieferer einzubeziehen. Diese Zulieferer,
systemimmanent an der Schnittstelle zwischen Fabrik- und Baustellenfertigung,
erhalten mittel- und langfristig die Chance, durch transparenteren und zuver-
lässigeren Bedarf der Baustellen die eigenen Produktions- und Versorgungs-
prozesse zu verbessern. Hier steckt in zweiter Ebene erhebliches Potential, die
Verschwendungen in der Supply Chain von Bauprojekten ganzheitlich zu
reduzieren.

---

[83] Die Unterscheidung zwischen Wertkette (Value Chain) und Wertschöpfungskette (Supply
      Chain) geht hier auf die Definition von M. E. Porter zurück. Im Gegensatz zur Wert-
      schöpfungskette, welche eine Lieferkette aus mehreren Unternehmen betrachtet, bezieht
      sich die Wertkette ausschließlich auf die intraorganisationalen Bereiche [Porter 1998].
[84] Die Konzeption des Bau-PS soll zunächst auf die Umsetzung eines GPS bei
      Bauunternehmen/Generalunternehmen stimulieren (Unternehmensproduktionssystem). Ins-
      besondere das beschriebene JIT zielt auf das gesamte Bauprojekt (Projektproduktions-
      system), wobei im Idealfall das Bauprojekt-Produktionssystem als temporäre Interaktion
      kompatibler Unternehmensproduktionssysteme verstanden wird.

3.5.6 Zusammenfassung des entwickelten Elements „JIT"

Mit diesem Kapitel wurde ganzheitlich eine Umgestaltung der Bauproduktion nach den JIT-Prinzipien konzipiert. Ausgehend von der heutigen Praxis der Projektabwicklung und des Bauprojektmanagements wurde ein JIT-Element zur umfassenden Umgestaltung der Ebenen der Planung und Steuerung von Produktion und Logistik sowie der Ausführungsprozesse nach den JIT-Prinzipien (Pull-Produktion, Fließ-/Taktfertigung, Produktionsnivellierung, Transparenz und Stabilität) konzipiert.

Im Wesentlichen steht die Einführung des bereits in der Praxis bewährten LPS™. Aufbauend und als Erweiterung zur LP-Systematik wurde eine Arbeits-bereich-Planung neu entwickelt. Im Kernbereich Logistik wurden innovative Logistik-Lösungsbausteine zur Beschaffung und Bereitstellung als Methodenset zusammengeführt und letztlich methodisch abgestimmte Systemlösungen als Vorlage einer projektspezifischen Anwendung neu entwickelt. Abschließend wurden auf die Notwendigkeiten und Chancen aufmerksam gemacht, dass ent-wickelte JIT-System innerhalb der Supply Chain auf Zulieferer und Nach-unternehmer zu übertragen und gemeinschaftlich weiterzuentwickeln.

Die Bestandteile des Elements „JIT-Produktion/Logistik" des Bau-PSM werden in Abbildung 37 zusammenfassend dargestellt:

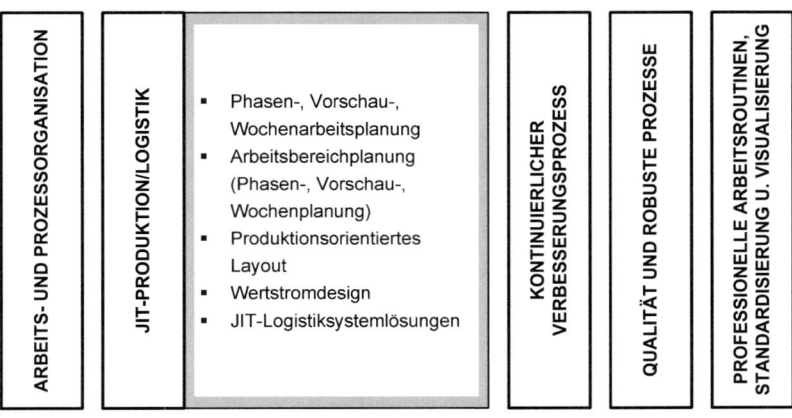

Abb. 37: Das Element „Just-in-Time – Produktion/Logistik" (JIT) im Bau-PSM

3.6   Das Element „Kontinuierlicher Verbesserungsprozess"

Im ersten Abschnitt dieses Kapitel wird der Stand der Technik in der Umsetzung und den Grundlagen der KVP-Elemente wiedergegeben. Mit den Kapiteln 3.6.2 bis 3.6.5 wird anschließend die Umsetzung eines Ideenmanagementsystems, eines Qualitätszirkel- und Workshopkonzepts sowie eines managementorientierten KVP-Teams unter den Prämissen der Bauproduktion und -organisation als Teilsysteme des Elements „KVP" neu konzipiert. Am Ende werden diese „Einzel-KVP-Lösungen" als eine neu entwickelte, ganzheitliche Lösung im Einklang mit der Aufbauorganisation im Bau-PSM abgeleitet (Kapitel 3.6.6). Abschließend werden die Möglichkeiten zur Verankerung und Integration dieser KVP-Lösung im Zusammenspiel mit den Supply Partnern (Nachunternehmer, Lieferanten) aufgezeigt (Kapitel 3.6.7).

3.6.1   Grundlagen und aktueller Entwicklungsstand in der industriellen Organisation

Lean Leadership – Unternehmenskultur und Basis des KVP
Um ein PS erfolgreich und nachhaltig einzuführen und den Motor der stetigen Weiterentwicklung in Bewegung zu halten, ist der Wandel im Führungsstil des Unternehmens der kritische Erfolgsfaktor [Orr 2005, S.347ff.]. Erst eine Unternehmensführung und -philosophie, die hier als *„Lean Leadership"* bezeichnet wird, eröffnet dem Unternehmen die Perspektive, einen KVP als integralen Bestandteil des PS sowie eine offene, innovationsfreudige Unternehmenskultur zu verankern.
In der Praxis existiert ein vielfältiges Verständnis über „Lean" und „Leadership". Lean ist mehr als nur Vielzahl an Methoden der Prozessgestaltung und eine Werkzeugkiste zu deren Umsetzung. Es verlangt vom Unternehmen eine grundsätzlich neue Weise, in der Praxis zu denken und zu handeln. Erfahrungen in stationären Industrieunternehmen zeigen, dass die Einführung der „Lean Toolbox"[85] alleine keine nachhaltige Prozessverbesserung bewirkt, sondern die Verknüpfung mit einer *„Lean Leadership"* entscheidend ist. Die zentrale Aussage kann lauten: Benutze die Methoden und Werkzeuge, um die Prozesse zu verbessern **und** um eine „Lean Leadership" zu etablieren.

---

[85] Als Lean Toolbox wird der Werkzeugkasten des Lean Managements bezeichnet.

Die „Leaders" im Unternehmen sind nicht nur das Top- und Mittlere-Management, sondern es sind auch die Arbeitsleiter (Bauleiter) und Teamleiter (Vorarbeiter) auf der operativen Ebene. Das Führungsverhalten, das als *Lean Leadership* bezeichnet wird, lässt sich in 9 Grundregeln umschreiben, welche neben der Zusammenfassung in der Abbildung 38 im Methodenglossar dieser Arbeit (Anhang 3) näher detailliert werden.

Abb. 38: Neun Grundregeln der Lean Leadership[86]

Dieses beschriebene Führungsverhalten führt eine kooperative Arbeitsform des »Mitunternehmertums«[87] im Unternehmen ein, welche es gilt zu bewahren und zu fördern. Neben strukturellen Randbedingungen einer angepassten Projektorganisation und Vertragsgestaltung ist dies ein wesentlicher Erfolgsfaktor für die nachhaltige Umsetzung des Bau-PS.

KVP und die Projektorganisation
Die Einführung von KVP bedingt eine Veränderung im Führungsstil und gleichzeitig in der Organisationsstruktur. Von einer hierarchischen Struktur muss die Organisation durchgängig im Unternehmen zu einer auf Teamarbeit ausgerichteten und mitarbeiterorientierten Projektorganisation umgestaltet werden. Ziel ist es, eine Organisationsform zu bilden, die Mitarbeiter einbindet, deren Ideenpotential auf breiter Basis vom Ingenieur bis zum Handwerker aufnimmt und nutzt.

---

[86] Vgl. [Orr 2005, S.347].
[87] Führungsverständnis und die Begrifflichkeit des »Mitunternehmertums«: vgl. [Werner 2006].

War zuvor häufig nur das Ideenpotential einzelner Arbeitsleitern (im Bauwesen: des Projekt- und Bauleiters sowie ggf. des Poliers) in der Arbeitsvorbereitung für die Prozessverbesserung entscheidend, gilt es im Sinne der KVP-Strategie, das Wissen und die Ideen aller in ihrem eigenen Arbeitsumfeld nutzbar zu machen. Kaizen – eine kontinuierliche Verbesserung – findet deswegen auf drei verschiedenen Ebenen statt (vgl. Abb. 39):

	Management-orientiertes Kaizen	Gruppen-orientiertes Kaizen	Personen-orientiertes Kaizen
1. Einbeziehung	Manager und Spezialisten	Teilnehmer eines Qualitäts-zirkels	alle Mitarbeiter
2. Bereich	Schwerpunkt auf System und Verfahren	innerhalb eines Arbeitsbereiches	am eigenen Arbeitsplatz
3. Dauer	Projektdauer	ca. fünf Monate	immer
4. Verbesserung	v. Management vorgegeben	zwei bis drei pro Jahr	viele
5. System	Projektteam aus Linie und Stab	Aktivitäten von Kleingruppen	Vorschlagswesen
6. Kosten der Umsetzung	meist kleine Investition	meist gering	gering
7. Ergebnisse	neues System und verbesserte Anlagen verbesserte Leistungsfähigkeit des Management	verbesserte Arbeitsverfahren u. Arbeitsmoral Überarbeitung von Standards	Verbesserungen vor Ort verbessert. Arbeitsmoral Kaizen-Bewusstsein Selbstentfaltung
8. Richtung	stufenweise sichtbare Verbesserungen deutliche Steigerung	stufenweise sichtbare Verbesserungen	stufenweise sichtbare Verbesserungen

Abb. 39: Drei Ebenen der Kaizen (KVP) - Philosophie[88]

Der management-orientierte KVP wird vom Management getragen und bildet die Basis für das Funktionieren der gesamten KVP-Strategie. Die Verantwortung für den Verlauf der Implementierung und Umsetzung obliegt der Unternehmensführung. Sie hat ihr Hauptaugenmerk auf die funktionsübergreifende ganzheitliche Betrachtung des Unternehmens zu richten.

Der gruppen-orientierte KVP greift die Gruppenarbeit als Organisationsprinzip im PS auf. Neue Ideen zu erarbeiten und zu kreieren sowie Schwachstellen aufzuspüren, findet in Form von Arbeitsgruppen, den *Qualitätszirkeln* oder *KVP-Workshops*, statt. Diese Gruppenprozesse haben zum Ziel, durch Teamarbeit Verbesserungen in allen Unternehmensbereichen zu initiieren. Sie werden auf unterschiedlichen Ebenen eingesetzt.

Der personen-orientierte KVP beschreibt ein System der Selbstanalyse, das um ein „Ideenmanagement" ergänzt wird. Im Rahmen einer Selbstanalyse wird

---

[88] Vgl. [Imai 1992, S.53].

der Mitarbeiter motiviert, sich selbst und sein Arbeitsumfeld genau zu beobachten, um etwaige Schwachstellen oder Verbesserungsmöglichkeiten zu entdecken. Ein Ideenmanagementsystem dient als Kommunikations- und Manage-
mentinstrument, um die Ergebnisse der Selbstanalyse anderen Mitgliedern
mitzuteilen.

KVP als systematische Verbesserung

Der Weg der Verbesserung in den heutigen Industrieunternehmen ist nicht ein
zufälliger sondern ein systematischer Prozess. Voraussetzung für kontinuierliche Verbesserungen ist die Definition der gegenwärtigen Situation. Dieser
Ausgangszustand ist der vorherrschende Standard im Unternehmen, von
diesem ausgehend die Verbesserungen in kleinen Schritten erfolgen können.
Der KVP verläuft in einer systematischen Abfolge, die durch den *Planen-Tun-
Checken-Aktion(PTCA)-Zyklus* (oder auch als Deming-Rad bezeichnet) beschrieben und in der alltäglichen Arbeitssituation mit *zehn Grundregeln des
KVP* angewendet werden kann.

Die drei Verbesserungskonzepte des KVP

Zur organisatorischen Umsetzung des KVP in die Unternehmenswirklichkeit
werden heute die drei Verbesserungskonzepte »Ideenmanagementsystem[89]«,
»Zirkel-Konzept« und »Workshop-Konzept« allgemein vorgeschlagen und angepasst an die Erfordernisse einer Bauproduktion als KVP-Lösungen im folgenden Abschnitt hergeleitet. In Abbildung 40 werden diese drei Konzepte
gegenübergestellt.

Merkmal / Konzept	Ideenmanagement-system (Vorschlagswesen)	Zirkel-Konzept	Workshop-Konzept
Hauptziele	Führung, Innovation, Rationalisierung	Verbesserung der Produkt- und Arbeitsqualität	Produktivitätssteigerung , Durchlaufzeiten- und Bestandsminimierung
Problemkomplexität	gemischt	gering - mittel	mittel - hoch
Schulung	keine	Moderatoren	auch Gruppe
Realisierungsstellen	Fachabteilung	gemischt	Gruppenmitglieder selbst
Realisierungszeit	lang (Ø > 4 Monate)	mittel (Ø > 1 Monat)	schnell (Ø < 5 Tage)

Abb. 40: Verbesserungskonzepte[90]

---

[89] Ideenmanagementsysteme werden heute noch vielfach in der Produktion als Vorschlagswesen bezeichnet.
[90] Vgl. [Brehm 2001, Tab. 1].

3.6.2 Einrichtung eines Ideenmanagementsystems als personenorientierter KVP im Bau-PS

Der KVP beginnt bei jedem einzelnen Mitarbeiter. Diese – egal ob Arbeiter, Bauleiter oder Projektleiter – sind für ihren Verantwortungsbereich der Experte für Fragen der Verbesserung. Schlüsselaspekt bei der Umsetzung der KVP-Methode besteht in der Motivation dieser Experten zur Selbstanalyse und im Mechanismus, die Ideen im Unternehmen nutzbar zu machen. Möglichkeiten des Einzelnen zu Verbesserungen beizutragen gibt es viele; sie lassen sich in die folgende Hauptthemenbereiche einteilen [Imai 1992, S.146]:

* Verbesserung der eigenen Arbeit
* Einsparung von Energie, Material und anderen Ressourcen
* Verbesserung des Arbeitsumfelds

* Verbesserung von Werkzeugen und Geräten

* Verbesserung von Maschinen
* Verbesserung von administrativer Arbeit
* Verbesserung der Produktqualität bzw. Ideen für neue Produkte
* Kundendienst und Kundenbeziehungen

Die Prozessverbesserung erfolgt „im Kleinen" durch die Mitarbeiter und führt zur Verbesserung der Gesamtprozesse, der Baustelle, des Produkts „Bauwerk" und des ganzen Unternehmens. Um die Ideen der Mitarbeiter im Unternehmen nutzbar zu machen, bedarf es einem einfachen und flexiblen Mechanismus, damit sie gesammelt und Verbesserungen daraus umgesetzt werden. Dieser Mechanismus wird heute als Ideenmanagementsysteme (IMS) bezeichnet[91]. Es sind Managementverfahren, die dazu bestimmt sind

* jeden einzelnen Mitarbeiter zu eigenen Ideen zu ermutigen
* mit den Ideen umzugehen und diese umzusetzen
* Anerkennung dem Ideengeber zukommen zu lassen
* das Management in die Ideenverwaltung einzubeziehen

Sie werden manchmal auch als „Vorschlagssysteme der zweiten Generation" bezeichnet. Lange wurden (und vielfach werden auch heute noch) Vorschlagssysteme in der verarbeitenden Industrie eingesetzt, die nur einem zentralen Verwalten von Ideen statt einem Managementverfahren entsprechen. Bekanntestes Beispiel ist der Ideenbriefkasten („Vorschlagssysteme der ersten

---

[91] Der Begriff Ideenmanagementsystem (IMS) wird in Anlehnung an die bereits in Unternehmen eingesetzten Managementsysteme (z.B. Qualitätsmanagementsystem) von [Getz/-Robinson 2003, S.40ff] definiert. IMS stellen heute die innovativste Form eines Vorschlagssystems dar.

Generation"). Die erstmalige Einführung des Ideenmanagements im Bau bietet gleich die Chance, es richtig zu machen. Durch die temporären Projektstrukturen ist es sogar ein Muss, da ein zentrales Vorschlagssystem ineffektiv wäre. Es bedarf kurzen Entscheidungswegen und einer kurzfristigen Umsetzung auf der Baustelle. So wird das IMS in Ergänzung zu den gruppenorientierten Zirkeln eingebunden (vgl. Abb. 42).

IMS als Managementverfahren zur Verbesserung

Die Wege der Verbesserung aus dem Ideenpotential der Mitarbeiter („bottom up") beginnen in der Selbstanalyse durch die Mitarbeiter (vgl. Abb. 41). Hier werden zum einen Probleme identifiziert und zum anderen Ideen zur Verbesserung generiert. Es ergeben sich dem Mitarbeiter folgende Optionen:

- Identifizierte Problempunkte, die er nicht selbst und sofort lösen kann, finden Eingang im *Problemspeicher* eines Qualitätszirkels. Lösungen und Ideen werden dann im Qualitätszirkel (siehe Kap. 3.6.3) gesucht und umgesetzt.

- Die Verbesserungsidee kann sofort und eigenverantwortlich umgesetzt werden. Der direkte Vorgesetzte wird über die Idee und Umsetzung informiert (*Ideenblatt*). Dies ist die einfachste und schnellste Umsetzung von Ideen[92].

- Die Verbesserungsidee wird dem direkten Vorgesetzten mitgeteilt (*Ideenblatt*). Der Vorgesetzte erfasst, prüft, bewertet und stimmt der Umsetzung der Idee zu. Alternativ führt er mit dem Ideengeber ein Gespräch darüber, ob die Idee verbessert werden kann oder ob vielleicht sogar eine ganz andere existiert. Die Antwort des Vorgesetzten an den Ideengeber muss in einer vorbestimmten Anzahl von Tagen nach der Ideenmitteilung gegeben werden. Die Umsetzung erfolgt durch oder unter Beteiligung der Ideengeber.

Auf Basis von Best-Practise-Untersuchungen in europäischen Industriebetrieben, die bereits ein IMS umgesetzt haben, konnten GETZ/ROBINSON die zentralen Schlüsselaspekte zur erfolgreichen Implementierung im Unternehmen sowie für ein erfolgreiches IMS in der Praxis identifizieren; sie werden mit Anlage 4 ergänzend den interessierten Lesern erläutert.

---

[92] Auch als die „Vollständige Umsetzung durch den Urheber (VUU)" bezeichnet (vgl. [Getz/Robinson 2003, S.128]).

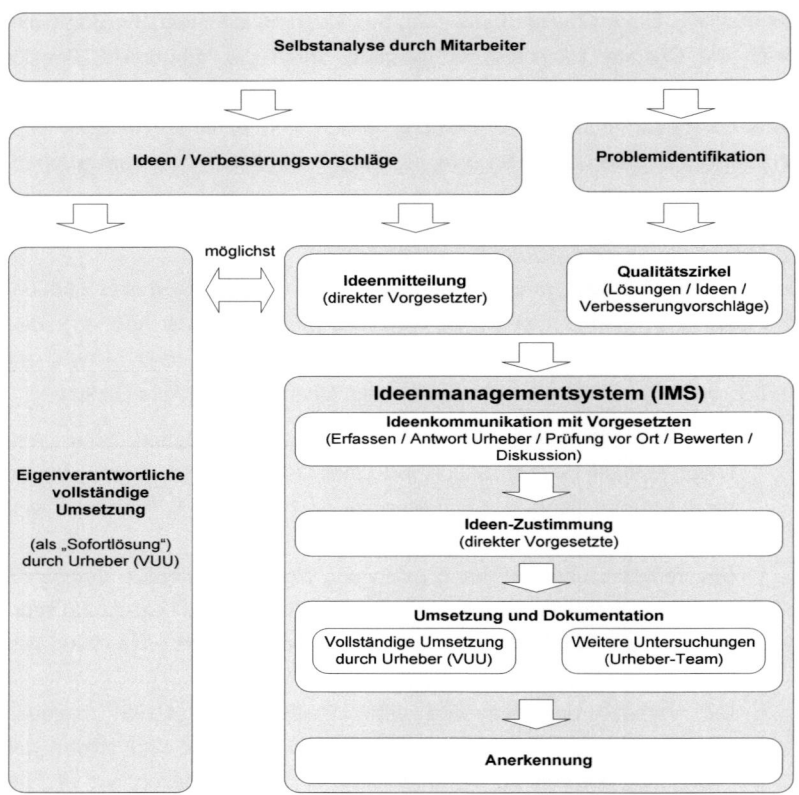

Abb. 41: Ideenmanagementsystem – Aufbau und Wege der Verbesserung

3.6.3   Einrichtung von Qualitätszirkeln als gruppen-orientierter KVP im Bau-PS

Der Qualitätszirkel hat allgemein zum Ziel, die Produkt- und Arbeitsqualität zu verbessern. Auf die Verbesserung der Prozessabläufe einer Baustelle bezogen, ergeben sich zwei wesentliche Ansatzpunkte für einen gruppenorientierten KVP und den Einsatz von Qualitätszirkeln im Bau-PS, die im Rahmen der Arbeit abgeleitet werden (vgl. Abb. 42): ein Erster in der Reduzierung von Prozess-schwankungen und -störungen (hier: KVP I) sowie ein zweiter in den Bau- und deren Supportprozessen (hier: KVP II).

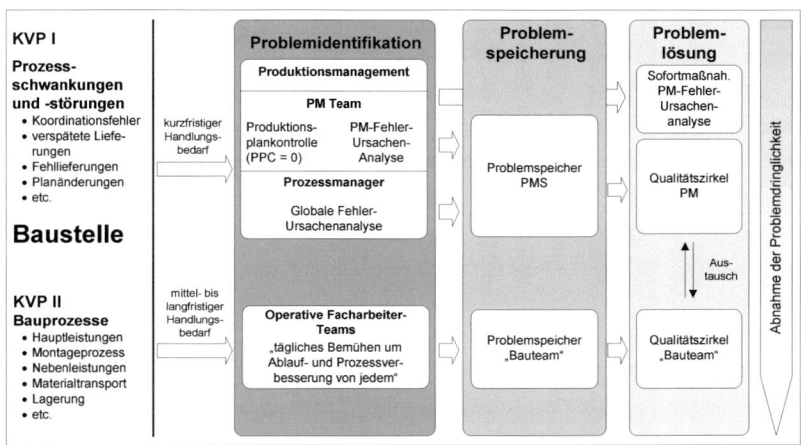

Abb. 42: Gruppen-orientierter KVP - Übersicht

KVP I - Minimierung der Prozessschwankungen

Die Prozessschwankungen und -störungen sind meist „akut" und erfordern eine kurzfristige Problemlösung. Einige Beispiele sind: verspätete Planlieferungen, Materialfehllieferungen, Ausfall von Ressourcen, Koordinationsfehler zwischen Gewerken u.v.m. Der Pfad der Verbesserung von der Problemidentifikation, -speicherung und -lösung stellt sich wie folgt dar:

Problemidentifikation und -speicherung. Die täglich auftretenden Prozessschwankungen und -störungen werden in aller Regel durch das Produktionsmanagement erfasst. Sie werden in der Überprüfung des Produktionsplans (Wochenarbeitsplan) identifiziert (d.h. PEA-Zuweisung = 0[93]) und es wird sofort eine Ursachenanalyse mit allen Beteiligten des *PM-Teams* durchgeführt. Falls die Ursache klar definiert werden kann, sind als Ergebnis der *PM-Fehler-Ursachenanalyse* Sofortmaßnahmen zur Behebung der Störung einzuleiten. In einem zweiten Schritt ist zu überprüfen, ob weitere Systemanpassungen zur dauerhaften Vermeidung durchzuführen sind. Falls keine Sofortmaßnahmen möglich oder die Dringlichkeit geringer ist, werden die Problempunkte und das Ergebnis der Ursachenanalyse im *PMS-Problemspeicher* zunächst dokumentiert.

---

[93] Im LP-Meeting wird die Erfüllung einzelner Arbeitszusagen geprüft. Pro Arbeitspaket wird zunächst (binär) eine „0" für „nicht erfüllt" oder eine „1" für „erfüllt" vergeben.

Vielfach sind die tatsächlichen Ursachen von Prozessschwankungen in der täglichen Produktionsplan-Kontrolle nicht ersichtlich, stehen nicht im Kontext des Gesamtprojekts oder es wird ihnen zunächst eine zu geringe Priorität zu gemessen. Aus diesem Grunde obliegt es dem Prozessmanager, in regelmäßiger Routine (z.B. wöchentlich) eine *globale Fehler-Ursachen-Analyse* aus dem Datenbestand des PMS durchzuführen. Zu den aufgetretenen Prozessschwankungen (PEA-Zuweisung = 0) werden im PMS die einzelnen Ursachen dokumentiert und kategorisiert, so dass sie anschließend global ausgewertet werden können. Der Prozessmanager gibt die Ergebnisse der *Fehler-Ursachen-Analyse* als Input in den *PMS-Problemspeicher* ein, auf dessen Basis der *Qualitätszirkel PM* den Problemlösungsprozess in Gruppenarbeit fortsetzt.

Zur Problemidentifikation, Ursachenanalyse und Zuordnung der Prioritäten können hier folgende Werkzeuge eingesetzt werden (siehe auch Anhang 3):

- *„5 Warums"*
- *Histogramme*
- *Pareto-Analyse*

Problemlösung. Wenn Ursachen und Problemlösung nicht offensichtlich sind, wird der Problemlösungsprozess in Teamarbeit im *Qualitätszirkel PM (QZ-PM)* fortgesetzt. Der Qualitätszirkel ist eine Arbeitsgruppe mit der Aufgabe, sich mit dem gesamten *PTCA-Zyklus* auseinander zu setzen. Hierbei werden ausgehend von der Problemidentifikation die Ursachen gesucht, Lösungen vorgeschlagen und bewertet, eine Implementierung durchgeführt und die neu entwickelten Standards in den Projektprozess übernommen.

Der Qualitätszirkel setzt sich im Kern aus dem *PM-Team* zusammen und wird abhängig von der Problemstellung durch Planer, Arbeitsvorbereiter, Zulieferer u.a. ergänzt. Die Ernennung des Teams obliegt dem Prozessmanager und dem *PM-Team*. Der Prozessmanager übernimmt die zentrale Rolle des Koordinators und Moderators. Er bereitet die Problemstellungen aus dem Problemspeicher nach Priorität auf, stellt den Qualitätszirkel zusammen, leitet, moderiert, verfolgt und dokumentiert den PTCA-Zyklus des Zirkels. Der Regelablauf des Qualitätszirkels sowie Zuständigkeit und Regelfolge wird im Glossar (Anhang 3) zusammengefasst und zugeordnete Werkzeuge zur Durchführung detailliert erläutert.

KVP II – Bau- und Supportprozesse
Die Verbesserung der einzelnen Bauprozesse (z.B. Installation von Lüftungskanälen) sowie deren Supportprozesse (z.B. der zugehörigen Materialbereit-

stellungen) sind „nicht akut" und erfordern eine mittel- bis langfristige Problemlösung. Die Kompetenzen und die Verantwortung zur Verbesserung liegen
direkt bei den Facharbeiter-Teams. Der Pfad der Verbesserung von der Problemidentifikation, -speicherung und -lösung lässt sich wie folgt darstellen:

Problemidentifikation und -speicherung. Es obliegt jedem einzelnen Arbeiter, sein tägliches Arbeitsumfeld und seine Tätigkeiten auf Probleme und
Verbesserungsmöglichkeiten zu überprüfen. Werden vom Einzelnen oder von
Mitarbeitergruppen Probleme/Verbesserungen erkannt, werden diese von den
Mitarbeitern selbst forciert (IMS) oder aber im *Bauteam-Problemspeicher* dokumentiert und abgelegt (vgl. Abb. 42). Typische Beispiele sind die Entwicklung
von Werkzeugstandards, die Verbesserung der Baustelleneinrichtung, der Mon-
tageprozesse und des Werkzeugeinsatzes u.v.m. Der Problemspeicher dient
als Arbeitsliste für den *Qualitätszirkel Bauteam (QZ-Bau)*. Zur Problemidentifikation und Ursachenanalyse können von den Facharbeiter-Teams die folgenden Werkzeuge (siehe auch Anhang 3) eingesetzt werden:

- *KVP-Fragestellungen*
- *Sieben Arten der Verschwendung*
- *„5 Warums"*

Problemlösung. Die *QZ-Bau* werden aus den einzelnen Facharbeiter-Teams
gebildet. Abhängig von den Problemstellungen obliegt es dem Zirkel, weitere
Beteiligte wie Prozessmanager, Arbeitsvorbereiter, Zulieferer u.a. hinzuzuzie-
hen. Die Teamleiter übernehmen die Moderation und Organisation des Zirkels.
Sie bereiten nach Priorität die Problemstellungen aus dem Problemspeicher
auf, stellen den Qualitätszirkel zusammen, leiten, moderieren und verfolgen den
PTCA-Zyklus des Zirkels. Der Teamleiter trägt hier die Verantwortung für einen
effektiven Zirkel, dokumentiert die Ergebnisse und berichtet dem Prozessmanager. Dem Teamleiter, auf Baustellen z.B. der Polier, kommt so eine Schlüssel-
rolle im Zirkel zu. Die Regelfolge des Zirkels kann z.B. wöchentlich für eine
halbe Stunde empfohlen werden. Der Regelablauf des *Qualitätszirkels Bauteam*
und seine einsetzbaren Werkzeuge werden im Methodenglossar in Anhang 3
zusammengefasst.

3.6.4 Einrichtung von KVP-Workshops als gruppen-orientierter KVP im Bau-PS

Das Workshop-Konzept wurde vor allem durch die Umsetzung von Lean Management in der Automobilindustrie bekannt. Es ist ein Konzept zur Organisationsentwicklung und zur Umsetzung einer gruppenorientierten Veränderung in Unternehmen. Anders als im Qualitätszirkel kommt der Impuls aus der Unternehmensführung und dem Management. Die gruppenexterne Veranlassung ist somit der wesentliche Unterschied zwischen KVP-Workshops und Qualitätszirkeln. Mit Hilfe von KVP-Workshops können allgemein die Veränderungsprozesse als Ergebnisse der Managementstrategie (management-orientierter KVP) in die operativen Ebenen herunter getragen werden (*Implementierungs-Workshop*). Der Workshop ist ein wesentliches Werkzeug zur Umsetzung der KVP-Strategie als auch des gesamten Bau-PS. So kann beispielsweise die Umsetzung des Prinzips von „Just in Time" in der Baustellensteuerung und -logistik ein erklärtes Ziel des Managements und ihrer *KVP-Teams* sein. Diese Umsetzung kann beginnend mit kleinen Ausschnitten aus der Wertschöpfungskette in KVP-Workshops vorbereitet und initiiert werden. Dadurch wird der Mitarbeiter frühzeitig in den Veränderungsprozess eingebunden und empfindet die Umsetzung nicht als Bürde sondern als Verbesserung seiner Arbeit.

KVP-Workshops können aber nicht nur zur Einführung eines Veränderungsprozesses genutzt werden. Vielmehr kann durch interdisziplinäre Gruppenarbeit ein gewählter Ausschnitt der Wertschöpfungskette auch optimiert werden (*Verbesserungs-Workshop*). Ein Beispiel ist die Entwicklung eines vorgefertigten Einbauteils (z.B. Lüftungskanal). In einer aus Montageplaner, Zulieferer, Facharbeiter, Arbeitsvorbereiter und Projektleiter bestehenden Gruppe könnten in einem KVP-Workshop neue technische Lösungen der Vorfertigung und Montage für das Einbauteil gefunden und umgesetzt werden.

Mit Hilfe des Workshop-Konzepts kann der KVP im Unternehmen eingeführt und ein KVP-Denken der Mitarbeiter in Gang gesetzt werden. Wichtigstes Ziel des Workshops soll die Identifizierung von Verbesserungen und möglichst die sofortige Umsetzung von Vorschlägen im Rahmen des Workshops sein. Hierfür ist ein standardisierter Ablauf des *KVP-Workshops* vorzugeben, um einen ergebnisorientierten Ablauf zu erreichen. Der Ablauf eines *Verbesserungs-Workshop* wird im Methodenglossar (Anhang 3) exemplarisch dargestellt. Dieser skizzierte Standardablauf lässt sich in angepasster Form auch in der Vorbereitung eines *Implementierungs-Workshops* übertragen.

3.6.5 Einrichtung von KVP-Teams als management-orientierter KVP im Bau-PS

Der management-orientierte KVP auf der Ebene der Unternehmens- bzw. Bereichsleitung und des mittleren Managements stellt einen Treiber für die gesamte KVP-Strategie dar. Er bezeichnet den Impulsgeber und Antreiber zur Verbesserung im gesamten Unternehmen. Neben der bedingungslosen Überzeugung der Unternehmensführung in die KVP-Strategie liegt der langfristige Erfolg in der Teamarbeit, den sog. *KVP-Teams*. Die KVP-Teams werden entsprechend des Arbeitsbereichs und Verbesserungsziels zusammengestellt. Ihre Aufgabe ist es, neue Prozessstrategien zu entwickeln und umzusetzen, um generell Verschwendungen zu vermeiden und die Unternehmensprozesse auf die Kundenbedürfnisse auszurichten. Einen Fundus an Verbesserungsstrategien bietet die Umsetzung des hier entworfenen Bau-PS. Synonym zu den KVP-Teams werden *GPS-Teams* zur Implementierung der Bausteine der Ganzheitlichen Produktionssysteme in Industrieunternehmen eingesetzt.

3.6.6 Zusammenführung zur integrativen KVP-Lösung des Bau-PSM

Die KVP-Methoden – teilweise bereits aus der stationären Industrie bekannt – wurden auf die Anforderungen und Gegebenheiten im Bauwesen in den vorangegangenen Kapiteln übertragen. Diese skizzierten Teillösungen können schließlich zu einer ganzheitlichen KVP-Lösung zusammengeführt werden. Sie bildet eine durchgängige und umfassend Lösung, die in dieser Form eine Neuentwicklung in der Bauorganisation ist. In Abbildung 43 sei diese integrative KVP-Lösung in ihren Bestandteilen übersichtlich und in Bezug auf die mit dem Element APO definierte Projekt(Aufbau-)organisation des Bau-PSM gegenübergestellt:

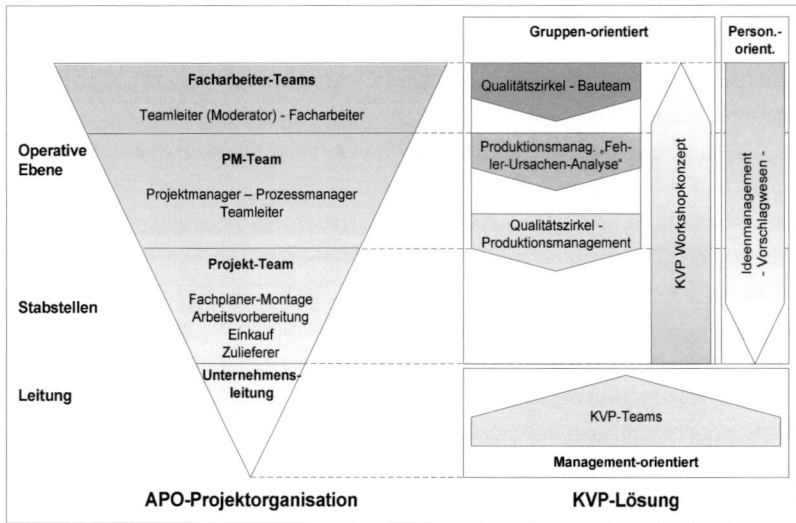

Abb. 43: Integrative KVP-Lösung

Die Elemente »Ideenmanagementsystem (IMS)«, »Qualitätszirkel«, »KVP-Workshop« und »KVP-Team« unterscheiden sich zum einen nach den Ebenen des personen-, gruppen- und managementorientierten KVP. Zum anderen wird grundsätzlich differenziert, ob der Verbesserungsprozess von „unten" (von den Mitarbeitern) oder von „oben" (von den Führungskräften) initiiert wird[94].

Das PS konzentriert sich auf Verbesserungen der operativen Projektebene. Hier stehen die Bau- und deren Managementprozesse in den Projekten im Mittelpunkt. Das entwickelte KVP-Modell ist aber in vielen Teilen allgemeingültig und kann auf das gesamte Wertschöpfungsnetzwerk (Lieferanten, Nachunternehmer) erweitert werden. Ebenfalls sind einzelne Bestandteile auch auf andere Unternehmensbereiche (z.B. Qualitätszirkel Einkauf, Qualitätszirkel Planungsabteilung) erweiterbar.

3.6.7 KVP-Wertschöpfungspartnerschaften

Die KVP-Strategie ist in einem ersten Blick auf ein Unternehmen bezogen und für dieses auch kennzeichnend. Wenn aber die Projektabwicklung und die Bauprozesse verbessert werden sollen, werden durch die hohe Aufgabenteilung

---

[94] In Abb. 44 wird diese Wirkungsrichtung („bottom-up vs. top-down") der einzelnen Verbesserungskonzepte angedeutet.

schnell die eigenen Unternehmensgrenzen überschritten. Eine den KVP unterstützende Projekt- und Ablauforganisation endet nicht an den vertraglichen Grenzen sondern orientiert sich stärker als heute am Bauprozess. So gilt es für den Unternehmer, mit seinen Partnern (Nachunternehmer, Lieferanten) das notwendige kooperative und auf ständige Verbesserungen ausgelegte Bauteam in Vergaben und Verträgen zu verankern[95]. Von Beginn an sollte deswegen bei der Auswahl und Präqualifikation der Nachunternehmer und Lieferanten nicht nur auf den Preis sondern auch auf die Bereitschaft, den KVP umzusetzen, Wert gelegt werden. In den Verträgen sind KVP-Werkzeuge in *Leistungs- und Qualitätsvereinbarungen* für alle verbindlich zu machen. So ist beispielsweise die Teilnahme der NU an Qualitätszirkeln zu regeln. Das IMS ist für ein Bauprojekt mit NU zu vereinbaren. Entscheidender aber bleibt, dass ein kooperatives Systemdenken in den Köpfen existiert. Dies ist nicht durch Verträge zu generieren aber darin zu berücksichtigen. In der Vertragsgestaltung ist darauf zu achten, dass ein Freiraum zur Verbesserung verankert und letztlich eine Win-Win-Situation für alle Beteiligten entsteht. Heute existieren bereits vereinzelt Wertschöpfungspartnerschaften[96]; die permanente Einführung des KVP-Elements würde diese Partnerschaft intensivieren, nachhaltig verbessern und festigen.

3.6.8 Zusammenfassung des Elements „KVP"

Aus den Erkenntnissen und Best-Practise-Lösungen der verarbeitenden Industrie wurde in diesem Kapitel das Element der „Kontinuierlicher Verbesserungsprozess" des Bau-PSM konzipiert. Die Basis zur Umsetzung liegt besonders in einem notwendigen Wechsel des Führungsverhaltens und der Unternehmenskultur in der Baubranche. Unter der Bezeichnung *„Lean Leadership"* wurde dieses neue Führungsprinzip als Ziel beschrieben.

Es konnte eine KVP-Lösung entworfen werden, welche den branchenspezifischen Anforderungen und Organisationsstrukturen gerecht wird und sich im konzipierten ganzheitlichen Bau-PS einbettet. Die Kernelemente bilden das »Ideenmanagementsystem«, das »Qualitätszirkel«- und das »KVP-Workshop«-Konzept als personen- und gruppenorientierte Verbesserungsmethoden. Die neue Unternehmerrolle des Managements als treibende Kraft der Verbesserung

---

[95] Auf weiteren Forschungsbedarf sei an dieser Stelle hingewiesen.
[96] In Interviews mit GU-Projektleitern wurde festgestellt, dass lose aber langfristige Nachunternehmer-Kooperationen in den meisten Fällen heute üblich sind.

und die Einführung von »KVP-Teams« ergänzen das Modell um management-
orientierte Verbesserungsmethoden. Diese Teilelemente wurden abschließend
als eine ganzheitliche, integrative KVP-Lösung zur Umsetzung in einem Bauunternehmen neu zusammengefasst und es wurde auf die Bedeutung der
Ausweitung auf Supply Partner (Lieferanten, Nachunternehmer) hingewiesen.
Die Bestandteile des Elements „Kontinuierlicher Verbesserungsprozess"
werden in Abbildung 44 zusammenfassend dargestellt:

Abb. 44: Das Element „Kontinuierliche Verbesserungsprozess (KVP)" des Bau-PSM

3.7 Das Element „Qualität und Robuste Prozesse"

Zu Beginn dieses Abschnittes wird ein Überblick über den heutigen Stand und die Schwachpunkte des Qualitätsmanagements (QM)[97] in der Baupraxis gegeben. Demgegenüber werden die Unterschiede des Qualitätssicherungsverständnisses und neue Lösungsansätze in modernen PS anschließend erläutert und ihre heutige Anwendung im Bauwesen als ein Ausgangspunkt beschrieben. Darauf aufbauend wird ein neuer Weg aufgezeigt, wie das neu entwickelte Element »Qualität und Robuste Prozesse« in der Praxis eines Bauunternehmers realisiert werden kann. In Anlehnung an die drei Gestaltungsprinzipien wird dabei im Kern dieser Arbeit ein Qualitätsregelkreis zur schnellen Problemerkennung und Fehlerbeseitigung in der Bauproduktion neu entwickelt (Kap. 3.7.2), bekannte präventive Maßnahmen aus Industriebetrieben zur Schaffung von stabilen Prozessen und Produkten im Bau-PSM integriert (Kap. 3.7.3) und die Umsetzung interner Kunden-Lieferanten-Beziehungen abgeleitet (Kap. 3.7.4).

3.7.1 Stand der Technik zur Berücksichtigung der Qualität in der Bauproduktion

Qualitätsmanagement im Bauwesen – ein traditioneller QM-Ansatz

Welchen Stellenwert hat die Qualität im Bau heute? Verschiedenen internationalen Studien zur Folge liegen die Fehlerkosten (für alle und nicht nur für die spektakulären Fälle) durchschnittlich in einer Spanne von 2 bis 12 % des Bauumsatzes [Burati/Farrington/Ledbetter 1992; Ledbetter 1994; Love 2002; Jungwirth 1996, S.8ff.]. Die meisten Qualitätsprobleme in der Bauproduktion sind dabei nicht technischer Natur sondern Resultat einer mangelnden Motivation und Einstellung der Mitarbeiter und Baumanagern zu ihrer Arbeit [Atkinson 1997; Bennett 2000]. So liegen demnach rund 46 % der Fehler in der Ausführung, davon sind rund 30 % auf Sorglosigkeit zurückzuführen [Jungwirth 1996, S.8].

Das QM ist wohl „das am meisten unterschätzte und missverstandenste Konzept in der Bauwirtschaft weltweit" [Thomas et al. 2002, S.4]. In der

---

[97] Als „traditionelles" QM wird hier ein heute in vielen Bereichen praktiziertes QM nach DIN EN ISO 9000ff bezeichnet (vgl. weiterführend Literatur, z.B. [Jungwirth 1996].

Bauindustrie befindet sich das QM heute zwischen der sog. ersten QM-Ära, der Fehlerkontrolle, und der zweiten, der Fehlervermeidung, ist aber noch weit entfernt von einem Stadium „Kontinuierlicher Qualität".

Das QM in der Bauwirtschaft ist maßgeblich durch die internationale Norm DIN EN ISO 9000ff bestimmt. Darin liegt der Fokus auf der Entwicklung und Einführung von Qualitätsmanagementsystemen (QMS), bei denen jedoch keine Verknüpfung zwischen der Produkt- und Prozessqualität[98] in der Praxis geschaffen wird. So lässt sich mit Tabelle 6 die heutige Praxis im Bau-QM zusammenfassend mit folgenden Ausprägungen, Schwach- und Kritikpunkten charakterisieren:

Produktqualität wird vernachlässigt	<ul><li>Die QMS sind zwar umfangreich, durch und durch dokumentiert, aber zu abstrakt für die Anwendungen des Facharbeiters auf der Baustelle.</li><li>Das Personal ist vielfach abgeneigt, ein QMS im Unternehmen anzuwenden. Je umfangreicher die Dokumentation eines QMS ist, desto geringer ist die Motivation der Mitarbeiter [Hughes/Williams/Ryall 1999].</li><li>QMS sind bürokratisch. Sie befriedigen die administrativen Anforderungen der Unternehmensmanagementsysteme statt für die Produktqualität des Kunden heute nützlich zu sein [Marosszeky et al. 2002, S.3].</li><li>QMS werden vielfach als Marketing-Instrumente aufgefasst [Thomas et al. 2002, S.4]</li></ul>
Keine Prozessorientierung	<ul><li>QMS ist retrospektives Controlling gegenüber technischen Richtlinien und Vorgaben.</li><li>Qualitätsplanungen auf Projektebene (objektbezogene QMS-Werkzeuge, d.h. Qualitätspläne, Nachunternehmerauswahl, Inspektion und Testpläne etc.) setzen den Rahmen des Qualitätsmanagements für die Projekte, befassen sich aber nicht mit der spezifischen Qualitätssicherung bei der Ausführung der einzelnen täglichen Arbeiten. Diese Qualitätsplanung ist so vergleichbar mit dem Rahmenterminplan des Projektmanagements und losgelöst von dem Detail des Bauprozesses. [Marosszeky et al. 2002, S.4].</li><li>QMS führen meist nur zur Mängelverwaltung. Mängel werden erst nach Abschluss der Arbeiten (Teilabnahme/Gewerkübergabe) identifiziert. Der Ablauf der Mängelbeseitigung ist lang und bürokratisch. Aber wenn Qualität nicht am Ursprung (Arbeitsprozess) gesichert und kontrolliert wird, steigen die Fehlerkosten signifikant an [Thomas et al. 2002, S.6; Marosszeky et al. 2005, S.504ff.].</li></ul>

---

[98] Hier liegt der wesentliche Unterschied: In der Lean Production wird Produkt und Prozess immer in Korrelation zueinander betrachtet, d.h. ein Produkt wird immer unter Berücksichtigung seiner Herstellungsprozesse entwickelt.

Motivation weitgehend ignoriert	• Im heutigen QM stehen zumeist die technischen und administrativen Gesichtspunkte im Vordergrund. Die sozialen und menschlichen Faktoren des QM werden weitgehend ignoriert: „Das Auftreten von Fehlern hat nicht die Hauptsache im „Nicht-Wissen" sondern in der Anwendung der selbigen, d.h. „dass sie nicht das tun, was sie wissen, sie sollten tun." [Atkinson 1997]. So ist nicht allein die Qualifikation entscheidend, sondern viel stärker die Arbeitsorganisation und das Führungsverhalten. • Die Motivation, Arbeitseinstellung und das Qualitätsbewusstsein des Einzelnen ist stark von der Organisation und Führung im Unternehmen geprägt. Das Bauwesen ist heute durch hierarchische Strukturen (»top-down«-System) und Fragmentierung aus Nachunternehmertum und Vertragsdenken geprägt. Dies führt letztlich zu negativen Konsequenzen in der Qualität und hohen Fehlerkosten. • QM wird heute noch als Kontrolle, vielfach auch noch durch Dritte (Architekten, Planer), gelebt. Im Verständnis eines Mitarbeiters impliziert dies letztlich fehlendes Vertrauen und fehlende Verantwortung und wird als Entmündigung in seiner Arbeit empfunden. Dies ist kontraproduktiv zu jeder modernen Form von Gruppenarbeit und Mitarbeitermotivation.

Tab. 5: **Ausprägung, Schwach- und Kritikpunkte des heutigen QM im Bauwesen**

Anwendung moderner PS-Prinzipien und -Methoden im QM des Bauwesen

Das skizzierte Bild des heutigen QM im Allgemeinen als auch im Bauwesen im Speziellen kann mit neuen Strategien und Methoden, formuliert nach den Gestaltungsprinzipien »QRP« moderner PS, verbessert werden. In der LC wurden diese Prinzipien zur Erreichung des Qualitätsziels zumindest in Teilen aufgegriffen. Im Bewusstsein der geschilderten Mängel (siehe Tab. 5) wurden so bereits einzelne neue Methoden zur Qualitätssicherung für die Bauproduktion adaptiert und erprobt[99]. Zwei wesentliche Merkmale wurden besonders betont: Zum einen, dass Qualität von Beginn an erzeugt und an der Quelle gesichert werden muss. Zum anderen, dass Qualität durch die Übertragung von Verantwortung auf die Mitarbeiter und Arbeitsgruppen erzielt werden kann, in dem Teammotivation gestärkt, Innovationen gefördert und Problemlösungskompetenzen geschult werden. In diesem Verständnis hat ein QMS die Aufgabe, mit Werkzeugen den Arbeitskräften vor Ort zu helfen, ihre Aufgaben mit Qualität auszuführen statt ihnen nur Mängel durch Kontrolle aufzuzeigen. Das QMS hat idealerweise folgende Funktionen:

---

[99] Vgl. [Marosszeky et al. 2002; Misfeldt/Bonke 2004; Marosszeky et al. 2005].

- Qualitätsziele klar zu definieren (z.B. mittels Checklisten)
- die Verantwortung zur Eigenprüfung auf die einzelnen Arbeiter zu übertragen sowie Regelkreise zur Überprüfung innerhalb der einzelnen Arbeitsgruppen zu bilden
- die Messung von Qualität als Vergleichsbasis und zur ständigen Verbesserung
- ein Feedbackmechanismus zur Förderung von Motivation zur Verbesserung und zum Lernen ist einzuführen
- die Analyse und vorausschauende Fehlervermeidung

Einen Beitrag zur Qualität liefert hier bereits das LPS™, indem es durch seine Mechanismen Transparenz und Zuverlässigkeit in der Bauproduktion schafft. Dies ist eine Grundvoraussetzung für „fehlerfreie Produkte". Dem LPS™ sind in der Praxisanwendung aber Grenzen gesetzt. Grundsätzlich hat es die umfassende Aufgabe, alle Aspekte für eine zuverlässige Produktion (also auch Sicherheit, Qualität und Umwelt) zu berücksichtigen und zu verknüpfen. In der Praxis konzentriert es sich jedoch vor allem auf die Sicherung des Produktionsflusses durch Phasen- und Vorschauplanung. Konsequentes Controlling, PEA-Analyse, Problemlösung und Feedback sind zur kontinuierlichen Fehlervermeidung und Verbesserung zwar von großer Bedeutung aber auch in der Praxis des LPS™ limitiert. Neben dem zeitlichen Rahmen zur Durchführung der LP-Meetings würde dies letztlich zu hoher Komplexität und zum Zielverlust im LPS™ führen. So sind weitere Regelkreise des QM erforderlich, die mit dem Steuerungssystem des LPS™ abgestimmt sind.

In einer ersten Generation (vgl. [Marosszeky et al. 2002; Misfeldt/Bonke 2004]) wurden in der LC neue QS-Methoden in Einklang mit dem LPS™ erprobt. Deren zentrale Elemente sind die Zuweisung von Verantwortung zwischen Arbeitsgruppen und Bauleitung, die Einführung einer verstärkten Werkereigenprüfung durch *Arbeitspaket(AP)-Checklisten*, zusätzliche Controllinglisten der Qualitätsprüfungen als Restriktion in der *Vorschauplanung* sowie die Dokumentation von *Qualitätskennzahlen* einzelner Arbeitsgruppen/Gewerke. Der Unterschied zu bekannten, traditionellen QMS liegt einerseits im höheren Detaillierungsgrad aber vor allem im Kontext einer veränderten Arbeitsorganisation der Gruppenarbeit und der Führung mit Eigenverantwortung.

In Fallstudien zeigte sich aber auch, dass die eingesetzten *AP-Checklisten* vielfach deckungsgleich und doppelt zu bestehenden Prüfprozeduren eingesetzt werden, die vertraglich bereits festgeschrieben sind. Sie dienen in erster Linie zur Sicherung der vertraglichen Leistung des Kunden, gewährleisten aber nicht, dass Qualität im Prozess zwischen einzelnen Arbeitsschritten und Gewerken übergeben wird. Aufgrund dieser Ergebnisse wurde eine sog. zweite Generation von QS-Methoden in der LC entwickelt, die besonders die interne Kundenorientierung und Prozessorientierung umsetzt. So wurden statt der *AP-Checklisten* sog. *Arbeitspaket-Start-Checklisten* eingesetzt. Darin sind durch die Arbeitsgruppe alle für sie relevanten Qualitätsaspekte vorangehender Arbeitsschritte/Gewerke als Anforderungen erfasst und werden vor dem Start eines neuen Arbeitsabschnitts durch einen Mitarbeiter der Arbeitsgruppe überprüft. So wird durch die definierten Qualitätsanforderungen das »Pull-Prinzip« im QM eingeführt. Ergänzend zu diesen Checklisten wurden Fehlersammellisten zur Erfassung, späteren Ursachenfindung und letztlich zur Fehlervermeidung in den Fallstudien eingesetzt. Die Praxis zeigte aber, dass eine veränderte Arbeits- und Prozessorganisation entscheidend ist, um statt des einfachen Dokumentierens auch kontinuierliche Fehlervermeidung und Verbesserungen zu erzielen (vgl. [Marosszeky et al. 2005]).

Mit der vorliegenden Idee und Konzeption von QS-Methoden nach Lean Prinzipien wurde der Weg für das Element „Qualität und Robust Prozesse" bereits in zentralen Aspekten aufgezeigt und bestehende Abhängigkeiten im Gesamtsystem am Beispiel der Qualität dargelegt. Wie im Vorspann mit Kapitel 3.3 bereits erläutert, blieb die Zusammenführung der einzelnen Methoden und die Ableitung eines vollständigen Regelkreissystems (in Anlehnung an die industriellen Vorbilder) als Entwicklungsbedarf bis heute offen und soll mit dem Element »QRP« im Folgenden entwickelt werden.

3.7.2 Ableitung des Qualitätsregelkreises-Systems zur schnellen Problemerkennung und Fehlerbeseitigung

Um Fehler und Probleme in den Arbeitsprozessen schnell zu erkennen und Gegenmaßnahmen einleiten zu können, ist eine systematische Analyse in „kleinen Regelkreisen" erforderlich. Darin wird der einzelne Mitarbeiter als Fachmann der eigenen Arbeit bestärkt, angeleitet und motiviert Fehler und Probleme im Prozess zu erkennen und zu beheben. Durch Qualitätsregelkreise wird die Qualität transparenter und im Sinne der Motivation des Einzelnen und der Kundenzufriedenheit offen ausgewiesen.

Entwicklung des Qualitätsregelkreis-Systems

Mit Qualitätsregelkreisen werden der Prozess und das Produkt verzahnt und schrittweise auf den verschiedenen Ebenen der (Bau-)Produktion (Arbeiter, Arbeitsgruppe, Arbeitsbereich/Gewerk, Baustelle) geprüft. Ein Regelkreis basiert auf den Schritten Planen, Tun, Checken und Aktion des *PTCA-Zyklus*. Erkannte Abweichungen lösen schnelle Gegenmaßnahmen im Prozess zur Behebung und späteren Vermeidung aus. Das im Rahmen dieser Arbeit entwickelte Qualitätsregelkreissystem ist in Abbildung 45 schematisch dargestellt und besteht aus einem System von vier Regelkreisen:

Qualitätsregelkreis 1 – Werkereigenprüfung: Der einzelne Mitarbeiter prüft seine Arbeit auf mögliche Fehler. Er verständigt sich mit dem Teamleiter seiner Arbeitsgruppe („Reißleine"[100]), falls Anlass besteht. Der Mitarbeiter behebt den Fehler sofort und entscheidet, ob weitere Problemlösung notwendig ist (→KVP).

Qualitätsregelkreis 2 – Arbeitsgruppenprüfung: Ein Mitarbeiter der Arbeitsgruppe[101] prüft die fertig gestellten Arbeitspakete anhand von *Arbeitspaketchecklisten* in Stichproben oder in festgelegter Routine[102]. Die auftretenden Fehler werden in einer *Fehlersammelliste* dokumentiert und durch die

---

[100] Das Herbeirufen und der Austausch mit dem Teamleiter stellt für die Bauproduktion im übertragenen Sinne die sog. „Reißleine" in der Fließbandfertigung dar.

[101] Die Prüfungsaufgaben können innerhalb der Arbeitsgruppe rotieren. So ist sichergestellt, dass alle Teammitglieder eingebunden werden und die Prüfung in der Arbeitsgruppe als Kontrollinstanz wahrgenommen wird.

[102] Diese Prüfung entspricht weitgehend eine Prüfung hinsichtlich technischer Spezifikationen und vertraglichen Qualitätsmerkmalen. Installationsarbeiten geringerer Komplexität und Anforderungen können in Stichprobe und komplexe Bereiche nach einem Qualitätsplan geprüft werden. Diese Prüfung entspricht den heute üblichen Prüfungsroutinen der QMS der Unternehmen.

Arbeitsgruppe behoben. Ebenfalls ist zu entscheiden, ob weitere Problem-lösungen erforderlich sind (→KVP).

Qualitätsregelkreis 3 – Arbeitspaket-Start-Check: Dieser Regelkreis ent-spricht dem von MAROSSZEKY[103] vorgeschlagenen Vorgehen. Die Arbeits-gruppe, verantwortlich für ein Arbeitspaket, definiert in der Arbeitsvorbereitung alle erforderlichen Qualitätsaspekte, die von den Vorgänger-Gewerken/Arbeits-gruppen erfüllt sein müssen, damit sie ungehindert ihre eigenen Arbeiten ausführen können. Diese Qualitätsaspekte münden in einer *Arbeitspaket-Start-Checkliste*[104]. Bevor die Arbeitsgruppe ihre Arbeit aufnimmt, überprüft ein Mit-arbeiter anhand dieser Checkliste, ob die Qualitätsanforderungen der voraus-gehenden Arbeitspakete/Gewerke erfüllt wurden. Falls Fehler auftreten ist durch den Teamleiter die unmittelbare Behebung/Nacharbeit durch das je-weilige Vorgänger-Gewerk zu veranlassen. Gemeinsam ist dann zu ent-scheiden, ob eine weitere Problemlösung erforderlich ist (→KVP).

Qualitätsregelkreis 4 – Abnahme und Prüfung auf Kundenkriterien: Der QRK umfasst die heutige Abnahme von Arbeitsabschnitten. Teamleiter und PM-Team[105] führen die Abnahmeprüfung gemeinsam durch. Auftretende Fehler werden zusätzlich zur heutigen Dokumentation in einer *Fehlersammelliste* erfasst. Die Fehler werden den Baustellenverantwortlichen vorgestellt und die Behebung/Nacharbeit wird initiiert. Im PM-Team wird entschieden, ob eine weitere Problemlösung erforderlich ist (→KVP).

---

[103] Vgl. [Marosszeky et al. 2005].
[104] Die definierten Qualitätsaspekte finden ebenfalls Eingang in die Arbeitspaket-Checklisten im Regelkreis 2 des vorausgehenden Arbeitsprozesses (»Lieferant«).
[105] Die Funktionsbeschreibungen entsprechen der hier definierten Aufbauorganisation (vgl. Abb. 16).

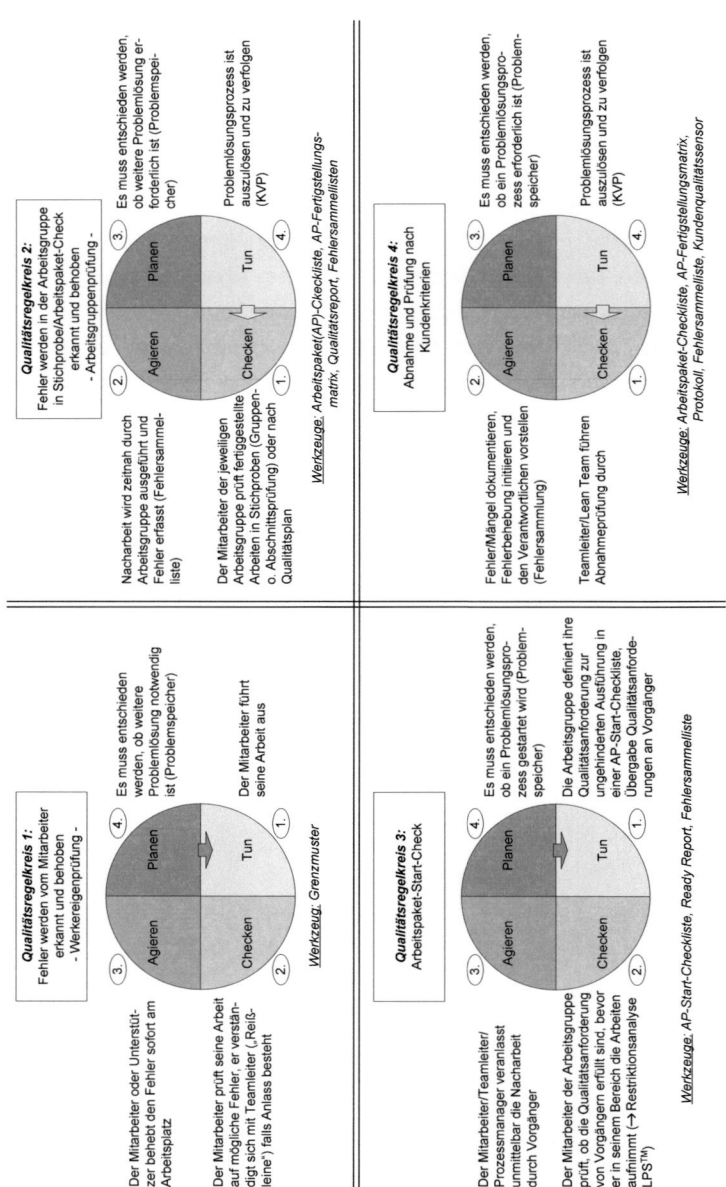

Abb. 45: Qualitätsregelkreise

Qualitätsstandinformation

Im Ergebnis wird durch den Einsatz der beschriebenen Regelkreise die Qualität im Prozess transparent. Entscheidend bleibt aber die Motivation und Eigenverantwortung der Mitarbeiter, um diese Qualitätsregelkreise auch umzusetzen. Die Informationen den Mitarbeitern an die Hand zu geben, ist die Basis für die gewünschte Mitarbeitereinbindung. Hierzu sind folgende Werkzeuge erprobt, die mit Tabelle 6 den einzelnen Qualitätsregelkreisen (QRK) zugeordnet und zusammengefasst werden[106].

	Methoden / Werkzeuge	Kurzbeschreibung
Allgemein	*Verantwortungsmatrix*	Ausweisung von Arbeitsfunktion und Qualitätsverantwortung
	Fehlersammellisten	Effiziente Erfassung und Ursprung langfristiger, nachhaltiger Fehlerverhinderung, Eingangsgrößen in *Qualitätsregelkarte*
QRK 1	*Grenzmuster*	Fördern Klarheit und ermöglichen dem Mitarbeiter schnelle Entscheidungen
QRK 2	*AP-Checklisten*	Standardisierte, autonome Prüfung der Arbeitsgruppe. Information gibt eine direkte Rückkopplung zur Arbeitsgruppe
	AP-Fertigstellungsmatrix	Gesamtüberblick QRK 2 – Stand der Prüfungen im Projekt, Identifizierung Problembereiche, Ausweisung zusätzlicher Qualitätsprüfungen, Scoring der Arbeitsgruppen (→Qualitätsreport)
	Qualitätsreport	Motivation und Gruppendynamik durch Qualitäts-Scoring
QRK 3	*AP-Start-Checklisten*	Ausweisung von Qualitätsanforderungen und interner Kunden-Lieferanten-Beziehungen, Pull-Prinzip
	Ready Report	Ausweisung und Übersicht der bestandenen internen Qualitätsübergaben u. Restriktionserfüllungen im Vorschauplan (→LPS™)
QRK 4	*Kundenqualitätssensor*	Priorisiert und unterstützt Ergebnisse externer Prüfung und Abnahme, liefert objektive Kundenrückmeldung

Tab. 6: Werkzeuge zur Qualitätsstandinformation

---

[106] Siehe auch Werkzeugbeschreibung in Anlage 1.

3.7.3 Methoden zur Schaffung stabiler Prozesse und Produkte

Um stabile Prozesse und Produkte zu erreichen, sind präventive Maßnahmen zur Qualitätssicherung von Beginn an in Planung, Vorbereitung und letztlich in der Ausführung umzusetzen. Diese Maßnahmen zielen darauf ab, Fehler von Beginn an zu verhindern und zu vermeiden. Um dies zu erreichen, können die folgenden Methoden und Werkzeugen in der Praxis eingesetzt und an dieser Stelle neu für die Bauproduktion vorgeschlagen werden:

Fehlerverhinderung

Mit einer produktionsgerechten Gestaltung der Produkte (Bauteile) und Betriebsmittel wird bereits in der Planung und Arbeitsvorbereitung verhindert, dass später Fehler auftreten[107]. Eine Vielzahl an Maßnahmen ist in der Montage- und Ablaufplanung sowie Arbeitsvorbereitung einsetzbar, um primär Verwechslungen in der Montage zu verhindern. In Tabelle 7 sind die zentralen Methoden/Werkzeuge zur Fehlerverhinderung aufgezählt:

Methoden / Werkzeuge	Kurzbeschreibung
Schlüssel-Schloss-Prinzip (Poka Yoke)	Nur eindeutige Lösungen sind möglich (z.B. eindeutige konstruktive Lösungen von Montageverbindungen)
Produkt-, Prozess- und Betriebsmittelstandards	Standardisierung von Einbauteilen, Montageprozessen und den eingesetzten Betriebsmitteln verringern Fehler in der Praxis (→Standardisierung)
Constructability Review[108]	Zusätzliche Prüfung der Planungsvorgaben (Vorgaben) hinsichtlich ihrer operativen Effizienz und Qualität in der bautechnischen Umsetzung
Änderungs-Wirkungs-Diagramm	Bei Änderung der Planung (durch Kunde, Planer etc.) werden in Anlehnung eines Ishikawa-Diagramms[109] die Auswirkungen auf die Bau- und Planungsprozesse offen gelegt

Tab. 7: **Werkzeuge der Fehlerverhinderung**

Fehlervermeidung

Allgemein sind darunter alle kostengünstigen, zuverlässigen Neuerungen und Vorrichtungen zu verstehen, die Fehlermöglichkeiten aufdecken, bevor Fehler

---

[107] Definition des Begriffs Fehlerverhinderung entstammt der Begrifflichkeit des DaimlerChrysler Produktionssystems DCPS [DaimlerChrysler 2000].

[108] Die Bezeichnung „Constructability review" (engl.) entspricht der Terminologie der BSRIA-Studie [Hawkins 1997] und wurde aus dem Englischen unübersetzt übernommen.

[109] Auch als Fischgräten-Diagramm bezeichnet (*Ursache-Wirkungs-Analyse*).

auftreten[110]. Dies schließt insbesondere einfache Methoden und Werkzeuge ein, wie: Farbkennzeichnungen (Bauteile, Betriebsmittel etc.), Positionierungshilfen (z.b. Montageschablonen), Identifizierungen von Teilen durch Etikettierungen u.ä. (→PASV). Da diese Methoden in erster Linie und in aller Regel durch die Mitarbeiter selbst vorgeschlagen und eingeführt werden, dienen sie auch indirekt der Mitarbeitereinbindung im Prozess.

Audits

Ein Audit ist entsprechend der DIN-Definition „...die Beurteilung der Wirksamkeit des Qualitätssicherungssystems oder seiner Elemente" [DIN EN ISO 9000ff.]. Es soll in diesem Zusammenhang gleichermaßen eine übergeordnete Rückkopplung über die Wirksamkeit und Problemangemessenheit qualitätssichernder Aktivitäten geben. Gemäß diesem Verständnis können zum einen *Verfahrens-* und *Produkt-/Ergebnisaudits* aber auch *Systemaudits* einzelner Elemente und Sicherungssysteme eingesetzt werden. Sie sind u.U. bereits Bestandteile traditioneller QMS in den Unternehmen und es gilt, diese entsprechend dem neuen Qualitätsverständnis im Bau-PS zu revidieren[111].

Systematische Fehleranalyse

In den entwickelten Qualitätsregelkreisen wurde bereits auf die effiziente Sammlung auftretender Fehler verwiesen. Mit *Fehlersammellisten* werden zunächst Fehler nach Art und Anzahl erfasst. Diese Fehlersammelliste kann zur übergeordneten Analyse und Aufdeckung von systemimmanenten, verborgenen Fehlerquellen führen und dient andererseits als Datenbasis von *Qualitätskennzahlen* zur Ausweisung von Qualitätszielen. Zur Analyse und Auswertung können grundsätzlich folgende Methoden und Werkzeuge eingesetzt werden:

Methoden / Werkzeuge	Kurzbeschreibung
Pareto-Analyse	Wichtiges von Unwichtigem trennen
Histogramme	Graphische Darstellung der Häufigkeiten von in Klassen eingeteilten Messwerten (Fehler)

---

[110] Definition des Begriffs Fehlervermeidung entstammt der Begrifflichkeit des MPS [DaimlerChrysler 2000].

[111] Anmerkung des Verfassers: Das Audit im klassischen Sinne hat durch die negative Wirkung traditioneller QMS u.U. im Unternehmen ein schlechtes Image erhalten. Es ist ggf. in neuer Form und Bezeichnung und gemäß des neuen Qualitätsverständnisses und der neuen Arbeits- und Prozessorganisation einzuführen.

Qualitätsregelkarte	Kernstück der *statistischen Prozesskontrolle (SPC)*, Qualitätsmerkmale (Fehlerzahl, Toleranzwert) werden in graphischer Darstellung zwischen Schrankenwerten überwacht

Tab. 8: Werkzeuge der Fehleranalyse

Diese Methoden sind dabei unabhängig von der Produktionsart einsetzbar und sollten in der Ausgestaltung der Qualitätssicherungssysteme im Einzelfall und für Teilbereiche sorgfältig und problemangemessen ausgewählt werden.

Mitarbeiterschulungen/Ein-Punkt-Schulungen

Schulungsmaßnahmen der Mitarbeiter sind fortlaufend erforderlich, um Zusammenhänge, Sachverhalte und Maßnahmen, die umgesetzt oder einge-führt werden, zu erklären. Es kann somit ein Qualitätsbewusstsein entwickelt werden. Das Grundprinzip lautet dabei, dass alle Schulungsmaßnahmen vor Ort auf der Baustelle und am Arbeitsplatz durchgeführt werden („Training on the job"). Als Methoden können die *Ein-Punkt-Schulungen* (auch sog. *Toolbox-Talks[112]*) angewendet werden.

3.7.4   Umsetzung des Prinzips der Kundenorientierung im Bau-PSM

Kundenorientierung bedeutet, dass jeder Prozess so gestaltet wird und jede Arbeit so auszuführen ist, dass ausschließlich Produkte mit höchster Qualität („Null-Fehler-Prinzip") in den nächsten Prozess gegeben werden[113]. Damit wird ein internes und externes Kunden-Lieferanten-Verhältnis in den Geschäfts-prozessketten aufgebaut.

Kunden-Lieferanten-Beziehungen (intern & extern)

Das externe Verhältnis zum Kunden (Bauherr) ist Richtschnur und Paradigma des täglichen Handelns; die internen Verhältnisse stehen für die Kunden-Lieferanten-Beziehungen zwischen Supply-Partnern, Gewerken und Arbeits-gruppen auf der Prozessebene.

---

[112] Die Bezeichnung „Toolbox Talks" (engl.) entspricht u.a. der Terminologie aus [Court et al. 2005] und wurde aus dem Englischen unübersetzt übernommen.
[113] Definition des Begriffs Kundenorientierung stammt aus der Begrifflichkeit des MPS [DaimlerChrysler 2000].

Diese internen Kunden-Lieferanten-Verhältnisse werden bereits in der *Kooperativen Phasenplanung* auf der Produktionsplanungsebene und insbesondere mit dem dritten Qualitätsregelkreis zur Qualitätssicherung in der Baumontageebene gestaltet, unterstützt und mit den darin eingesetzten Werkzeugen die Mitarbeiter dafür konditioniert. Mit diesem Qualitätsregelkreis werden im übertragenen Sinne sog. Qualitätstore, bekannt aus der Fabrikfertigung, auf die Baumontage adaptiert. Neben der Umsetzung dieses Regelkreises bleibt zu betonen, dass die Kundenorientierung in den Köpfen zu verankern ist. Dies wird maßgeblich durch die Arbeits- und Prozessorganisation bestimmt und mit den im Folgenden genannten Methoden ebenfalls unterstützt:

Transparente Qualitätsziele

Die Kundenorientierung hat zur Voraussetzung, dass den Supply-Partnern (Lieferanten/Nachunternehmern), den einzelnen Gewerk- und Arbeitsgruppen die Ziele und dessen aktueller Zustand transparent sind. Um Ziele und aktueller Ist-Zustand auszuweisen, sind die Werkzeuge der Qualitätsstandinformation, besonders der *Kundenqualitätssensor* und der *Qualitätsreport*, hier zu nennen. Ergänzend können *Qualitätskennzahlen* für die einzelnen Bereiche (Arbeitsgruppe, Gewerk oder Baustelle) definiert, erhoben und ausgewiesen werden.

Qualitätsvereinbarungen

In der Bauproduktion liegt die Qualität in vielen Händen. Sie ist im Kern bestimmt durch die Produktqualität der Baustoffe und Bauteile (Lieferanten) sowie der Ausführungsqualität in der Montage (Montagepersonal, Nachunternehmer). Ein Sicherungsinstrument sind die *Qualitätsvereinbarungen*, die besonders über die eigenen Unternehmensgrenzen in der Zusammenarbeit der Supply-Partner wirksam sind. Hierin werden die zu liefernden/zu erstellenden Qualitätsniveaus festgelegt und Qualitätsziele auf dem Weg zur „Null-Fehler-Produktion" regelmäßig und partnerschaftlich definiert. Die Qualitätsziele können analog zur internen Organisation durch Qualitätskennzahlen festgelegt und beurteilt werden. Die Supply-Partner werden mit den Qualitätsvereinbarungen eingebunden, die Zusammenarbeit wird gestärkt und es wird eine gemeinsame Verantwortung für die Erreichung der Qualitätsziele geschaffen.

3.7.5 Zusammenfassung des entwickelten Elements „QRP"

An den heutigen „traditionellen" QM-Ansatz und seinen Schwachpunkten in der Bauproduktion anknüpfend, wurde im Einklang mit neuen Gestaltungsprinzipien und Methoden moderner PS ein neues QMS vorgeschlagen. Es basiert im Kern auf dem bestehenden, genormten QMS, auf bereits in der LC umgesetzten Teillösungen sowie auf hier adaptierten Lösungen der bekannten PS der verarbeitenden Industrie.

Als zentraler Ordnungsrahmen wurden vier Qualitätsregelkreise mit dieser Forschungsarbeit neu definiert, die die Prinzipien der schnellen Problemerkennung und Fehlerbeseitigung sowie der internen und externen Kundenorientierung verankern. Ferner wurden präventive Maßnahmen zur Qualitätssicherung neu vorgestellt, welche stabile Prozesse und Produkte von Beginn an in Planung, Vorbereitung und Ausführung schaffen und die „Qualität im Prozess" ermöglichen. Aus der Korrelation von erhöhter Qualität im Prozess und robuster Prozesse werden die Qualitätsziele der Kunden befriedigt und es wird gleichzeitig zu einer verbesserten Bauproduktion nach dem JIT-Prinzip beigetragen.

Die Bestandteile des Elements „Qualität – Robuste Prozesse" werden in Abbildung 46 zusammengefasst aufgeführt:

ARBEITS- UND PROZESSORGANISATION

JIT-PRODUKTION/LOGISTIK

KONTINUIERLICHER VERBESSERUNGSPROZESS

QUALITÄT UND ROBUSTE PROZESSE

- Vier Qualitätsregelkreise
  - ➤ Werkereigenprüfung
  - ➤ Arbeitsgruppenprüfung
  - ➤ Arbeitspaket-Start-Check
  - ➤ Kundenprüfung
- Fehlerverhinderung u. -vermeidung
- Kunden-Lieferanten-Beziehungen
- Systematische Fehleranalyse
- Audits
- Transp. Qualitätsziele
- Qualitätsvereinbarungen
- Mitarbeiter-/Ein-Punkt-Schulungen

PROFESSIONELLE ARBEITSROUTINEN, STANDARDISIERUNG U. VISUALISIERUNG

Abb. 46: Das Element „Qualität – Robuste Prozesse (QRP)" im Bau-PSM

3.8 Das Element „Professionelle Arbeitsroutinen, Standardisierung und Visualisierung"

Mit dem Element „Professionelle Arbeitsroutinen, Standardisierung und Visualisierung (PASV)" werden die einfachen Methoden der Standardisierung und
Visualisierung in ihrer heutigen Anwendung in der Bauproduktion und ihrer konsequenten Umsetzung zur Schaffung professioneller Arbeitsroutinen als Teil
des Bau-PSM aufgezeigt. Dabei bezieht das Element PASV den Stand der
Technik in Standardisierung und Visualisierung insbesondere in den modernen
PS der industriellen Vorbilder ein.

3.8.1 Ausgangslage

Grundsätzlich wird der Standardisierung und Visualisierung von allen Baubeteiligten meist ein hohes Potential in der Verbesserung der Planungs- und Bauprozesse zugesprochen. Es besteht allerdings eine Diskrepanz in der heutigen
Praxis, in der allgemein die Randbedingungen in den Projekten aber letztlich
auch die Konsequenz der Beteiligten fehlt, realisierbare technische und organisatorische Lösungen in den Projekten umzusetzen. So sind es meist nur
einzelne innovative Best-Practise-Lösungen, die in Modellprojekten oder einzelnen Unternehmen verwirklicht wurden; die heutige Baupraxis erweist sich als
innovationsträge (vgl. [Wilson 2000, S.7ff.]).

3.8.2 Produkt- und Prozessstandardisierung

Wird von Standardisierung gesprochen, sind erstens das Produkt – das
Bauwerk – und zweitens der Prozess – der Bauprozess – tangiert.

Produktstandardisierung

Die Standardisierung des Produkts in der Bauproduktion kann zum einen auf
das Gesamtbauwerk als das Kundenprodukt oder zum anderen auf dessen
einzelne Bauteile (-elemente) bezogen werden. Ersteres hat in einzelnen Seg-
menten des Bauens, wie z.B. im Fertig- und Reihenhausbau, Hallen- und
Anlagenbau besondere Bedeutung. Den gesamten Baumarkt betrachtet,

besteht aber eine viel größere Bedeutung in der Standardisierung von einzelnen Bauteilen und deren Vorfertigung und Vormontage[114].

Die Produktstandardisierung sollte bereits mit der Planung der Bauprojekte beginnen, da nur hier die Freiheit zur konsequenten Umsetzung von Produktstandards gegeben ist und diese bekanntermaßen mit Fortschritt der Planung und Umsetzung eines Bauprojekts stetig abnimmt. Der Bauunternehmer ist aber meist gar nicht oder nur unvollständig in dieser Planungsphase involviert. Er kann zum einen nicht sein Know-how und zum anderen nur unzureichend seine Ausführungsstandards zum Vorteil des Kunden konsequent einbringen. Hier sind zukünftig neue Wege in der Zusammenarbeit von Bauherren, Planern und Ausführende zu gehen; auf den Forschungsbedarf in neuen Vergabe- und Vertragsformen sei an dieser Stelle verwiesen.

Produktstandards zur Vorfertigung und Vormontage können vielfältig definiert werden. Eine Methode zur konsequenten Planung mit Produktstandards ist die sog. digitale bzw. parametrisierte Planung und ihre bereits entwickelten Planungswerkzeuge [Ehling 2001; Hovestadt 1994 und 1998; Nitsch 2003; Digitales Bauen 2007 u.a.]. Diese ermöglichen eine digitale Modularisierung des Bauentwurfs sowie die Integration von Planung und Ausführung, was die Voraussetzung für eine moderne industrielle und konsequente Vorfertigung ist.

Sofern die Unternehmen schon in der Planungsphase beteiligt werden oder Planer bereits Produktstandards in der Planung berücksichtigen, kann mit der Standardisierung die störungsanfälligere Baustellenfertigung auf eine „Endmontage" von vorgefertigten/vormontierten Bauelementen reduziert werden. So können die Bauzeiten verringert und gleichzeitig eine höhere Qualität erreicht werden. Hierfür geben durchgeführte Untersuchungen, wie z.B. [Wilson 1999; Hawkins 2002; Dicks 2002; Mawdesley/Long 2002 u.a.], einen Beleg. Die Baustelleninstallationen auf eine reine Endmontage und Inbetriebnahme zu vereinfachen, ist letztlich das Endziel und Maximum von Produktstandardisierung.

Prozessstandardisierung

Neben der Reduzierung und Optimierung der Baustellenmontage durch Einsatz von Vorfertigung und Vormontage gilt es für die verbleibenden Projektabwicklungs- und Bauprozesse, den „besten Weg" zum Standard zu machen.

---

[114] Das Bauen mit Produktstandards wurde und wird heute häufig noch gleichgesetzt mit dem Begriff des „Industriellen Bauens".

Die Prozessstandardisierung besteht dabei aus der Festlegung und Beschreibung der einzelnen sich wiederholenden Tätigkeiten und Abläufen. Hinzu zählt
auch die Standardisierung von funktionalen Arbeitsplätzen, Einrichtungen und
Werkzeugen zur Durchführung der jeweiligen Tätigkeiten. Die Standardisierung
der Projektabwicklungsroutinen und Bauprozesse liegt zu großen Teilen in der
gestalterischen Hand des ausführenden Unternehmens. Er kann dieses Potential zur Produktivitätssteigerung in vielen Fällen weitgehend unabhängig vom
Kunden sowie Nebenunternehmen umsetzen.

Mit erstem Blick betrachtet, liegen bereits aus der Sicht des heutigen QM eine
Vielzahl an Standards für zentrale Abläufe im Unternehmen und der Baustelle
vor. Aber selbst wenn dies konsequent in den Unternehmen der Fall ist, sind
diese Prozessstandards heute nicht ausreichend praxisgerecht, d.h. überwiegend nur auf Managementaufgaben beschränkt und nicht auf die Arbeitsabläufe
der Facharbeiter bezogen. Falls in Einzelfällen in den Bauunternehmen Standards speziell für die Ausführungsarbeiten dokumentiert wurden, verfehlen es
die Unternehmen meist jedoch, sie einzuführen oder dauerhaft als Routinen in
der täglichen Praxis zu verankern [Santos/Formoso/Tookey 2002, S.25].

Eine Standardisierung in allen Ebenen und Bereichen zu schaffen und dauerhaft zu verankern und weiterzuentwickeln ist allgemein ein zentrales Element in
der Gestaltung von PS. Dies erfolgt grundsätzlich zum einen durch Innovationen, die managementgetrieben sein können (z.B. aus Benchmarks in Pro-
zessgestaltungen, technischen Innovationen) oder zum anderen aus der
Weiterentwicklung einmal erfasster Standards als kontinuierliche Verbesserung
(→KVP). Dabei ist nicht die Überregulierung sondern das Bekenntnis aller Beteiligten zu Sinn, Zweck und Angemessenheit der Standards ein Schlüsselfaktor
zum Gelingen. Die Standardisierung ist letztlich ein Produkt aus Gruppenarbeit,
KVP-Konzept und Innovationen in Technik und Organisation.

3.8.3 Methoden und Werkzeuge für die Standardisierung im neu entwickelten Bau-PSM

Als Bestandteile des Elements »PASV« sollen auch Methoden und Werkzeuge
zur Standardisierung der Projektabwicklungs- und Bauprozesse ergänzend zur
konsequenten **Produktstandardisierung** durch digitale Planungswerkzeuge
sowie der Vorfertigung dieser Standardbauteile eingesetzt werden.

Abbildung 47 fasst sie in den drei Kategorien »Bauteile«, »Einrichtungen« und »Abläufe« zusammen:

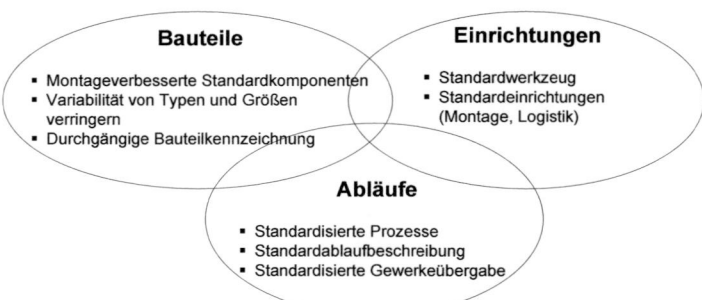

Abb. 47: Methoden der Standardisierung

Ablaufstandardisierung. Die Arbeitsprozesse können in ihrem Ablauf standardisiert und beschrieben werden. So ist z.b. ein Nebenprodukt der wiederholten Phasenplanung (→JIT) die Standardisierung von Arbeitsabläufen und deren Prozessfolge (*standardisierter Prozess*). Auf der Ausführungsebene können die wiederkehrenden Montageabläufe und ihre notwendigen Hilfsmittel durch die Facharbeiter mit *Standardarbeitsblättern (SAB[115])* vereinheitlicht und im Detail beschrieben werden. Auf der Ebene der Arbeitsorganisation sind ebenfalls verbindliche Standards umsetzbar, wie z.B. *standardisierte Gewerkübergaben* aber auch Methoden und Werkzeuge der anderen Elemente (*Qualitätsregelkreise, Gruppentafeln* u.v.a.).

Bauteilstandardisierung. Die Unternehmer haben in der Ausführungs-/Montageplanung den Handlungsspielraum, die *Variabilität von Bauteilen in Typen und Größen* zu reduzieren sowie *montageverbesserte Standardkomponenten* zu entwickeln und einzusetzen. Dieses Bemühen ist heute nicht neu, es ist aber in den Planungs- und Arbeitsroutinen der Mitarbeiter ausgeprägter zu verankern. Zur Vereinfachung der Material- und Bauteilidentifizierung in der Baulogistik und Montage auf den Baustellen kann eine einheitliche und durchgängige Bauteilkennzeichnung von der Ausführungsplanung bis zur Montage auf der Baustelle sehr hilfreich sein. Besonders in Gewerken des technischen Gebäudeausbaus

---

[115] Vergleiche z.B. [Nakagawa 2005].

mit ihren vielen Einbau- und Lieferteilen erlauben heutige Planungssysteme eine rechnergestützte *durchgängige* **Bauteilkennzeichnung** von Bauteilstandards.

Einrichtungsstandardisierung. Alle notwendigen Baustellen- und Montageeinrichtungen, Hilfsgeräte und Werkzeuge können für den Einsatz im Unternehmen standardisiert werden. So lassen sich an die Montage und Bauorganisation angepasste *Standardwerkzeuge* und *Standardeinrichtungen*[116] entwickeln.

3.8.4 Visualisierung

Visualisierung steht dafür, den besten Weg jedem Beteiligten aufzuzeigen. Zum einen heißt dies, das Produkt und den zugehörigen Bauprozess zur Herstellung darzustellen. Zum anderen aber auch sie im Bauprozess selbst als Kommunikationsmittel zur einfachen Informationsbereitstellung einzusetzen.

Ersteres beschreibt die Aufbereitung der Planung durch eine stärkere Visualisierung als Ergänzung zur traditionellen Zeichnung. Besonders die Entwicklungen der 3-D-Technologie bieten heute neue technisch einsetzbare Lösung in der Planung und Arbeitsvorbereitung. So bringen 3-D-Modelle große Vorteile für die Montagevorbereitung und bieten die Möglichkeit einer verstärkten Visualisierung (vgl. [Toolanen/Olofsson 2006, S.200] u.a.). Die Entwicklung geht heute bereits einen Schritt weiter zur zeitabhängigen Darstellung von Bauprozessen (4-D) sowie zur verbesserten Visualisierung in einer Virtual Reality von Projekträumen [ViCon 2007; Fischer/Kam 2002] u.a.). Mit neuen technischen Lösungen der Objektvisualisierung (statisch als 3-D-Zeichnung oder dynamisch über portable Endgeräte als 3-D-Modell, 4-D-Animationen der Montageabläufe) können Ausführungs-/Montageplanungen auch den Baumonteuren auf der Baustelle verbessert visualisiert werden. Die Technologien sind bereits vorhanden, ihr Einsatz ist jedoch heute noch die Ausnahme. Die **Objektvisualisierung** mit ihren Vorteilen in der Planung aber auch in der Ausführung auf der Baustelle selbst, wird als Methode in das Bau-PS integriert.

Die **Visualisierung im Prozess** hat hingegen eine noch zentralere und wichtigere Bedeutung. Die Visualisierung ist notwendig, um den „besten Weg"

---

[116] Vergleiche z.B.: [Santos/Formoso/Tookey 2002; Court et al. 2005; Wilson 2000; Ott 2005; Solomon 2003]

als Standard für alle Mitarbeiter vor Ort zu beschreiben, zu schulen und die stetige Anwendung zu vermitteln [Nakagawa 2005, S.208].

Dieses visuelle Management im Prozess bedeutet, alle Organisationsprinzipien und -methoden des PS (bspw. →APO) mit visuellen Hilfsmitteln (z.B. *Gruppentafeln, Quality Report, Qualifizierungsmatrix, Einheitskleidung*) auf der Arbeitsebene zu kommunizieren. Des Weiteren beinhaltet es, den Arbeitsablauf auf der Baustelle transparent und robust zu gestalten. Letzteres kann im Bau-PS durch die Visualisierung der Arbeitsbereich-Planung, d.h. der Arbeits- und Logistikflächen sowie die Transportwege, mit *Beschriftungen und Kennzeichnungen oder gerahmten Stellplätzen* erfolgen. Mit systematischer Anwendung der *5S(A)-Methode*[117] wird dieses Arbeitsbereich-Management in der Praxis aufrechterhalten: Geplante Arbeitsbereiche werden auf der Baustelle visuell ausgewiesen und abweichende Zustände werden jedem sofort offensichtlich. Die *5S(A)-Methode* ist dann ein einfaches Mittel des visuellen Managements, um diese geplante Ordnung und Sauberkeit auf den Baustellen zu erhalten und weiter zu verbessern. Gleichzeitig wird den Facharbeitern die Verantwortung für ein gut organisiertes Arbeitssystem zugesprochen. Der Nutzen liegt direkt in minimierten Wege- und Suchzeiten und höheren Prozessleistungen.

3.8.5   Zusammenfassung

Mit diesem Kapitel konnte aufgezeigt werden, wie in professionellen Arbeitsroutinen mit standardisierten Produkten und Prozessen erstens agiert und wie zweitens die geschaffenen Routinen mit Hilfe von Visualisierung und visuellem Management implementiert und erhalten werden. Hierfür wurden Methoden und Werkzeuge zugeordnet, die zusammen das Element „Professionelle Arbeitsroutinen, Standardisierung und Visualisierung" des Bau-PSM bilden.

Anders als bisher ist mit den vorgeschlagenen Prinzipien ein „bester Weg" durch die Unternehmen zu finden, der neben der konsequenteren Standardisierung des Produkts, d.h. der Bauelemente und Bauteile einer Anlage, auch die Standardisierung der Montage- und Logistikprozesse (Montage- und Logistikabläufe, Einrichtungen) bedeutet.

Darin muss stärker als heute eine Visualisierung eingesetzt werden, um die Montage zu vereinfachen, den Arbeitsprozess im „besten Weg" auf den Bau-

---

[117] Auch nach dem japanischen Ursprung als die 5S-Methode bekannt.

stellen umzusetzen und mögliche Abweichungen davon schnell erkennbar zu machen. Mit diesem Element werden die Basismethoden eines jeden PS zur Verfügung gestellt. Erstens sensibilisieren sie mit einfachen Maßnahmen und Werkzeugen die Mitarbeiter auf den Baustellen, was ein Produktionssystem ausmachen kann. Zweitens sind sie die Basis und die Voraussetzung für die erfolgreiche Umsetzung aller anderen Teilelemente und letztlich des Gesamtsystems.

Die Bestandteile des Elements „Professionelle Arbeitsroutinen, Standardisierung und Visualisierung (PASV)" werden abschließend in Abbildung 48 zusammengefasst:

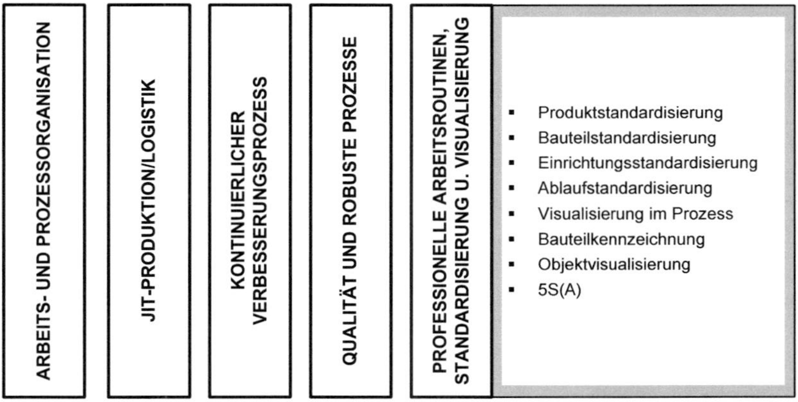

| ARBEITS- UND PROZESSORGANISATION | JIT-PRODUKTION/LOGISTIK | KONTINUIERLICHER VERBESSERUNGSPROZESS | QUALITÄT UND ROBUSTE PROZESSE | PROFESSIONELLE ARBEITSROUTINEN, STANDARDISIERUNG U. VISUALISIERUNG | • Produktstandardisierung
• Bauteilstandardisierung
• Einrichtungsstandardisierung
• Ablaufstandardisierung
• Visualisierung im Prozess
• Bauteilkennzeichnung
• Objektvisualisierung
• 5S(A) |

Abb. 48: Das Element „Professionelle Arbeitsroutinen, Standardisierung und Visualisierung (PASV)" im Bau-PSM

4 Das Gesamtmodell des Bau-Produktions-systems

4.1 Zusammenfassung des Bau-PS-Modells

Mit dem vorangegangenen Kapitel 3 wurden die Einzelelemente des PS in ihren universellen Gestaltungsprinzipien beschrieben und in ihren Methoden und Werkzeugen aufeinander sowie auf die Bauproduktionsaufgaben abgestimmt und entwickelt. Daraus resultiert ein Gestaltungsmodell eines Bau-Produktionssystems, welches in Abbildung 49 zusammenfassend dargestellt ist. Es beschreibt die „Idealwelt" eines ganzheitlichen Systems und steht als Referenz und Vision dem Bauunternehmer zur Verfügung.

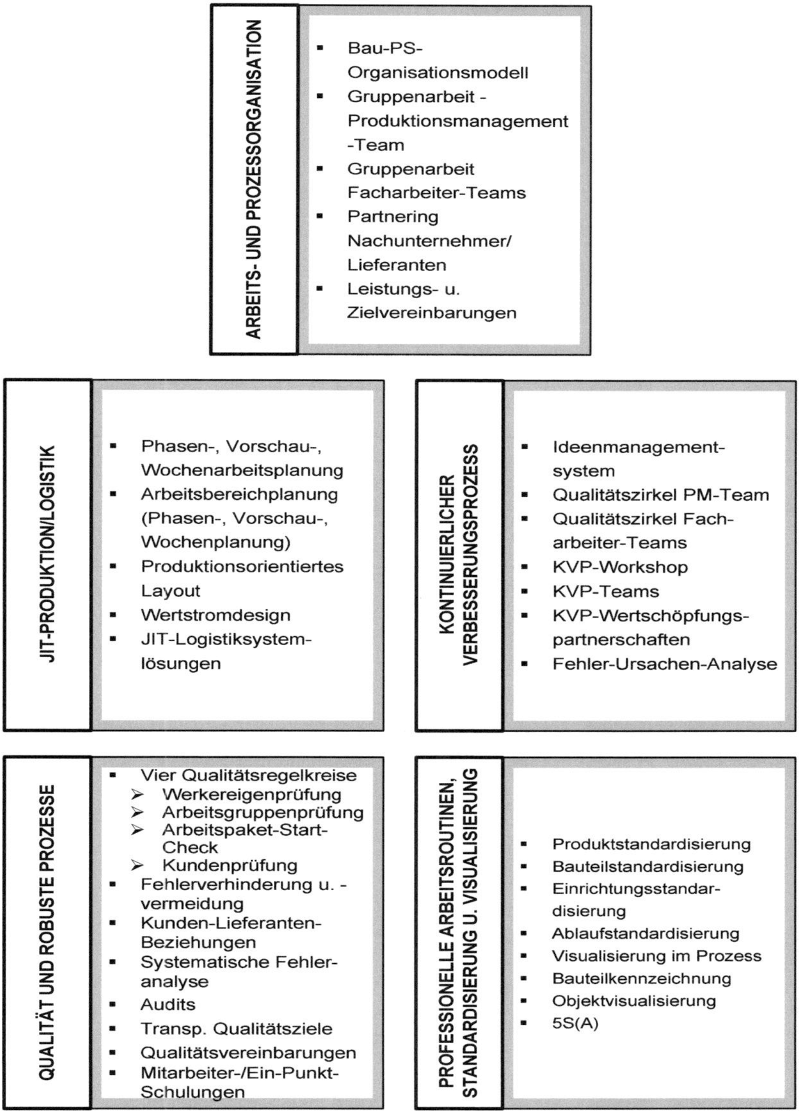

ARBEITS- UND PROZESSORGANISATION

- Bau-PS-Organisationsmodell
- Gruppenarbeit - Produktionsmanagement-Team
- Gruppenarbeit Facharbeiter-Teams
- Partnering Nachunternehmer/Lieferanten
- Leistungs- u. Zielvereinbarungen

JIT-PRODUKTION/LOGISTIK

- Phasen-, Vorschau-, Wochenarbeitsplanung
- Arbeitsbereichplanung (Phasen-, Vorschau-, Wochenplanung)
- Produktionsorientiertes Layout
- Wertstromdesign
- JIT-Logistiksystem-lösungen

KONTINUIERLICHER VERBESSERUNGSPROZESS

- Ideenmanagement-system
- Qualitätszirkel PM-Team
- Qualitätszirkel Facharbeiter-Teams
- KVP-Workshop
- KVP-Teams
- KVP-Wertschöpfungs-partnerschaften
- Fehler-Ursachen-Analyse

QUALITÄT UND ROBUSTE PROZESSE

- Vier Qualitätsregelkreise
  - ➢ Werkereigenprüfung
  - ➢ Arbeitsgruppenprüfung
  - ➢ Arbeitspaket-Start-Check
  - ➢ Kundenprüfung
- Fehlerverhinderung u. -vermeidung
- Kunden-Lieferanten-Beziehungen
- Systematische Fehler-analyse
- Audits
- Transp. Qualitätsziele
- Qualitätsvereinbarungen
- Mitarbeiter-/Ein-Punkt-Schulungen

PROFESSIONELLE ARBEITSROUTINEN, STANDARDISIERUNG U. VISUALISIERUNG

- Produktstandardisierung
- Bauteilstandardisierung
- Einrichtungsstandar-disierung
- Ablaufstandardisierung
- Visualisierung im Prozess
- Bauteilkennzeichnung
- Objektvisualisierung
- 5S(A)

Abb. 49: Bau-Produktionssystem-Modell (Gesamtansicht)

Wie mit dem entwickelten Bau-PSM und dessen Methoden die Gestaltungsprinzipien der Ganzheitlichen Produktionssysteme verwirklicht werden können, wird ergänzend mit Abbildung 50 illustriert. In dieser Matrix-Darstellung sind die Methoden des Bau-PSM den GPS-Gestaltungsprinzipien (vgl. Kap. 3) gegenüber gestellt und deren Wirkungsweise mit Blick auf die Verwirklichung der einzelnen Prinzipien durch den Verfasser klassifiziert worden. Es wurde dabei in eine (direkte) Primär-Wirkung sowie in eine (indirekte) Sekundär-Wirkung der einzelnen Methoden unterschieden.

Gestaltungsprinzipien des Produktionssystems

Methoden des Bau-Produktionssystems	APO: Prozessorientierung	Integrierte Bereiche	Selbstorganisation u. Eigenverantwortung	Zielbewusstsein u. Leistungsanreiz	JIT: Pull-Production	Fließ-/Taktfertigung	Produktionsnivellierung u. -glättung	Transparenz u. Stabilität	KVP: "Tägl. Aufgabe für jeden"	"Alles ständig verbessern"	"Qualität im Prozess"	QRP: Schnelle Problemerkennung u.	"Fehlerursachen ausräumen"	PASV: Vereinheitlichung schaffen / Verbindlichkeit	Übersicht auf einen Blick/ Hilfe zur Selbsthilfe/ Abweichungen sichtbar
APO Bau-PS-Organisationsmodell	●	●	●						○	○	○				
Gruppenarbeit PM Team	●	●	●							○		○		○	
Gruppenarbeit Facharbeiter-Team	●	●	●						●	●	○	○		○	
Partnering NU/Lieferanten	●	●													
Leistungs- u. Zielvereinbarungen				●											
JIT Phasen-, Vorschau- u. Wochenarbeitsplanung	●			○	●	●	●	●	○	○	●	○		●	
Arbeitsbereichplanung (Phasen-, Vorschau-, Wochenplanung)						●	●	○						●	●
Produktionsorientiertes Layout						○		●			○				
Wertstromdesign	○	○				●	●	●			○				
JIT-Logistiksystemlösungen						●	●	○	○		○				○
KVP Ideenmanagementsystem			○	○					●	●		○	○	○	○
Qualitätszirkel PM-Team			○	○					●	●		○	○	○	
Qualitätszirkel Facharbeiter-Tea.			○	○					●	●		○	○	○	
KVP - Workshops			○						●	●				●	
KVP - Teams									○	●		○		●	
KVP -			●						●	●					
Fehler-Ursachen-Analyse			○	○							●	●	●		
QRP Werkereigenprüfung (QRK 1)			○								●	●	○		
Arbeitsgruppenprüfung (QRK 2)			○								●	●	●		
AP-Start-Check (QRK 3)	●		○		●						●	●	○		
Kundenprüfung (QRK 4)											●	○	○		
Fehlerverhinderung /-vermeidung											●			○	○
Kunden-Lieferanten-Bezieh.	●	○	●	●							●			○	○
Systematische Fehleranalyse											●		●		
Audits											●			○	○
Transpar. Qualitätsziele			●	●				○			●				
Qualitätsvereinbarungen			●	●							●			○	
Mitarbeiterschulung/Ein-Punkt-Schulung	○	○	○	○					○	○	○		●		○
PASV Produktstandardisierung											○			●	○
Bauteilstandardisierung							○				○			●	○
Einrichtungsstandardisierung							○				○			●	○
Ablaufstandardisierung							○				○			●	●
Visualisierung im Prozess							○				○			●	●
Bauteilkennzeichnung							○								●
Objektvisualisierung							○							●	●
5 S (A)								●			●	●			●

Legende:
● Primär-Wirkung der Methode in Bezug auf die PS-Gestaltungsprinzipien
○ Sekundär-Wirkung der Methode in Bezug auf die PS-Gestaltungsprinzipien

Abb. 50: Umsetzung der Gestaltungsprinzipien mit dem Bau-PS

Beispielsweise resultiert aus der Anwendung des LPS™ primär eine Umsetzung der JIT-Prinzipien, die Entwicklung einer Prozessorientierung in der Arbeitsorganisation, eine Standardisierung der Prozesse sowie eine präventive Qualitätssicherung im Prozess und schnelle Problemerkennung und -beseitigung. Sekundär werden aus dem LPS™ ein KVP in seinen Prinzipien angestoßen. Die Entwicklung und Einführung von standardisierten Bauteilen, Einrichtungen und Abläufen setzt als ein zweites Beispiel in einer primären Wirkung das Prinzip der Standardisierung um; sekundär schafft es die Basis für »visuelles Management«, »Transparenz u. Stabilität« sowie »Qualität im Prozess«. Diese Matrixdarstellung lässt bereits erkennen, wie sehr sich ein PS als ein Netzwerk von Methoden abbildet. Im folgenden Abschnitt sollen deswegen diese Interdependenzen zwischen den Elementen und Methoden ergänzend zur Gesamtsystemdarstellung genauer betrachtet werden.

4.2   Die Interdependenz der Produktionssystem-Elemente

Produktionssysteme stellen ein interdependentes Netz miteinander verflochtener Elemente (Handlungsfelder) dar. Zur Ausgestaltung und Implementierung von PS ist es wichtig, die vorhandenen Kausalbeziehungen der Elemente zu kennen. Somit kann z.B. im Vorfeld einer Implementierung definiert werden, welche Unterelemente aufgrund ihrer Kausalbeziehung in welcher Reihenfolge einzuführen sind. Ferner kann die Bedeutung der einzelnen Elemente und deren Unterelemente eingestuft werden, um in der Entwicklung einer Einführungsstrategie die Elemente mit besonderer Einflussnahme und hohen Interdependenzen mit größerer Sorgfalt zu verfolgen.Die Bedeutung und der Umfang der bestehenden Interdependenzen soll im Folgenden erarbeitet werden. Dabei wird zunächst das entworfene Gesamtsystem in seiner Struktur und Gliederung in Haupt- und Unterelemente gemäß der Modellbildung als Basis dieser Analyse definiert. Zur Untersuchung der Interdependenzen im PS kann dabei in der Vorgehensweise auf bestehende Interdependenzbetrachtungen in Teilen zurückgegriffen werden (vgl. [Oeltjenbruns 2000, S.148ff.]).

4.2.1   Untersuchung der Interdependenzen im PS-Modell

Um die vielfältigen Beziehungen innerhalb und zwischen den Hauptelementen (Handlungsfeldern) und ihren Unterelementen des Bau-PSM aufzeigen zu können, wird diese zunächst in seine einzelnen Bestandteile zergliedert. Hierdurch wird die Komplexität eines PS deutlich, welche dem Betrachter auf der Ebene der Hauptelemente (Handlungsfelder) nicht zugänglich ist. So setzt sich beispielsweise allein das Hauptelement „Professionelle Arbeitsroutinen, Standardisierung und Visualisierung" (vgl. Abb. 51) aus insgesamt 8 Unterelementen und diese wiederum aus insgesamt 21 einzelnen Bestandteilen zusammen.

Ordnung & Sauberkeit	Alles hat einen Platz...	...und ist an seinem Platz	Digitale Planung	Produktstandards	Vorfertigung/ Vormontage	3-D Visualisierung Montageplanung	4-D Animation Montageprozesse	Reduzierung der Variabilität	Montage- verbesserte Standard- komponenten
5S(A)			Produkt- standardisierung			Objekt- visualisierung		Bauteilstandar- disierung	
			Prof. Arbeitsroutinen, Standardisierung u. Visualisierung						
Bauteilkenn- zeichnung			Visualisierung im Prozess			Ablaufstandar- disierung		Einrichtungs- standardisierung	
Durchgängige Material- identifikation	Automatisierte Material- identifikation		Arbeitsorgani- sationsprinzipien visualisieren	Baustellenorga- nisation, Arbeits- bereichplanung	Beschriftungen und Kennzeichnungen	Standardisierte Prozesse	Standardarbeits- blätter	Organisations- standards	Standard- werkzeuge / Standard- arbeitsplätze / Standard- einrichtungen (BE)

Abb. 51: Beispiel der Unterteilung des Elements PASV in Unterelemente und Bestandteile

Die Kausalzusammenhänge zwischen den Unterelementen werden aus Gründen der Übersicht zunächst tabellarisch im Anhang 5 aufgelistet und anschließend graphisch als Beziehungsschema abgebildet. Jede Beziehung zwischen zwei Elementen hat sowohl aktiven (d.h. aussendenden) wie auch passiven (d.h. empfangenden) Charakter. Die Summe aller aktiven Beziehungen muss der Summe aller passiven Beziehungen im PS entsprechen. Abbildung 52 zeigt exemplarisch das Schema der aussendenden Beziehungen des Elements »PASV«. Im nächsten Schritt werden zum Vergleich die Kriterien Interaktion und Ausprägung[118] herangezogen. Die Interaktion wird definiert nach der Anzahl der Beziehungen eines Elementes, die Ausprägung wird aus dem Ausprägungsquotienten abgeleitet. Der Ausprägungsquotient ist als das Verhältnis von aktiven zu passiven Beziehungen eines Elements definiert [Oeltjenbruns 2000, S.149].

---

[118] Die Kriterien Interaktion und Ausprägung sind analog zur Interdependenzbetrachtung von OELTJENBRUNS definiert [Oeltjenbruns 2000, S.148].

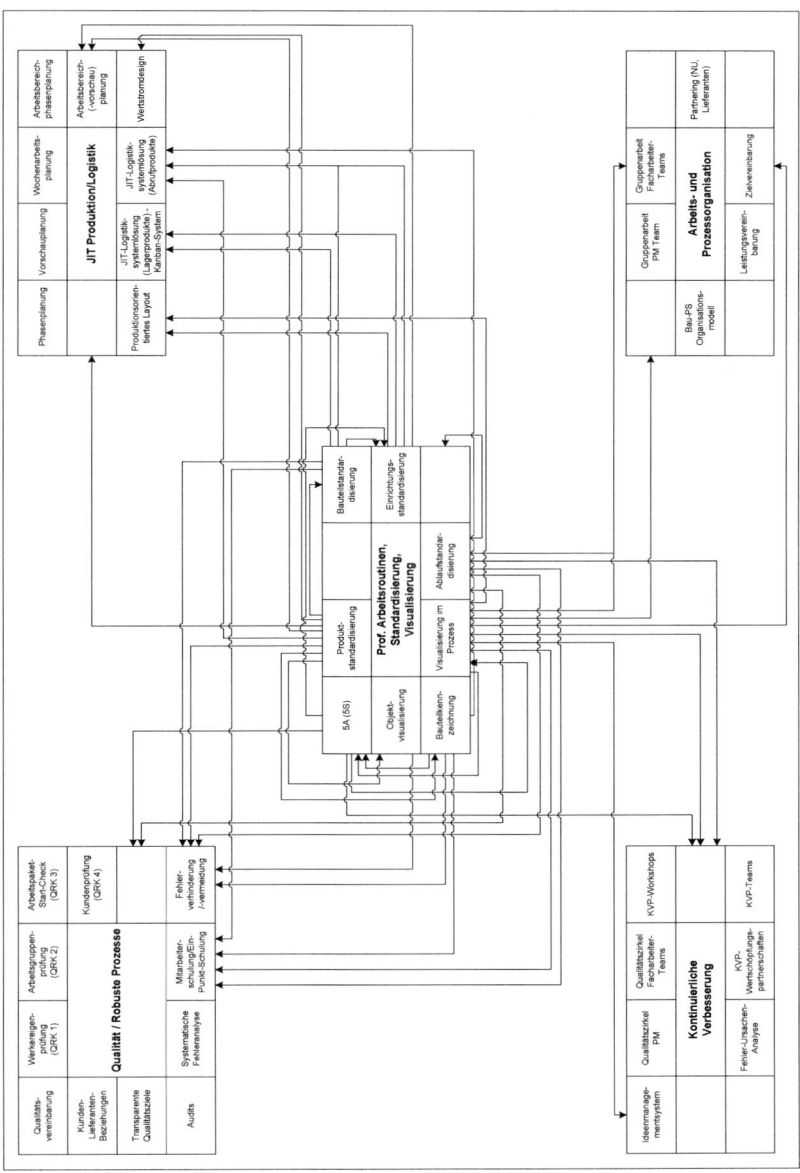

Abb. 52: Beziehungsschemata: aussendende Beziehungen des Elements PASV

Die Aufgliederung in Intra-Element- und Inter-Element-Beziehungsebenen führt in einer ersten Stufe zum Vergleich der Interaktion dieser beiden Ebenen. Wird die Gesamtheit der Intra-Element-Beziehungen zwischen den Unterelementen betrachtet, so lassen sich die Hauptelemente in Gruppen mit niedriger (Anzahl der Beziehungen:<5), mittlerer (Anzahl der Beziehungen: 5-10) und hoher (Anzahl der Beziehungen: >10) Interaktion unterteilen. Analog lassen sich die Interaktionen auf der Inter-Element-Beziehungsebene in niedrig (Anzahl der Beziehungen <40), mittel (Anzahl der Beziehungen: 40-55) und hoch (Anzahl der Beziehungen: >55) klassifizieren. In Tabelle 9 sind die Kriterien dieses Vergleichs der Interaktion zusammenfassend ausgewiesen:

Hauptelement	Anzahl Sub-Elemente	Intra-Element-Beziehung			
		Aussendede Beziehung. A_{IA}	Empfangende Beziehung. E_{IA}	Summe der Beziehungen $S_{IA}=(A_{IA}+E_{IA})/2$	Interaktion (Anzahl d. Beziehung.)
Professionelle Arbeitsroutinen, Standardisierung und Visualisierung	8	8	8	8	mittel
JIT Produktion / Logistik	9	14	14	14	hoch
Qualität / Robuste Prozesse	11	15	15	15	hoch
Kontinuierliche Verbesserung	7	6	6	6	mittel
Arbeits- und Prozessorganisation	6	5	5	5	niedrig
Summe	41	48	48	48	

Hauptelement	Anzahl Sub-Elemente	Inter-Element Beziehungen			
		Aussendede Beziehung. A_I	Empfangende Beziehung E_I	Summe der Beziehungen $S_I=A_I+E_I$	Interaktion (Anzahl d. Beziehung)
Professionelle Arbeitsroutinen, Standardisierung und Visualisierung	8	34	29	63	hoch
JIT Produktion / Logistik	9	29	26	55	mittel
Qualität / Robuste Prozesse	11	28	28	56	hoch
Kontinuierliche Verbesserung	7	23	24	47	mittel
Arbeits- und Prozessorganisation	6	12	19	31	niedrig
Summe	41	126	126		

Tab. 9: Interdependenzbetrachtung – Interaktion der Hauptelemente

In Abbildung 53 wird in einem ersten Schritt die Summe der Inter-Element-Beziehungen gegenüber der Summe der Intra-Element-Beziehungen eines jeden Hauptelementes aufgetragen. Daraus kann abgeleitet werden, dass einvernehmlich die Hauptelemente in ihrer Interaktion auf der Inter-Element- und Intra-Element-Beziehungsebene gleich klassifiziert sind. So kann letztlich für den nächsten Schritt zur Bestimmung der Ausprägung daraus gezeigt werden, dass die Hauptelemente nach Grad der Interaktion sowohl kumuliert aus Inter-

Element- und Intra-Element-Beziehungen (Gesamtinteraktion) als auch nur singulär auf der Inter-Element-Beziehungsebene betrachtet, zueinander im ähnlichen Verhältnis stehen. Es spielt also keine Rolle für das qualitative Verhältnis der Hauptelemente zueinander, ob nur die Inter-Element-Beziehungen als Grad der Interaktion oder aber die Anzahl der Beziehungen auf beiden Ebenen kumuliert herangezogen werden.

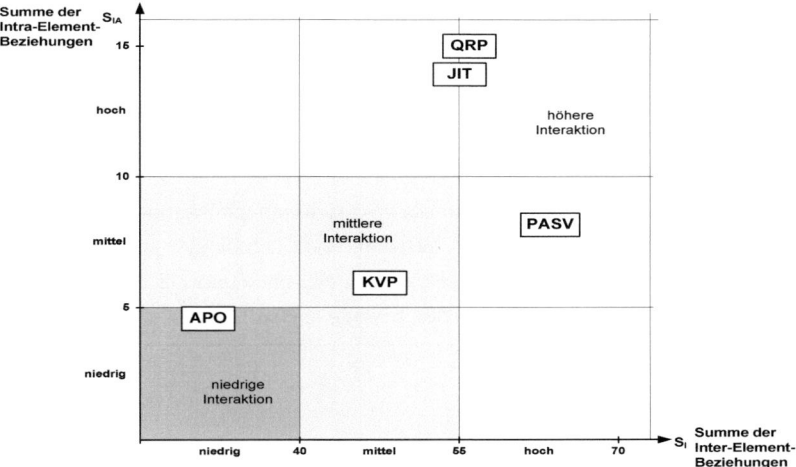

Abb. 53: Interaktionsdiagramm: Inter-Element- und Intra-Element-Beziehungen

Auf einer zweiten Stufe der vergleichenden Betrachtung steht die Ausprägung der Beziehungen im Vordergrund. Mit Tabelle 10 werden für die einzelnen Hauptelemente das Kriterium der Ausprägung aus der Bestimmung des Ausprägungsquotienten abgeleitet und zusammengefasst:

Hauptelement	Anzahl Sub-Elemente	Gesamt-interaktion $S_G=S_I+S_{IA}$	Aus-prägungs-Quotient A_I/E_I	Ausprägungs-art	Inter-Intra-Beziehungs-quotient S_I/S_{IA}
Professionelle Arbeitsroutinen, Standardisierung und Visualisierung	8	71	1,2	neutral-aktiv	7,9
JIT Produktion / Logistik	9	69	1,1	neutral-aktiv	3,9
Qualität / Robuste Prozesse	11	71	1,0	neutral	3,7
Kontinuierliche Verbesserung	7	53	1,0	neutral	7,8
Arbeits- und Prozessorganisation	6	36	0,6	passiv-neutral	6,2
	41				

Tab. 10: Interdependenzbetrachtung – Ausprägung der Hauptelemente

Bei der Betrachtung der Ausprägungsquotienten wird ersichtlich, dass es Elemente mit etwa gleich vielen aussendenden (aktiven) wie empfangenden (passiven) Beziehungen gibt. Sie beeinflussen und werden gleichermaßen beeinflusst, haben also eine neutrale Ausprägung, wie z.B. »QRP«. Daneben finden sich Elemente mit einer überwiegenden Anzahl von aussendenden Beziehungen; sie haben eine aktive Ausprägung und beeinflussen dadurch ein PS stärker. Beispielsweise üben die Elemente »PASV« und »JIT« einen hohen Einfluss auf das Geschehen aus. Elemente mit einem konträren Verhältnis stehen für eine passive Ausprägung. Zu dieser Gruppe gehört hier das Element »APO«.

4.2.2 Einfluss von Produktionssystem-Elementen

Die Elemente eines PS lassen sich wie gezeigt durch die Parameter Interaktion und Ausprägung charakterisieren. Werden beide kombiniert, lässt sich qualitativ, wie in Abbildung 54 graphisch dargestellt, der Grad der Einflussnahme ableiten, den ein Element auf die Abläufe innerhalb eines PS hat (vgl. [Oeltjenbruns 2000, S.149]).

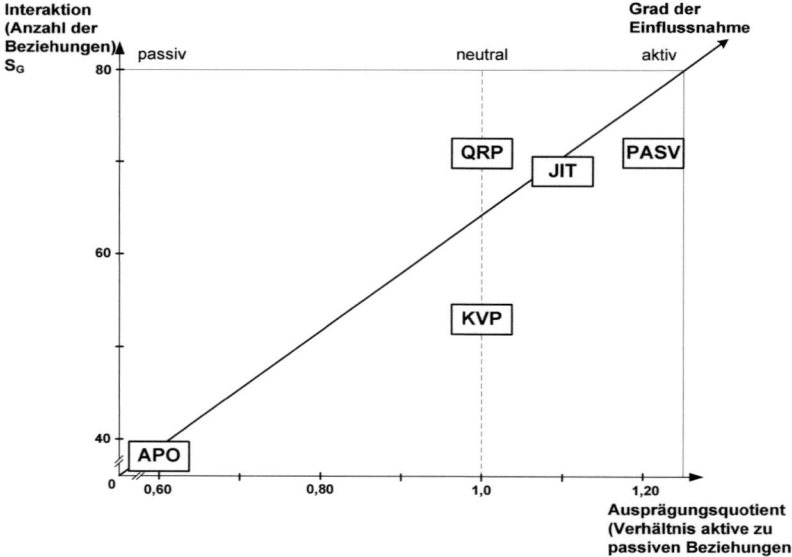

Abb. 54: Einfluss-Portfolio

Das Element PASV übt z.b. durch seine hohe Anzahl an Beziehungen, welche sich gleichzeitig überwiegend aktiv ausprägen, einen deutlich größeren Einfluss als das passive Element APO aus, welches über geringere Beziehungen verfügt. Dieses Wissen um die Einflussnahme und Interdependenzen ist vor allem für die Gestaltung einer PS-Einführung von Bedeutung. Elemente mit hoher Einflussnahme sind in der Implementierung mit besonderem Augenmerk zu betrachten. Im Ergebnis konnte im Rahmen dieser Arbeit so eine neue Grundlage für zukünftige Implementierungsstrategien in Ergänzung zum entwickelten Bau-PSM für die Unternehmen geschaffen werden.

4.2.3 Aussagekraft der Interdependenz-Betrachtung

Die durchgeführte Interdependenz-Betrachtung beruht vornehmlich auf der logischen Ableitung der Kausalbeziehungen der einzelnen Unterelemente und ihrer Bestandteile. Die Aussagekraft ist formal begrenzt. So können mit dieser analytisch-deduktiven Vorgehensweise nicht alle Kausalzusammenhänge im Vorfeld vollständig antizipiert werden. Die Interdependenz-Betrachtung besitzt deswegen einen qualitativen Charakter. Sie ist mit einer – wenn auch be-grenzten Unsicherheit – in der Anzahl der tatsächlichen Beziehungen ver-bunden. Mit der Implementierung des Bau-PS kann das Bild der Wechselbezie-hungen für die Beteiligten nur schärfer werden. Dennoch ist nicht zu erwarten, dass sich durch eine vollständig quantifizierte Betrachtung die Relationen der Hauptelemente zueinander verändern werden. Das Einflussportfolio als Erge-bnis dieser Untersuchung bleibt in seinen wesentlichen Aussagen so bestehen. Trotz bestehender Interdependenz-Betrachtung von Automotiv-Produktions-systemen[119] kann ein Vergleich des vorliegenden Systems zu diesen nicht gezogen werden. Aufgrund der unterschiedlichen Produktionsaufgaben sind zum einen die Systeme bis auf die deckungsgleichen Gestaltungsprinzipien in ihren Methoden und deren Ausgestaltung verschieden. Zum anderen wurde aus diesem Sachverhalt heraus eine grundsätzlich andere Struktur und Gliederung des PS eingesetzt, die zusätzlich der Vergleichbarkeit der Ergebnisse in den Interdependenz-Betrachtungen entgegensteht.

---

[119] Insbesondere sind hier die Untersuchungen von OELTJENBRUNS zu nennen, die in Teilen als Vorlage für die vorliegende Betrachtung herangezogen wurde [Oeltjenbruns 2000, S.147ff.]. Weitere bekannte Interdependenz-Betrachtungen wie z.B. im DCPS umfassen nur grobe, qualitative Aussagen der der Hauptelement-Beziehungen [DaimlerChrysler 2000].

4.3   Verifizierbarkeit des Bau-Produktionssystem-Modells

Die forschungsmethodische Erkenntnisgewinnung basiert, wie mit Kapitel 1.5 beschrieben, auf dem operationsanalytischen Ansatz und als Konsequenz ist zur Verifizierung des Gesamtmodells das Realisierungskriterium (des Modells und dessen Zielwirkung) zu erfüllen. Das Gesamtmodell des Bau-PS wurde methodisch als Synthese einzelner Elemente gebildet. Wie mit der durchgeführten empirischen Untersuchung erschlossen werden konnte (vgl. Kap. 3.3), liegen für diese einzelnen Elemente und deren Gestaltungsprinzipien und Methoden bereits in großen Teilen empirische Erkenntnisse aus Praxisanwendungen vor (siehe auch: Anlage 1). Die neu entwickelten Methodenbausteine dieser Arbeit weichen davon ab; für diese Bausteine ist zu ergänzen:

Arbeitsbereich-Planung: Die neue Methode der Arbeitsbereich-Planung wurde anhand einer Planungssimulation im Rahmen dieses Forschungsprojekts in ihrer Funktionalität getestet. Die Anwendbarkeit konnte damit bestätigt werden. Zukünftig ist mit weiteren Praxisanwendungen die Vorteilhaftigkeit dieser Methode endgültig zu belegen.

JIT-Logistiksystemlösungen: Die einzelnen Bausteine der JIT-Systemlösungen wurden bereits jeweils singulär in der Praxis erprobt (vgl. Tabelle 2 u. Anhang 2). Aus diesen Bausteinen wurden als neuer Beitrag dieser Arbeit Systemlösungen für unterschiedliche Projektanforderungen und in Einklang mit den verschiedenen Produktionssteuerungen entwickelt. Die Realisierbarkeit und auch die positive Zielwirkung lassen sich aber aus den Belegen der einzelnen Praxisanwendung der Teilsysteme auf die gesamte Systemlösungen übertragen.

Integrierte KVP-Lösung: Auch wenn die Bausteine der skizzierten KVP-Lösung im Bauwesen nicht vollständig erprobt sind, so sind sie unabhängig von der Produktionsaufgabe und durch Praxiserfahrungen in den industriellen Vorbildern belegbar anwendbar (vgl. Anlage 2). Für die daraus als Synthese in dieser Arbeit neu abgeleitete und bauspezifische KVP-Lösung steht der Realisierbarkeit und positiven Zielwirkung nichts entgegen.

Qualitätsregelkreise: Der neue Beitrag dieser Arbeit bestand in der Ableitung eines Regelkreissystems, in welchem singuläre und in der Praxis erprobte Methoden zusammengeführt wurden. Auf die positive Anwendung dieses

Qualitätsregelkreiskonzepts kann aus diesen Praxiserfahrungen ebenfalls geschlossen werden.

Für die einzelnen Unterelemente des PS-Modells ist das Anwendbarkeitskriterium erfüllt. Für die Realisierbarkeit des Gesamtsystemmodells als Synthese der einzelnen Unterelemente zu einem ganzheitlichen Produktionssystem-Modell kann folgender deduktive Grundgedanke vereinfacht formuliert werden:

Wenn für die einzelnen Unterelemente und/oder dessen Bestandteile jeweils mindestens ein Praxisbeispiel in empirischer Analyse gefunden werden kann, so ist folglich das Gesamtmodell (im definierten Geltungsbereich[120] und in Aussagekraft der Einzelnachweise) realisierbar.

Die prognostizierte Zielwirkung des Gesamtsystems des Bau-PSM ist generell die Verbesserung der Rentabilität, Mitarbeiter- und Kundenzufriedenheit („allgemeine Ziele des Wirtschaftens"). Diese Zielwirkung lässt sich unter anderem auf die folgenden Unterziele weiter konkretisieren: Steigerung der Arbeitsproduktivität, Kostenreduzierung, KVP-Quoten, Krankenstand, Termintreue, Kostensicherheit, Erfüllung der Qualitätsanforderungen u.a. Für alle einzelnen Unterelemente und Bestandteile des Bau-PSM fehlen bisweilen empirisch verlässliche Aussagen über ihre Zielwirkung auf diese genannten Kriterien. Beispielsweise für die zentralen Unterelemente des LPS™, welche heute bereits in einer Vielzahl von Projekten weltweit angewendet und untersucht wurden, besteht noch keine statistisch gesicherte und quantifizierbare Aussage über die erzielte Produktivitätssteigerung in den Projekten[121].

Aus diesem Grunde kann im Rahmen dieser Arbeit keine quantifizierte Aussage über die Zielwirkung des Bau-PSM getroffen werden. Die Zielwirkung des Gesamtsystems kann folglich und aktuell nur qualitativ in der Form beurteilt werden, wie es heute bisweilen den einzelnen Unterelementen (wie z.B. dem LPS™) aus Praxisbeobachtungen allgemein zugesprochen und eine Verbesserung global postuliert wird. Aus den Praxiserfahrungen der verarbeitenden

---

[120] Der empirische Nachweis erstreckt sich im Rahmen dieser Arbeit für alle Hauptelemente bis auf die Ebene der einzelnen Unterelemente und deren Bestandteile, d.h. bis auf die Methodenebene des Bau-PS (Geltungsbereich).
[121] Trotz vielen Untersuchungen und wissenschaftlichen Überlegungen konnte nur begrenzt eine Aussage über die Relation zwischen der Steigerung der Planungssicherheit durch Einsatz des LPS™ und der Produktivität im Bauprozess getroffen werden [González et al. 2007].

Industrie sei über die Beurteilung der Zielwirkung des Gesamtsystems eines PS an dieser Stelle noch zitiert und ergänzt:

„Wenn einzelne Methoden für sich Vorteile bringen und messbare Ergebnisse liefern, dann muss ja die Integration mindestens das Gleiche bringen [...]" [Winnes 2002, S.96].

Die Beurteilung der Zielwirkung einzelner Methoden und schließlich des Gesamtsystems ist eine herausfordernde Aufgabenstellung für Forschung und Praxis. So konnte mit dieser Arbeit der analytisch-deduktive Nachweis der Anwendbarkeit der einzelnen Prinzipien und Methoden zur Teil-Verifizierung des PS-Modells erbracht werden, der Nachweis der prognostizierten Zielwirkung in Verbesserung von Rentabilität, Mitarbeiter- und Kundenzufriedenheit muss durch weitere Forschungsarbeiten zukünftig noch gezeigt werden. Die vollständige Verifizierung des Gesamtmodells ist letztlich nur durch die Praxiseinführung des Gesamtsystems als ein Realisierbarkeitstest mit einem Aktionsforschungskonzept möglich. Mit enger Zusammenarbeit von Pilotunternehmen und Wissenschaft wäre mit der Implementierung des Bau-PSM mit Hilfe von unscharfen Bewertungsverfahren im nächsten Schritt eine Überprüfung der Gesamtzielwirkung umsetzbar. Hier besteht ein weites Betätigungsfeld für Industrie und Wissenschaft in der Zukunft.

5 Fallbeispiel - Verbesserungspotential des Bau-PS

Um die Zielwirkung des Bau-PS zur Verbesserung der Geschäftsprozesse eines Bauproduktionsunternehmen zu verdeutlichen, soll im folgenden Kapitel anhand eines Fallbeispiels die Wirkungsweise der Elementbausteine des PS-Modells auf heutige Praxisprobleme simuliert werden. Weiterhin wird somit das Bau-PSM als Ergebnis der vorliegenden Arbeit mit der Baupraxis in Bezug gesetzt. Durch die Komplexität und die erforderliche Umsetzungsdauer des Bau-PSM in einem Unternehmen, was eine Implementierung oder auch deren Simulation im Rahmen dieser Forschungsarbeit unmöglich machte, wird mit dem hier betrachteten Fallbeispiel ein alternativer Weg beschritten. Nach der Grundidee, dass „Probleme den Weg der Verbesserung im Unternehmen weisen", soll somit beispielhaft aufgezeigt werden, wie das Bau-PS mit seinen Methodenbausteinen die in der Praxis identifizierten Problempunkte und deren Ursachen beeinflussen und verbessern kann.

5.1 Bestimmung eines Fallbeispiels

Im Rahmen der Forschungsarbeit wurde eine empirische Analyse der Projektabwicklung von Technischen Generalunternehmern durchgeführt. Dabei wurde in qualitativen Fallstudienuntersuchungen[122] erstens die heutige Geschäftsprozesspraxis der Unternehmen untersucht. Zweitens wurden die wesentlichen Probleme (A-Probleme[123]) in der heutigen Projektpraxis aus Sicht der Unternehmen identifiziert. Als eine Multiple-Case-Studie (nach [Yin 1994, S.44ff]) wurden nach definierten Selektionskriterien fünf Technische Generalunternehmen (TGU) in ihrer Projektabwicklungspraxis in den jeweils eigenen „komplexen" TGA-Projekten untersucht. Die Auswahl der Unternehmen setzt sich aus dem Feld der „großen" TGA-Unternehmen auf dem deutschen Markt zusammen; die betrachteten Beispielprojekte der Unternehmen sind in Tabelle 11 gegenübergestellt. Die Datenerhebung erfolgte durch Interviews mit verantwortlichen Schlüsselpersonen der TGU für die jeweilige Projektabwicklung

---

[122] Gemäß Forschungsmethodik nach [Mayring 2002, S.41ff; Kittel-Wegner 2002, S.40ff].
[123] Gemäß der Klassifikation nach der Methode der ABC-Analyse.

(technische Leiter, Projektleiter, Niederlassungsleiter). Die vollständige Fallstudienuntersuchung wurde in ihrer Methodik und den Ergebnissen in einem separaten Forschungsbericht [Kirsch 2008] dokumentiert.

	Fallstudienprojekte				
	Projekt A	Projekt B	Projekt C	Projekt D	Projekt E
Projekttyp	Rechenzentrum Neubau	Verwaltungsgebäude-komplex Neubau	Bürogebäudekomplex Um- und Erweiterungsbau	Klinikgebäude Um- und Erweiterungsbau	Museumsgebäude Neubau
Beauftragung	Einzelgewerke K - S[1]	TGU[2]	TGU[2]	TGU[2]	TGU[2]
Projekteintritt TGA	Konventionelle Leistungsbeschreib.[3]	Konventionelle Leistungsbeschreib.[3]	Konventionelle Leistungsbeschreib.[3]	Konventionelle Leistungsbeschreib.[3]	Konventionelle Leistungsbeschreib.[3]
Vertragskonstellation	Bauherr (Einzelvergabe als Technikunternehmer)	Bauherr (ARGE-TGU)	GU Schlüsselfertigbau (Nachunternehmer)	GU Schlüsselfertigbau (Nachunternehmer)	Bauherr (TGU-Vergabe)
Auftragsvolumen TGA (gesamt) in Mio. €	3,5	55	20	5	14
Gesamtbaukosten in Mio. €	10	200	150	35	150
Kostenanteil TGA in %	35,0%	27,5%	13,3%	14,3%	9,3%
Legende:	[1] Klimatechnik und Sanitär [2] TGU (technischer Generalunternehmer): die gesamte Gebäudeausrüstung wurde als Paket beauftragt. [3] Die Beauftragung/der Projekteintritt erfolgte auf Basis einer konventionellen Ausschreibung mit Leistungsverzeichnis und Ausführungsplanung. Im Gegensatz stände eine funktionale Ausschreibung auf Basis der Entwurfplanung (funktionale Ausschreibung Typ 1) oder eine funktionale Ausschreibung auf Basis einer Grundlagen-/Vorplanung (funktionale Ausschreibung Typ 2, d.h. Eigenplanung).				

Tab. 11: Übersicht der Fallstudienprojekte

Aus dieser Fallstudienuntersuchung konnten acht zentrale Problempunkte in der Projektabwicklung von TGU identifiziert (vgl. Anhang 6) und sowie ihre jeweiligen Ursachen aus der Sichtweise der Unternehmen bestimmt werden. Die identifizierten Problempunkte unterscheiden sich dadurch, ob sie durch das Umfeld des Bauprojekts bereits vorbestimmt sind und wenig durch den TGU beeinflusst werden oder ob sie durch das Unternehmen selbst beeinflusst werden können. Abbildung 55 ordnet so die Problempunkte diesen beiden Einflussbereichen „Bauunternehmen" und „Bauprojekt" zu.

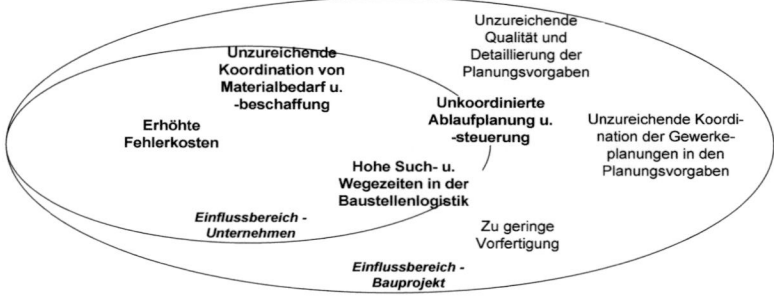

Abb. 55: Klassifizierung: identifizierten Probleme vs. Einflussbereich

Für das Fallbeispiel sollen nur die folgenden Probleme relevant sein, die im direkten Einflussbereich des Unternehmens und somit auch des Bau-PSM liegen:

- Unkoordinierte Ablaufplanung und -steuerung (eigene Gewerke/ Zusammenspiel mit Vor- und Nebengewerken)
- Unzureichende Koordination von Materialbedarf und -beschaffung
- Hohe Such- und Wegezeiten in der Baustellenlogistik (Materialbereitstellung/-verteilung)
- Erhöhte Fehlerkosten

Für diese vier Hauptproblempunkte wurden die einzelnen Kern-Ursachen im Rahmen der Interviews mit den Beteiligten identifiziert, mit Hilfe von Ursache-Wirkungs-Diagrammen (U-W-Diagrammen) abgebildet und letztlich als „cross-case"[124] zusammengeführt. Die identifizierten Ursachen-Wirkungs-Beziehungen haben dabei keinen Anspruch auf Vollständigkeit, sondern spiegeln die objektive Beurteilung der befragten Praktiker wider.

Diese Hauptproblempunkte aus der Projektpraxis und zugehörigen Ursache-Wirkungs-Zusammenhänge stellen das Fallbeispiel dar, anhand dessen die Wirkungsweise des Bau-PS simulativ dargestellt werden kann.

5.2   Verbesserungswirkung des Bau-PS im Fallbeispiel

Wie die Element-Methodenbausteine des Bau-PSM die Ursachen-Wirkungs-Beziehungen zur Problembehebung und Verbesserung im Fallbeispiel beeinflussen und verbessern können, wird in den folgenden Abschnitten in grafischer und tabellarischer Form dargelegt. Dabei werden für die vier Problempunkte die identifizierten Ursachen (aus der empirischen Fallstudienerhebung) in den erarbeiteten U-W-Diagrammen zusammenfassend dargestellt. Zur besseren Übersicht werden in den einzelnen U-W-Diagrammen jeweils die Bau-PSM-Methoden visualisiert, die eine Verbesserungswirkung auf die einzelnen Ursachen im Problemkontext ausüben.

Diese Verbesserungswirkungen der einzelnen Methoden-Bausteine des Bau-PSM werden ergänzend in tabellarischer Form erläutert sowie den jeweils angesprochenen Problemursachen zugeordnet.

---

[124] „Cross-Case" bezeichnet die Zusammenführung der betrachteten Merkmale einzelner Fälle einer Multiple-Case-Studie mit dem Ziel der Gesamtanalyse und Schlussfolgerung (vgl. Yin 1994, S.44ff]).

Fallbeispiel-Problem: Unkoordinierte Ablaufplanung und -steuerung

Ursache-Wirkungs-Diagramm:

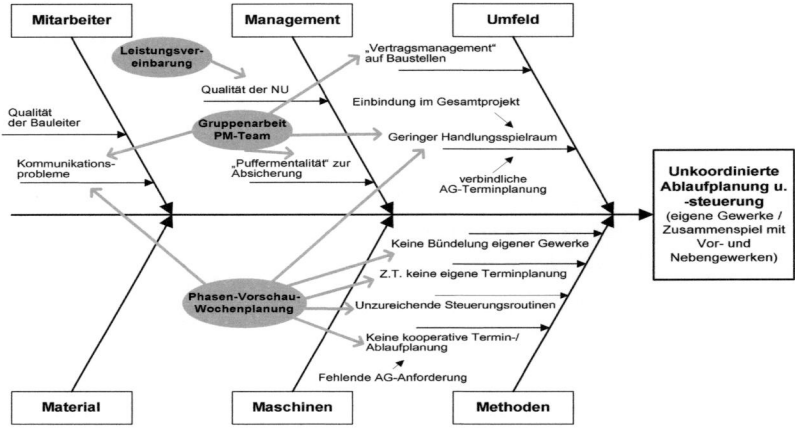

Methodenbausteine und ihre Verbesserungswirkung:

Methodenbau-steine Bau-PSM		Verbesserungswirkung	Angesprochene Problemursache
APO	Gruppenarbeit PM-Team	▪ Auf Projektebene werden alle Unternehmen im PM-Team eingebunden ▪ Ein größerer Handlungsspielraum wird besonders für die nachgelagerten Gewerke (z.B. TGA) geschaffen ▪ Partnerschaftliches Zusammenarbeiten statt „Vertragsmanagement" und „Puffermentalität" der Unternehmen ▪ Verbesserte Kommunikation	▪ Geringer Handlungsspielraum ▪ Vertragsmanagement auf Baustellen ▪ „Puffermentalität" ▪ Kommunikationsprobleme
	Leistungsvereinbarung	▪ Methoden der Phasen-, Vorschau- u. Wochenplanung können vereinbart werden ▪ „Spielregeln" werden festlegt	▪ Qualität Nachunternehmer
JIT	Phasen-, Vorschau- u. Wochenplanung	▪ Kooperative Phasenplanung schafft eine koordinierte Ablaufplanung aller Arbeitspakete und führt Prozessdenken ein ▪ Bindet alle Gewerke ein ▪ Gibt Handlungsspielraum zur Verbesserung des Gesamtprojekts sowie der eigenen Abläufe ▪ Vorschau- und Wochenplanung stellen eine neue fest Produktionssteuerungs-Methode zur Verfügung ▪ Verbessert und verankert Kommunikation in der Baustellensteuerung	▪ Keine kooperative Termin- u. Ablaufplanung ▪ Keine Bündelung eigener Gewerke ▪ z.T. keine eigene Terminplanung ▪ Unzureichende Steuerungsroutinen ▪ Kommunikationsprobleme

Fallbeispiel-Problem: Unzureichende Koordination von Materialbedarf und -beschaffung

Ursache-Wirkungs-Diagramm:

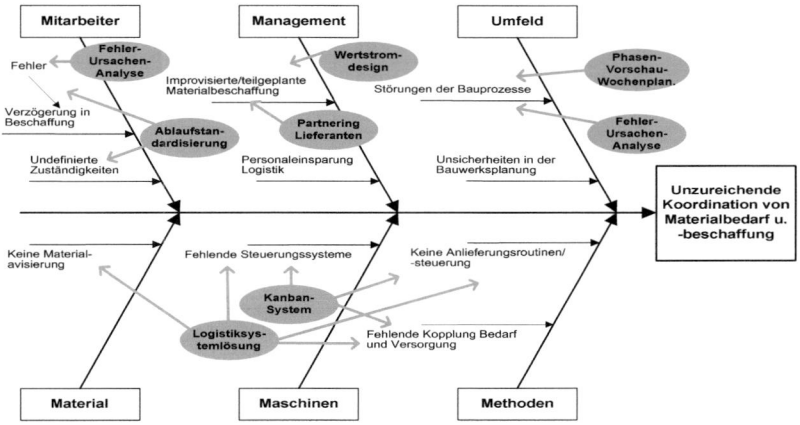

Methodenbausteine und ihre Verbesserungswirkung:

Methodenbausteine Bau-PSM		Verbesserungswirkung	Angesprochene Problemursache
APO	Partnering NU/Lieferanten	• Partnerschaftliche Verbesserung/ Planung der Beschaffungsprozesse	• Improvisierte/teilge-plante Materialbe-schaffung
JIT	JIT-Logistiksys-temlösung (Abrufprodukte)	• MBS verknüpft als Steuerungssystem Bedarf und Versorgung von Abrufpro-dukten in der Bauproduktion • Logistiksystembausteine führen Anlie-ferungsroutinen ein und stellen Steuerungssysteme für die Beschaffung und Bereitstellung zur Verfügung	• Fehlende Kopplung Bedarf und Versor-gung • Keine Anlieferungs-routinen • Fehlende Steue-rungssysteme • Keine Materialavi-sierung
	JIT-Logistiksys-temlösung (Lagerprodukte)-Kanban-System	• Verknüpft Bedarf und Versorgung für Lagerprodukte • Definiert Beschaffungs- und Steue-rungsroutinen • Einfache Regelkreissteuerung	• Fehlende Kopplung Bedarf und Versor-gung • Keine Anlieferungs-routinen • Fehlende Steue-rungssysteme
	Phasen-, Vor-schau- u. Wo-chenplanung	• Verstetigt die Bauprozesse (Bedarf) / reduziert Störungen im Prozess	• Störungen im Bau-prozess

	Wertstromdesign	▪ Definiert und vereinheitlicht Materialbe-schaffungsprozesse	▪ Improvisierte/teilge-plante Materialbe-schaffung
KVP	Fehler-Ursachen-Analyse	▪ Probleme (Störungen/Fehler) werden identifiziert und nachhaltig gelöst	▪ Störungen im Bau-prozess ▪ Fehler im Beschaf-fungsprozess
PASV	Ablaufstandardi-sierung	▪ Vereinheitlichung/Vereinfachung von Prozessen ▪ Definition von Zuständigkeiten	▪ Undefinierte Zustän-digkeiten

Fallbeispiel-Problem: Hohe Such- und Wegezeiten in der Baustellenlogistik

Ursache-Wirkungs-Diagramm:

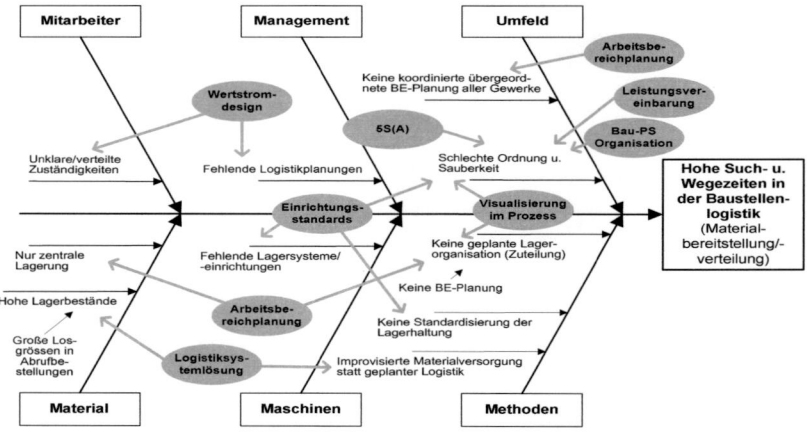

Methodenbausteine und ihre Verbesserungswirkung:

Methodenbausteine Bau-PSM		Verbesserungswirkung	Angesprochene Problemursache
APO	Bau-PS Orga-nisationsmodell	▪ Job-Enrichment fördert Verantwor-tungsbewusstsein für eigene Arbeit (Qualität, Ordnung u. Sauberkeit)	▪ Schlechte Ordnung u. Sauberkeit
	Leistungsver-einbarung	▪ Ordnung u. Sauberkeit verbindlich machen	▪ Schlechte Ordnung u. Sauberkeit

JIT	Arbeitsbereich-planung (Phasen-, Vor-schau-, Woch-enplanung	• Koordinierte Planung der Baustellen-einrichtung und der Arbeitsbereiche (dynamisch/kooperativ) • Dezentrale und transparente Lagerungen	• Keine koordinierte übergeordnete BE-Pla-nung aller Gewerke • Keine geplante Lager-organisation • Nur zentrale Lager
	JIT-Logistiksys-temlösungen (Lagerprodukte) -Kanbansystem	• Bedarfsgesteuerte Materialbereit-stellung auf der Baustelle • organisierte Logistik • verringerte Lagerbestände	• Improvisierte Material-versorgung statt geplanter Logistik • Hohe Lagerbestände
	Wertstrom-design	• Planung und Verbesserung von Logistikprozessen • Transparenz und Definition von Zu-ständigkeiten	• Fehlende Logistikpla-nung • Unklare Zuständig-keiten auf Baustellen
PASV	Einrichtungs-standardi-sierung	• Standardisierte Lagerhaltung • Definiert und bewirkt Einsatz von Stan-dardlagersystemen u. -einrichtungen • Standards verbessert die Ordnung u. Sauberkeit auf den Baustellen	• Keine standardisierte Lagerhaltung • Fehlende (unge-nutzte)Lagersysteme/ -einrichtungen • Schlechte Ordnung u. Sauberkeit
	5S(A)	• Schafft Ordnung und Sauberkeit	• Schlechte Ordnung u. Sauberkeit
	Visualisierung im Prozess	• Überträgt Logistikplanung, -systeme, und -einrichtungen auf die Baustelle • Schafft Transparenz	• Keine geplante Lagerorganisation • Schlechte Ordnung u. Sauberkeit

Fallbeispiel-Problem: Erhöhte Fehlerkosten

Ursache-Wirkungs-Diagramm:

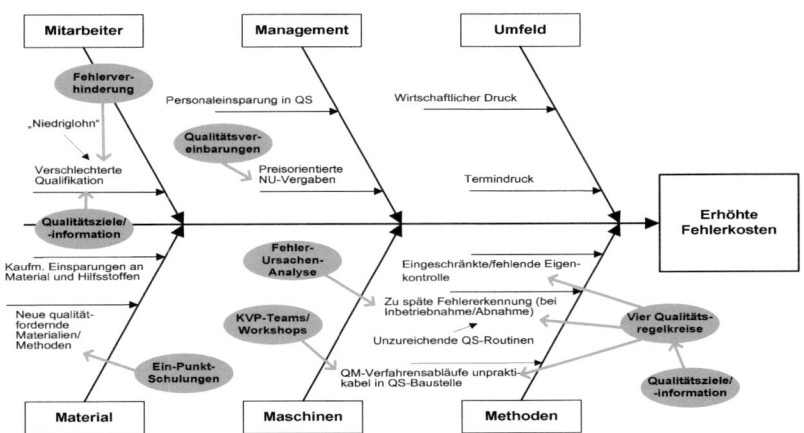

Methodenbausteine und ihre Verbesserungswirkung:

Methodenbausteine Bau-PSM		Verbesserungswirkung	Angesprochene Problemursache
KVP	Fehler-Ursachen-Analyse	• Fördert frühe Problemerkennung • Lernprozess im Projekt	• Zu späte Fehlererkennung
	KVP-Teams/ Workshops	• Einführung und Verbesserung der QS-Routinen (→QRP)	• Unzureichende QS--Routinen • QM-Verfahrensabläufe unpraktikabel in der QS der Baustelle
QRP	Vier Qualitätsregelkreise	• Werkereigenprüfung wird in QS fest verankert • Einführung und Sicherung der Prinzipien „Qualität im Prozess/schnelle Fehlererkennung" • Führt neue praktikable QS-Routinen für die Baustellenproduktion ein	• Eingeschränkte/ fehlende Eigenprüfung • Zu späte Problemerkennung • Unzureichende QS-Routinen • QM-Verfahrensabläufe unpraktikabel in der QS der Baustelle
	Qualitätsziele u. -information	• Sichert und motiviert zum Qualitätsregelkreiskonzept als QS-Methode auf der Baustelle	• →Vier Qualitätsregelkreise • Verschlechterte Qualifikation
	Mitarbeiterschulung/Ein-Punkt-Schulung	• Mitarbeiterschulungen am Arbeitsplatz zu neuen Materialien/Verfahren	• Neue Qualität-fordernde Materialien/ Methoden
	Fehlerverhinderung/-vermeidung	• Maßnahmen in Planung/Arbeitsvorbereitung um eine möglichst vereinfachte Montage auszuführen (Standards, Reduzierung von Varianten, u.a.) • Z.T. ein Ausgleich zur verschlechterten Mitarbeiterqualifikation	• Verschlechterte Qualifikation
	Qualitätsvereinbarung	• Auch bei preisorientierten Vergaben können QS-Maßnahmen und Routinen vereinbart werden • Qualitätsbewusstsein bei Einkauf und bei den Nachunternehmen	• Preisorientierte Nachunternehmer-Vergaben

5.3 Zusammenfassung

Als Ergebnis einer empirischen Fallstudienuntersuchung von fünf Technischen Generalunternehmen und deren komplexen TGA-Großprojekten wurden heutige Kernprobleme in der Projektabwicklung aus Sicht der Unternehmen identifiziert. Aus vier Kernproblemen, die im Einflussbereich der Unternehmen selbst und somit auch im Wirkungsbereich des Bau-PSM liegen, wurde ein Fallbeispiel definiert. Anhand dieses Fallbeispiels konnte schließlich in qualitativer Form die Wirkungsweise des Bau-PSM zur Verbesserung der einzelnen identifizierten Problemursachen exemplarisch simuliert werden und das Bau-PSM in seinem Praxisumfeld Baustelle eingebettet werden.

Die hier angewendete Grundidee anhand von praktisch relevanter Problempunkte das Verbesserungspotential des Bau-PSM aufzuzeigen, kann im nächsten Forschungsansatz eines Aktionsforschungskonzepts mit Praxisimplementierung des Bau-PSM wieder aufgegriffen werden. Dabei sollten die qualitativen Aussagen dieses Fallbeispiels über Verbesserungswirkungen der Methoden-Bausteine zum Teil quantifiziert und untermauert werden. Weiterhin könnte mit diesem Forschungsansatz durch eine an Problem-Ursachen-Beziehungen ausgerichtete quantifizierende Untersuchung von Verbesserungswirkungen die erste Stufe eines im Kapitel 4.3 diskutierten Nachweises der prognostizierten Zielwirkung des Bau-PS mit diesem neuen Ansatz realisiert werden. So wäre aus Sicht des Verfassers mit diesem neuen Ansatz die Komplexität im bestehenden Nachweisproblem in einer pragmatischen Form reduziert und für zukünftige Forschungsvorhaben vorgeschlagen.

6 Zusammenfassung und Ausblick

6.1 Zusammenfassung

Zu Beginn der vorliegenden Arbeit wurde mit Kapitel 1 eine methodische Vorgehensweise zur Entwicklung des Gestaltungsmodells eines Produktionssystems erarbeitet. Die Problemstellung und der eingeschlagene methodische Lösungsweg wurden dabei an der Schnittstelle zwischen dem baubetrieblich-ingenieurwissenschaftlichen Forschungsverständnis und dem Grundverständnis der Organisationsforschung als ein Teilgebiet der Angewandten Betriebswirtschaftslehre eingeordnet. Das entwickelte Forschungsdesign begründet sich aus dieser Konstellation.

Als Einführung in die Problemstellung wurden in Kapitel 2 die Grundlagen der Systemgestaltung eines Produktionssystems behandelt. Die PS-Entwicklung wurde dabei allgemein mit dem Ansatz des »Systems Engineering« in seiner Vorgehensweise strukturiert. Im zweiten Teil dieses Abschnittes wurde erstens ein Grundverständnis über (Ganzheitliche) Produktionssysteme in der industriellen Produktion vermittelt. Zweitens wurde die Lean Construction (LC), als Übertragung der industriellen PS auf die Bauproduktion, in ihren Grundzügen und Grundlagen beschrieben sowie die Problemstellung dieser Arbeit als eine Forschungslücke in der LC bestätigt.

Im Hauptteil dieser Arbeit wurde mit Kapitel 3 das Gestaltungsmodell des Bau-Produktionssystems in seinen Hauptelementen entwickelt. Im ersten Abschnitt wurden zunächst die Gestaltungsprinzipien industrieller Vorbilder erklärt und ihre Übertragbarkeit auf die Bauproduktion aufgezeigt. Anschließend wurden die Ergebnisse einer durchgeführten empirischen Analyse über den Stand der Methoden- und Werkzeugentwicklung mit Blick auf die Abbildung eines GPS und dessen Prinzipien für die Bauproduktion zusammengefasst und offene Forschungsaufgaben in der Integration, Adaption und Neuentwicklung der Lösungsbausteine zum Bau-PSM für die vorliegende Arbeit definiert. Strukturiert nach den Hauptelementen »Arbeits- und Prozessorganisation«, »Just in Time«, »Kontinuierlicher Verbesserungsprozess«, »Qualität und Robuste Prozesse« sowie »Professionelle Arbeitsroutinen, Standardisierung und Visualisierung« wurden anschließend auf Basis des heutigen Stands der Technik die einzelnen

Handlungsfelder mit ihren Methoden und die dazugehörigen Werkzeuge entwickelt. So entstand in Synthese schließlich ein methodisch aufeinander abgestimmtes Gestaltungsmodell des Bau-PS, welches in Kapitel 4 zusammengefasst wurde.

Das GPS stellt in seiner Konzeption ein Netz miteinander verflochtener Elemente dar. So wurde im Anschluss an die Modellentwicklung das Bau-PS-Modell auf die Bedeutung seiner Elemente und deren Interdependenzen untersucht. Darin wurde das Gesamtsystem in dessen Haupt- und Unterelemente untergliedert und deren Kausalbeziehungen zueinander deduktiv-analytisch aufgeschlüsselt. Unter Verwendung der definierten Parameter der Interaktion und Ausprägung konnten die Hauptelemente nach ihrem Grad der Einflussnahme im Gesamtsystem eingestuft werden. Diese Kenntnis der Kausalbeziehungen der Elemente zueinander und ihrer Einflussnahme im Gesamtsystem schafft die Grundlage für zukünftige strategische Planungen der Systemimplementierung.

Die Verifizierbarkeit des Bau-PSM lässt sich unstreitbar nur durch eine Praxisimplementierung des Gesamtsystems, also die Überführung des Modells in ein reales PS, zeigen. Aufgrund des Umfangs und Dauer einer umfassenden Unternehmensimplementierung kann dies im Rahmen der vorliegenden Forschungsarbeit nicht durchgeführt werden. Dennoch gelang es, die Anwendbarkeit des PS-Modells nachzuweisen (Kapitel 4.3). Da für die einzelnen Unterelemente des PS-Modells bereits empirische Erkenntnisse aus Praxisanwendungen vorlagen und so für Teilsysteme das Realisierbarkeitskriterium[125] zumindest für die Anwendbarkeit bereits erfüllt war, konnte im Rückgriff auf die synthetische Modellbildung das Bau-PSM deduktiv in seiner Anwendbarkeit begründet werden. Auf die Zielwirkung des PS, die auf Unterziele, wie Produktivität, Kostenreduzierung, Termintreue und Erfüllung der Kundenqualitätsanforderungen u.a., konkretisiert werden kann, ist aber aufgrund heute noch fehlender konkreter und empirisch verlässlicher Aussagen (selbst für vielfach erprobte Methoden wie das LPS™) kein deduktiver Schluss möglich. Aber selbst für PS der industriellen Vorbilder existieren dafür bis dato keine umfassenden und gesicherten Belege (vgl. [Korge 2007]).

So konnte ein eingeschränkter Nachweis über die Anwendbarkeit der Gestaltungsprinzipien und Methoden des Bau-PSM als Verifizierung der

---

[125] Vgl. Kapitel 1.5 sowie Anlage 1

Forschungsergebnisse erbracht werden; die prognostizierte Zielwirkung, allgemein die Steigerung der Rentabilität, Mitarbeiter- und Kundenzufriedenheit muss durch weitere Forschungsarbeiten zukünftig noch nachgewiesen werden. Mit der Ausarbeitung eines Fallbeispiels wird abschließend im Kapitel 5 die Verbesserungswirkung des Bau-PSM auf heutige Praxisprobleme in der Projektabwicklung qualitativ aufgezeigt und das PS-Modell in seinem Praxiskontext eingebettet.

6.2   Ausblick: das Bau-PS-Modell implementieren und weiterentwickeln

Das Bau-Produktionssystem-Modell soll den Unternehmen als Referenz und Vorlage in ihren unternehmensspezifischen Ausgestaltungen und Implementierungen dienen. Das entwickelte Gestaltungsmodell dieses PS stellt darin keinen starren Rahmen dar; es ist als ein System aus Prinzipien und Methoden zu verstehen, das unter Beachtung seiner Interdependenzen und angepasst an die individuellen Bedingungen spezifisch in den Unternehmen auszugestalten und einzubinden ist (vgl. u.a. [Korge 2003b]).

In der industriellen Produktion wird die Einführung von PS unterschiedlich diskutiert und erste Grundsätze, Eckpunkte und Strategien einer Implementierung skizziert (vgl. bspw. [Winnes 2000, S.111ff; Korge 2003]). Eine allgemeingültige Vorgehensweise kann aber aufgrund der unterschiedlichen Rahmenbedingungen und der individuellen Ausgestaltung der PS nicht existieren, denn der Weg der Implementierung ist wie die Produktionssysteme selbst individuell.

In der Lean Construction wurden die Implementierungsfrage und der Weg zur Transformation eines Unternehmens in ein „leanes" Unternehmen bisweilen nur auf Basis der bestehenden Praxiserfahrungen in der Umsetzung einzelner Methodenbausteine des hier skizzierten PS-Modells betrachtet. Es wurden diese ersten Praxiserfahrungen in der Implementierung einzelner Bausteine (wie z. B. das LPS™) evaluiert und daraus versucht, grundlegende Strategien und Vorgehensweisen zur »Lean Implementation« abzuleiten (vgl. [Ballard/Kim 2007; Neto/Alves 2007]).

Aus Sicht des Verfassers sind für das vorliegende Gestaltungsmodell eines Bau-PS unterschiedliche Wege der Implementierung denkbar. So kann zunächst mit Einführung einfacher Basis-Methoden, z.B. Methoden der Standardisierung und Visualisierung, eine Sensibilisierung erfolgen, um anschließend, unter Berücksichtigung der Kausalzusammenhänge mit dem LPS™ beginnend, sukzessive das Element JIT umzusetzen. Ein anderer und häufig bereits gewählter Startpunkt kann aber auch die Einführung des LPS™ als erste zentrale Methode sein, um ausgehend von einer erreichten Stabilisierung der Prozesse und ersten schnellen Erfolgserlebnissen weitere Elemente einzuführen.

Das neu entwickelte Bau-PSM stellt in seiner Gesamtheit erstmals ein abgestimmtes Gesamtsystem dar, das als Ordnungsrahmen und strategisches Ziel zur Transformation in ein „leanes" Unternehmen gelten kann. Auf Grundlage der Erfahrungen der industriellen Vorbilder und der ersten Praxisimplementierungen in der LC ist es unter anderem die zentrale weiterführende Aufgabenstellung, Leitlinien und Vorgehensweisen zur Implementierung des PS und somit zur Überführung des vorliegenden Gestaltungsmodells in ein tatsächliches PS in weiteren Forschungs- und Praxisarbeiten zu finden.

Mit der vorliegenden Arbeit konnte die Entwicklungsphase nach dem »System Engineering«-Vorgehensmodell (vgl. Abb. 5) abgeschlossen werden. So konnten in der Vor- und Hauptstudie ein Gesamtkonzept erarbeitet und mit dem entwickelten Bau-Produktionssystem-Modell bis auf die Methodenebene konkretisiert und detailliert werden. Es wurde gemäß dem SE-Vorgehensmodell letztlich ein Stadium an der Schwelle zur Systemrealisierung erreicht. Im Hintergrund der Realisierung sind weiterführend in der Werkzeuggestaltung und ihrem Einsatz aufbauende Betrachtungen erforderlich. Gemäß dem Grundverständnis des »System Engineering« ist die Systemgestaltung ein Problemlösungszyklus. Mit einer zukünftigen Systemimplementierung wird schließlich die nächste Stufe im fortlaufenden Zyklus der Systemverbesserung und Weiterentwicklung erreicht. Mit der vorliegenden Arbeit konnte der erste Schritt auf dem Weg zur industriellen Organisation der Bauproduktion angestoßen werden. Den ersten Schritt zu „machen", ist dabei bekanntlich das Entscheidende.

Literaturverzeichnis

Arbulu 2006 Arbulu, R.: Application of pull and conwip in construction production systems. In: *Proceedings 14th Annual Conference of the International Group for Lean Construction*, Santiago de Chile, Chile, 2006

Arbulu/Ballard 2004 Arbulu, R; Ballard, G.: Lean supply systems in construction. In: *Proceedings 12th Annual Conference of the International Group for Lean Construction*, Elsinore, Denmark, 2004

Arbulu/Ballard/Harper 2003 Arbulu, R; Ballard, G.; Harper, N.: Kanban in construction. In: *Proceedings 11th Annual Conference of the International Group for Lean Construction*, Blacksburg, USA, 2003

Arbulu/Koerckel/Espana 2005 Arbulu, R; Koerckel, A.; Espana, F.: Linking production-level workflow with materials supply. In: *Proceedings 13th Annual Conference of the International Group for Lean Construction*, Sydney, Australia, 2005

Atkinson 1997 Atkinson, A.: The role of project management in the control of construction defects. In: *Proceedings 1st International Conference on Construction Industry Development*, National University of Singapore, Singapore, 1997

Ballard 2000a Ballard, G.: *The Last Planner System of production control*. School of Civil Engineering, University of Birmingham, 2000

Ballard 2000b Ballard, G.: *Phase scheduling*. LCI White Paper – 7, Lean Construction Institute, USA, 2000

Ballard 2000c Ballard, G.: *Lean Project Delivery System*. LCI White Paper – 8, Lean Construction Institute, USA, 2000

Ballard et al. 2001 Ballard, G.; Koskela, L.; Howell, G.; Zabelle, T.: Production system design in construction. In: *Proceedings of the 9th annual conference of the International Group for Lean Construction*, Singapore, 2001

Ballard/Howell 2003 Ballard, G.; Howell, G.: An update on Last Planner. In: *Proceedings 11th Annual Conference of the International Group for Lean Construction*, Blacksburg, USA, 2003

Ballard/Kim 2007 Ballard, G.; Kim, Y.-W.: Implementing lean on capital projects. In: *Proceedings of the 15th annual conference of the International Group for Lean Construction,* East Lansing, USA, 2007

Barlow et al. 1997 Barlow, J.; Cohen, M.; Jashapara, A.; Simpson, Y.: *Partnering: Revealing the realities in the construction industry.* Bristol: Policy Press, UK, 1997

Bauindustrie 2005 Hauptverband der Deutschen Bauindustrie- AK Partnerschaftsmodelle in der Bauwirtschaft: Partnering bei Bauprojekten. In: *Baumarkt und Bauwirtschaft*, Heft 11, 2005, S.12-17

Baum 2005 Baum, N.: *Anwendung von Value Stream Mapping in der Bauwirtschaft.* Institut für Technologie und Management im Baubetrieb, Karlsruhe: Universität Karlsruhe (TH) Diplomarbeit, 2005

Bayfield/Roberts 2005 Bayfield, R.; Roberts, P.: Contract or co-operation? Insights-from beyond construction: collaboration – the Honda experience. In: *Lean Construction Journal*, Vol. 2, 10/2005

Becker/Korge/Scholtz 2005 Becker, M.; Korge, A.; Scholtz, O.: *Ganzheitliche Produktionssysteme – Erhebung zur Verbreitung und zum Forschungsbedarf.* Fraunhofer Institut für Arbeitswissenschaft und Organisation, Stuttgart: http://www.produktionssysteme.iao.fraunhofer.de, 2005

Bennett 2000 Bennett, J.: *Construction – The third wave: Managing co-operation and competition in construction.* Oxford: Butterworth-Heinemann, 2000

Berner 1983 Berner, F.: *Verlustquellenforschung im Ingenieurbau.* Universität Stuttgart, Dissertation, 1983

Bertalanffy 1951 Bertalanffy, L. von.: General Systems Theory: A new approach to unity of science. In: *Human Biology* / Winsor, Ch. et al. (ed.) Vol. 23, S.306-361, Baltimore, Maryland, 1951

Bertelsen 2004 Bertelsen, S.: Lean Construction: Where are we and how to proceed? In: *Lean Construction Journal*, Vol. 1, 10/2004,

Blecken/Boenert 2003 Blecken, U.; Boenert, L.: *Baukostensenkung durch Anwendung innovativer Wettbewerbsmodelle.* Stuttgart: Fraunhofer-IRB-Verlag, (Bauforschung für die Praxis 62), 2003

Blumenthal 2006 Blumenthal, A.: London Construction Consolidation Centre. In: *Proceedings Construction Logistics – Constructing Excellence South West*, (online) erhältlich unter: http://www.leanconstruction.org, UK, 2006

Boenert/Blömeke 2003 Boenert, L.; Blömeke, M.: Logistikkonzepte im Schlüsselfertigbau zur Erhöhung der Kostenführerschaft. In: *Der Bauingenieur.* Band 78, 2003, S.277-283

Bösenberg/Metzen 1993 Bösenberg, D.; Metzen, H.: *Lean Management: Vorsprung durch schlanke Konzepte*, Landsberg/Lech: Moderne Industrie, 1993

Brehm 2001 Brehm, S.: *Konzepte zur Unternehmensveränderung – Organisationales Lernen in Vorschlagswesen, Qualitätszirkeln und Kaizen-Workshops.* / Gabler, Wiesbaden: Deutscher Universitäts-Verlag, 2001

Brooks 2006 Brooks, J.: T5A – Site enabling team. In: *Proceedings Construction Logistics – Constructing Excellence South West*, (online) erhältlich unter: http://www.leanconstruction.org, UK, 2006

Buch/Sander 2005 Buch, S.; Sander, D.: From hierarchy to team – Barriers and requirements in relation to a new organisation of building sites. In: *Proceedings 13th Annual Conference of the International Group for Lean Construction*, Sydney, Australia, 2005

Bullinger 2001 Bullinger, H.-J.: Was kommt nach Lean Production? In: *IAO-Produktionsforum 2001: Was kommt nach Lean Production? Entwicklung und Implementierung Ganzheitlicher Produktionssysteme*, Stuttgart, 2001

Burati/Farrington/Ledbetter 1992 Burati, J.; Farrington, J.; Ledbetter, W.: Causes of quality deviations in design and construction. In: *Journal of Construction Engineering and Management* / ASCE (Hrsg.), vol. 118, 1992

Cain 2004 Cain, C. T.: *Profitable Partnering for Lean Construction*. Oxford: Blackwell Publishing Ltd., UK, 2004

Colledge 2005 Colledge, B.: Relational contracting – creating value beyond the project. In: *Lean Construction Journal*, Vol. 2, 4/2005

Corsten/Reiß 1994 Corsten, H.; Reiß, M. (Hrsg.): *Betriebswirtschaftslehre*. München, Wien: Oldenburg Verlag, 1994

Court et al 2005 Court, P.; Pasquire, C.; Gibb, A.; Bower, D.: "Lean" as an antidote to labour cost escalation on complex mechanical and electrical projects. In: *Proceedings 13th Annual Conference of the International Group for Lean Construction*, Sydney, Australia, 2005

Daenzer/Huber 1999 Daenzer, W.F.; Huber, F.: *Systems Engineering: Methodik und Praxis*. Hrsg. Daenzer/Huber, 10. Auflage, Zürich: Verlag Industrielle Organisation, 1999

DaimlerChrysler 2000 O. V.: *Mercedes-Benz Produktionssystem.*/ DaimlerChrysler (Hrsg.) 2. überarb. Edition, 2000

Dicks 2002 Dicks, M.: *Innovative M&E data sheets*. BSRIA ACT 5 /2002, UK, 2002

Digitales Bauen 2007 Digitales Bauen GmbH: Onlineinformationen erhältlich unter: http://www.digitales-bauen.de, 2007

Ehlting 2001 Ehlting, D.: *Vorfertigung komplexer Ausbau-Bausysteme für offene Bauweisen*. Berlin: dissertation.de, 2001

Fett/Breyer 2003 Fett, K.; Breyer, W.: Die überbetriebliche Kooperation in der Bauwirtschaft: Partnering. In: *Baumarkt und Bauwirtschaft*, Heft 6, 2003, S.23-25

Fischer/Kam 2002 Fischer, M.; Kam, C.: *Product model & 4-D CAD*. Center for Integrated Facility Engineering, Stanford University, CIFE Technical Report Nr. 143, USA, 2002

Fleischer 2005 Fleischer, J.: *IPP – Integrierte Produktionsplanung*. wbk Institut für Produktionstechnik, Universität Karlsruhe, 2005

Frühauf 1998 Frühauf, H.: *Qualitätsverbesserung im Schlüsselfertigen Hochbau*. Schriftenreihe des Instituts für Baubetriebslehre der Universität Stuttgart, Band 40, Stuttgart,1998

Gehbauer/Kirsch 2006 Gehbauer, F; Kirsch, J.: Lean Construction – Produktivitäts-steigerung durch „schlanke" Bauprozesse. In: *Bauingenieur*. Band 81, März 2006

Gehbauer et al. 2007 Gehbauer, F.; Zülch, G.; Ott, M.; Börkircher, M.: Simulation-based analysis of disturbances in construction operations. In: *Proceedings of the 15th annual conference of the International Group for Lean Construction,* East Lansing, USA, 2007

Gehbauer 2008a Gehbauer, F.: *Lean Management im Bauwesen.* Vorlesungsskript, Universität Karlsruhe, Institut für Technologie und Management im Baubetrieb, Karlsruhe, 2008

Gehbauer 2008b Gehbauer, F.: *Rationalisierung/Lean/KVP.* Vorlesungsskript, Universität Karlsruhe, Institut für Technologie und Management im Baubetrieb, Karlsruhe, 2008

Getz/Robinson 2003 Getz, I; Robinson, A. G.: *Innovations-Power. Kreative Mitarbeiter fördern – Ideen systematisch generieren.* München: Hanser Verlag, 2003

Gilly/Touran/Asai 1992 Gilly, B. A.; Touran, A.; Asai, T.: *Quality Control Circles in construction.* In: *Journal of Construction Engineering and Management* / ASCE (Hrsg.), vol. 113, no. 3, 1992, pg.432

Girmscheid 2004 Girmscheid, G.: *Forschungsmethodik in den Baubetriebswissenschaften.*/ Institut für Bauplanung und Baubetrieb. Zürich: Eigenverlag des IBB an der ETH Zürich, 2004

Goh 2000 Goh, M.: *Quality circles: journey of an Asian public enterprise.* In: *Journal of Quality & Reliability Management* / MCB University Press (Hrsg.), vol. 17, no. 7, 2000, pg. 784-799

González et al. 2007 González, V; Alarcón L. F.; Mundaca, F.: Investigating the relationship between planning reliability and project performance: A case study. In: *Proceedings of the 15th annual conference of the International Group for Lean Construction,* East Lansing, USA, 2007

Grochla 1978 Grochla, E.: *Einführung in die Organisationstheorie.* Stuttgart: Poeschel (Sammlung Poeschel, P 93), 1978

Hawkins 1997 Hawkins, G.: *Improving M&E site productivity.* BSRIA Technical Note TN 14/1997, London, UK, 1997

Hawkins 2002 Hawkins, G.: *Site Productivity – 2002. A guide to the uptake of improvements.* BSRIA Technical Note TN 13 /2002, London, UK, 2002

Hebeisen 1999 Hebeisen, W.: *F. W. Taylor und der Taylorismus. Über das Wirken und die Lehre Taylors und die Kritik am Taylorismus.* Zürich: vdf Hochschulverlag ETH Zürich, 1999

Helmus/Weber 2003 Helmus, M.; Weber, A.: Zusammenarbeit von General- und Nachunternehmern im schlüsselfertigen Hochbau. In: *Baumarkt und Bauwirtschaft,* Heft 2, 2003, S.20-25

Hill/Fehlbaum/Ulrich 1994 Hill, W.; Fehlbaum, R.; Ulrich, P.: *Organisationslehre 1. Ziele, Instrumente und Bedingungen.* Uni-Taschenbücher 259, 5. Auflage, Bern: Verlag Paul Haupt, 1994

Hopp/Spearman 2000 Hopp, W.J.; Spearman, A.: *Factory Physics: Foundation of manufacturing management.* 2nd ed., Boston: Irwin/McGraw-Hill, 2000

Hovestadt 1994 Hovestadt, L.: *a4-digitales bauen – Ein Modell für die weitgehende Computerunterstützung von Entwurf, Konstruktion und Betrieb von Gebäuden.* Fortschrittsberichte VDI, Nr. 120, 1994

Hovestadt 1998 Hovestadt, L., Hovestadt, V.: The ARMILLA project. In: *Automation in Construction.* Nr. 10, 1998

IAA 2002 Institut für angewandte Arbeitswissenschaft e.V.: *Ganzheitliche Produktionssysteme – Gestaltungsprinzipien und deren Verknüpfung.* Köln: Wirtschaftsverlag Bachem, 2002

IGLC 2007 Excerpts from International Group of Lean Construction (online) erhältlich unter: http://www.iglc.net, 2007

Imai 1992 Imai, M.: *Kaizen – der Schlüssel zum Erfolg der Japaner im Wettbewerb.* 12. Auflage München: Wirtschaftsverlag Langen Müller Herbig, 1992

Jang/Kim 2007 Jang, J.-W.; Kim, Y.-W.: Using the kanban for construction production and Safety Control. In: *Proceedings of the 15th annual conference of the International Group for Lean Construction,* East Lansing, USA, 2007

Jungwirth 1996 Jungwirth, D. (Hrsg.); Fuhr, H.: *Qualitätsmanagement im Bauwesen.* 2. Auflage, Düsseldorf: VDI-Verlag, 1996

Kim/Jang/Ballard 2007 Kim, Y.-W.; Jang, J.-W.; Ballard, G.: A subcontractor's lean journey: A case study on Ilyang. In: *Proceedings of the 15th annual conference of the International Group for Lean Construction,* East Lansing, USA, 2007

Kim/Park/Ballard 2007 Kim, Y.-W.; Park, C.; Ballard, G.: A case study on rebar supply chain management by GS E&C. In: *Proceedings of the 15th annual conference of the International Group for Lean Construction,* East Lansing, USA, 2007

Kirsch 2008 Kirsch, J.: *Analyse der Geschäftsprozesse der Projektabwicklung im TGA-Unternehmen - eine empirische Studie.* Forschungsbericht, Universität Karlsruhe, Institut für Technologie und Management im Baubetrieb, http://digbib.ubka.uni-karlsruhe.de/volltexte/1000008905, Karlsruhe, 2008

Kittel-Wegner 2002 Kittel-Wegner, E.: *Die Fallstudie in der betriebswirtschaftlichen Forschung und Lehre./* Mayer, Schrift Nr. 3/2002, Schriften zu Management und KMU, Flensburg: Universität Flensburg, Internationales Institut für Management, 2002

Knapp/Charron/Howell 2006 Knapp, S.; Charron, R.; Howell, G.: Phase planning today. In: *Proceedings of the 14th annual conference of the International Group for Lean Construction,* Santiago de Chile, Chile, 2006

Koerckel/Ballard 2005 Koerckel, A; Ballard, G.: Return on investment in construction innovation - a lean construction case study. In: *Proceedings 13th Annual Conference of the International Group for Lean Construction,* Sydney, Australia, 2005

Korge 2003 Korge, A.: Beginnen Sie, ehe Sie es müssen – ein Produktionssystem implementieren. In: *Ganzheitlich produzieren – Innovative Organisation und Führung /* Spath, D. (Hrsg.), Stuttgart: LOG_X Verlag, 2003

Korge 2003b Korge, A.: Die unternehmensspezifische Ausgestaltung – Von den Anforderungen zur Lösung. In: *Ganzheitlich produzieren – Innovative Organisation und Führung* / Spath, D. (Hrsg.), Stuttgart: LOG_X Verlag, 2003

Korge 2007 Korge, A.: *Wirtschaftlichkeit Ganzheitlicher Produktionssysteme (Impulsreferat)*. Stuttgart: Fraunhofer-Institut für Arbeitswissenschaften und Organisation, 2007

Koskela 2000 Koskela, L.: *An exploration towards a production theory and its application to construction*. VTT Building Technology, Technical Research Centre of Finland, Espoo, 2000

Koskela 2004 Koskela, L.: Making Do – the eighth category of waste. *Proceedings 12th Annual Conference of the International Group for Lean Construction*, Elsinore, Denmark, 2004

Ledbetter 1994 Ledbetter, W.: Quality performance on successful projects. In: *Journal of Construction Engineering and Management* / ASCE (Hrsg.), vol. 13, 1994

Love 2002 Love, P.: Influences of project type and procurement method on rework costs in building construction projects. In: *Journal of Construction Engineering and Management* / ASCE (Hrsg.), Jan./Feb., 2002

Macomber/Howell 2004 Macomber, H.; Howell, G.: Two great wastes in organizations – A typology for addressing the concern for the underutilization of human potential. In: *Proceedings 12th Annual Conference of the International Group for Lean Construction*, Elsinore, Denmark, 2004

Marosszeky et al. 2002 Marosszeky, M.; Thomas, R.; Karim, K.; Davis, S.; McGeorge, D.: Quality management tools for lean production – Moving from enforcement to empowerment. In: *Proceedings 10th Annual Conference of the International Group for Lean Construction*, Gramado, Brazil, 2002

Marosszeky et al. 2005 Marosszeky, M.; Karim, K.; Perera, S.; Davis, S.: Improving work flow reliability through quality control mechanisms. In: *Proceedings 13th Annual Conference of the International Group for Lean Construction*, Sydney, Australia, 2005

Mastroianni/Abdelhamid 2003 Mastroianni, R.; Abdelhamid, T.: The challenge: The impetus of change to lean project delivery. In: *Proceedings 11th Annual Conference of the International Group for Lean Construction*, Blacksburg, USA, 2003

Matthews/Howell 2005 Matthews, O.; Howell, G.: Integrated project delivery: an example of relational contracting. In: *Lean Construction Journal*, Vol. 2, 4/2005

Mawdesley/Long 2002 Mawedesley, M.J.; Long, G.: Prefabrication for lean building services distribution. In: *Proceedings 10th Annual Conference of the International Group for Lean Construction*, Gramado, Brazil, 2002

Mayring 2002 Mayring, P.: *Einführung in die Qualitative Sozialforschung*. 5. Auflage, Weinheim: Beltz Verlag, 2002

Misfeldt/Bonke 2004 Misfeldt, E.; Bonke, S.: Quality control in lean construction. In: *Proceedings 12th Annual Conference of the International Group for Lean Construction*, Elsinore, Denmark, 2004

Monden 1998 Monden, Y.: *Toyota production system: an integrated approach to just-in-time*. 3d. edition, Nocross Georgia: Engineering & Management Press., USA, 1998

Nakagawa 2005 Nakagawa, Y.: Importance of standard operating procedure documents and visualization to implement lean construction. In: *Proceedings 13th Annual Conference of the International Group for Lean Construction*, Sydney, Australia, 2005

Nakagawa/Shimizu 2004 Nakagawa, Y; Shimizu, Y.: Toyota Production System adopted by building construction in Japan. In: *Proceedings 12th Annual Conference of the International Group for Lean Construction*, Elsinore, Denmark, 2004

Nashwan/Sripraser 2003 Nashwan, D.; Sripraser, E.: Multi-constraint information management and visualisation for collaborative planning and control in construction. In: *ITcon*, Vol. 8, 2003

Neto/Alves 2007 Neto, J. B.; Alves, T. L.: Strategic issues in lean construction implementation. In: *Proceedings of the 15th annual conference of the International Group for Lean Construction,* East Lansing, USA, 2007.

Ninck et al. 2004 Ninck, A.; Bürki, L.; Hungerbühler, R.; Mühlemann, H.: *Systemik – Vernetztes Denken in komplexen Situationen*. 4. Aufl., Zürich: Verlag Industrielle Organisation, 2004

Nitsch 2003 Nitsch, A.: Von der Idee zur Vorfertigung. In: *BFT – Betonwerk+Fertigteil-Technik,* Heft 6, 2003, S.54

Oeltjenbruns 2000 Oeltjenbruns, H.: *Organisation der Produktion nach dem Vorbild Toyotas.* / Bracht (Hrsg.), Clausthal: Innovationen der Fabrikplanung und – Organisation. Band 3; Technische Universität Clausthal: Shaker Verlag, 2000

Ohno 1988 Ohno, T.: *Toyota Production System, Beyond large scale production.* Cambridge Massachusetts: Productivity Press, 1988

Orr 2005 Orr, C.: Lean leadership in construction. In: *Proceedings 13th Annual Conference of the International Group for Lean Construction,* Sydney, Australia, 2005

Ott 2005 Ott, M.: Produktivität und Qualität in der Baustellenfertigung steigern. In: *Baumarkt und Bauwirtschaft,* Heft 3, 2005, S.25-28

Pasqualini/Zawislak 2005 Pasqualini, F; Zawislak, P. A.: Value stream mapping in construction: A case study in a Brazilian construction company. In: *Proceedings 13th Annual Conference of the International Group for Lean Construction,* Sydney, Australia, 2005

Picchi/Granja 2004 Picchi, F.-A; Granja, A. D.: Construction sites: Using lean principles to seek broader implementations. In: *Proceedings 12th Annual Conference of the International Group for Lean Construction*, Elsinore, Denmark, 2004

PII 2004 Partnership Innovation Initiative: *Construction logistics – consolidation centres: An examination of new supply chain techniques – managing & handling construction materials* / Department of Trade and Industry (Hrsg.), (online) erhältlich unter: http://www.constructingexcellence.org.uk /zones/logisticszone/publications.jsp, UK, 2004

Porter 1998 Porter, M. E.: *Competitive advantage: creating and sustaining superior performance*. New York: Free Press, 1998

Rois 1999 Rois, A: *Kaizen – Verbesserungsprozesse in der Autoindustrie*. München: Linde Verlag, 1999

Rother/Shook 2004 Rother, M.; Shook, J.: *Sehen Lernen: mit Wertstromdesign die Wertschöpfung erhöhen und Verschwendungen vermeiden*. Aachen: Lean Management Institut, 2004

Sakal 2005 Sakal, M. W.: Project alliancing: A relational contracting mechanism for dynamic projects. In: *Lean Construction Journal*, Vol. 2, 4/2005

Salem et al 2005 Salem, O.; Solomon, J.; Genaidy, A., Luegring, M.: Site implementation and assessment of lean construction techniques In: *Lean Construction Journal*, Vol. 2, 10/2005

Santos 1999 Santos, A.: *Application of flow principles in the production management of Construction Sites*. Salford: School of Construction and Property Management, University Salford, UK, 1999

Santos/Formoso/Tookey 2002 Santos, A.; Formoso, C.T.; Tookey, J.: Expanding the meaning of standardisation within construction processes. In: *The TQM Magazine*. vol. 14, nr.1, pp.25-33, 2002

Santos/Moser/Tookey 2002 Santos, A.; Moser, L.; Tookey, J.: Applying the concept of mobile cell manufacturing on drywall process. In: *Proceedings 10th Annual Conference of the International Group for Lean Construction*, Gramado, Brazil, 2002

Santos/Powell 2001 Santos, A; Powell, A. J.: Effectiveness of push and pull learning strategies in the construction industry. In: *Journal of Workplace Learning: Employee Counselling Today*. / Emerald Group Publishing Limited (Hrsg.), vol. 13, no. 2, 2001, pg.47-56

Schlauß 2003 Schlauss, S.: Alle profitieren. Herausragende Kennzeichen eines Produktionssystems. In: *Ganzheitlich produzieren – Innovative Organisation und Führung* / Spath, D. (Hrsg.), Stuttgart: LOG_X Verlag, 2003

Scholtz 2003 Scholtz, O.: Das Glossar der Problemlösungshilfen – Konzepte und Methoden. In: *Ganzheitlich produzieren – Innovative Organisation und Führung*/ Spath, D. (Hrsg.), Stuttgart: LOG_X Verlag, 2003

Scholtz/Korge/Schlauß 2003 Scholtz, O.; Korge, A.; Schlauß, S.: Was ein Produktionssystem ausmacht. In: *Ganzheitlich produzieren – Innovative Organisation und Führung* / Spath, D. (Hrsg.), Stuttgart: LOG_X Verlag, 2003

Schramm/Rodrigues/Formoso 2006 Schramm, F. K.; Rodrigues, A. A.; Formoso, C. T.: Production system design in construction. In: *Proceedings of the 14th annual conference of the International Group for Lean Construction,* Santiago de Chile, Chile, 2006

Shingo 1988 Shingo, S.: *Non-stock production.* Cambridge: Productivity Press, 1988

Solomon 2003 Solomon, J.: *Application of the principles of lean production to construction.* Department of Civil and Environmental Engineering, University of Cincinnati, USA, 2003

Spath 2003a Spath, D.: Revolution durch Evolution. In: *Ganzheitlich produzieren – Innovative Organisation und Führung/* Spath, D. (Hrsg.), Stuttgart: LOG_X Verlag, 2003

Spath 2003b Spath, D. (Hrsg.): So machen es die Besten – Beispiele aus der Praxis. In: *Ganzheitlich produzieren – Innovative Organisation und Führung/* Spath, D. (Hrsg.), Stuttgart: LOG_X Verlag, 2003

SPS 2005 Strategic Project Solutions Inc.: *SPS Production and logistic manager - Workshop,* Schulungsunterlagen, Karlsruhe, 2005

Sterzi/Isatto/Formoso 2007 Sterzi, M. P.; Isatto, E. L.; Formoso, C. T.: Integrating strategic project supply chain members in production planning and control. In: *Proceedings of the 15th annual conference of the International Group for Lean Construction,* East Lansing, USA, 2007

Strobel 1978 Strobel, W.: Betriebswirtschaftslehre und Wissenschaftstheorie. In: *ZfbF: Schmalenbachs Zeitschrift für betriebswirtschaftliche Forschung. 20.* Jahrgang, Düsseldorf ; Frankfurt: Verl.-Gruppe Handelsblatt, S.129-145, 1978

Takeda 1995 Takeda, H.: *Das synchrone Produktionssystem: just in time für das ganze Unternehmen.* / Kaizen Institute of Europe (Hrsg.), Landsberg: Verlag Moderne Industrie, 1995

Tamaschke 2006 Tamaschke, H.: Baulogistik und Transportsteuerung an innerstädtischen Großbaustellen. In: *Tagungsbeiträge IAA-Symposium 2. Nutzfahrzeugtag der Bauwirtschaft – Logistik-Herausforderung Baustelle,* 2006 (online) erhältlich unter: http://www.iaa.de/06/index.php?id=211&L=0.2007

Thomas et al. 2002 Thomas, R.; Marosszeky, M.; Karim, K.; Davis, S.; McGeorge, D.: The importance of project culture in achieving quality outcomes in construction. In: *Proceedings 10th Annual Conference of the International Group for Lean Construction,* Gramado, Brazil, 2002

Thomas/Riley/Messner 2005 Thomas, H. R.; Riley, D. R.; Messner, J. I.: Fundamental principles of site material management. In: *Journal of Construction Engineering and Management* / ASCE (Hrsg.), July, 2005, S.808 - 805

Toolanen/Olofsson 2006 Toolanen, B.; Olofsson, T.: Relational contracting and process design promoting cooperation. In: *Proceedings of the 14th annual conference of the International Group for Lean Construction,* Santiago de Chile, Chile, 2006

Ulrich 1970 Ulrich, H: *Die Unternehmung als produktives soziales System.* Bern: Verlag Paul Haupt, 1970

Ulrich/Hill 1976a Ulrich, P.; Hill, W.: Wissenschaftstheoretische Grundlagen der Betriebswirtschaftslehre (Teil I). In: *Wirtschaftswissenschaftliches Studium.* 5. Jahrgang, Heft 7, München, Frankfurt: Vahlen/Beck, S.304-309, 1976

Ulrich/Hill 1976b Ulrich, P.; Hill, W.: Wissenschaftstheoretische Grundlagen der Betriebswirtschaftslehre (Teil II). In: *Wirtschaftswissenschaftliches Studium.* 5. Jahrgang, Heft 8, München, Frankfurt: Vahlen/Beck, S.345-350, 1976

ViCon 2007 Hochtief AG: *ViCon – build digitally first.* Online-Informationen erhältlich unter: http://www.hochtief.de/img/context/hochtief/vicon_de.pdf (Stand Mai 2007)

Welling/Kamann 2001 Welling, D. Th.; Kamann, D. J. F.: Vertical Cooperation in the construction industry: Size does matter. In: *The Journal of Supply Chain Management,* vol. 37, issue. 4, p.28-33, 2001

Werner 2006 Werner, G. W.: *Führung für Mündige: Subsidiarität und Marke als Herausforderungen einer modernen Führung.* Karlsruhe: Studienhefte des Interfakultativen Instituts für Entrepreneurship (IEP) an der Universität Karlsruhe (TH) erhältlich unter: www.uvka.de/univerlag/volltexte/2006/105/ (Universitätsverlag Karlsruhe), 2006

Wiki/Logistik 2007 Wikipedia – Die freie Enzyklopädie: *Logistik* [online]. Letzte Aktualisierung 20.03.2007, erhältlich unter: http://de.wikipedia.org/wiki/Logistik

Wilson 2000 Wilson, D.: *Innovative M&E installation report.* BSRIA ACT 9 /2000, UK, 2000

Wilson/Smith/Dea 1999 Wilson, D.; Smith, M.; Dea, J.: *Prefabrication and preassembly – applying the techniques to building engineering services.* BSRIA Advanced Construction Techniques AACT 1 /1999, UK, 1999

Winnes 2002 Winnes, R (Hrsg.).: *Die Einführung industrieller Produktionssysteme als Herausforderung für Organisation und Führung.* Karlsruhe: Universität Karlsruhe, 2002

Womack/Jones/Roos 1990 Womack, J.P.; Jones, D. T; Roos, D.: *The Machine That Changed the World.* New York: Rawson, 1990

Yin 1994 Yin, R. K.: *Case study research: Design and Methods.* Applied social research methods series, volume 5, London: Sage Publications, 1994

Anhang 1: Forschungsmethodische Grundlagen und Einordnung

Die Problemstellung dieser Arbeit und ihr methodischer Lösungsweg bewegen sich an der Schnittstelle zwischen dem baubetrieblich-ingenieurwissenschaftlichen Forschungsverständnis und dem Grundverständnis der Organisationsforschung als ein Teilgebiet der Angewandten Betriebswirtschaftslehre.

Die Ingenieurwissenschaften und die Betriebswirtschaftslehre zählen zu den angewandten Realwissenschaften oder Handlungswissenschaften und beschäftigen sich mit der Beschreibung, Erklärung und Gestaltung empirisch wahrnehmbarer Wirklichkeitsausschnitte. Dabei verfolgen sie das Ziel, unter Bezugnahme auf vorhandene theoretische Erkenntnisse, Lösungsansätze für die in der Praxis auftretenden Probleme bereitzustellen [Ulrich/Hill 1976a, S.305].

In der Leitvorstellung der Organisationsforschung gilt es nach GROCHLA, einen gedanklichen (theoretischen) Bezugsrahmen als Ordnungsschemata für erkenntnisbezogene und handlungsbezogene Vorstellungen über die Realität zu entwickeln [Grochla 1978, S.64ff.]. Der Forschungsprozess besteht allgemein darin, diesen als einen Konzeptionsrahmen, d.h. ein Begriffs- und Hypothesenschema, welches in erster Linie auf die Beschreibung und Erklärung realer Phänomene gerichtet ist, zu gestalten und in einen Entscheidungsrahmen zu überführen. Anders als der Konzeptionsrahmen ist der Entscheidungsrahmen stärker auf (verallgemeinerte) praktische Handlungszwecke ausgerichtet. Durch Aufzeigen unerforschter Bereiche und Einordnung einzelner Forschungsresultate in einen größeren Zusammenhang (Definition des Konzeptionsrahmens) sind durch Entwicklung eines Entscheidungsrahmens organisatorische Problemsituationen zu ordnen und Handlungsempfehlungen anzugeben (Entwicklung des Entscheidungsrahmens).

In der Durchführung des Forschungsprozesses in seinen einzelnen Entwicklungsstufen unterscheidet die Organisationsforschung im Allgemeinen drei unterschiedliche Forschungsstrategien [Grochla 1978, S.79ff.]:

- *Sachlich-analytische Forschungsstrategie:* Das Forschungsinteresse richtet sich hier auf das Durchleuchten komplexer Zusammenhänge und auf die Erarbeitung von Handlungsgrundlagen, die lediglich durch Plausibilitätsüberlegungen und evtl. empirisch festgestellte Teilzusammenhänge gestützt wird. Dabei wird keine eigene systematische empirische Überprüfung der entwickelten Aussagen angestrebt.

- *Empirische Forschungsstrategie:* Das Interesse richtet sich primär auf das theoretische Qualitätsmerkmal der empirischen Bestätigung. Es handelt sich hier um eine systematische Erkenntnisgewinnung, die sich in der Regel nach bestimmten Methoden, vorwiegend aus dem Bereich der empirischen Sozialforschung bzw. der induktiven Statistik, richtet. Gewonnene Erfahrungen dienen dazu, bestimmte Aussagen in der Realität zu prüfen.

- *Formal-analytische Forschungsstrategie:* Sie ist an der vereinfachten und mehr oder weniger abstrakten Beschreibung von Problemstrukturen interessiert. Ausgehend von bestimmten Zielvorschriften und gesetzten, zunächst nicht weiter problematisierten Aussagen über die Realität sind Vorgehensweisen aufzuzeigen, um für die jeweils behandelten Probleme auf der Ebene der gedanklichen Problemlösung eine möglichst gute Lösung zu finden. Vorherrschend sind dabei die Erarbeitung entscheidungslogischer Methoden und Modelle sowie eine quantifizierende Betrachtungsweise.

Zwischen den verschiedenen Forschungsstrategien bestehen zum einen vielfältige Interdependenzen. Zum anderen gilt es, diese verschiedenen Erkenntnisstrategien auf den jeweiligen Stufen der Theorieentwicklung adäquat und problemangemessen einzusetzen (pluralistische Konzeption von Forschungsstrategien), um im Endziel zu vollständigen praxeologischen Aussagen[126] zu gelangen.

Die vorliegende Forschungsarbeit ist mit dem zentralen Ziel der Entwicklung eines Bau-PS im Kern vor allem sachlich-analytisch konzipiert. Sie soll zunächst einige konzeptionelle Bezugsrahmen entwickeln und bisher vorliegende oder in eigenen Vorstudien geschaffene empirische Evidenzen zusammenführen, selbst aber nicht unmittelbar auf empirische Untersuchungen (vor allem in der Zielwirkung des PS) hinarbeiten. Eine Überführung des entwickelten Konzeptionsrahmens in einen Entscheidungsrahmens (nach Grochla) erfolgt nur bedingt, indem empirisch gestützt und synthetisch ein Gestaltungsmodell entwickelt aber nicht formal-analytisch in seiner Zielwirkung präzisiert wird. Neben der sachlich-analytischen „Kernstrategie" wird im Erkenntnisgewinnungsprozess ein empirisches Vorgehen sowie in der Ableitung des Gestaltungsmodells des Bau-PS eine formal-analytische Abstraktion als Systemmodell eingesetzt.

Die Forschungslogik der vorliegenden Arbeit, d.h. das systematische Vorgehen bei der Forschung [Hill/Fehlbaum/Ulrich 1994, S.38], basiert auf dem operationsanalytischen Ansatz [Strobel 1968, Ulrich/Hill 1976b, S.347]. Bei diesem operationsanalytischen Konzept steht nicht die Erklärung bestehender Zustände im Zentrum, sondern die Bestimmung situationsadäquater, sinn- und zweckvoller Handlungsanweisungen [Hill/Fehlbaum/Ulrich 1994, S.35]. Dieser Forschungsprozess umfasst eine Reihe unterscheidbarer Forschungsaktivitäten, die jeweils einer der drei folgenden Aufgabenstellungen nach ULRICH/HILL[127] zugerechnet werden können:

- *Terminologisch-deskriptive Aufgabenstellung:* Schaffung eines Begriffsystems und dessen Anwendung für die Beschreibung der Forschungsobjekte.

- *Empirisch-induktive Aufgabenstellung:* empirisch-statistische Untersuchung beobachtbarer Zusammenhänge und der induktiven Ableitung von Hypothesen sowie deren empirische Überprüfung.

- *Analytisch-deduktive Aufgabenstellung:* logische Schritte, die ohne zusätzliche Induktionsschlüsse auskommen, also insbesondere die deduktive Konstruktion von Modellen und ihre analytische Auswertung.

Ergänzend zu der Unterscheidung der Aufgabenstellung kann der Forschungsprozess nach seinen Stufen der Theorieentwicklung strukturiert werden. Im Allgemeinen wird der Entwicklungsprozess in vier Aussagestufen vollzogen [Grochla 1978, S.68ff.]:

- *begriffliche Aussagen:* Gegenstand ist die Erarbeitung eines begrifflichen Instrumentariums zur Formulierung und empirischen Erfassung der als relevant erachteten Phänomene.

---

[126] Praxeologische Aussagen sind Aussage, die dem praktisch Handelnden unmittelbar Hilfestellungen für seine Problemlösung geben.
[127] Vgl. [Ulrich/Hill 1976b, S.347].

- *Deskriptive Aussagen:* In der nächsten Stufe der Theoriebildung geht es um eine Deskription der Realität, d.h. den Gegenstandsbereich zu beschreiben. Die darin gewonnenen Aussagen sind als deskriptive Aussagen zu bezeichnen.

- *Explanatorische Aussagen:* Auf der dritten Stufe stellt sich allgemein die Aufgabe, die Beziehungen zwischen den in dem Bezugsrahmen enthaltenen Größen zu erklären (explanatorische Aussagen). Die gewonnenen Erklärungen sind dabei als eine besondere Systematisierungs- und Ordnungsleistung, die aufgrund der Beschreibung vollzogen wird, anzusehen. Sie dienen dazu, bestimmte Beziehungszusammenhänge transparent zu machen.

- *Praxeologische Aussagen:* Auf der vierten Stufe erfolgt der Übergang zu praxeologischen Aussagen, d.h. zu solchen Aussagen, die einem praktisch Handelnden unmittelbar Hilfestellung für seine Problemlösung bieten. Sie sind zugleich instrumentale Aussagen und müssen inhaltlichen Anforderungen genügen, die wie folgt von Grochla umschrieben werden: „...sie müssen angeben, unter welcher Zielsetzung welche Maßnahmen für bestimmte Aufgaben unter den jeweils herrschenden Bedingungen bei Berücksichtigung der Wirkungen ergriffen werden können..." [Grochla 1978, S.70].Praxeologische Aussagen sind letztlich identisch mit gut ausgearbeiteten Entscheidungsrahmen, d.h. sie müssen auch den formalen Anforderungen einer hohen Informativität, eines hohen Bestätigungsgrades und einer entscheidungstechnischen Verwendbarkeit genügen.

Das Forschungsdesign dieser Arbeit vollzieht die Theorieentwicklung in den zuvor genannten Stufen bis hin zu praxeologischen Aussagen (vgl. Abb. 3, S. 8). Diese am Ende getroffenen praxeologischen Aussagen erfüllen die formulierten inhaltlichen Anforderungen. Durch die Komplexität des betrachteten Bau-PSM als Erkenntnisziel können jedoch die formalen Anforderungen nur bedingt erfüllt werden (bedingt praxeologische Aussagen). Der empirische Bestätigungsgrad und die entscheidungstechnische Verwendbarkeit ist eingeschränkt, da neben des beschränkten Nachweises der Realisierbarkeit des Bau-PSM vor allem deren Zielwirkung (allgemein formuliert als die Steigerung der Rentabilität, Mitarbeiter- und Kundenzufriedenheit) als Entscheidungskriterium nicht hinreichend quantifiziert werden kann (siehe. Kap. 4.3).

Anhang 2: Analyse der Methodenentwicklung

Hauptelement »Professionelle Arbeitsroutinen, Standardisierung und Visualisierung«

Unterelement	Bestandteile	Ausgewählter Bestandteil	Quelle des Anwendungs-beispiels	Kurzbeschreibung des Anwendungsbeispiels	Bemerkungen
Produktstandardisierung	Digitale Planung, Vorfertigung/Vormontage	Digitale Planung	Digitales Bauen 2007 (vgl. Hovestadt (1994) u. (1998))	Planungsansatz des "Digitalen Bauen"/"Parametrisierte Planung " in die Gebäudeplanung eingeführt und umgesetzt	Digitale Planung: Planungsansatz konnte in seiner Praxistauglichkeit nach-gewiesen werden, weitere Varianten dieses Ansatzes finden sich noch in der Praxis
			Nitsch 2003	Einsatz "Parametrisierte Planung"	
		Vorfertigung/Vormontage	Wilson/Smith/Dea 1999; Dicks 2002	BSRIA Evaluation moderner, einzelner Vorfertigungslösungen (Überblick über Produkte, Systeme, Vorteile, Zeitersparnis, Installationskosten)	Es existieren unzählige Praxisbeispiele zur Umsetzung von Vorfertigung und Vormontage, hier wurden für die TGA besonders relevante Quellen sowie eigene Untersuchungsergebnisse als Nachweis herangezogen
			Hawkins 2002	BSRIA Evaluation zur Anwendbarkeit und Vorteile (Kosten, ROI, Zeit, Qualität, Produktivität) von Vorfertigung und Vormontage in der Praxis	
			Mawdesley/Long 2002	Fallstudien TGA-Projekte: Frühzeitige Definition von Produktstandards, Vorfertigung, Modulbauweise, Partnering mit Zulieferer	
			Ehling 2001	"Open Building"-Konzept / Vorfertigung komplexer Ausbau-Bausysteme	
			[Kirsch2006] Baustrategie Vorfertigung und Vormontage	Bild der heutigen Anwendung von 3-D-Technologie und Vorfertigung/Vormontage in der Praxis dt. TGU	
Bauteilstandardisierung	Reduzierung der Variabilität, montageverbesserte Standardkomponenten	Reduzierung der Variabilität	Digitales Bauen 2007	Anbieter für "parametrisierte Planung" in Deutschland. Kernziel der Parametrisierung ist es, die Variabilität von Typen und Größen im Projekt zu vereinheitlichen.	
			[Kirsch2006] Baustrategie Vorfertigung und Vormontage	Die Praxisstudie ergab, dass vielfach bereits (sofern in der Arbeitsvorbereitung möglich und vom Kunden akzeptiert) in der Montageplanung die Bauteile möglichst vereinheitlicht werden, um einen weiteren Vorteil in Einkaufspakete heute zu erzielen	
		montageverbesserte Standardkomponenten	Dicks 2002,	Exemplarische Gegenüberstellung ausgewählter TGA-Montageprozesse: Einsatz von montageverbesserten Komponenten kann schon heutiger Best-Practice-Standard sein	Neben genannten Quelle können vielfache Beispiele und Produkte meist vom Hersteller-seite noch genannt werden. Der Nachweis der Umsetzbar-keit liegt hier auf der Hand
			Court et al. 2005	Einsatzbeispiele montageverbesserter Standardkomponenten	
Einrichtungsstandardi-sierung	Standardisierte Arbeits-plätze; Standardisierte Werkzeuge, Standardi-sierte BE	Standardisierte Arbeits-plätze, Standardisierte Werkzeuge, Standardi-sierte Baustelleneinr.	Court et al. 2005	Praxisanwendungen: Mobile Arbeitsplätze, Ergonomische Arbeitsbühnen für Überkopf-Montagen, Mobile Material-Trolleys, etc.	
			Santos/Moser/Tookey 2002	Beispielhafter Einsatz: Mobiler Arbeitsplatz im Trockenbau	

Hauptelement » Professionelle Arbeitsroutinen, Standardisierung und Visualisierung«

Unterelement	Bestandteile	Ausgewählter Bestandteil	Quelle des Anwendungsbeispiels	Kurzbeschreibung des Anwendungsbeispiels	Bemerkungen
Ablaufstandardisierung	Standardisierte Prozesse, Standardarbeitsblätter, Organisationstandards, (Standisierte Gewerkeübergaben, QRK, QZ)	Standardisierte Prozesse	SPS 2005	ePMS-Anwendung: Standardisierung von Prozessen	
		Standardarbeitsblätter	Santos/Formoso/Tookey 2002	Praxisanwendung in Fallstudien im Mauerwerksbau	
			Nakagawa 2005; Nakagawa/Shimizu 2004	Fallstudienanwendung von Standardarbeitsblättern	
		Organisationsstandards-Standardisierte Gewerkeübergabe	Salem et al. 2005	Praxisbeispiel: Daily Huddle meeting	
		Qualitätssicherung (-regelkreise)	Marosszeky et al. 2005, Marosszeky et al. 2002	Praxisanwendung eines standardisierten Ablaufs der Qualitätssicherung (Qualitätsregelkreise)	
Visualisierung im Prozess	Arbeitsorganisationprinzipien visualisieren (Gruppentafel, Qualifizierungsmatrix, Quality Report, Einheitskleidung); Baustellenorganisation/ Arbeitsraum,Beschriftungen und Kennzeichnungen	Arbeitsorganisationsprinzipien - Gruppentafel	Solomon 2003	Einsatz von Gruppentafeln als Informationstafeln im Fallstudienprojekt	
		Arbeitsorganisationsprinzipien, Qualifizierungsmatrix, Quality Report	Marosszeky et al. 2005, Marosszeky et al. 2002	Praxisanwendung Quality Report, Qualifizierungsmatrix	
		Einheitskleidung	Kim/Jang/Ballard 2007	Praxisbeispiel: Einheitshelme zur Visualisierung der einzelnen Arbeitsgruppen	
		Baustellenorganisation/Arbeitsraum	Mastroianni/ Abdelhamid 2003	Baustellenlogistikplanung auf der Baustelle visualisiert	
		Beschriftung und Kennzeichnung	(keine explizite Quellenangabe)	Beschriftungen und Kennzeichnungen finden sich bereits heute schon viele auf Baustellen. "Lean" Baustellen weisen insbesondere eine Beschriftung und Kennzeichnung "im Prozess" auf, die Anwend-barkeit dieses Elements ist heute bereits gegeben.	
Bauteilkennzeichnung	durchgängige/ automatisierte Materialident. (MTS/ETO-Material)		Brooks 2006	Einsatzbeispiel durchgängiger Materialidentifizierung	
Objektvisualisierung	3D Visualisierung (Montagevorbereitung und Montage), Animation von Montageprozessen	3D Visualisierung Objekte / Planung	Toolanen/Olofsson 2006	3-D Visualisierung der Planung (VR Modell), Arbeitsvorbereitung im Beispielprojekt	
			[Kirsch 2006] Einsatz von 3-D Planungswerkzeugen	Beleg der Praxisanwendung von 3D in der TGA-Planung	
		Animation von Montageprozessen	SPS 2005, Koenckel/Ballard 2005	Praxisbeispiel Bauprojekt CTRL105, London	
5A (5S)	Ordnung und Sauberkeit Sicherheit, "Alles hat einen Platz.....ist am Platz"	Ordnung und Sauberkeit Sicherheit, "Alles hat einen Platz....ist am Platz"	Solomon 2003	Praxisanwendung in Fallstudienprojekt	
			Ott 2005	Praxisanwendung in Fallstudienprojekt	

Hauptelement »JIT Produktion/Logistik«

Unterelement	Bestandteile	Ausgewählter Bestandteil	Quelle des Anwendungsbeispiels	Kurzbeschreibung des Anwendungsbeispiels	Bemerkungen
Phasen-, Vorschau- u. Wochenarbeitsplanung	Phasenplanung, Restriktionsanalyse, Vorschau-u. Controlling ("make ready", Controlling Aufgabenerfüllung, PM Meeting), PEA-Auswertung/Problembehebung), Wochenarbeitsplan	PMS	Ballard 2000; Ballard2000b; Ballard/Howell 2003; Knapp/Charron/ Howell 2006 u.v.a.	Anwendungsbeispiel Phasenplanung, Vorschau und Wochenplanung als Produktionsmanagementsystem (PMS)	
		ePMS	Koerckel/Ballard 2005, SPS 2005, Arbulu/Koerckel/ Espana 2005, u.v.a.	Anwendungsbeispiel von ePMS	Neuentwicklung dieser Arbeit, die Einsatz-beispiele entspre-chen nicht der als offener Bedarf vorgeschlagen Arbeits-bereichsplanung - keine kooperative Erstellung in LPS™- Systematik sondern weisen nur die An-wendbarkeit von Arbeits-bereichsplänen in der Praxis nach
Arbeitsbereichplanung	Arbeitsbereichphasenplan, Arbeitsbereichvor-schauplan, Arbeits-bereichwochenplanung	Arbeitsbereichplanung in LPS™-Systematik	-		
		Regelmäßige Erstellung / Visualisierung von Arbeitsbereichsplänen	Mastroianni/Abdelhamid 2003	Anwendungsbeispiel Logistik - Arbeitsbereichplan - Lagerflächenplan/dynamisch mehrfach angepasst ; NU kommuniziert	
		Regelmäßige Erstellung / Visualisierung von Arbeitsbereichsplänen	Brooks 2006	Anwendungsbeispiel Logistik - Arbeitsbereichplan - Lagerflächenplan/dynamisch mehrfach angepasst und an NU kommuniziert	
Wertstromdesign		Wertstromanalyse	Baum 2005; Pasqualini/Zawislak 2005	Anwendungsbeispiel: VSM für Stahlbau-Supply Chain	
		Wertstromdesign Logistiksystemplanung	Kim/Park/Ballard 2007	Anwendungsbeispiel: Wertstromdesign zur Implemen-tierung eines Logistiksystems am Beispiel einer Supply Chain Bewehrung	
JIT- Logistiksystem-lösungen (Abrufprodukte)	Materialbeschaffungs-system (MBS), Anliefe-rungsmanagementsystem, Logistik-Zentrum, Materialmanager	MBS	Arbulu/Koerckel/ Espana 2005 SPS 2005	Anwendungsbeispiel CTRL105, London	Nur Einzellösungen in Projekte verwirklicht worden/ Entwicklungsbedarf von Systemlösungen
			Tamaschke 2006	Anwendungsbeispiel: T5 London Heathrow	
		AMS	Brooks 2006	Anwendungsbeispiel: Rhenus Logistik Systemlösung Anwendungsbeispiel: T5 London Heathrow, Delivery Management System (DMS)	
		Logistikzentrum	Blumenthal 2006	Anwendungsbeispiel: London Construction Consolidation Center	
			PII 2004	Forschungsbericht zum Anwendungsbeispiel Heathrow Consolidation Center	
			[Kirsch 2006]	Anwendungsbeispiel in Deutschland	
		Materialmanager	Brooks 2006	Anwendungsbeispiel: T5 London Heathrow, Materialidentifikationssystem/ MZ Manager	
JIT- Logistiksystem-lösungen (Lagerprodukte) - Kanbansystem	Innerbetrieb. Routenver-kehr, Außerbetrieb. Rou-tenverkehr, Materialbe-schaffung und Steuerung		Arbulu/Ballard/Harper 2003; Arbulu/ Koerckel / Espana 2005; Arbulu 2006	Anwendungsbeispiel T5 und CTRL105, UK	
Produktionsorientiertes Layout	Arbeitsraumplan, Lager-plan, Ausgestaltung der Arbeits- und Logistik-bereiche	Arbeitsraumplan, Lager-plan	Mastroianni/Abdel-hamid 2003; Brooks 2006	Anwendungsbeispiel Logistik - Arbeitsbereichplan - Lagerflächenplan/dynamisch mehrfach angepasst	
		Ausgestaltung der Arbeits- und Logistikbereiche	vgl. PASV - Einrich-tungsstandardisierung		

Hauptelement »Qualität und Robuste Prozesse«

Unterelement	Bestandteile	Ausgewählter Bestandteil	Quelle des Anwendungsbeispiels	Kurzbeschreibung des Anwendungsbeispiels	Bemerkungen
Werkereigenprüfung (QRK 1)	Eigenprüfung, Check-listen, "Reißleine", Grenzmuster	Werkereigenprüfung	Misfeldt/Bonke 2004	Anwendungsbeispiel TrimByg-QC - Mt Højgaard Ltd, Dänemark, Eigenprüfung durch Checklisten evoziert	
Arbeitsgruppenprüfung (QRK 2)	Arbeitspaketchecklisten, Prüfprotokoll, Fehlersammelliste, Qualitätsreport	Arbeitspaketcheck	Misfeldt/Bonke 2004	Anwendungsbeispiel TrimByg-QC - Mt Højgaard Ltd, Dänemark	
			Marosszeky et al. 2002	Anwendung als QAS (Quality at Source)-System in Fallstudienprojekt, Sydney, Australien	
		Prüfprotokoll	Marosszeky et al. 2002	Einsatz Prüfprotokoll in Anwendung als QAS (Quality at Source)-System in Fallstudienprojekt, Sydney, Australien	
		Qualitätsreport	Marosszeky et al. 2002	Anwendung als QAS (Quality at Source)-System in Fallstudienprojekt, Sydney, Australien	
Arbeitspaket-Start-Check (QRK 3)	AP-Start-Checkliste, Definierte Qualitätsanforderungen im Prozess, Ready Report	Arbeitspaket-Start-Check	Marosszeky et al. 2005	Praxistest Baustelle Sydney, Australien	
		Ready Report	Misfeldt/Bonke 2004	Anwendungsbeispiel TrimByg-QC - Mt Højgaard Ltd, Dänemark	
		Fehlersammelliste	Marosszeky et al. 2005	Praxistest Baustelle Sydney, Australien: Defect Incident Record	
Kundenprüfung (QRK 4)	Abnahme, Inbetriebnahme, Prüfung, Kundenqualitätssensor, Fehlersammelliste	Abnahme, Inbetriebnahme, Prüfung	-	Die Kundenprüfung entspricht der heutigen Routine der Abnahme unter zu Hilfenahme der bestehenden QMS, der explizite Nachweis entfällt	
		Fehlersammelliste	s.o.	kann prinzipiell auch ohne Nachweis auf dieser Stufe eingesetzt werden	
		Kundenqualitätssensor		Kundenqualitätssensor ist Werkzeug des verarbeitenden Gewerbes, keine explizite Anwendung im Bau	
Fehlerverhinderung/-vermeidung	Produkt-, Prozess- u. Betriebsmittelstandards, Constructability Review, Poka Yoke-Prinzip, Änderungs-Wirkungsanalyse, Fehlervermeidungsmaßnahmen	Produkt-, Prozess- u. Betriebsmittelstandards, Constructability Review, Poka Yoke-Prinzip, Fehlervermeidungsmaßnahmen	Hawkins 1997; Hawkins 2002	Praxisbeispiele aus der BSRIA-Untersuchung UK setzten Fehlerhinderungs- und Vermeidungsmaßnahmen als Best-Practise um	
		Änderungs-Wirkungsanalyse		Neues Instrument, das im Rahmen der vorliegenden Arbeit konzipiert wurde.	

Hauptelement » Qualität und Robuste Prozesse«

Unterelement	Bestandteile	Ausgewählter Bestandteil	Quelle des Anwendungs-beispiels	Kurzbeschreibung des Anwendungsbeispiels	Bemerkungen
Mitarbeiterschulung/Ein-Punkt-Schulung	Ein-Punkt-Schulung, Toolbox-Talks	Toolbox-Talks, Ein-Punkt-Schulung	Solomon 2003; Salem et al. 2005	Fallstudienprojekt: Einsatz "daily huddle meetings" in Kombination mit Toolbox-Talks	
Systematische Fehler-analyse	Auswertung und Analyse der Fehlersammelliste, Qualitätsregelkarte	Analyse Fehlersammellisten	Marosszeky et al. 2005	Praxisbeispiel zur systematischen Fehleranalyse	
		Analyse Fehlersammellisten	Gehbauer et al. 2007	Anwendungsbeispiel zum Einsatz einer Fehlerdatenbank	
		Qualitätsregelkarte	-	nur als Werkzeug der Produktionswirtschaft adaptiert und konzipiert worden.	
Audits	System, Verfahren, Produkt		[Kirsch 2006] Standards in der Bauorganisation	Audits sind klassische QM-Bestandteile, die in den Unternehmen zumindest auf den Leitungsebenen eingesetzt werden. Prinzipiell sind die Audits aber auch auf Systeme und Verfahren der Produktionsebene übertragbar	
Transparente Qualitäts-ziele	Kundenqualitätssensor, Qualitätsreport, Qualitätskennzahlen	Qualitätsreport, Qualitätskennzahlen	Marosszeky et al. 2002	Anwendungsbeispiele für Qualitätsreport und Kenn-zahlen: "Completion Matrix" u. "Quality League Report"	
Kunden-Lieferanten-Beziehungen			Marosszeky et al. 2005	indirekte Einführung durch Arbeits-Paket-Start-Check	
			siehe: →JIT-Koopera-tive Phasenplanung	Indirekte Einführung durch Einsatz der Kooperativen Phasenplanung (→JIT)	
Qualitätsvereinbarungen			-	Keine explizite Anwendung von Qualitätsvereinbarungen nachgewiesen. Vielfach sind in Vertragsdokumenten verein-zelte Klauseln, Kennzahlen und Festlegungen im Sinne einer Qualitätsvereinbarung auffindbar	

Hauptelement » Kontinuierlicher Verbesserungsprozess«

Unterelement	Bestandteile	Ausgewählter Bestandteil	Quelle des Anwendungs-beispiels	Kurzbeschreibung des Anwendungsbeispiels	Bemerkungen
Ideenmanagement-system*	Selbstanalyse, VUU-Verfahren, Ideendialog, Problemidentifizierung, IMS Bewertungsindize	Selbstanalyse, VUU-Verfahren, Ideendialog, Problemidentifizierung, IMS Bewertungsindize	Getz/Robinson 2003	Anwendungsbeispiele für den Einsatz des Ideenmanagementsystems im produzierenden Gewerbe	Keine explizite Anwendung im Bauwesen*
Qualitätszirkel PM-Team	PM-Ursachenanalyse, PM-Problemspeicher, Qualitätszirkel PM-Team		vgl. LPS™: Kooperative Phasenplanung, Vorschauplanung, Wochenarbeitsplanung	"Unstrukturierte" Problembeseitigung im Anschluss an Fehler-Ursachen-Analyse (LP-Besprechung)	Die Umsetzung des QZ PM erfolgt heute zumeist unter dem Label des LPS. Die vorgeschl. Systematik des QZ wurde mit dieser Arbeit abgeleitet. Der QZ PM ist in seiner Regelfolge grundsätzlich umsetzbar
Qualitätszirkel Facharbeiter Teams	Bauteam–Problemspeicher, Bau- und Supportprozesse verbessern		Monden 1998; DaimlerChrysler 2000; Rois 1999, u.a.	Die genannten Quellen stehen exemplarisch für die vielfachen Anwendung von Qualitätszirkeln in der verarbeitenden Industrie	
			Gilly/Touran/Asai 1992; Goh 2000; Misfeldt/Bonke 2004	Praxisbeispiele: 1) Einsatz von QZ-Konzept 2) QC in öffentlichen Bauträger 3) QZ ist Teil des TrimByg-QC der Firma MT Højgaard Ltd. Dänemark	
			Santos/Powell 2001	Evalation der Effektivität von push (z.B. eKVP) und pull (z.B. mKVP) learning, Schlusstolgerung: Mix aus QZ und Workshop-Konzepten am effektivsten	
KVP-Workshops	Implementierungsworkshop, Verbesserungsworkshop		Gehbauer 2006	Praxisbeispiel "VIT" der BMS AG entspricht dem Ablauf eines KVP-Workshops	
KVP-Teams[1]	eKVP, Managementorientierter KVP, GPS-Team		vgl. Rois 1999, S.60ff, Kirsch 2006, Kap. 3.2.7.3.2	Praxisbeispiele Automotive / Praxisbeispiel managementorientierter KVP in TGA-Branche	
KVP-Wertschöpfungs-partnerschaften[2]	Integration und Austausch		Kim/Park/Baillard 2007; Sterzi/Issato/ Formoso 2007 / vgl. Element APO-Partnering	Anwendungsbeispiele der Verbesserung der Supply Chain durch Zulieferer und Unternehmer / Praxisbeispiele	
Fehler-Ursachen-Analyse	PM F-U-Analyse; Globale F U-Analyse		vgl. LPS™ - Kooperative Phasenplanung, Vorschau-, Wochenarbeitsplanung	Fehler-Ursachen-Analyse (PM/global) ist fester Bestandteil des LPS™	

* Die Methoden der KVP sind nicht spezielle auf die Produktionsprozesse im Bauwesen anzupassen. Sie zielen allgemein und unabhängig von der Produktionsaufgabe auf die Verbesserung von Prozessen, Produkten und Arbeitsmitteln durch die Mitarbeiter dieser Methode selbst ab. Die Realisierbarkeit dieser Methode ist so ebenfalls nachgewiesen, wenn ein Anwendungsbeispiel des verarbeitenden Gewerbes hier genannt wird. Auf den weiteren Forschungs- und Entwicklungsbedarfs in der Anwendung im Bauwesen bleibt hier zu verweisen.

[1] Für KVP-Teams existiert keine exakte Definition. Sie sind ein gruppenorientierter KVP auf der Ebene der Unternehmensleitung. Verfahren und Abläufe sind im Verbesserungsprozess analog des KVP-Workshops. Ziele sind es vor allem, neue Unternehmensstrategien (wie z.B. das GPS) zu implementieren. Hier werden auch im Bauwesen ähnliche Teams zusammengestellt, die diesem Methodenansatz entsprechen. Die Realisierbarkeit ist in der Praxis genügend belegt.

[2] KVP-Wertschöpfungspartnerschaften sind als Methode nicht geschlossen und formal definiert. Sie stehen für die übergreifende Zusammenarbeit von Nachunternehmern und Zulieferern in allen KVP-Initiativen. Dies ist ein Zielelement; es wurde wie in den Quellen angegeben in einzelnen Facetten bereits umgesetzt.

Hauptelement » Arbeits- und Prozessorganisation«

Unterelement	Bestandteile	Ausgewählter Bestandteil	Quelle des Anwendungsbeispiels	Kurzbeschreibung des Anwendungsbeispiels	Bemerkung
Bau-PS-Organisations-modell			Buch/Sander 2005	Anwendungsbeispiel: Implementierung "neuer" Gruppenarbeit Mt Hojgaard / Neudefinition der Rollen von Facharbeitern und mittleren Management entsprechend Grundideen einer "Lean Organisation"	
			Orr 2005	Definition einer Lean Leadership im Bauwesen als Basisgedanken des Bau-PS-Organisationsmodells	
Gruppenarbeit PM Team			Siehe JIT-LPS™	Mit der Umsetzung des LPS™ wird gleichzeitig die Gruppenarbeit im PM-Team verwirklicht.	
Gruppenarbeit Fach-arbeiter Team			Buch/Sander 2005; Misfeldt/Bonke 2004	Anwendungsbeispiel: Implementierung "neuer" Gruppenarbeit Mt Hojgaard	
Partnering NU/Lieferanten	Partnerschaftliche Verträge und Verhalten	Partnerschaftliche Organisation	Bauindustrie 2005	Positionspapier und Darstellung eines Partnerschaftsmodells – Arbeitskreis des Hauptverbandes der Deutschen Bauindustrie	
			Toolanen/Olofsson 2006; Bayfield/ Roberts 2005	Praxisbeispiele: Projekte mit Collaboration-Policy	
		Partnerschaftliche Verträge	Colledge 2005; Matthews/ Howell 2005; Sakai 2005	Anwendungsbeispiele Relationaler Verträge in der Baupraxis	Vertragsrecht ist national bezogen, so dass hier nur eine grundsätzliche Realisierbarkeit des Konzepts aufgezeigt werden kann. Hier besteht spezifischer Forschungsbedarf im Bauvertragswesen
Zielvereinbarung				Leistungs- und Zielvereinbarungen sind gängige Managementinstrumente und vielfach bereits heute in den Unternehmen eingesetzt. Anders als vielleicht heute, sind in der Zielvereinbarung nicht nur wirtschaftliche Aspekte sondern auch typische Parameter des TGU-PS (IMS-Bewertungsindize, Qualitätscoring, PEA-Wert) als Ziele und in der	
Leistungsvereinbarung				Leistungsvereinbarung die Methoden des TGU-PS implizit zu definieren. Ebenfalls ist anders als heute vielfach üblich, dieses Instrument in allen vertikalen Ebenen bis zum Facharbeiter und über die Unternehmensgrenzen (Nachunternehmer) konsequenter einzusetzen. Die Realisierbarkeit der Methode ist heute erprobt und ohne Nachweis gegeben.	

Anhang 3: Methoden- und Werkzeugglossar

Mit diesem Glossar werden alle Methoden und Werkzeuge ergänzend erklärt, auf die in der Beschreibung des Bau-PSM (Kapitel 3) verwiesen wurde. Der Verweis im Kapitel 3 erfolgte jeweils durch die kursiv geschriebene Nennung der Methode oder des Werkzeugs im Text. Die Methoden/Werkzeuge werden dabei im folgenden Glossar unter den korrespondierenden Hauptelementen, wie im Haupttext zugeordnet, beschrieben. Sofern diese im Kapitel 3 unter mehreren Elementen genannt wurden, werden sie im Glossar jedoch nur einmal erläutert. Dabei wird im entsprechenden Unterpunkt dieses Glossar durch einen Querverweis auf die passende Beschreibung im anderen Element jeweils verwiesen.

Das Element »Arbeits- und Prozessorganisation«

Entgeltsysteme
Leistungsanreiz

Die Chance der leistungsorientierten Entgeltbestandteile steckt im Anreiz zur Mehrleistung. Ein leistungsorientierter Bestandteil wäre beispielsweise auf Basis des genannten Soll-Ist-Abgleichs der Arbeitsstunden in Verbindung mit der Fehler-(Mängel-)quote umsetzbar. Eine zusätzliche erfolgsorientierte Komponente hat zum Ziel, dem Auseinanderdriften von Mitarbeiter- und Unternehmenszielen entgegenzuwirken. Gemeinsames Ziel kann so z.b. die Steigerung des Unternehmensgewinns oder des Deckungsbeitrages einer Baustelle sein, was als Bemessungsgrundlage der Erfolgskomponenten dient.

Facharbeiter-Teams (Bauteams)
Festigung der Gruppenarbeit auf der Baustelle

Aufbauend auf bestehenden Arbeitsstrukturen der Handwerker stellen die Facharbeiter-Teams die Montagegruppen auf den Baustellen dar. Sie sollen möglichst am Prozess ausgerichtet zusammengestellt werden. Bereits heute besteht die Aufteilung in Gewerkegruppen. Mittelfristig bedeutet eine Prozessorientierung aber auch, dass Gewerkegrenzen aufweichen und Teilaufgaben geringerer Komplexität von anderen Gewerkearbeitsgruppen (→Mehrfach-Qualifikation) übernommen werden oder es ggf. zu gemischten Arbeitsgruppen aus unterschiedlichen Gewerken kommen kann.

Fertigungsinsel
Komplettfertigung in kleinen Einheiten

Der Begriff Fertigungsinsel kommt aus der Fabrikfertigung. Eine Fertigungsinsel ist eine Form der Arbeitsorganisation innerhalb eines Produktionsbetriebes und hat die Aufgabe, Produktteile oder Endprodukte möglichst in allen Herstellungsschritten zu fertigen. Auf die Baumontage übertragen, wären einzelne Anlagenteile, Anlagen oder z.B. räumlich bezogene Arbeitspakete als Fertigungsinsel in allen Herstellungsschritten komplett durch Arbeitsgruppen herzustellen. Die notwendigen Betriebsmittel sind räumlich und organisatorisch zusammengefasst. Das Tätigkeitsfeld der dort beschäftigten Gruppe (→Gruppenarbeit) trägt folgende Kennzeichen: weitgehende Selbststeuerung der Arbeits- und Kooperationsprozesse, verbunden mit Planungs-, Entscheidungs- und Kontrollfunktionen im Rahmen der betrieblichen Vorgaben, Verzicht auf eine zu starre Arbeitsteilung und demzufolge eine Erweiterung des Tätigkeitsspielraums für den Einzelnen.

Gruppengespräche / Regelkommunikation
Eine 2-Wege-Kommunikation verbindlich machen

Gruppengespräche finden regelmäßig statt. Sie dienen dazu, Probleme anzugehen, die technischer, organisatorischer oder sozialer Natur sein können. Die Gruppe hat die Möglichkeit, sich außerhalb der Arbeitstätigkeit zu besprechen. Jeder kann Themen seines Arbeitsplatzes, des Umfeldes, der Führung etc. ansprechen. Normalerweise werden die Gruppengespräche bedarfsgerecht gehalten. In der Baupraxis haben sich tägliche, kurze Morgenmeetings (im Engl.: Daily Huddle Meetings) mit einem Zeitrahmen von 10 - 20 Minuten bewährt (→Toolbox-Talks/Informationsaustausch am Arbeitsplatz). Hier können in Regelkommunikation Informationen gegeben, Kurzschulungen durchgeführt, Probleme geschildert und das weitere Vorgehen der Problembehebung vereinbart werden. Eine weitere Art der Gruppengespräche kann über den →Qualitätszirkel PM oder Bauteam erfolgen.

Gruppensprecher
Die Gruppe moderieren

Als Alternative zu (Gruppen-)Teamleitern können Gruppensprecher eingesetzt werden. In der Regel gibt es für jede Gruppe zwei Sprecher, die die gesamte Gruppe mit ihren Mitgliedern vertreten. Der Gruppensprecher ist ein Moderator. Er wird durch die Gruppe oder vom Unternehmen bestimmt. Er tritt als offizieller Sprecher der Gruppe nach außen auf. Der Gruppensprecher ist i.d.R. kein Vorgesetzter. Er hat keine disziplinarische Weisungsbefugnis und arbeitet als Gruppenmitglied in der Gruppe mit. Durch seine Rolle als Moderator und Sprachrohr beeinflusst er dennoch wesentlich die Qualität der Zusammenarbeit in der Gruppe. Die Implementierung eines festen Gruppensprechers (für einen gewissen Zeitraum) hat sich in der Praxis der Gruppenarbeit als wichtig erwiesen. Der Gruppensprecher ist offiziell zwar „Gleicher unter Gleichen", er muss aber Impulse liefern, wenn die Gruppe orientierungslos zu werden droht. Somit leistet er, ohne über disziplinarische Befugnisse zu verfügen, Führungsarbeit für die Gruppe.

Gruppentafel
Informationen veranschaulichen

Die Gruppentafel hat die Aufgabe, gruppenbezogene Informationen darzustellen, die zur teilautonomen Organisation notwendig sind. Gruppenbezogene Informationen wären z.B. Anwesenheit, →Qualifizierungsmatrix, Problemspeicher, Protokolle der Teamsitzungen, →Quality Report, →Problem-Verfolgungs-Blätter, →PEA-Auswertungen oder die Ansprechpartner aus anderen Bereichen/Arbeitsgruppen.

Leistungsvereinbarung
Leistungsziele setzten

Leistungsstandards werden zwischen Vorgesetzten und den Gruppenmitgliedern anhand von wirtschaftlichen Daten besprochen und vereinbart. Hier können die Mitarbeiter Fragen, Einwände und Vorschläge einbringen. Gegebenenfalls werden auch zusätzliche Untersuchungen durchgeführt, um zweifelhafte Punkte zu klären. Auch Alternativlösungen werden in dieser Phase geprüft. Die vereinbarten Aufgaben bzw. Produktionsmengen und der Personalbedarf einer Arbeitsgruppe (Soll-Personalbesetzung bzw. Soll-Arbeitspensum) werden dokumentiert.

Mehrfach-Qualifikation
Flexibler Personaleinsatz über die Gewerkegrenzen hinweg

Heute sind die Mitarbeiter auf den Baustellen in den Tätigkeiten ihres Gewerks spezialisiert. Mehrfach-Qualifikation bedeutet, dass für einzelne Arbeitsabläufe die Mitarbeiter auch über ihr Fachgebiet hinaus qualifiziert werden, um am Prozess orientiert Teilaufgaben übernehmen zu können. Ein einfaches Beispiel: ein Sanitärinstallateur, der gleichzeitig zum Stellen von Trockenbauwänden qualifiziert ist und neben der Montage von Spülkästen die vor- und nachlaufenden Arbeiten des Trockenbaus gleichermaßen durchführen kann.

PM-Team
Gruppenarbeit im Produktionsmanagement

Das PM-Team ist Teil einer veränderten „bottom up" Projektorganisation und setzt sich aus Projekt-, Prozess-, Nachunternehmermanagern und Teamleitern der Facharbeitergruppen zusammen. Es betont die Gruppenarbeit im Baustellen-/Produktionsmanagement. Das Team ist gesamthaft für die Ausführung eines Projekts verantwortlich.

Qualifizierungsmatrix
Wer kann was

Die Qualifizierungsmatrix visualisiert, inwieweit jeder einzelne Mitarbeiter die Aufgaben bzw. Prozesse innerhalb des Arbeitssystems kennt und ausführen kann. Die Matrix verdeutlicht damit den Qualifizierungsstand und -bedarf der Teammitglieder.

Qualitätsvereinbarung
Qualitätsziele setzen

→Element „Robuste Prozesse und Qualität"

Training „on the job"
Qualifizierung vor Ort

Die Verantwortung zur Umsetzung von Trainings liegt bei den Führungskräften vor Ort. Jede Qualifizierungsmaßnahme hat einen direkten Bezug zu den Anforderungen am Arbeitsplatz und bei Bedarf werden unterstützende Maßnahmen eingeleitet. Das Training wird durch entsprechend fähige Mitarbeiter (Gruppensprecher, Kollegen oder Spezialisten) oder ggf. durch externe Trainer durchgeführt. Die Arbeitsgruppen visualisieren den aktuell erreichten Qualifizierungsstand und die geplanten Maßnahmen in der →Qualifizierungsmatrix.

Ebenfalls soll an dieser Stelle auf folgende Teilmethoden im Element „Robuste Prozesse und Qualität" verwiesen werden:

→Toolbox-Talks / Informationsaustausch am Arbeitsplatz

→Ein-Punkt-Schulungen

Zielvereinbarung
Alle ziehen an einem Strang

Aus den Unternehmenszielen werden Bereichsziele abgeleitet und diese wiederum in Einzelziele bis auf die Ebene der Teams oder der Gruppen herunter gebrochen. Das Herunterbrechen der Ziele erfolgt dabei in Form eines rückgekoppelten »Top-down«- und »Bottom-up«-Prozesses. Die Ziele werden »top-down« vorgeschlagen und »bottom-up« vereinbart. Der »Bottom-up«-Ansatz bietet die Chance, dass sich die Führungskräfte, die für die (operative) Zielerfüllung verantwortlich sind, besser mit den Zielen identifizieren. Sie können so eigene Ziele und Vorstellungen einbringen. Dies ist bei Zielvorgaben naturgemäß weniger der Fall. Um überprüfen zu können, ob die angestrebten Ziele erreicht werden konnten, werden Kennzahlen eingesetzt (wie z.B. der durchschnittliche PEA-Wert, Qualitätsscoring, →IMS-Bewertungsindizes u.a.). Führungskräfte und Mitarbeiter haben die gemeinsame Aufgabe, die Zielerreichung regelmäßig zu überprüfen.

Das Element »Kontinuierliche Verbesserung«

9 Grundregeln der Lean Leadership [Orr 2005]
Mitunternehmertum schaffen

1. Unterrichte und befasse Dich mit deiner Arbeitsgruppe. Um sich als Teamleiter auf seine Arbeitsgruppe vollends einzulassen, ist es erforderlich, gezielt und alltäglich Arbeitsgruppen aufzusuchen und ihre Arbeiten zu begutachten. Statt der Kontrolle besteht dabei die Aufgabe, die Arbeitsgruppe als Moderator zu coachen und zu bestärken, sich kreativ und herausfordernd einzubringen, ihre Arbeitsprozesse zu verbessern. Angepasst an die Bedürfnisse der Arbeitsgruppen sind Informationen des Projekts und der Baustelle offen zu kommunizieren. So führen die eigene Überzeugung, eine fortwährende Unterstützerrolle und offene Kommunikation zwangsläufig zur Motivation der eigenen Mitarbeiter.

2. Respektiere die Personen. Sicherlich ist dieser Grundsatz, einen anderen Menschen so zu behandeln wie man es selbst erwartet, allgemein respektiert. In der Rolle des Bau- und Teamleiters ist auf den Baustellen darauf zu achten, dass dem Mitarbeiter und seinem Handeln eine höhere Priorität als dem Bauprozess und wirtschaftlichen Gesichtspunkten eingeräumt wird. Nur so wird eine Atmosphäre von Vertrauen und Respekt erzielt.

3. Am Prozess orientieren. Wenn im alltäglichen Geschäft Probleme auftauchen, gilt der Grundsatz: Befasse dich erst mit dem Prozess und nicht mit der Suche des Schuldigen bei den Beteiligten, verschaffe dir ein tiefes Problemverständnis durch eine systematische Ursachenanalyse. Das Ziel ist es, den Prozess und das Gesamtsystem zu verbessern. Fehler sind im Prinzip akzeptabel, soweit daraus gelernt wird. Der Baupraktiker mag an dieser Stelle anbringen, dass dies im Bau schwer umzusetzen ist.

Es handelt sich um temporäre Organisationen und um ein Geflecht an Verträgen. Aber genau hier besteht die vielleicht entscheidende Aufgabe eine neue Organisation der Bauproduktion zu entwickeln.

4. Unterstützung und Anerkennung. Anders als der Qualitätsalarm in der stationären Industrie, d.h. der Prozess wird angehalten und mit Unterstützung des Teamleiters und der Mitarbeiter das Problem behoben, gilt für die Übertragung auf die Baustelle Folgendes: der Teamleiter ist stets für die Arbeitsgruppe erreichbar, wenn Probleme und Schwierigkeiten aus dem Weg zu räumen sind. Andererseits hat der Teamleiter die Mitarbeiter bei Problempunkten zur Lösung einzubeziehen. Eine wesentliche Aufgabe des Teamleiters besteht daneben, individuelle und gemeinschaftliche Anstrengungen und Verbesserungen anzuerkennen, zu fördern und zu entwickeln.

5. Führe als Vorbild. Dies erscheint trivial, stellt aber eine Herausforderung an den Einzelnen dar. Offenheit, Integrität und Ehrlichkeit sind nicht selbstverständlich in einer Arbeitsorganisation anzutreffen. Wichtig bleibt, selbst vorzuleben, was man erwartet. Eigene Fehler und Unzulänglichkeiten zuzugeben, erweckt Respekt und ermutigt andere es gleichzutun. Besonders auf Baustellen lassen sich eine Vielzahl an Baumängeln auf eine fehlende Akzeptanz und offenen Umgang mit Fehlern zurückführen (vgl. [Thomas et al. 2002]).

6. Zeige Ziele und Verfahrensweisen auf. Die Ziele des Projekts sind allen Mitarbeitern transparent aufzuzeigen, damit eine Identifikation und Motivation erst möglich ist. Hier gibt es verschiedene Möglichkeiten, vom einzelnen Balkenplan bis hin zum Einsatz umfassender Produktionsmanagementsysteme. Eines bleibt allen gemeinsam, die Mitarbeiter zu führen und ihre Werte und Ideen gegenüber den Projektzielen zu verdeutlichen.

7. Bekenne dich zu Standards. Es ist die fortwährende Aufgabe des Teamleiters dafür zu sorgen, dass Standards in Einrichtung und Ablauf der Produktion eingehalten werden. Jegliche Abweichungen sind zu überprüfen und Ursachen zu beheben. Dafür ist ein eigenes Verständnis über den Nutzen von Standards erforderlich und an das Team ständig zu vermitteln.

8. Setze auf langfristige Visionen und Prinzipien. Die Umsetzung des Konzepts und der Prinzipien des hier skizzierten Bau-PS ist nur durch ein klares Bekenntnis und klarer Anwendung voranzutreiben. Vom Kleinen angefangen, wie z.B. die Visualisierung der Informationen und Prozesse, sind alle Aktivitäten zu einer Vision (des Bau-PS) und einem definierten Arbeitsprogramm in Bezug zu setzen. Hier gilt es, jeden Einzelnen anzuleiten, diese Vision (eines Bau-PS) zu verstehen und darauf hinzuarbeiten.

9. Unterstütze den Veränderungsprozess. Wichtige Aufgabe als Teamleiter ist es, den Veränderungsprozess im Unternehmen zu tragen, durch persönlichen Einsatz voran zu bringen und andere Mitarbeiter zum Folgen zu stimulieren. Voraussetzung dabei ist es, eigene Vorbehalte zu erkennen, anzusprechen und mit Kritik und Offenheit auch zu überwinden sowie Vertrauen in die Sache zu finden. Dafür ist ein schrittweises Vorgehen von der ersten Aktion, dem Prüfen und Bestätigen bis hin zur nachfolgenden Aktion vertrauensbildend (PTCA-Zyklus).

7W-Methode (auch: 5W2H-Methode)
Ideen entwickeln

Die 7W-Methode ist im Englischen auch als 5W2H-Methode bekannt. Mit dieser Methode sollen durch gezielte Fragestellungen neue Ideen entwickelt und der bisherige (Produktions-)Ablauf kritisch hinterfragt werden.

Die einzelnen Fragen mit den gesuchten Antworten zeigt die nachfolgende Tabelle:

Was?	(Ziel)	Was wird getan? Lässt sich die Arbeit vereinfachen?
Weshalb?	(Grund)	Warum ist die Arbeit erforderlich? Klären Sie den Arbeitszweck dieser Arbeit!
Wo?	(Ort)	Wo wird die Arbeit ausgeführt? Muss das dort sein?
Wann?	(Ablauf)	Wann ist der beste Zeitpunkt zur Ausführung? Muss das dann sein?
Wer?	(Mitarbeiter)	Wer führt die Arbeit aus? Wäre es besser, jemand anderen einzusetzen? Warum führe ich diese Arbeit aus?
Wie?	(Methode)	Wie wird die Arbeit erledigt? Ist es der beste Weg, die Arbeit so und nicht anders zu tun? Gibt es andere Wege, die Arbeit auszuführen?
Wie viel?	(Kosten)	Wie viel kostet es? Wie viel wird die Verbesserung kosten?

„Fünf Warums"
Ursachen erhellen

Bei dieser Methode wird die Frage „Warum" fünfmal gestellt. Hierdurch sollen die eigentlichen Ursachen eines Problems erkannt werden. Mehrfaches Hinterfragen führt über die Kausalkette auf die wahre Ursache eines Problems. Nur die Beseitigung der wahren Ursache und nicht nur die Beseitigung von deren Symptomen führt zu einer dauerhaften Lösung des Problems.

Grafische Ablaufanalyse
Tätigkeiten darstellen

Bei der grafischen Ablaufanalyse werden die Tätigkeiten in einem Arbeitssystem bzw. Arbeitsplatz in ihrer Reihenfolge und ggf. in ihrer Verteilung auf mehrere Mitarbeiter auf einem Zeitstrahl aufgetragen. Dargestellt werden:
- wertschöpfende und nichtwertschöpfende Tätigkeiten und Zeiten
- manuelle Zeitanteile sowie Prozesszeiten
- zeitlich synchronisierte Abläufe von einer oder mehreren Personen in einem Arbeitssystem

Globale Fehler-Ursachenanalyse
Verdeckte Ursachen im System entdecken

Vielfach sind die tatsächlichen Ursachen der Nichterfüllung von Arbeitszusagen in der täglichen/wöchentlichen Produktionsplan-Kontrolle (Wochenarbeitsplanung) nicht ersichtlich oder stehen nicht im Kontext des Gesamtprojekts. Aus der →PM-Fehler-Ursachenanalyse werden alle Gründe der Abweichung vom Produktionsplan den definierten Kategorien zugeordnet. Es ist die Aufgabe des →Prozessmanagers diese Fehler und Abweichungen global im Kontext des Gesamtprojekts zu analysieren, um systemimmanente Ursachen aufzufinden, die den einzelnen Arbeitsgruppen nicht sofort ersichtlich sind. Hierfür werden die Anzahl der Fehler je Fehlerkategorien kumuliert und in Histogrammen aufbereitet dargestellt. Aufbauend auf diese Visualisierung können die Ursachen im weiteren Schritt durch →Pareto-Analyse zielgerichtet analysiert und ein Problemlösungsprozess eingeleitet werden.

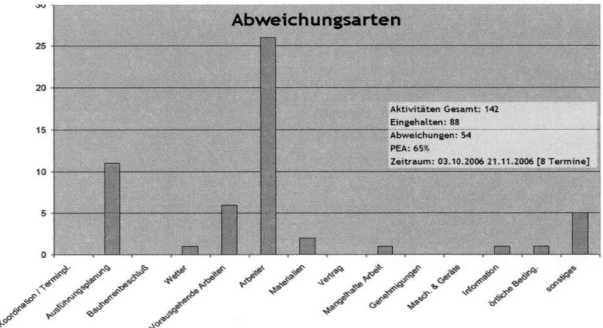

Abb. 56: Histogramm-Darstellung der kumulierten Abweichungen je Kategorie

Histogramm
Ergebnisse visualisieren
→Element „Robuste Prozesse und Qualität"

Informationsmanagementsystem (IMS)-Bewertungsindizes
Ideen als Stärke der Führungskraft auszeichnen

Kernziel ist es vor allem, das mittlere Management (hier: Projekt-/Bauleiter oder Prozessmanager) im Ideenmanagement einzubeziehen und eine Grundlage zur regelmäßigen Bewertung deren Bemühens dafür zu schaffen. Der IMS-Bewertungsindex setzt sich aus folgenden Kennziffern zusammen [Rois 1999; Getz/Robinson 2003]:

Ideenkennziffer: Zahl der Ideen pro Mitarbeiter pro Jahr
Beteiligungsquote: Maß für die Mitwirkungsbereitschaft
 - gibt an, wie viele Verbesserungsvorschläge pro 100 Mit-arbeiter eingereicht werden.
Umsetzungsquote: Maß für die Qualität und den Innovationsbeitrag
 - gibt in Prozent an, wie viele der eingereichten Verbes-serungsvorschläge umgesetzt wurden.

Ideenblatt
Ideen erfassen

Die Ideen eines Mitarbeiters als sein täglicher Beitrag zur Verbesserung können mit einem standardisierten Ideenblatt schnell und einfach erfasst werden. Es dient als Kommunikationsmittel im Ideenmanagementsystem. Ideen, die vollständig und eigenverantwortlich durch den Urheber umgesetzt werden, können mit dem Ideenblatt dem Vorgesetzten mitgeteilt werden. Bei Ideen, für deren Umsetzung zunächst die Kommunikation mit Vorgesetzten und Dritten erfolgen muss, dient das Ideenblatt als Werkzeug der Kommunikation.

KVP-Fragestellungen
Verbesserungsmöglichkeiten erkennen

KVP-Fragestellungen helfen den Mitarbeitern, Verbesserungsmöglichkeiten zu erkennen. Typische KVP-Fragestellungen können sein:

- Was sehe ich an meinem eigenen Arbeitsplatz?
  (Arbeitsabauf, Arbeitsverfahren, Ausstattung, Ausrüstung)
- Welche Tätigkeiten benötigen die meiste Zeit?
  (Welche zeitsparende Methoden, Hilfsmittel oder Techniken können eingesetzt werden?)
- Welche Leerlaufstellen erkenne ich in meinem Arbeitsbereich?
- Welche Störungen/Probleme treten im Fertigungsablauf auf?

KVP-Lösungsblatt
Verbesserungen umsetzen

Das KVP-Lösungsblatt greift mit einer Einteilung in die Felder P, T, C und A die Verbesserungsphasen des →*PTCA-Zyklus* (Planen, Tun, Checken, Aktion) auf. In der Phase P werden das Problem und seine Ursachen beschrieben und ein Lösungsansatz erarbeitet. In der Phase T werden die Maßnahmen sowie der Verantwortliche mit Umsetzungsgrad festgelegt und dokumentiert. In der Phase C wird die Wirksamkeit der Verbesserung überprüft und dokumentiert. In der Phase A wird die bewährte Verbesserung als Standard eingeführt.

KVP-Werkstatt
Vorschläge realisieren

Die KVP-Werkstatt stellt denjenigen Mitarbeitern, die Vorschläge einreichen, einen speziell eingerichteten Bereich (mit Materialien, Werkzeugen, Maschinen, Anlagen, Mitarbeitern und Ausrüstung) zur Verfügung, um eigene Vorschläge realisieren zu können. Der Mitarbeiter kann auf diese Weise bei der Gestaltung und Herstellung von Betriebsmitteln, die für die Umsetzung notwendig sind, direkt mitwirken.
Die Vorteile sind:

- minimaler bürokratischer Aufwand
- die Verkürzung der Durchlaufzeit, um eigene Ideen umzusetzen
- verbesserte Mitarbeitermotivation, indem die jeweiligen Mitarbeiter von der Ideenentwicklung bis zur Realisierung der Vorschläge beteiligt werden.
- durch Einführung einer KVP-Werkstatt erhöht sich die Zahl der Verbesserungsvorschläge und die Mitarbeiter werden motiviert, Veränderungen im eigenen Bereich zu entwickeln

Pareto-Analyse
Wichtiges von Unwichtigem trennen

→Element „Robuste Prozesse und Qualität"

PM-Team
Gruppenarbeit im Produktionsmanagement

→Element „Arbeits- und Prozessorganisation"

PM-Fehler-Ursachenanalyse
Ursachen der Nichterfüllung im Produktionsmanagement auffinden

Ein Teil der →Wochenarbeitsplanung ist es, in der LP-Besprechung den Erledigungsstand der zuvor vereinbarten Arbeitsaufgaben (Arbeitszusagen) abzufragen. Wurde eine Nichterfüllung einer Aufgabe im Team festgestellt, ist es von zentraler Bedeutung mit dieser PM-Fehler-Ursachen-Analyse die wirkliche Ursache der Nichterfüllung zu identifizieren. Um die wahre Ursache zu erhellen, werden z.b. die →„Fünf Warums" eingesetzt. Ist die Ursache gefunden, so ist dem Fehler eine Ursachenkategorie zuzuordnen und mit dem PMS zu dokumentieren (Abb. 57). Problemlösungsmaßnahmen sind ggf. anschließend einzuleiten, um die Ursachen dauerhaft zu beseitigen.

LPS - Summe Abweichungen						Stand:	28-Nov-06

Bauherr	Mustermann
Projekt Name	Musterhaus
Projekt Ort	Musterberg
Kostenstelle	0
Abstimmungskoordinator	Mustermeister

Abweichungsarten [Kategorie]

Nr.	LP Sitzung	Partner	Arbeit	Grund der Abweichung	Ort	1 Zähler	2 Koordination / Termpl.	3 Ausführungsplanung	4 Bauherrentscheiß	5 Wetter	6 Vorausgehende Arbeiten	7 Arbeiter	8 Materialien	9 Vertrag	10 Mangelhafte Arbeit	11 Einweisungen	12 Masch. & Geräte	13 Information	14 Örtliche Beding. / sonstiges
				Summen:		21	0	7	0	0	1	0	1	0	0	0	0	0	1	4
3	03.10.2006	K.Planer	Planlieferung Küchenplan	Person ist im Urlaub, keine Vertretung	EG	1	1												
4	10.10.2006	K.Planer	Planlieferung Küchenplan	Plan geliefert, aber unvollständig, Angaben Steuerleitung und Kühlleitung fehlen	EG	1	1												
8	17.10.2006	Heizung	Innwandinstallationen Massivwand EG	fehlendes Personal	EG	1						1							
9	17.10.2006	Trockenbau	Verputzen Massivwand EG	fehlende vorausgehende Arbeiten	EG	1					1								
10	17.10.2006	Heizung	Heizung Rohinstallation Küche	andere Arbeiten behindern	EG	1												1	
11	17.10.2006	Rohbau	Durchbruch Tür im WC-Bereich	fehlendes Personal	EG	1						1							
14	24.10.2006	Heizung	Heizung Rohinstallation EG und Küche	nicht vollständig, Anschluß an Bodenheizung fehlt	EG	1						1							
15	24.10.2006	Rohbau	Schaltafel montieren Durchbruch Tür	fehlendes Personal	EG	1						1							

Abb. 57: PMS-Wochenarbeitsplanung: Fehlerkategorien

Problemspeicher
Probleme speichern und zusammen lösen

Auftretende Probleme, welche nicht sofort von einem Mitarbeiter gelöst werden können, werden dokumentiert und zu einem späteren Zeitpunkt mit den vorhandenen KVP-Methoden und Hilfsmitteln bearbeitet. Der Problemspeicher kann z.b. eine öffentlich angebrachte Tafel oder Pinwand sein, an welche von den Mitarbeitern die Probleme angeschrieben werden (→Gruppentafel).

Problem-Lösungs-Blatt
Strukturiert vorgehen

Probleme, insbesondere Fehler am Produkt, sollen umgehend durch Sofortmaßnahmen abgestellt und nachhaltig beseitigt werden. Mit der einheitlichen, standardisierten und strukturierten Form des Problem-Lösungs-Blattes soll den Mitarbeitern bei der Vorgehensweise der Problemlösung geholfen werden. Auf dem Blatt sind verschiedene

Problembeschreibungen, deren Auswirkungen, mögliche Ursachen sowie Sofort- und Abstellmaßnahmen aufgezeigt (vgl. z.B. [Gehbauer 2008b, S.62.])

Problem-Verfolgungs-Blatt
Alle Probleme auf einen Blick

Mit dem Problem-Verfolgungs-Blatt sollen der Gruppe die wichtigsten Informationen zum aktuellen Stand der jeweiligen Problemlösungsbearbeitung auf einen Blick erkennbar sein. Ferner dienen sie als Nachschlagewerk, um schnell auf ähnliche Probleme und deren Lösung zurückgreifen zu können.

PTCA-Zyklus (auch: Deming-Rad)
Grundidee der systematischen Verbesserung

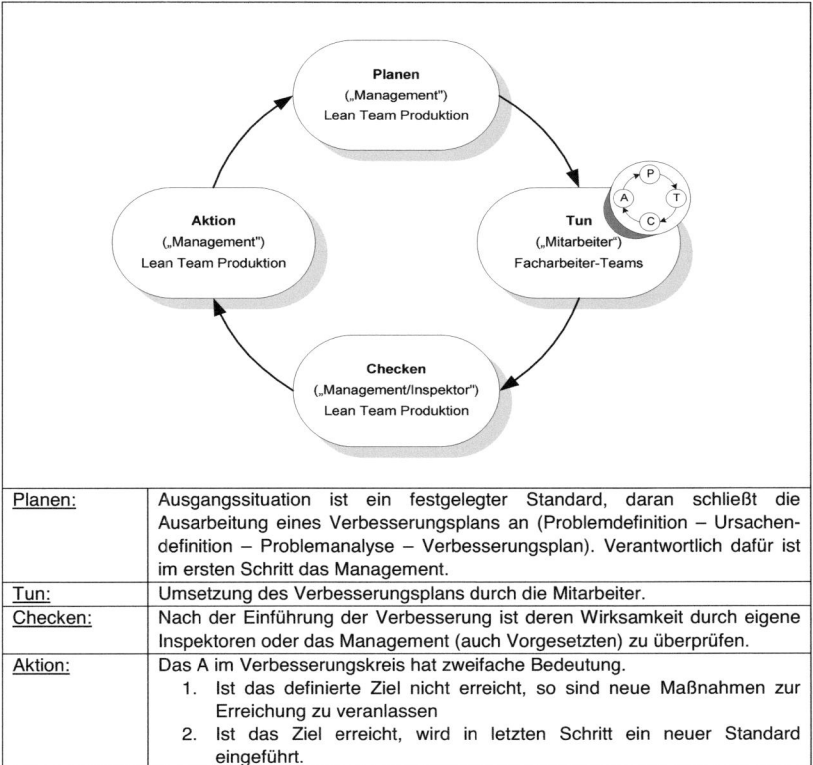

Planen:	Ausgangssituation ist ein festgelegter Standard, daran schließt die Ausarbeitung eines Verbesserungsplans an (Problemdefinition – Ursachendefinition – Problemanalyse – Verbesserungsplan). Verantwortlich dafür ist im ersten Schritt das Management.
Tun:	Umsetzung des Verbesserungsplans durch die Mitarbeiter.
Checken:	Nach der Einführung der Verbesserung ist deren Wirksamkeit durch eigene Inspektoren oder das Management (auch Vorgesetzten) zu überprüfen.
Aktion:	Das A im Verbesserungskreis hat zweifache Bedeutung. 1. Ist das definierte Ziel nicht erreicht, so sind neue Maßnahmen zur Erreichung zu veranlassen 2. Ist das Ziel erreicht, wird in letzten Schritt ein neuer Standard eingeführt.

Abb. 58: PTCA-Zyklus

Dieser PTCA-Zyklus ist die Basis und Systematik eines jeden Verbesserungsprozesses auf Baustellen, in Projekten und im gesamten Unternehmen. Mit Blick auf die Verbesserung der Bauprojektabwicklung lassen sich hier exemplarisch die Verantwortungen im PTCA-Zyklus zwischen dem PM Team und den Facharbeiter-Teams[128] aufteilen. Nach dem KVP-Konzept obliegt die Verbesserung nicht mehr nur im Verantwortungsbereich des Managements (PM Team) sondern ist tägliche Aufgabe für jeden. So setzt sich ein eigener PTCA-Zyklus auf der Ebene der Mitarbeiter (Facharbeiter-Teams) fort. Nachdem die vier Phasen „Planen – Tun – Checken – Aktion" abgeschlossen sind und ein neuer Standard festgelegt ist, kann der Prozess wieder von neuem mit der Planungsphase beginnen.

Qualitätszirkel-Bauteam (QZ-Bau)
Kontinuierliche Verbesserung II – Probleme und Fehler im Bauteam gemeinsam lösen

Das Qualitätszirkel-Bauteam wird eingesetzt, um Probleme und Fehler der kontinuierlichen Verbesserung II aus dem →Problemspeicher auf der operativen Ebene im Team zu lösen sowie Verbesserungen in den täglichen Arbeitsprozessen auf der Baustelle anzustoßen. Die Beteiligten, der Regelablauf und die einsetzbaren Werkzeuge lassen sich wie folgt zusammenfassen:

ORGANISATION:

Teilnehmer:	Facharbeiter-Teams (Bauteams)
Moderator:	Teamleiter
Regelfolge:	1-mal wöchentlich; halbe Stunde vor Arbeitsende

QZ-BAU-ABLAUF:

	Schritte	Zeitpunkt	Zuständigkeit
P	1. Ernennung Team	QZ-BAU	Teamleiter
	2. Problembeschreibung (aus Problemspeicher/Überprüfung)	QZ-BAU	QZ
	3. Auffinden („Was"?) und Bewerten („Warum"?) der Ursache	QZ-BAU	QZ
	4. Auswahl der permanent korrigierenden Aktion („Wie"?)	QZ-BAU	QZ
T	5. Unverzügliche Umsetzung, Systemprobleme vorweg ausräumen	QZ-BAU	QZ
C	6. Ergebnis bestätigen	QZ-BAU	Teamleiter/QZ
A	7. Standardisierung	QZ-BAU	Teamleiter/QZ

WERKZEUGE:

• Problem-Lösungs-Blatt	„strukturiert vorgehen"
• Grafische Ablaufanalyse	„Tätigkeiten darstellen"
• Ursache-Wirkungs-Diagramm	„Probleme im Team analysieren"
• 7W-Methoden	„Ideen entwickeln"
• Problem-Verfolgungs-Blatt	„alle Probleme auf einen Blick"
• KVP-Werkstatt	„Vorschläge realisieren"
• KVP-Lösungsblatt	„Verbesserungen umsetzen"

Abb. 59: Qualitätszirkel Bauteam

Qualitätszirkel-Produktionsmanagement (QZ-PM)
Kontinuierliche Verbesserung I: Probleme und Fehler im PM-Team gemeinsam lösen

Der Qualitätszirkel-PM kann eingesetzt werden, um Probleme und Fehler der kontinuierlichen Verbesserung I aus dem →Problemspeicher auf der Produktionsmanagement-Ebene im Team zu lösen und die Abläufe im Projekt zu verbessern. Die Beteiligten, der Regelablauf und die einsetzbaren Werkzeuge lassen sich wie folgt zusammenfassen:

---

[128] Bezeichnungen gemäß Projektorganisationsmodell (vgl. Abb. 16).

ORGANISATION:

Teilnehmer: PM-Team und problemspezifischer Personenkreis (Planer, Arbeitsvorbereitung, Zulieferer u.a.)

Moderator: Prozessmanager

Regelfolge: 1-mal wöchentlich, bedarfsorientiert

QZ-PM-ABLAUF:

	Schritte	Zeitpunkt	Zuständigkeit
P	1. Ernennung Team	LP-Besprechung	Prozessmanager/ PM-Team
	2. Problembeschreibung (aus Problemspeicher/Überprüfung)	QZ-PM	QZ
	3. Auffinden („Was"?) und Bewerten („Warum"?) der Ursache	LP-Besprechung/ QZ-PM	PM-Team/QZ
	4. Auswahl der permanent korrigierenden Aktion („Wie"?)	QZ-PM	QZ
T	5. Unverzügliche Umsetzung, Systemprobleme vorweg ausräumen	QZ-PM	QZ
C	6. Ergebnisbestätigung	QZ-PM	Prozessmanager/QZ
A	7. Standardisierung	QZ-PM	QZ

WERKZEUGE:

• Problem-Lösungs-Blatt	„strukturiert vorgehen"
• Grafische Ablaufanalyse	„Tätigkeiten darstellen"
• Ursache-Wirkungs-Diagramm	„Probleme im Team analysieren"
• 7W-Methoden	„Ideen entwickeln"
• Problem-Verfolgungs-Blatt	„alle Probleme auf einen Blick"
• KVP-Lösungsblatt	„Verbesserungen umsetzen"

Abb. 60: Qualitätszirkel Produktionsmanagement

Sieben Arten der Verschwendung

Verschwendungen erkennen

Prozesse im Fertigungsbereich werden durch das Beseitigen von Verschwendungen (*nichtwertschöpfende Tätigkeiten*) verbessert. Die sieben Arten der Verschwendung sind [Ohno 1989]:

- Überproduktion
- Bestände
- unnötige Bewegung
- Transport

- Wartezeiten
- Verschwendung im Herstellungsprozess
- Arbeitsfehler

Ursache-Wirkungs-Diagramm

Probleme im Team analysieren

Das Ursache-Wirkungs-Diagramm (auch als Ishikawa-Diagramm bekannt) dient der Problemanalyse im Team. Die fachlichen Meinungen und Erfahrungen der Teammitglieder werden in strukturierter Form (Fischgrätenmuster) erfasst. Als „Hauptgräten" dienen i.d.R. die Oberbegriffe „Mensch", „Methode", „Maschine" und „Material". Auf den Nebengräten werden die gesuchten möglichen Ursachen eingetragen. Das Ursache-Wirkungs-Diagramm enthält durch Erfahrungen begründete Vermutungen, Ideen und Ansichten. Diese müssen stets auf Gültigkeit überprüft werden.

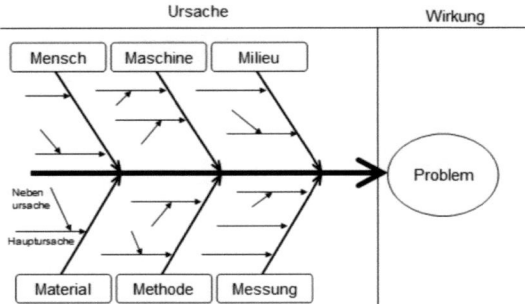

Abb. 61: Beispiel eines Ishikawa-Diagramms

Zehn Grundregeln des KVP
Ein Leitfaden

1. Sei bereit, dein herkömmliches Denken aufzugeben.
2. Denke darüber nach, *wie* etwas gemacht werden kann. Fragen *nicht*, warum etwas nicht gemacht werden kann.
3. Keine Ausreden! Stelle das Bisherige in Frage.
4. Eine 50-Prozent-Lösung ist meist besser als eine kaum zu erreichende 100-Prozent-Lösung.
5. Korrigiere Fehler sofort.
6. Gib für KVP kein Geld aus.
7. Die Fähigkeit zur Problemlösung entwickelt sich erst durch Probleme selbst.
8. Frage fünfmal „Warum" (→Die „5 Warums") und finde so die wahren Problemursachen heraus.
9. Zehn Leute lösen ein Problem besser als ein einziger Spezialist.
10. KVP hat kein Ende.

Verbesserungs-Workshop (Implementierungsworkshop)
Workshops zur Verbesserung (Implementierung) in der Gruppe

Zur Durchführung eines Workshops zur Verbesserung von Arbeitsprozessen oder Implementierung neuer Gestaltungsprinzipien und -methoden kann der nachfolgend skizzierte Regelablauf [Brehm 2001, S.28ff.] eingesetzt werden:

ORGANISATION:

Teilnehmer:	Workshop-Gruppen	(interdisziplinär, aus verschieden Abteilungen, Bereichen und Management, 8-12 Mitglieder)
Moderator:	„Workshop-Moderator"	(neutraler Beobachter, bereichsfremd)
	„Workshop-Manager"	(bereichsbezogen, verantwortlich für Ziele, Inhalte des WS, Organisation)
Regelfolge:	unregelmäßig, vom Management veranlasst, mehrere Tage bis zu einer Woche	

ABLAUF:

1. **Einführung Workshop-Konzept:**
   - Training neuer Denk- und Verhaltensweisen mit z.B. standardisierten Planspielen
   - Methodenschulung (Problemlösung etc.)

2. **Aufnahme und Strukturierung der Probleme:**
   - Ursachenanalyse

3. **Trennung der Probleme, um die Komplexität und deren Fülle zu bewältigen:**
   - Ebene 1: nach Zuständigkeiten für deren Lösung geordnet (von Teilnehmer lösbar/nicht lösbar)
   - Ebene 2: Bewertung und Prioritätenliste
   - Ebene 3: Vor-Ort-Betrachtung (Basis-Daten des Ist-Zustandes)

   4. **Zieldefinition:**
   - Verbesserungsmaßnahmen sollen kurzfristig erreichbar (am besten im Workshop) sein

5. **Erarbeitung Verbesserungsvorschläge:**
   - Vor-Ort-Analyse, Mitarbeiterinterviews
   - Bewerten der Vorschläge

6. **Maßnahmenpläne:**
   - Bewertung:
     - zeitliche Kriterien (kurz- oder mittelfristige Umsetzung)
     - Kostengesichtspunkte
   - Zuordnung der Einzelaktivitäten einer Person

7. **Umsetzung:**
   - Umsetzung der kurzfristigen / kostengünstigen Verbesserungen direkt im Workshop
   - Sonstige Maßnahmen auf Potential bewerten und dokumentieren

8. **Bewertung des neuen Ist-Zustandes:**
   - Analysen, Einsparpotentiale, Verbesserungsmaßnahmen zusammenfassen und dokumentieren

9. **Ergebnispräsentation:**
   - durch Teilnehmer
   - Kreis: Führungskräfte und Mitarbeiter des Bereichs

Abb. 62: KVP-Workshop-Konzept

Wesentlicher Erfolgsfaktor ist die Auswahl des Moderatoren-Teams. Erfahrungen zeigten, dass ein Moderatoren-Tandem sehr gut geeignet ist: Der sog. Workshop-Manager ist aus dem betrachteten Fachbereich und für die Ziele, Inhalte und Organisation verantwortlich. Ein Workshop-Moderator mit Moderationskompetenz unterstützt und leitet als fachfremder „neutraler Beobachter" den Workshop [Brehm 2001, S.28ff.].

Das Element »Just in Time«

LPS™ – Planungsprozess
Eine Systematik von Sollte-Kann-Wird-Getan

In allen Produktionsorganisationen, ob Fabrik oder Baustelle, besteht eine hierarchische Struktur: Die übergeordnete Planung in der Organisation gibt globale Ziele und Bedingungen vor, um das Gesamtprojekt zu leiten. Die untergeordneten Planungsprozesse werden durch diese Vorgaben bestimmt. Letztlich aber entscheidet einer (Individuum oder Gruppe), welche Arbeit physisch und genau im nächsten Zeitabschnitt (Tag, Woche) ausgeführt wird. Diese Planung (oder Anweisung und Zusage) wird im Englischen als „assignments"[129] im LPS™ definiert [Ballard 2000a]. Das Individuum oder die Gruppe, die die letzte Entscheidung vor Arbeitsausführung, d.h. die Arbeitszusage, trifft, wird als der »Last Planner« (LP) verstanden. Der Begriff Arbeitszusage betont zunächst die Kommunikation der Erfordernisse des LP erstens in Richtung der Fachplaner und zweitens an die ausführenden Facharbeiter. Aus dem LP-Planungsprozess entspringt daneben aber noch eine Vielzahl mehr an Verpflichtungen und Aufgaben zwischen allen Projektbeteiligten im Netzwerk des Bauprojekts und seiner vielen Supply Chains.

Der LP-Planungsprozess lässt sich gut mit der Systematik von »Sollte-Kann-Wird-Getan« bildlich darstellen [Ballard 2000a, S.3-1ff.]. So ist es die Aufgabe des LP-Planungsprozesses festzulegen, was getan WIRD und es ist ebenfalls das Ergebnis des Planungsprozesses, dass das was getan WIRD auch mit dem was getan werden SOLLTE und KANN bestmöglich übereinstimmt (Abb. 62).

In der heutigen Baupraxis treten besonders an dieser Stelle Mängel zu Tage, weil auf den Baustellen meist nicht konsequent darin unterschieden wird, was getan werden SOLLTE und aktuell getan werden KANN. Die Leiter sehen es als ihre Aufgabe, fortlaufend Druck aufzubauen, die Arbeiten nach fixiertem Terminplan abzuarbeiten und/oder scheinbar (unter anderem teils unbegründet) dringlichste Arbeitspakete in bestem Gewissen mit Nachdruck auszuführen. Dies führt zu unstetem Ressourceneinsatz, einem hohen Anteil an unfertigen Arbeiten und zur nicht vorhersehbaren Fertigstellung von einzelnen Arbeitspaketen, die wiederum Vorgänger weiterer nachfolgender Arbeitspakete (Gewerke) sind.

---

[129] Im Weiteren soll der deutsche Begriff »Arbeitszusagen« synonym für den englischen Begriff „assignments" verwendet werden.

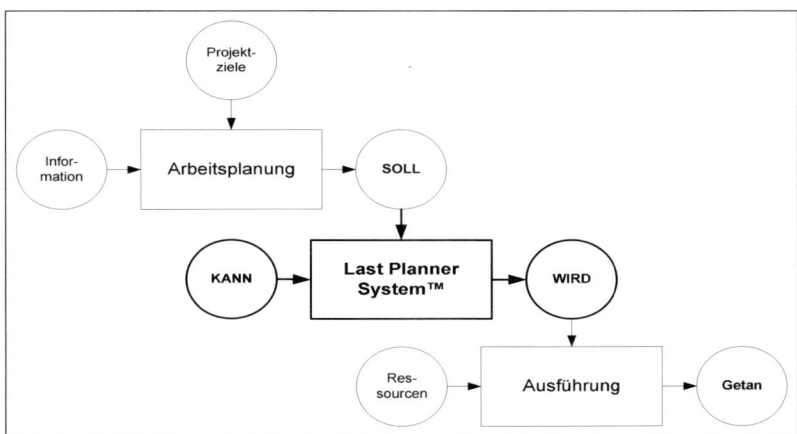

Abb. 63: Systematik des LP-Planungsprozess[130]

So ist schnell die Planung durch die aktuelle Ausführung verworfen, d.h. die Gleich-setzung in der Planung von WIRD und SOLLTE ist durch die Realität schnell überholt und es bleibt nur die improvisierte Reaktion statt geplanter Alternativen als Antwort für die Bauleiter. Bildlich gesprochen, ist der Bauleiter ständig der Feuerwehrmann. Diese reaktiven Initiativen der Bauleitung können zu weiteren Unsicherheiten und Schwan-kungen im Arbeitsverlauf führen und potenzieren sich in ihrer Wirkung. Letztlich fehlt es an fortlaufender und vorausschauender Planung.

Um dies einzuführen ist ein Paradigmenwechsel erforderlich, der von der Kontrolle der einzelnen Arbeiter (Arbeiten) den Blick auf die Steuerung des Arbeitsflusses richtet, der die Arbeitspakete miteinander verbindet. Das LPS™ ist hier ein Konzept, Regel und Verfahren, das diesen Wechsel ermöglicht und dafür Praxiswerkzeuge bereithält. Dies erfolgt durch eine kooperative Prozessplanung und systematische Definition von zur Ausführung vollständig bereitstehenden Arbeitspaketen in einer Vorschauplanung, aus den letztlich ein Wochenarbeitsplan fortlaufend erstellt wird. Einhergehend mit den Arbeitszusagen der Last Planner (Vorarbeiter, Teamleiter) wird am Ende verbindlich festgelegt, was tatsächlich und zeitnah getan WIRD.

LPS™ – Ablaufplanung und -steuerung
Proaktiv einen Arbeitsfluss generieren

Die Aufgabe der Ablaufplanung und -steuerung ist es, proaktiv einen Arbeitsfluss zwischen den Produktionseinheiten (d.h. Facharbeitergruppen, Arbeitspaketen, Ge-werkegruppen u.ä.) in bestmöglicher Abfolge und Geschwindigkeit zu generieren. Hierfür sind der Fluss von Planungsinformationen und die Bereitstellung von Ressour-cen durch die Produktionseinheiten zu koordinieren. Mit dem LPS™ werden für diese Aufgabe der Ablaufplanung eine kooperative Phasenplanung und eine Vorschau-

---

[130] Vgl. [Ballard 2000a, fig. 3.1].

planung in Ergänzung zur bekannten Bauzeiten-/Terminplanung auf der Projektmanagementebene eingeführt. Dieser Planungsprozess hat mehrere Aufgaben [Ballard
2000a, Tab. 3.1]:

- Festlegung von Arbeitsabfolgen und Ablaufdauern
- Abgleich von Arbeitsabfolgen und Kapazitäten
- Zerlegung und Detaillierung von Rahmenterminplanaktivitäten in Einzel-Arbeits-
  pakete und Einzel-Arbeitsvorgänge
- Entwicklung detaillierter Ausführungsverfahren und -abläufen
- Vorhalten von definierten Ausweichtätigkeiten
- Fortlaufende und begleitende Aktualisierung und Überarbeitung der überge-
  ordneten Rahmenterminplanung

Diese Aufgaben werden durch das definierte Vorgehen des LPS™ in den einzelnen
Arbeitsschritten umgesetzt:

- o Vorgangsdefinition
- o Analyse der Randbedingungen und Einschränkungen (Restriktionsana-
     lyse), zeitgerechtes Auslösen von Arbeitsvorgängen in den voraus-
     gehenden Produktionseinheiten nach dem „Pull-Prinzip"
- o Abgleich und Dimensionierung von Arbeitsumfang und Kapazitäten

Diese aufgelisteten Planungsschritte werden durch die LP-Elemente der *Kooperativen
Phasenplanung* und *Vorschauplanung* in der Praxis umgesetzt.

LPS™ – Kooperative Phasenplanung
Den Bauablauf gemeinsam gestalten

Die kooperative Phasenplanung besteht aus den folgenden 9 Schritten (vgl. [Ballard
2000b]):

1. *Definition der Arbeitspakete der betrachteten Phase*

    Eine (Bau-)Phase ist gewöhnlich mit einem Start- und Endtermin sowie einer
    Kurzbeschreibung (z.B. Aushub, Fassade, Rohbau etc.) im Rahmenterminplan
    festgelegt. Dabei kann der Umfang in den jeweiligen Planungsrunden von
    einzelnen Bauphasen (unterschieden nach Gewerk, Ort oder Zeit) bis hin zum
    gesamten Bauprojekt reichen. Dies ist abhängig von der Komplexität, der Größe
    sowie der gewählten Detaillierung.

2. *Bestimmung des Fertigstellungszeitpunkts der betrachteten Phase und von
    möglichen relevanten Schnittstellen zu den vor- oder nachgelagerten Phasen sowie
    aller notwendigen Übergaben (Planungsinformationen, Vorleistungen u.a.) an
    nachfolgende Phasen.*

3. *Erarbeitung eines Netzwerks von erforderlichen Aktivitäten durch Team-Planung*

    Hierbei wird unter Teilnahme aller Beteiligten ausgehend vom Endmeilenstein der
    betrachteten Phase sowie etwaiger Zwischen-Meilensteinen zunächst rückwärtsge-
    richtet die Prozessketten geplant und untereinander koordiniert. Im ersten Schritt
    schreibt jede angesprochene Gewerk-/Arbeitsgruppe jeweils ihre auszuführenden
    Arbeitspakete in Einzelprozessen auf einen Haftzettel und gibt dabei an, welche
    Voraussetzungen zur Ausführung von Dritten bestehen müssen und welche
    Voraussetzungen für andere Arbeitsprozesse (eigene oder dritter) geschaffen
    werden (Abb. 63).

Prozess		
Grundierung aufbringen		
Organisationsunternehmen:		
Voraussetzung	Dauer	Ausgabe

Abb. 64: Beispiel: Prozessbeschreibung (Haftzettel) und Phasenplan

Die visualisierten Einzelprozesse auf den Haftzetteln werden dabei von den einzelnen Beteiligten in der Reihenfolge auf einer Wandtafel (ausgehend vom End-meilenstein) derart angeordnet, wie sie den Ablauf der Einzelprozesse erwarten. Anschließend setzt der Planungsprozess zwischen den Beteiligten ein, wenn die Beteiligten ihre Arbeitsprozesse in Abhängigkeiten zu den der anderen Beteiligten und deren Prozessen erkennen.

Es wird transparent, welche Voraussetzungen der Einzelprozess besitzt sowie welcher Output/welche Übergaben zu den verknüpften Prozessen existieren. Durch diese Transparenz können von den Beteiligten kooperativ neue Prozessabläufe, Baumethoden und Arbeitspaketgrößen (Losgrößen) erarbeitet und ein verbesserter Bauprozessablauf gestaltet werden. Formal erfolgt diese Team-Planung im ersten Schritt durch Versetzen der Haftzettel. Es wird somit gemeinsam ein logisches Netz der Einzelprozesse entwickelt.

4. *Festlegung der Einzelprozessdauern (geschätzte Nettozeiten ohne Pufferung für Unvorhergesehenes)*

   Bei der Festlegung der Einzelprozessdauern durch die Beteiligten ist es zunächst wichtig, dass die reinen Nettozeiten ohne jeden Zeitpuffer für unvorhergesehene Situationen oder Schwankungen angenommen werden. Es wird somit im ersten Schritt von einem „idealen Ablauf" für alle Beteiligte ausgegangen. Die Einzelprozesse und letztlich das Netz der Einzelprozesse werden dann entsprechend ihrer jeweiligen Zeitdauer auf dem inversen Zeitstrahl auf der Wandtafel eingetaktet. Abschließend wird überprüft, ob Zeit zwischen dem geplanten und dem möglichen Starttermin zur Verfügung steht.

   Die Schritte 3 und 4 werden in den Planungsrunden von den Beteiligten zusammen durchgeführt.

5. *Überprüfung der Phasenplanung auf Vollständigkeit, logischen Ablauf, Auslastung und offenen Optimierungsmöglichkeiten*

6. *Festlegung des realistischen frühest-möglichen Startzeitpunkts der Phase*

7. *Wenn bei dem Vergleich zwischen vorgegebener Bauzeit und der resultierenden Bauzeit aus den Aktivitäten (an der Tafel) ein Zeitpuffer übrig ist, ist zu entscheiden, ob und welche Aktivitäten ggf. zusätzlichen Puffer erfordern: (a) Welche Vorgänge und ihre Dauern sind in ihrer Prozesssicherheit am anfälligsten? (b) Erstelle eine Rangliste dieser Vorgänge. (c) Verteile verfügbaren Zeitpuffer entsprechend der Rangliste an die anfälligen Vorgänge*

8. *Stimmt das Planungsteam gemeinschaftlich zu, dass mit den identifizierten Zeit-puffern letztlich die Ausführung bis zum geplanten Endmeilenstein erfolgen kann? Falls nicht, ist entweder der Ablauf neu zu planen oder der Meilenstein nach Erfordernis anzupassen*

9. *Falls neben den bereits verbrauchten Zeitpuffern noch Bauzeit zur Verfügung steht, ist abschließend zu entscheiden, ob der Bauzeitenplan insgesamt beschleunigt wird oder ob die Zeit als allgemeiner Puffer eingesetzt wird, um die Wahrscheinlich-keit der Einhaltung des vorgegebenen Fertigstellungstermins intern zu erhöhen*

LPS™ – Vorschauplanung
Arbeitsprozesse bereit machen

Die Vorschauplanung des LPS™ erfolgt unter Vorbereitung des Prozessmanagers in den regelmäßigen Besprechungen mit allen Beteiligten (LP-Besprechung). Basis stellt der Phasenplan des Projekts im betrachteten Vorschauzeitraum dar. Die Vorschauplanung umfasst die folgenden Arbeitsschritte:

Selektion der Aktivitäten. Im ersten Schritt werden alle Aktivitäten (Arbeitspakete, Arbeitsprozesse) des betroffenen Vorschaufensters aus dem Phasenplan in den Vorschauplan (Abb. 64) übertragen.

Analyse der fehlenden Voraussetzungen (Restriktionsanalyse)[131]. Jede Aktivität wird im Rahmen einer Last Planner(LP)-Besprechung[132] im Team einer Analyse der fehlenden Voraussetzungen unterzogen, d.h. es gilt festzustellen und zu dokumentieren, was noch getan werden muss, damit die jeweilige Aktivität zum geplanten Zeitpunkt ausgeführt werden kann. Dabei liegt es nahe, dass unterschiedliche Aktivitäten auch unterschiedlichen Voraussetzungen unterliegen. Beispielhaft für ein Bauprojekt lassen sich für die Voraussetzungen die Kategorien *Verträge und Vertragszusätze, Ingenieur-leistungen, Angebotsabgaben, Sicherheit, fehlende Information/Planung, Materialien, Arbeiter, Maschinen und Geräte, vorausgehende Arbeiten, Zugang und Arbeitsraum* sowie *sonstige* Voraussetzungen festlegen. Diese Kategorien haben sich in Bauprojekten bewährt, sind aber flexibel nach Projektcharakteristik anpassbar[133].

Die noch erforderlichen Voraussetzungen werden im Team eruiert und in Kategorien zugeordnet im Vorschauplan (Abb. 64) dokumentiert.

Vorschau- und Controllingprozess. Die Vorschauplanung wird in den wöchentlichen LP-Besprechungen aktualisiert und fortgeschrieben. Die Grundregel lautet dabei, dass nur Aktivitäten in der Vorschauplanung von einer Woche zur nächsten fortgeschrieben werden dürfen, für die alle noch fehlenden Voraussetzungen bis dato beseitigt wurden. So steht einer termingerechteten Erfüllung nichts im Wege und die Arbeitszusage vom Beteiligten kann wirklich erfüllt werden. Falls Voraussetzungen fehlen und eine plan-mäßige Ausführung nicht zufrieden stellend gesichert ist, kommt es ggf. zur Verzö-gerung der Aktivität und Umplanung durch die Beteiligten. Die Einzelaktivitäten treten in das Vorschaufenster von beispielsweise sechs Wochen vor dem geplanten Aus-

---

[131] Im Engl.: «constraint analysis».

[132] Als Last Planner-Besprechungen werden regelmäßige tägliche bis wöchentliche Besprech-ungen zur Vorschau- und Wochenplanung bezeichnet.

[133] Für ein Planungsprojekt bieten sich beispielsweise die Kategorien Planungsvorgaben und Richtlinien, vorausgehende Arbeiten und Ressourcen (Personal, Technik) an.

führungsbeginn ein, schreiten in der Vorschauplanung Woche für Woche voran, solange bis alle fehlenden Voraussetzungen erfüllt wurden und sie im letzten Schritt im Arbeitsspeicher aufgenommen werden. Gleichzeitig bedeutet dies, dass die Aktivität in der richtigen geplanten Arbeitsabfolge ist. Ziel dieses Arbeitsspeichers ist es, vorab die Arbeitspakete zu definieren, die ungehindert mit allen Voraussetzungen abgearbeitet werden können. Diese zur Ausführung bereiten Aktivitäten speisen schließlich die Wochenarbeitsplanung[134].

LPS - 6-Wochen-Vorschau			ab:	28-Nov-07

Bauherr: Mustermann — Projekt Name: Musterhaus — Projekt Ort: Musterhausen — Kostenstelle: 0 — Abstimmungskoordinator: XX

fehlende Voraussetzungen: Verträge / Zusatzverträge, Ingenieurleistung, Angebotsabgaben, Sicherheit, Fehlende Information / Planung, Materialien, Arbeiter, Maschinen & Geräte, sonst. Voraussetzungen, vorausgehende Arbeiten, Zugang zum Bereich

Arbeit	Zuständig	6-Vorschau (KW 49, KW 50)	28-Nov-07 (KW 51, KW 52, KW 1, KW 2)	Bemerkung
UG und WC-Bereich				
Montage Unterkonstruktion Decke	Müller	x	x	11.12.06 bis 14.12.06 [4 AT]
Montage, Lüftung und Heizung	Klaus	x	x	[14.12.06 bis 21.12.06 [10 AT]
Montage Schlitzschienen	Klaus	x	x	KW2
Beplankung Decke	Müller	x	x	KW2
EG und Küche				
Einziehen der Elektrokabel	Schulze	x		20.11.2006 bis 08.12.2006
Montage Unterkonstruktion Decke	Müller	...x.		27.11.2006 bis 29.11.2006 [3 AT]
Montage innenseitige Lichtdecke + Beplankung	Müller	.x...		bis 05.12.06
Montage, Lüftung und Heizung	Klaus	x ..x.		ab 27.11.2006 bis 06.12.06
Montage Schlitzschienen	Klaus	x	x	KW2

Abb. 65: Beispiel Vorschauplan – PMS (LPS™)

LPS™ – Produktionssteuerung
Produktionssteuerung und Prozessverbesserung

Die zweite Komponente des LPS™ ist die Produktionssteuerung. Für die Bauproduktion bedeutet dies, den Fluss der Arbeitspakete, Materialien, Informationen und erforderlichen Ressourcen zu steuern. Dieser Fluss der Produktion wird durch die Beauftragungen der einzelnen Arbeitsvorgänge und Arbeitszusagen indirekt abgebildet. Es ist die Aufgabe der Produktionssteuerung, dass die »Arbeitszusagen« der Ausführenden fortlaufend durch ein kontinuierliches Lernen und Korrigieren als Abbild des Produktionsflusses verbessert werden.

Wie gut dieses Planungs- und Steuerungssystem auf der Baustellenebene funktioniert, ist durch die Qualität der »Arbeitszusagen« maßgeblich bestimmt. Als wesentliche Kriterien sind hier zu nennen [Ballard 2000a, S.3-3]:

- die Arbeitszusagen müssen klar und vollständig definiert sein
- die Arbeitsabfolge ist richtig und logisch ausgewählt
- der Arbeitsumfang wurde realistisch geplant

---

[134] Es wird hier von der Wochenarbeitsplanung gesprochen, diese kann aber auch als eine Tagesarbeitsplanung verstanden werden. In dieser Arbeit wird vereinfachend im Folgenden nur noch die Wochenarbeitsplanung ausgewiesen.

- das angewiesene Arbeitspaket ist zur Ausführung bereit, d.h. es bestehen keine Restriktionen mehr (z.B. Vorarbeiten, Informationen und notwendige Ressourcen)

Diese Qualität der täglichen Arbeitszusagen kann und wird z.T. auch heute sicherlich vor Anweisung durch den Vorgesetzten überprüft; aber eine solche Zwischenprüfung führt nicht zum Erfolg, da diese nur in Stichproben erfolgen kann. Gleichzeitig erfordert die Bauproduktion wegen ihrer häufigen und kurzfristigen Abweichungen vom geplanten Ablauf besonders flexible Werkzeuge. Die Qualität des Planungssystems kann so indirekt durch den Erfüllungsgrad der geplanten Aktivitäten, d.h. der Umsetzung der Arbeitszusagen als Ergebnis des Planungsprozesses, bewertet werden.

Dieser Erfüllungsgrad der geplanten Aktivitäten lässt sich definieren als Prozentsatz der erledigten Aufgaben (PEA)[135]:

$$PEA = \frac{Anzahl\ der\ erledigten\ geplanten\ Aufgaben}{Gesamtanzahl\ der\ geplanten\ Aufgaben}\ [\%]$$

Er wird zum Standardwert in der Produktionssteuerung der Bauproduktion mit dem LPS™. Der PEA-Wert misst den Umfang, in dem gemachte Zusagen der Aufgabenerfüllung (WIRD) umgesetzt wurden. Indirekt aber umfasst und bewertet er die Erfüllung einer Vielzahl an komplex miteinander vernetzten Vorgaben und Anweisungen an die Bauproduktion (z.B. Bauablauf- und Bauzeitenplan, Qualitäts- und Planungsvorgaben, Kostenrahmen etc.). Ein höherer PEA-Wert ist gleichbedeutend mit „mehr Aufgaben mit den vorhandenen Ressourcen zu erledigen, d.h. indirekt die Produktivität und den Baufortschritt zu steigern" [Ballard 2000a, S.3-4].

Zentrale Bedeutung für die Produktionssteuerung liegt nicht in der Dokumentation des PEA-Wertes, sondern wesentlich in der Analyse der Ursachen für die Nichterfüllung der Aufgaben. So können ein auftretender Mangel und seine Resultate (Terminverzögerung, Behinderungen etc.) zwar nicht rückgängig gemacht, aber die zukünftigen Arbeiten verbessert werden. Die Ursachensuche und -behebung beschränkt sich hier nicht nur auf die Baustellenebene sondern umfasst alle Organisations- und Planungsebenen des Projekts. Die PEA-Analyse wird somit zu einem sehr starken Instrument der Produktionssteuerung und Prozessverbesserung in der Bauproduktion.

LPS™ Wochenarbeitsplanung
Arbeitszusagen planen und vereinbaren, Ursachen der Nichterfüllung suchen

Die Wochenarbeitsplanung (auch: Tagesarbeitsplanung) erfolgt in regelmäßigen Besprechungen mit allen Beteiligten, in denen mit Hilfe des Produktionsmanagementsystems (PMS) die folgenden vier Arbeitspunkte abgearbeitet werden.

1. *Abfrage der Erledigungsstände des vorangegangenen Wochenarbeitsplans und Ursachenanalyse bei Nichterfüllung*

   Zu Beginn der Planungsrunde wird zunächst abgefragt, welche der im letzten Wochenarbeitsplan zugesagten Aktivitäten erledigt und welche nicht erledigt

---

[135] Im Englischen als PPC (Percent Plan Complete) bezeichnet.

wurden. Anschließend erfolgt eine Ursachenanalyse und eine Behebung des Problems wird eruiert.

2. *Erstellung des Wochenarbeitsplans der kommenden Woche*

   Die geplanten Aktivitäten aus der Vorschauplanung und des sog. Arbeitsspeichers, für die alle Voraussetzungen zur planmäßigen Ausführung geschaffen wurden, werden in den Wochenarbeitsplan aufgenommen. Mit Zustimmung des Teams und des Ausführungsverantwortlichen werden aus den geplanten Aktivitäten verbindliche Arbeitszusagen für die kommende Woche.

3. *Fortschreibung des Vorschauplans*

   Im dritten Schritt wird der Vorschauplan fortgeschrieben. So werden neue in die Vorschau eintretende Aktivitäten betrachtet und der Vorschauprozess für bereits eingetragene Aktivitäten durchgeführt (vgl. Vorschauplanung).

LPS - Wochenarbeitsplanung [WAP] — ab: **28-Nov-07**

		Abweichungsarten [Kategorie]					
Bauherr	**Mustermann**					Aktivität Gesamt	1
Projekt Name	**Musterhaus**	1	Koordination / Terminpl.	8	Vertrag	Aktivität ERLEDIGT	0
Projekt Ort	**Musterhausen**	2	Ausführungsplanung	9	Mangelhafte Arbeit	PEA (Prozentsatz erledigter Arbeiten)	**0%**
Kostenstelle	0	3	Bauherrenbeschluß	10	Genehmigungen		
Abstimmungskoordinator	Xx	4	Wetter	11	Masch. & Geräte	**Bemerkung:**	
		5	vorausgehende Arbeiten	12	Information		
		6	Arbeiter	13	örtliche Beding.		
		7	Materialien	14	sonstiges		

	Arbeitsbeschreibung	Zuständig	Bemerkung / Voraussetzungen	Beginn	**28-Nov-07**					**PEA Auswertung**			
				Mi 28-Nov	**Do** 29-Nov	**Fr** 30-Nov	**Sa** 01-Dez	**So** 02-Dez	**Di** 04-Dez	Erledigt Ja	Erledigt Nein	Grund der Abweichung	Kate-gorie
	EG und Küche												
x	Defekte Leitung betonieren	**Schneider**				x							
	Boiler im Turm umsetzen	**Karl**	ab 20.11.2006, genauer Termin offen										
	Einziehen der Elektrokabel	**Müller**	Fertig 11.12.06	x	x	x	x		x				
	Montage Unterkonstruktion Decke	**Müller**	Fertig 29.11.06		x								
	Montage innenseitige Lichtdecke + Beplankung (offenes U)	**Müller**	Fertig 05.12.06	x	x	x	x		x				
	Montage, Lüftung und Heizung	**Karl**	Termin 06.12.06	x	x	x	x		x				
	Entfernen Schutt und Müll Küche <-> Treppenhaus	**ALLE**				x							

Abb. 66: Beispiel Wochenarbeitsplanung – PMS (LPS™)

4. *PEA-Auswertung*

   Im Nachgang zur Wochenarbeitsplanung wird aus den Controllingergebnissen der Arbeitszusagen der sog. PEA-Wert (Prozentsatz der erledigten Arbeiten) bestimmt.

$$PEA = \frac{\text{Anzahl der erledigten geplanten Aufgaben}}{\text{Gesamtanzahl der geplanten Aufgaben}} \; [\%]$$

   Anschließend wird allen Beteiligten der derzeitige Status der PEA-Auswertung transparent gemacht und die Abweichungen nach ihren Kategorien kumuliert dargestellt. Die Entwicklung des PEA-Werts im Projekt wird über die Zeitachse zusammenfassend dargestellt.

LPS - Summe Abweichungen											Stand: 28-Nov-07							

Bauherr — Mustermann
Projekt Name — Musterbau
Projekt Ort — Musterhausen
Kostenstelle — 0
Abstimmungskoordinator

			Abweichungsarten [Kategorie]															
			1	2	3	4	5	6	7	8	9	10	11	12	13	14		
Nr.	LP Sitzung	PEA [%]	Anzahl Aktivitäten	Summe Ja	Summe Nein	Koordination / Terminpl.	Ausführungsplanung	Bauherrenbeschluss	Wetter	vorausgehende Arbeiten	Arbeiter	Materialien	mangelhafte Arbeit	Genehmigungen	Masch. & Geräte	Information	örtliche Beding.	sonstiges	Bemerkung
		65	142	88	54	0	11	0	1	6	26	2	0	1	0	0	1	1	5
1	03.10.2006	73	11	8	3		1												2
2	10.10.2006	85	13	11	2		1			1									
3	17.10.2006	46	13	6	7		1			1	3						1	1	
4	24.10.2006	65	20	13	7		1			4	1							1	
5	31.10.2006	56	25	14	11		3		1		7								

Abb. 67: PEA-Auswertung und kumulierte Abweichungen nach Kategorien

Bei der Planung und Durchführung der wöchentlichen Planungsrunden gilt das Primat von kurzen Besprechungszeiten. Sie sollten nicht zusätzlich durchgeführt sondern die üblichen wöchentlichen Baubesprechungen ersetzen oder ergänzen. Hierfür sind folgende Maßnahmen und Regeln sinnvoll einzuführen:
Die Teammitglieder gehen vorbereitet in die Planungsrunde, d.h. sie haben zuvor ihren eigenen Wochenplan in Abstimmung mit den anderen Gewerken/Arbeitsgruppen bereits als Unterlage erstellt und mit Vorlauf an den »Prozessmanager« übergeben. Der Prozessmanager hat im Vorfeld der Besprechungen die einzelnen Wochenpläne zusammenzuführen und mit den Vorschauplänen abzugleichen. So reduziert sich die Planungsaktion in der Besprechung auf die endgültige Abstimmung zwischen den Beteiligten und auf die Arbeitszusagen für die kommende Woche. Die zweite Vorbereitungsaufgabe des Prozessmanagers ist es, den Vorschauplan als Unterlage bereits fortzuschreiben und den Status der PEA-Analyse aufzubereiten.

Globale Fehler-Ursachen-Analyse
Verdeckte Probleme ausfindig machen
→Element „Kontinuierlicher Verbesserungsprozess"

Arbeitsbereich-Phasenplanung
Arbeitsbereiche gemeinsam planen
Die Basis der Arbeitsbereich-Phasenplanung stellt der →kooperative Phasenplan dar. Mit dessen Fertigstellung ist der Ablauf der einzelnen Bauprozesse und ihre Abhängigkeiten als Netzwerk auf dieser Planungsebene bestimmt und terminiert worden. Als Input der Logistik sollte im Vorlauf ein Grob-Baustelleneinrichtungsplan konzipiert sein, in dem die logistischen Rahmenbedingungen (verfügbaren zentralen Lagerflächen und Einrichtungsflächen, Transportmittel, Transportwege etc.) für eine Arbeitsbereich-Planung vorgegeben sind. Die Arbeitsbereich-Planung erfolgt im Rahmen der Phasenplanungsrunde durch folgende Schritte (10.-13.), die sich direkt an die →kooperative Phasenplanung anschließen können:

10. *Visualisierung der logistischen Vorgaben in den Grundrissplänen der Einbaubereiche*

Auf Basis bestehender Grundrisspläne des Objekts werden in Einrichtungsplänen die geplanten Baustelleneinrichtungselemente, Transportmittel und -wege etc. visualisiert. Die Pläne sind den entsprechenden Phasenplänen und ihren Einzelprozessen und Zeitperioden zuzuordnen und bilden die Planungsunterlage für die nächsten Schritte (vgl. Abb. 23).

11. *Definition und Zuordnung des Einzelprozesslagers- und Arbeitsflächenbedarfs*

Von den einzelnen Gewerken, Nachunternehmern oder Arbeitsgruppen wird korrespondierend zu ihren bereits geplanten Arbeitspaketen der Lager- und Arbeitsflächenbedarf abgeschätzt. Hierfür wird analog auf Haftzetteln der Flächenbedarf der Lager, d.h. Größe, „ideale Lage" in der Arbeitszone (Raum), Belegungsdauer sowie der zugehörige Arbeitsflächenbedarf, d.h. Größe und Lage in der Arbeitszone, visualisiert und zur betrachteten Zeitperiode (analog zum Arbeitspaket) in der angesprochenen Arbeitszone in den Grundrissplänen an der Wandtafel zugeordnet. Der Planungsprozess bricht analog zum Ablauf der kooperativen Phasenplanung wiederum aus, wenn der Arbeitsraumbedarf in Verknüpfung zu den anderen beteiligten Gewerken/Arbeitsgruppen und den örtlichen Vorgaben gesehen wird. Neue logistische Abläufe, Kapazitätsanpassungen sowie eine Anpassung der Phasenplanung der Arbeitspakete können Resultate dieser kooperativen Planung sein.

12. *Überprüfung der Arbeitsbereich-Phasenplanung auf Vollständigkeit, Kollisionsfreiheit und logischen Ablauf*

13. *Visualisierung der Arbeitsbereich-Phasenplanung*

Wenn alle Beteiligten dem Arbeitsbereich-Phasenplan einvernehmlich zustimmen, sollten die erarbeiteten Angaben in den jeweiligen angesprochenen Grundrissplänen abschließend visualisiert werden. Sie bilden korrespondierend zum geplanten Detailbauablauf den Flächenbedarf für Lagerung und Montagetätigkeiten ab und sind Basis für die weiteren Planungsschritte der Vorschauplanung.

Arbeitsbereich-Vorschau-Planung
Arbeitsbereich-Phasenplan fortschreiben

Im Rahmen der Vorschauplanung werden die Arbeitsprozesse auf ihre Restriktionen überprüft und der geplante Ausführungszeitpunkt bis zur abschließenden Wochenarbeitsplanung fortgeschrieben. Analog dazu wird die →Arbeitsbereich-Planung im Vorschauprozess ebenfalls fortgeschrieben bis im Ergebnis eine →Arbeitsbereich-Planung feststeht.

Arbeitsbereich-Wochenplanung
Arbeits- und Lagerflächen gemeinsam planen

Letzte Stufe des Vorschauprozesses im LPS™ ist die Wochen- bzw. Tagesplanung, in der letztlich die geplanten Arbeitspakete für die kommende Zeitperiode fixiert und vereinbart werden. In Analogie wird auf letzter Stufe aus der Arbeitsbereich-Vorschau-Planung ein Arbeitsbereich-Plan erstellt, der verbindlich als Vorlage für die Gestaltung der Arbeits- und Lagerflächen vor Ort wird. Auf Basis dieses Planes wird ein →produktionsorientiertes Layout durch Visualisierung im Prozess umgesetzt.

Kanban
Beschaffung und Bereitstellung von Verbrauchsmaterialien steuern

Wenn Verbrauchsmaterial benötigt wird, wird der vorgelagerte Logistikprozess oder auch der Zulieferer aufgefordert, neues Material anzuliefern. Diese Aufforderung wird durch einen Kanban (jap: Karte, Zettel) erteilt, der grundsätzlich mit der Ware transportiert wird und z.b. bei Anbruch des Loses an den innerbetrieblichen Routenverkehr als Logistikprozess zurückgegeben wird. Auf der Kanban-Karte ist die Teilenummer, die Menge der Teile, deren Herkunft und Bestimmungsort usw. vermerkt. Es gelten allgemein strenge Regeln für die Fertigung und Logistik. Ein Grundsatz lautet, dass bspw. nur gefertigt oder ausgeliefert werden darf, wenn ein Kanban zur Fertigung/-Auslieferung vorliegt, und dass nur einwandfreie Teile angeliefert werden dürfen. Damit wird die terminorientierte Steuerung herkömmlicher Methoden durch die bedarfsorientierte Steuerung ersetzt. Vorteile sind dabei der minimale Steuerungsaufwand, die Optimierung der Flächenbilanz durch weniger Lagerplatzbedarf und vor allem keine Fehlteile und keine ungewollten Lagerbestände am Einbauort.

Min-Max-Steuerung
Beschaffung und Bereitstellung einfach auslösen

Neben der Auslösung von Materialbereitstellung durch Kanban (Zwei-Behälter-Prinzip) am Bereitstellungslager oder Warenhaus, können durch eine Min-Max-Angabe an jedem Materialbehälter Verbrauchsmaterialien bei einer Unterschreitung im Routenverkehr nachgefüllt werden. Diese Steuerung bietet sich jedoch nur im zentralen Supermarkt (u.U. auf Baustellen) an.

Produktionsorientiertes Layout
Standardisierte, ergonomische Arbeitsplätze und optimale Ausführung

Produktionsorientiertes Layout steht in gewisser Weise als ein Überbegriff für die Einrichtung der Arbeitsplätze als auch der Baustelle nach standardisierten und ergonomischen Gesichtspunkten, so dass die Ausführungsarbeiten immer optimal durchgeführt werden können. Besondere Bedeutung haben hierbei Rüstungen und Hebewerkzeuge (vgl. Abb. 69). Gleichzeitig sind hier jedoch auch mobile Trolleys als Materialbereitstellungslager für Hilfsstoffe und Verbrauchsmaterialien, standardisierte (mobile) Arbeitsplätze (Werkbänke) u.v.a. zu nennen.

Supermarkt-Prinzip
Prozessnahe Puffer einrichten

Die Warenhäuser (Supermärkte) werden als Pufferlager für Verbrauchsmaterialien auf der Baustelle zentral eingerichtet. Der Bauprozess kann aus dem Warenhaus über einen →innerbetrieblichen Routenverkehr das benötigte Material schnell und gezielt abziehen. Der Zulieferer erhält gleichermaßen seine Lieferanweisung direkt aus dem Warenhaus und liefert nur das nach, was abgezogen wurde. Die Bestandshöhe in den Warenhäusern wird auf der Grundlage der benötigten Stückzahl pro Zeiteinheit plus Sicherheitszuschlag festgelegt. Als einfaches und wirtschaftliches Mittel kann →Kanban eingesetzt werden, um den Bereitstellungsprozess vom Warenhaus zum

Einbauort als auch den Beschaffungsprozess vom Zulieferer ins Warenhaus zu steuern. In einem Warenhaus werden die angelieferten Teile übersichtlich bereitgestellt, so dass man von der Frontseite her Zugriff auf alle Teile hat.

Zwei-Behälter-Prinzip
Kanban leicht gemacht

Direkt am Ladungsträger/-behälter ist ein Kanban angebracht. An der Arbeitsstation oder Supermarkt werden zwei Behälter vorgehalten. Ist der erste Behälter entleert, wird dieser im Routenverkehr aufgenommen, im Beschaffungsprozess gefüllt wieder und an die Arbeitsstation gebracht. Mit diesem Prinzip kann Kanban am einfachsten eingesetzt werden.

Das Element »Qualität und Robuste Prozesse«

Änderungs-Wirkungs-Diagramm
Planänderungen und deren Wirkungen aufzeigen

Das Änderungs-Wirkungs-Diagramm ist ein hier neu vorgeschlagenes Werkzeug. In Anlehnung an das bekannte Ishikawa-Diagramm (oder Fischgräten-Diagramm) (→Ursache-Wirkungsanalyse) können bei eintretenden Planungsänderungen (durch Kunden, Planer, Auflagen etc.) die Auswirkungen auf die Bau- und Planungsprozesse strukturiert offen gelegt werden.

Arbeitspaketcheckliste
Standardisierte, autonome Qualitätsprüfung

Diese Methode wird heute bereits vielfältig in der Bauproduktion eingesetzt und ist deckungsgleich mit Werkzeugen der QMS nach DIN EN ISO 9000ff. Dabei werden Qualitätsziele an das jeweilige Arbeitspaket (aus Kundenanforderungen, technischen Spezifikationen sowie Erfahrungswissen der Arbeitsgruppe) klar in Form einer Checkliste definiert. Sie dient zur autonomen Eigen- und Arbeitsgruppenprüfung, standardisiert die Qualitätsprüfung und wird durch den KVP weiterentwickelt. Anders als in bekannten Prüfchecklisten, wird diese Checkliste gleichzeitig mit dem QRK 4 vom Teamleiter/PM-Team nach dem Vier-Augenprinzip und besonders nach Kundenkriterien gegengeprüft. Dabei wird ein Scoring der erfüllten Qualitätskriterien eingeführt und als Prozentsatz aus erfüllten Kriterien zur Gesamtanzahl der Kriterien ausgewiesen. Diese Kennzahl wird anschließend zum einen in der →Arbeitspaket-Fertigstellungsmatrix ausgewiesen und bildet gleichzeitig die Basis des →Qualitätsreports (vgl. Abb. 67).

Arbeitspaket-Fertigstellungsmatrix
Überblick der Arbeitsgruppenprüfung

In der Arbeitspaket-Fertigstellungsmatrix wird pro Gewerkegruppe und Arbeitspaket bzw. Arbeitsabschnitt eingetragen, ob die Arbeitsgruppenprüfung durchgeführt wurde sowie die darin erreichte Anzahl von Qualitätspunkten (Prozentsatz der erfolgreichen, angenommenen Qualitätskriterien in Punkten ausgedrückt) dokumentiert, die aus der Gegenprüfung durch Teamleiter/PM-Team (vgl. Abb. 67) bewertet wurden. So wird zum einen ein Überblick über das Projekt geschaffen, wodurch Problembereiche identifiziert werden können. Zum anderen wird sichergestellt, dass Arbeitsbereiche geprüft wurden, bevor nachfolgende Arbeiten beginnen. So kann gleichermaßen durch die Qualitätsprüfungen im Vorfeld sichergestellt werden, dass beispielsweise die Prüfung erfolgte bevor der Zugang zum Bauteil mit einem folgenden Arbeitsschritt verschlossen wird (Leitungen in Trockenbauwand). Die erzielten Qualitätspunkte aus den Einzelprüfungen werden hier auf die jeweiligen Gewerke/Arbeitsgruppen verdichtet und bilden die Basis für den →Qualitätsreport.

Arbeitspaket-Checkliste

Aufgaben-Checkliste „Montieren von Gipskartonbauplatten"

	A/GG	BL	BÜ
1. Plattenstöße glätten und abschmirgeln	✓	✓	☐
2. Schattenfugen eben, gerade und sauber schneiden	✓	☐	▨
3. Öffnungen für Beleuchtungselemente ausschneiden	✓	✓	☐
4. Alle Schraubenköpfe versenkt und verspachtelt	✓	✓	☐
5. Ausgewölbte Plattenstöße glätten und überschüssige Verfüllung beseitigen	✓	✓	☐
6. Überschüssiges Material entfernen und Einbauort reinigen	✓	✓	☐

Gesamt: 5/6 (83 %)

Legende:
A/GG - Arbeits-/Gewerkegruppe
BL   - Bauleitung
BÜ   - Bauüberwachung

Kriterienerfüllung und Scoring

Arbeitspaket-Fertigstellungs matrix

Aufgabe	Etage - Raum/Bauteil				Durchschnitt-liche Erfüllung	Bemer-kung
	201	202	203	204		
Trockenmauer	85	95	97	95	92 %	OK
Kabelkanäle montieren	95	96	94	93	90 %	OK
Rohrleitungen verlegen	87	84	91	88	88 %	OK
Endabnahme						

Abb. 68: Arbeitspaket-Check: Checkliste und Fertigstellungsmatrix[136]

Arbeitspaket(AP)-Start-Checkliste
Interne Kunden-Lieferanten-Beziehungen aufbauen

Im Vorfeld jedes Arbeitspakets/Gewerks definieren die Gewerke- oder Arbeitsgruppen alle erforderlichen Qualitätsaspekte als Vorleistung ihrer Vorgänger-Gewerke/Gruppen für ihre ungehinderte Ausführung in einer Checkliste. Diese formulierten Qualitätsan-forderungen werden an die jeweiligen vorausgehenden Arbeitsgruppen kommuniziert und in deren Prüfungsroutinen (→Werkereigen- und Arbeitsgruppenprüfung) berück-sichtigt. Anhand der Arbeitspaket-Start-Checkliste überprüft das Gewerk vor Aufnahme der einzelnen Arbeitspakete, ob die Vorleistungen erfüllt wurden. Dieser Qualitätscheck vor Beginn des Arbeitspakets erweitert die Restriktionsanalyse (der vorausgehenden Arbeiten) in der Vorschauplanung durch den Qualitätsregelkreis. Das Ergebnis des AP-

---

[136] In Anlehnung an [Marosszeky et al. 2002].

Start-Checks soll im Rahmen dieser Restriktionsanalyse kommuniziert werden (→Ready Report).

Audit
Ergebnisse überprüfen

Die entsprechende DIN-Definition lautet [DIN EN 9000ff]: „Audit ist die Beurteilung der Wirksamkeit des Qualitätssicherungssystems oder seiner Elemente". Audits sind Instrumente, mit denen man zu einem bewertenden Bild über Wirksamkeit und Problemangemessenheit qualitätssichernder Aktivitäten gelangen kann. Neben dem Produkt- und Verfahrensaudit kommt dem sog. Systemaudit eine besondere Bedeutung zu, weil es dem Nachweis der Wirksamkeit und Funktionsfähigkeit einzelner Elemente oder eines gesamten QMS dient. Der Ablauf eines Audits ist strikt formalisiert. Es werden je nach Ziel Audits auf drei Ebenen durchgeführt:

Systemaudits zielen auf die Zertifizierung des Qualitätssicherungssystems zumeist durch externe Organisationen oder Behörden ab.

Verfahrensaudits untersuchen Arbeitsabläufe auf Sicherheit, Qualitätsfähigkeit und Zuverlässigkeit der Methoden, Mitarbeiter oder Mittel für den Arbeitsvorgang.

Produkt- oder Ergebnisaudits überprüfen Zwischen- und Endprodukte sehr viel ausgiebiger als in den jeweiligen Abnahmeprüfungen.

Constructability Review
Überprüfung der Planungen auf die operative Umsetzung und ihre Effizienz

Mit dem Ziel, die Planungen so zu gestalten, dass sie optimal auszuführen sind und um Fehler an den Schnittstellen zwischen Planern und Ausführenden zu verhindern, kann ein im Englischen „Constructability Review" [Hawkins 1997, S.24] eingesetzt werden. Dabei werden die Planungen besonders unter den Gesichtspunkten der Ausführung und seiner Effizienz im Team von ausführenden Unternehmen und Planern überprüft. Anders als heute üblich, ist diese Planüberprüfung organisatorisch fest in der Projektvorbereitung eines jeden Projekts zu verankern. Hier können gewerkespezifische Standards, z.B. in Form von Checklisten, eingesetzt werden.

Ein-Punkt-Schulung
Zusammenhänge schnell vermitteln

Hier geht es um eine einfache, schnelle Vermittlung bzw. Erklärung von Zusammenhängen, Maßnahmen, Sachverhalten oder Ideen auf nur einer Seite (Tafel, Flipchart o.ä.), die umgesetzt oder eingeführt werden. Dabei wird auch mit Fotos gearbeitet, die den Zustand vor bzw. nach einer Maßnahme dokumentieren. Eine Ein-Punkt-Schulung wird immer am Ort der Umsetzung durchgeführt und visualisiert. Sie fördern den Praxisvergleich und -austausch auf Mitarbeiterebene.

Die Mitarbeiterkenntnisse können durch diese Form der Vermittlung gut im Dialog genutzt werden. Wenn beispielsweise Ideen der Mitarbeiter mit Ein-Punkt-Schulungen in den Arbeitsgruppen im besten Fall vom Ideengeber auch noch selbst vermittelt werden, ist dies auch die beste Anerkennung für die Ideengeber.

Fehlersammelliste (Fehlersammelkarte)
Fehler effizient erfassen

Die Fehlersammelliste wird bei Prüfungen der laufenden Arbeiten eingesetzt, um Fehler, Fehlerarten oder fehlerhafte Produkte effizient erfassen und nach Art und Anzahl übersichtlich darstellen zu können. Zu diesem Zweck wird die Anzahl der Fehler pro Fehlerart ermittelt und in die Fehlersammelliste eingetragen. Mit Hilfe einer anschließenden →Pareto-Analyse können die Fehlerarten, die am häufigsten auftreten, deutlich gemacht und fehlerverhütende Maßnahmen eingeleitet werden.

Grenzmuster
Gutteile visuell von Ausschuss unterscheiden

Grenzmuster sind bereitliegende Muster (Teile, Werkzeuge), die die Grenze zwischen akzeptiertem und nicht akzeptiertem Qualitätsniveau aufzeigen. Bei Nichtübereinstimmung werden bestimmte Korrekturen ausgelöst. Sie bewirken Klarheit und ermöglichen dem Mitarbeiter schnelle Entscheidungen.

Histogramm
Ergebnisse visualisieren

Histogramme stellen die Häufigkeiten von in Klassen eingeteilten Messwerten (z.B. einer Stichprobe) graphisch dar. Sie dienen allgemein zur Festlegung einer Verteilungsform und zeigen Anomalien in einer Verteilung auf, wodurch Rückschlüsse, z.b. Fehlerursachen, möglich werden. Das Histogramm unterstützt die Prozessbeurteilung und ermöglicht eine Aussage über das zukünftige Prozessverhalten. Histogramme sind individuell in der Auswertung von Datenerhebungen einsetzbar.

Kundenqualitätssensor
Rückmeldung der Qualitätserfüllung aus Kundensicht

Die Ergebnisse der Abnahmeprüfungen und der Kundenzufriedenheit hinsichtlich der Qualität werden aufbereitet, priorisiert und den Mitarbeitern vereinfacht ausgewiesen. Ziel ist es, den Mitarbeitern eine objektive Kundenrückmeldung zu geben, die Indiz für die geschaffene Qualität und Diskussionspunkt für Verbesserungen im Projekt ist.

Pareto-Analyse
Wichtiges von Unwichtigem trennen

In den USA ist die Pareto-Analyse für Fehler als 20:80 Regel bekannt, die besagt, dass nur etwa 20 Prozent der Fehlerarten für rund 80 Prozent der Fehler verantwortlich sind. Die Pareto-Analyse hilft, die wenigen wichtigen von den vielen unwichtigen Faktoren zu trennen. Ein Pareto-Diagramm zeigt die wesentlichen Einflussfaktoren auf, die vorrangig bearbeitet werden müssen, um die Mehrzahl der damit verbundenen Folgen zu bekämpfen. Es zeigt nicht an, was die Ursachen sind. Dazu ist eine weitere Analyse nötig (z.B. →Ursache-Wirkungs-Diagramm). Dieses Prinzip ist in der Betriebswirtschaft auch als ABC-Analyse bekannt.

Produkt-, Prozess- und Betriebsmittelstandards
Varianz verringern, Fehler vermeiden

→Element „Professionelle Arbeitsroutinen, Standardisierung und Visualisierung"

Qualitätskennzahlen
Qualitätsziele setzen

Mit Qualitätskennzahlen können die aktuellen Stände auf den Ebenen der Arbeits- oder Gewerkegruppen, Baustelle oder Unternehmung ausgewiesen und Qualitätsziele gesetzt werden. So können beispielsweise bereits die folgenden einfachen Kennzahlen ein Maß für die Qualität in einer Baustellenproduktion darstellen:

$$\text{Nacharbeitsquote} = \frac{\text{Nacharbeitsstunden [h]}}{\text{Gesamtmontagestunden [h]}}$$

$$\text{Fehlerhäufigkeit} = \frac{\text{Anzahl der Fehler}}{\text{Gesamtmontagestunden [h]}}$$

$$\text{Abnahmemängelhäufigkeit} = \frac{\text{Anzahl der Mängel in Abnahme}}{\text{Gesamtmontagestunden [h]}}$$

Qualitätsregelkarte
Prozesse überwachen

Die Qualitätsregelkarte (Abb. 68) ist das Kernstück von SPC-Aktivitäten (Statistical Process Control oder statistische Prozessüberwachung), die insbesondere in der Massenfertigung eingesetzt wird, aber im Bezug auf die Bauproduktion nur eine untergeordnete Rolle spielt. Hier ist sie zur Analyse und Controlling von Fehlern in der Baufertigung sinnvoll adaptierbar. Allein durch die graphische Darstellung der Messwerte (z.B. Fehleranzahl) lässt sich das Prozessverhalten und somit die Qualitätsleistung des Prozesses sehr gut abschätzen. Ergänzende Auswertungen, gestützt auf die in der Qualitätsregelkarte aufgenommenen Mittelwerte, ermöglichen eine aussagekräftige Beurteilung der Qualitätsleistung des Prozesses, den es zu bewerten gilt. Diese Beurteilung sollte baubegleitend erfolgen. So können z.B. Fehler aus den Fehlersammellisten je Arbeitsgruppe, Gewerk oder Abschnitt erfasst und mittels Qualitätsregelkarte fortlaufend überwacht und z.B. an →Gruppentafeln ausgewiesen werden.

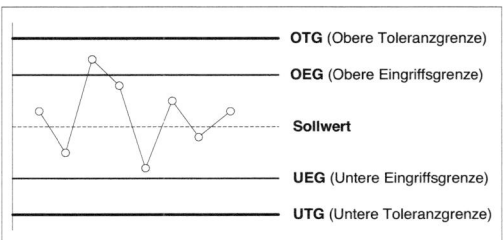

OTG (Obere Toleranzgrenze)

OEG (Obere Eingriffsgrenze)

Sollwert

UEG (Untere Eingriffsgrenze)

UTG (Untere Toleranzgrenze)

Abb. 69: Prinzipskizze Qualitätsregelkarte

Qualitätsreport
Positives Feedback geben

Der Qualitätsreport soll bei der Arbeitsgruppenprüfung (QRK 2) sowie Abnahmeprüfung (QRK 4) ein Feedback an die Arbeitsgruppen geben. Er dient dazu, die Motivation der Arbeitsgruppen an ihrer Arbeit und deren Qualität zu steigern. Auf Basis der Arbeitspaketchecks und Abnahmeprüfungen werden die erzielten Qualitätspunkte der einzelnen Arbeits- bzw. Gewerkegruppen ausgewertet (vgl. Abb. 67) und visuell kommuniziert (→Histogramme, Gruppentafel).

Qualitätsvereinbarungen
Qualitätsziele setzen

Grundsätzlich kann die Gesamtheit aller qualitätsbezogenen Maßnahmen beim (internen) Lieferanten und auch beim (internen) Kunden Gegenstand von Qualitätsvereinbarungen sein. I.d.R beinhalten Qualitätsvereinbarungen einzuhaltende organisatorische und technische Anforderungen an die betriebliche Leistungserstellung, an das Kontrollsystem des Lieferanten oder Nachunternehmers und darüber hinaus die Regelung von Überwachungs- und Zustimmungsrechten des Abnehmers. Ziel der Qualitätsvereinbarung ist es, qualitätssichernde Maßnahmen zu koordinieren und vorzugsweise beim Lieferanten/Nachunternehmer zu organisieren und partnerschaftlich festzuschreiben. Mit Hilfe der Qualitätsvereinbarungen können Sicherungssysteme und Werkzeuge (z.B. Qualitätsregelkreise) festgeschrieben und Qualitätsziele miteinander vereinbart werden.

Ready Report
Ausweisung bestandener interner Qualitätsübergaben

Der Ready Report soll in einfacher und effizienter Weise bestandene interne Qualitätsübergaben (→Arbeitspaket-Start-Check) ausweisen und eine Übersicht der Restriktionserfüllung zu den einzelnen Arbeitspaketen in der →Vorschauplanung geben.

Schlüssel-Schloss-Prinzip / Poka Yoke
Menschliche Fehler vermeiden

Das Konzept der fehlhandlungssicheren Vorrichtungen und Maßnahmen, im Japanischen als „Poka Yoke" bezeichnet, geht von der realistischen Annahmen aus, dass bei manuellen Handlungsabläufen während der Produktherstellung durch menschliche Unzulänglichkeiten (wie Vergesslichkeit, Unaufmerksamkeit, Ermüdung, fehlende Übung usw.) Fehler am Produkt entstehen können. Um dies zu vermeiden, werden präventive Vorrichtungen, handlungsbezogene Maßnahmen und Produkte derart gestaltet, dass sie eine hinreichende Fehlhandlungssicherheit aufweisen.

Toolbox-Talks - Informationsaustausch am Arbeitsplatz
Vor Ort Informationen geben, Probleme diskutieren und neue Wege aufzeigen

Der Informationsaustausch am Arbeitsplatz hat zum Ziel, eine Zwei-Wege-Kommunikation zwischen den Mitarbeitern zu schaffen und jeden Mitarbeiter zu beteiligen. Im Kern sollen neben dem täglichen kurzen Informationsaustausch, Probleme und Fortgang im Projekt besprochen und durch vereinzelte Trainingsmaßnahmen Mitarbeiter geschult und weiterentwickelt werden. Der Austausch und die Schulung erfolgt nicht abstrakt sondern direkt im Bezug mit dem jeweiligen Arbeitsprozess.

Verantwortungsmatrix
Verantwortungen auf einen Blick erkennen

Aufgaben und Verantwortungen in der Qualitätsprüfung und den Qualitätsregelkreisen werden in einer Matrix festgelegt und ausgewiesen (→Gruppentafel). So werden Aufgaben im Einvernehmen klar zugewiesen. Zusätzlich können Rotationsprinzipien in der Arbeitsgruppenprüfung (QRK 2) visualisiert werden.

Das Element » Professionelle Arbeitsroutinen, Standardisierung und Visualisierung«

Bauteilvariabilität verringern
Bauteile nach Größe und Typ vereinheitlichen

Aufgabe der Montageplanung ist es, die Bauteile nach Größe und Typen so weit wie möglich zu vereinheitlichen, um Fehler in der Montage zu vermeiden und Logistikprozesse zu vereinfachen. Dies ist eine einfache bekannte aber vielfach vernachlässigte Methode um die Baustellenmontagen zu verbessern.

Beschriftungen und Kennzeichnungen
Orientierung verschaffen

Werkzeuge, Hilfsmittel, Betriebs- und Hilfsstoffe sowie deren Lagerorte bzw. Abstellflächen sind eindeutig zu kennzeichnen oder zu beschriften. Möglichst alle Gegenstände erhalten einen definierten Platz. Auf diese Weise werden Suchzeiten verkürzt und ordentliche Arbeitsbereiche geschaffen.

Durchgängige Bauteilkennzeichnung
Identifizierung im Prozess von der Ausführungsplanung bis zur Abnahme

Mit heutigen 3-D-CAD-Lösungen können einzelne Bauteile einer Anlage in der Ausführungs-/Montageplanung definiert und mit einer Referenz-/Positionsnummer ausgewiesen und positioniert werden. So können alle Bauteile bis zur ihrer Endmontage am Bestimmungsort zu jederzeit eindeutig identifiziert werden. In einfacher Form eines Barcode-Labels können die Bauteile gekennzeichnet und in Abgleich mit Datenbank-System und Zeichnung in allen Phasen zugeordnet werden. Diese durchgängige Bauteilkennzeichnung ermöglicht u.a. den Einsatz von Ident-Systemen in der Materiallogistik auf Baustellen.

Einheitskleidung
Personen auf einen Blick zuordnen

Unterscheiden sich die einzelnen Gewerke-/Arbeitsgruppen anhand ihrer unterschiedlichen Einheitskleidung, können die jeweiligen Mitarbeiter auf einen Blick zugeordnet, Kommunikation vereinfacht und gleichzeitig ein „Wir-Gefühl" bei den Mitarbeitergruppen geschaffen werden.

Gerahmte Stellplätze
Abweichungen kenntlich machen

Für alle Objekte (Maschinen, Ladungsträger, Arbeits- und Lagerplätze) gibt es am Boden gerahmte Stellplätze die eindeutig und schnell Abweichungen vom Soll-Zustand aufzeigen. Diese Methode hilft v.a., die →5A(S) zu unterstützen und das Funktionieren der Logistik zu kontrollieren bzw. Schwachstellen aufzuzeigen.

Informationstafeln
Kommunikation vereinfachen

Kernaufgabe der Informationstafeln ist es, die Kommunikation auf der Baustelle zu vereinfachen, in dem alle notwendigen Informationen den einzelnen Gruppen von Projektbeteiligten an zentralen Punkten ihrer täglichen Baustellenarbeit zugänglich gemacht werden. Neben gruppenbezogenen Informationen (→Gruppentafeln) sind hier auch Kennzahlentafeln, →Quality Report, →Qualifizierungsmatrix u.a. als Informationen zu nennen, die so transparent kommuniziert werden können.

Montageverbesserte Standardkomponenten
Bauteile und ihre Montage vereinheitlichen

Um die Baustellenproduktivität zu erhöhen, sind im Rahmen der Planung und Arbeitsvorbereitung die Bauteile bestmöglich zu vereinheitlichen und mit Blick auf ihre Montage optimal zu konstruieren. Mit innovativen Bauteilsystemen können die lohnintensiven Montagen in der TGA effizienter und noch wirtschaftlicher durchgeführt werden. Neben einem breiten Spektrum der von Zulieferern angebotenen Komponenten sind wesentlich eigene Ideen zur Bauteilgestaltung einzubringen und im besten Fall zusammen mit Zulieferern umzusetzen.

Standardarbeitsblätter
Arbeitsabläufe dokumentieren

Standardarbeitsblätter listen die Tätigkeiten des Arbeitsablaufs sowie diejenigen Kernpunkte auf, die weiterer Präzisierung bedürfen (Qualität, Sicherheit, Unterschriftengenehmigung, zulässige Standardbestände etc.). Sie dokumentieren alle prozessrelevanten Daten für ein Arbeitspaket oder Arbeitsplatz. Sie enthalten beispielsweise: notwendige Werkzeuge und Maschinen, Einbaumaterial, Vorgaben zu Beständen/Puffer, Sicherheitshinweise, das Layout mit Materialfluss des Arbeitsplatzes, Hinweise zur Qualitätssicherung und eine grafische Ablaufanalyse zur Darstellung.

Standardwerkzeuge und Standardeinrichtungen
Arbeitsplätze und Baustellen einheitlich und optimal gestalten

Arbeitsplätze für die einzelnen unterschiedlichen Arbeitsaufgaben sollten in einem Unternehmen durchgängig definiert und eingesetzt werden. Dabei ist zu achten, dass die Arbeiter ergonomisch ihre Arbeitsschritte durchführen können. Hierunter fallen beispielsweise mobile Kleinmaterialträger, Werkbänke, Kabeltrolley, Arbeitsbühnen u.a. Beispiele für Standardeinrichtungen werden z.B. in [Court et al. 2005, Wilson 2000] gegeben (vgl. Abb. 69).

Abb. 70: Beispiele für Standardarbeitsplätze in der Praxis[137]

Standardisierte Gewerkeübergabe
Den Informationsfluss regeln

Die Übergabe zwischen den verschiedenen Gewerken erfolgt schriftlich (Checkliste) oder mündlich nach standardisierten Kommunikationsregeln.

Standardisierter Prozess
Ablaufplanung und -steuerung

Im Rahmen der Ablaufplanung und -steuerung reduzieren sich trotz unterschiedlicher Projekte und Bauteile die Arbeitsabläufe auf immer wiederkehrende Prozesse. So liegt es beispielsweise nahe, dass Arbeitsprozessabläufe als Ergebnis der Phasenplanung standardisiert werden. So können in ePMS bereits Standardprozesse definiert, gespeichert, zusätzliche Information für sie hinterlegt und schnell und einfach in der Phasenplanung wieder abgerufen werden.

---

[137] Vgl. [Court et al. 2005].

Vorfertigungsstandards

Mit Produktstandards die Vorfertigung/Vormontage ermöglichen

Produktstandardisierung ist schon lange ein breites Feld, um industrielles Bauen umzusetzen. Auch in der heutigen Situation können durch die möglichst frühe und durchgängige Definition von Produktstandards in der Planung eine Vielzahl an Bauteilen vorgefertigt bzw. vormontiert werden.

Anhang 4: Ideenmanagementsystem

Schlüsselaspekte eines erfolgreichen IMS.

Die einfache und schnelle Umsetzung von Verbesserungsideen ist der erste Schlüsselaspekt für ein erfolgreiches IMS. Die Unternehmen, die die Notwendigkeit für ein einfaches und schnelles Verfahren nicht erkennen, werden schnell feststellen müssen, dass die meisten ihrer Mitarbeiter dann keine Ideen mehr produzieren werden [Getz/Robinson 2003, S.47].

Der zweite ist die Anerkennung des Ideengebers. Studien zeigen, dass sich der Urheber vor allem durch die schnellstmögliche Umsetzung seiner Idee anerkannt fühlt als durch finanzielle Vergütung. Im Gegenteil zeigt sich, dass direkte finanzielle Vergütungen das Auftauchen kreativer Ideen eher verhindern. So erhalten die Ideengeber in den besten IMS der Industrieunternehmen außer vielleicht einer symbolischen Gratifikation nichts. Die Entwicklung eigener neuer Ideen ist vielmehr ein Teil Ihrer Arbeit. Es genügt, dass im Unternehmen übliche System zur Leistungsbewertung des jeweiligen Mitarbeiters im Rahmen seines Aufgabenbereichs heranzuziehen und es auf außergewöhnliche kreative Leistungen anzuwenden [Getz/Robinson 2003, S.47 ff.].

Der dritte Schlüsselaspekt ist die komplette Einbeziehung der unteren und mittleren Führungsebenen. In den besten Systemen werden die Mitglieder des unteren und mittleren Managements ausdrücklich nach der Zahl der Ideen bewertet, die ihr Team durchschnittlich einreicht, sich beteiligt und in die Praxis umsetzt. Die Manager wissen, dass der Bewertungsindex auf diesem Gebiet für Beförderungen genauso wichtig ist wie die Produktionszahlen. Sie müssen überzeugt sein, dass es ihre zentrale Aufgabe ist, Ideen zu fördern und bei der Umsetzung, Hilfestellung zu geben. Vielmehr noch muss Ihnen bewusst gemacht werden: je mehr sie sich dem Ideenmanagement widmen, desto größer Fortschritte werden sie machen und desto besser werden sie werden [Getz/Robinson 2003, S.113].

Als vierten Schlüsselaspekt muss die Geschäftsführung selbst ganz konkret zeigen, dass ihr die Ideen der Mitarbeiter am Herzen liegen, d.h. ein Ideenmanagementsystem überhaupt in die Wege zu leiten und im Dialog mit den Mitarbeitern persönlich zu motivieren.

Ein weiteres Mittel ist die periodische Analyse des kreativen Erfolgs der Manager, ihrer Abteilungen und Baustellen sowie ihrer Teams mit Hilfe der *IMS-Bewertungsindizes*.

Einführung des Ideenmanagementsystems

Bevor ein IMS eingeführt wird, sollten die Unternehmensleitung und der künftige IMS-Verantwortliche sich über ihre Vorstellungen und die Prinzipien der besten Systeme klar werden. Aufbauend auf das hier bereits skizzierte Systemkonzept ist deswegen ein gründliches und persönliches Benchmarking als erster Schritt unerlässlich. Nur so können durch die Unternehmensleitung Auswirkungen und Folgen einer Einführung überblickt werden und die Wichtigkeit der eigenen Rolle konkret eingeschätzt werden. Zusammenfassend heißt das: Lernen von den Besten.

Erst in einem zweiten Schritt ist das untere und mittlere Management durch Schulungsmaßnahmen (z. B. durch KVP-Workshops) vorzubereiten. Ihnen muss ihre neue zentrale Rolle vermittelt werden, Hemmnisse der Mitarbeiter[138] abzubauen und sie zu eigenen Ideen zu ermutigen. Ein Hilfsmittel zur Steuerung durch die Führungskräfte ist die bereits genannte Einführung des *IMS-Bewertungsindizes* in der Beurteilung der Manager und seiner Teams.

Die Einführung eines IMS bedingt eine Veränderung im bekannten Handeln des Arbeitsalltags. Bestehende Erfahrungen [Getz/Robinson 2003, S.113ff]. zeigen, dass dies ein langfristiges Ziel mit einem Zeithorizont von 5 bis 7 Jahre ist, welches konsequent in kleinen Schritten zu verfolgen ist.

---

[138] Barrieren für die Ideeneingabe der Mitarbeiter werden als Fähigkeits- (Nicht-Können), Willens- (Nicht-Wollen) und Risikobarrieren (Nicht-Wagen) klassifiziert [vgl. Rois 1999].

Anhang 5: Interdependenzbetrachtung

Mit Anhang 5 werden die Kausalzusammenhänge zwischen den Unterelementen tabellarisch und graphisch als Beziehungsschema abgebildet. In einer tabellarischen Darstellung wurden für die einzelnen Hauptelemente zunächst die Kausalketten zwischen Unterelementen bestimmt. In den beiden linken Spalten sind die Unterelemente und Bestandteile des jeweiligen Hauptelements aufgelistet, die beiden Spalten am rechten Rand verweisen auf die Haupt- und Unterelemente, mit denen Kausalbeziehungen bestehen. Jede Beziehung zwischen zwei Elementen hat sowohl aktiven (d.h. aussendenden) wie auch passiven (d.h. empfangenden) Charakter. In der tabellarischen Aufstellung finden sich somit für jede Beziehung ein Eintrag im aussendenden (aktiven) Unterelement (gekennzeichnet durch die fortlaufende Bezeichnung und Nummerierung, wie z.B. PA1) sowie ein zweiter Eintrag im empfangenden (passiven) Unterelement (gekennzeichnet durch den Buchstaben P (Passiv). Durch die Beschreibung der Aufgabe eines Unterelements und des resultierenden Mehrwertes im korrelierenden Element werden die Kausalzusammenhänge in ihrer Wechselbeziehungen kurz erläutert.

Ergänzend wurden diese Kausalbeziehungen in graphischer Form visualisiert und im zweiten Teil des Anhangs 5 beigefügt.

Tabellarische Darstellung der Kausalketten

Kausalketten zu Hauptelement Professionelle Arbeitsroutinen, Standardisierung und Visualisierung (PASV)

PS-Unterelement	Bestandteile	Aufgabe/Mehrwert		Haupt-Element	Unter-Element
Produktstandardisierung	Digitale Planung Vorfertigung/Vormontage	Führt eine durchgängige 3-D-Planung in der Ausführungs- und Montageplanung ein	PA1	PASV	Objektvisualisierung
		Produktstandardisierung reduziert und vereinheitlicht auch die Baukomponenten der übrigen Montagen	PA2	PASV	Bauteilstandardisierung
		Alle Bauteile können mittels Ident-System aus digitaler Planung zugeordnet und gekennzeichnet werden	PA3	PASV	Bauteilkennzeichnung
		Reduziert und definiert Bauteile zur Beschaffung	PA4	JIT	Wertstromdesign
		Durch vorgefertigte Teile werden Anzahl an Transporte von Einzelbauteilen verringert	PA5	JIT	JIT-Logistiksystemlösung (Abrufprodukte)
		Durch vorgefertigte Teile werden Anzahl an Transporte von Einzelbauteilen verringert	PA6	JIT	JIT-Logistiksystemlösung (Lagerprodukte) - Kanbansystem
		Einbauteile in Ort und Lage in der Ausführungsplanung positioniert	PA7	JIT	JIT-Logistiksystemlösung (Abrufprodukte)
		Reduziert Bauteilenmontage und verbesserte Qualität	PA8	QRP	Fehlerverhinderung/-vermeidung
		P: Weiterentwicklung von Produktstandards in Zusammenarbeit mit Lieferanten / NU	P	KVP	KVP Wertschöpfungspartnerschaften
Bauteilstandardisierung	Reduzierung der Variabilität, montageverbesserte Standardkomponenten	Reduziert Variabilität und verbesserte Montage	PA14	PASV	Einrichtungsstandardisierung
		Vereinheitlicht vor allem Hilfsstoffe und Kleinteile	PA15	JIT	JIT-Logistiksystemlösung (Lagerprodukte) - Kanbansystem
		Vereinheitlicht ebenfalls Einbauteile in Typen und Variabilität	PA16	JIT	JIT-Logistiksystemlösung (Abrufprodukte)
		Vereinfachte Montage, Verringerung Bauteilvielfalt	PA17	QRP	Fehlerverhinderung/-vermeidung
		Arbeiten mit Standardkomponenten	PA18	QRP	Mitarbeiterschulung/Ein-Punkt-Schulung
		P: Neben vorgefertigten Bauteilen werden standardisierte und montageverbesserte Komponenten auf den Baustellen einheitlich eingesetzt	P	PASV	Produktstandardisierung
		P: Bauteilstandards im Team weiterentwickeln	P	KVP	Qualitätszirkel Facharbeiter-Team
		P: Bauteilstandards ständig verbessern	P	KVP	Ideenmanagementsystem
Einrichtungs-standardisierung	Standardisierte Arbeitsplätze, Standardisierte Werkzeuge, Standardisierte Baustelleneinr.	Arbeitsplätze und Baustelleneinrichtungselemente werden vereinheitlicht	PA19	JIT	Arbeitsbereich(vorschau-)planung
		Vereinheitlichte Einrichtung unterstützt das Produktionsorientiertes Layout	PA20	JIT	Produktionsorientiertes Layout
		Logistikeinrichtungen werden vereinheitlicht	PA21	JIT	JIT-Logistiksystemlösung (Abrufprodukte)
		Logistikeinrichtungen werden vereinheitlicht	PA22	JIT	JIT-Logistiksystemlösung (Lagerprodukte) - Kanbansystem
		Verwechslungen und Fehlbedienungen werden verhindert	PA23	QRP	Fehlerverhinderung/-vermeidung
		P: Reduziert die Bauteile am Arbeitsplatz und vereinfacht Montage	P	PASV	Bauteilstandardisierung
		P: 5A Methode zur Erhaltung der Einrichtungsstandards	P	PASV	5A(S)
		P: Den Standardabläufen können Standardwerkzeuge/ -arbeitsplätze zugeordnet werden	P	PASV	Ablaufstandardisierung
		P: Mitarbeiter in Einrichtungsstandards schulen	P	QRP	Mitarbeiterschulung/Ein-Punkt-Schulung
		P: Einrichtungsstandards mit allen Mitarbeitern und Wertschöpfungspartnern vereinbaren	P	QRP	Qualitätsvereinbarung
		P: Werkzeuge und Arbeitsplätze in täglicher Arbeit verbessern	P	KVP	Ideenmanagementsystem
		P: Einrichtungsstandards der Montage im Team verbessern	P	KVP	Qualitätszirkel Facharbeiter-Team
		P: Standards mit allen weiterentwickeln und teilen	P	APO	Partnering NU/Lieferanten

Kategorie	Input	Prozessbeschreibung	ID	Code	Bezeichnung
Ablaufstandardisierung	Standardisierte Prozesse, Standardarbeitsblätter, Organisationstandards, (Standisierte Gewerke-übergaben, QRK, QZ u.a.)	Standardisierte Abläufe erzeugen Standardeinrichtungen	PA24	PASV	Einrichtungsstandardisierung
		Standardisierte Prozessfolgen vereinfachen und detaillieren Ablaufplanung	PA25	JIT	Phasenplanung
		Dokument. Prozesse erlauben schrittweise Prozessoptimierungen	PA26	KVP	Allgemein
		Standardisierter Problemlösungsprozess	PA27	KVP	Allgemein
		Fehlerwiederholvermeidung durch standardisierte/dokumentierte Prozesse	PA28	QRP	Fehlerverhinderung/-vermeidung
		Qualitätssicherungssysteme (Regelkreise) festschreiben	PA29	QRP	Allgemein
		Einarbeiten und Qualifizierung neuer Mitarbeiter	PA30	QRP	Mitarbeiterschulung/Ein-Punkt-Schul.
		Organisationsstandards stützen und erhalten Arbeitsorganisation	PA31	APO	Gruppenarbeit Facharbeit.-Team
		P: Wiederkehrende Prozesse und Abläufe standardisieren	P	JIT	Phasenplanung
		P: Beschaffungsprozesse standardisieren	P	JIT	Wertstromdesign
		P: Arbeitsbereiche in Standards festlegen	P	JIT	Arbeitsbereichphasenplanung
		P: Abläufe durch Dritten überprüfen	P	QRP	Audits
		P: Einsatz von Standardisierten Prozessen/Standardarbeitsblättern	P	QRP	Qualitätsvereinbarung
		P: Schulung, um Prozesse durch Mitarbeiter selbst zu standardisieren und beschreiben	P	QRP	Mitarbeiterschulung/Ein-Punkt-Schulung
		P: Prozesse und Abläufe, Organisationsstandards optimieren	P	KVP	Qualitätszirkel PM
		P: Montageabläufe im Team verbessern	P	KVP	Qualitätszirkel Facharbeiter-Team
		P: In Eigeninitiative des Einzelnen Abläufe und Prozessstandards verbessern	P	KVP	Ideenmanagementsystem
Visualisierung im Prozess	Arbeitsorganisationprinzipien visualisieren (Gruppentafel, Qualifizierungsmatrix, Quality Report, Einheitskleidung), Baustellenorganisation/Arbeitsraum, Beschriftungen und Kennzeichnungen	Soll-Zustand darstellen	PA32	PASV	5A(S)
		Arbeitsbereiche auf der Baustelle ausweisen, eindeutige Ablage von Ladungsträgern und Betriebsmitteln	PA33	JIT	Produktionsorientieres Layout
		Qualifizierungsmatrix macht Schulungsstand u. Bedarf transparent	PA34	QRP	Mitarbeiterschulung/Ein-Punkt-Schul.
		Fehler und Abweichungen selbst erkennen, Neues finden	PA35	KVP	Ideenmanagementsystem
		Informationen vermitteln und Kommunikation unterstützen	PA36	KVP	Allgemein
		Ziele transparent vermitteln	PA37	APO	Zielvereinbarungen
		Arbeitsorganisation und erforderliche Kommunikation stützen, z.B. durch Gruppentafel	PA38	APO	Allgemein
		Einheitskleidung - "Wir-Gefühl" schaffen	PA39	APO	Gruppenarbeit Facharbeiter Team
		P: Im Umlauf befindliches Material und Bedarf erkennbar	P	JIT	JIT-Logistiksystemlösung (Lagerprodukte) - Kanbansystem
		P: Visualisierung des Arbeitsraumplans auf der Baustelle durch Stellplätze, Kennzeichnungen und Beschriftungen	P	JIT	Arbeitsbereich(vorschau-)planung
		P: Auf einen Blick geprüfte Bauteile und Bereiche erkennen	P	QRP	QRK 1 Werkereigenprüfung
		P: Visualisieren von Qualitätskennzahlen	P	QRP	Transpar.Qualitätsziele u.-info.

Bauteilkennzeichnung	durchgängige Materialident., automatisierte Materialident. der MTS/ETO Material	Eindeutige Zuordnung von Lager und Einbauorten	PA40	PASV	5A(S)
		Eindeutige Teilebereitstellung, automatisierte Erfassung	PA41	JIT	JIT-Logistiksystemlösung (Abrufprodukte)
		Keine Fehlmontage	PA42	QRP	Fehlerverhinderung/-vermeidung
		P: Aus Objektdaten im 3D-CAD-System können Materialidents (Barcode) automatisiert und konsistent erzeugt werden	P	PASV	Produktstandardisierung
Objektvisualisierung	3D Visualisierung (Montagevorbereitung und Montage), Animation von Montageprozessen	Erhöhte Qualität der Planungen und Arbeitsvorbereitungen, Transparentere Montageanleitung	PA43	QRP	Fehlerverhinderung/-vermeidung
		Visualisierung als Werkzeug für Montagevorbereitungen	PA44	QRP	Mitarbeiterschulung/Ein-Punkt-Schul.
		P: 3-D-Montageplanung ermöglicht die Objektvisualisierung	P	PASV	Produktstandardisierung
5A (5S)	Ordnung und Sauberkeit, Sicherheit, "Alles hat einen Platz... ..ist am Platz"	Alles hat nach Einrichtungsstandard seinen Platz und ist am Platz	PA45	PASV	Einrichtungsstandardisierung
		Saubere/ordentliche AP als Voraussetzung für Qualitätserzeugung	PA46	QRP	Allgemein
		....als Grundlage zur Identifizierung von Verschwendung	PA7	KVP	Allgemein
		P: Fehllieferungen, Fehlbestände und falsche Bereitstellung schnell erkennbar	P	PASV	Bauteilkennzeichnungen
		Abweichungen vom Standard sofort erkennbar	P	PASV	Visualisierung im Prozess
		P: Verringert Materialpuffer auf Baustellen, kontrollierte Baulogistik	P	JIT	JIT-Logistiksystemlösung (Abrufprodukte)
		P: Arbeitsplätze mit nur minimalsten Hilfs- und Verbrauchsmaterialien	P	JIT	JIT-Logistiksystemlösung (Lagerprodukte) - Kanbansystem
		P: Sofort erkennbar, wenn gemeinsam geplante Bereichsplanung nicht eingehalten wird	P	JIT	Arbeitsbereich(-vorschau)planung
		P: Markieren von Standplätzen (gerahmte Stellplätze etc.)	P	JIT	Produktionsorientiertes Layout
		P: Mit Mitarbeitern und Nachunternehmern vereinbaren	P	QRP	Qualitätsvereinbarungen
		P: Sensibilisierung der Facharbeiter zur Reinhaltung	P	QRP	Mitarbeiterschulung/Ein-Punkt-Schul.
		P: Einhaltung des Erreichten ständig überprüfen	P	QRP	Audits
		P: Werker übernehmen indirekt Eigenverantwortung	P	APO	Bau-PS-Organisationsmodell

Kausalketten zu Hauptelement JIT Produktion / Logistik (JIT)

PS-Unterelement	Bestandteile	Aufgabe/Mehrwert		Haupt-Element	Unter-Element
Phasenplanung		Prozesse festlegen	J1	PASV	Ablaufstandardisierung
		Bauprozesse und -ablauf festgelegt	J3	JIT	Arbeitsbereichphasenplanung
		Prozesse und Schnittstellen erkennen und planen	J4	QRP	Arbeitspaket-Start-Check (QRK 3)
		Notwendige Vorleistungen und geschuldete Arbeitsergebnisse festlegen	J5	QRP	Kunden-Lieferanten-Beziehungen
		Gemeinsam neue Lösungen finden	J6	KVP	Qualitätszirkel PM
		Kooperative Planung schafft einen gemeinsamen KVP	J7	KVP	KVP-Wertschöpfungspartnersch.
		Startpunkt der Gruppenarbeit im Projekt	J8	APO	Gruppenarbeit PM Team
		Gemeinschaftliche Verantwortung in der Projektplanung	J9	APO	Bau-PS-Organisationsmodell
		Gemeinsam die Bauabläufe in Ablauf und Technologie verbessern	J10	KVP	KVP-Wertschöpfungspartnerschaften
		P: Standardprozesse beschleunigen Phasenplanung	P	PASV	Ablaufstandardisierung
		P: Termine und Randbedingungen für die Materialbereitstellung	P	QRP	Fehlerverhinderung/-vermeidung
		P: Bauabläufe nach praxisgerechter Planung gestalten oder umgestalten	P	APO	Partnering Nu/Lieferanten
		P: Puffer von allen preisgeben und Bauablauf gesamthaft optimieren			
Vorschauplanung	Restriktionsanalyse, Vorschau- u. Controlling - "make ready"	Nivelliert Schwankungen des Materialbedarfs, Bedarfsvorschau	J11	JIT	JIT-Logistiksystemlösung (Abrufprodukte)
		Terminiert im Vorschauprozess den Wochenplan	J12	JIT	Arbeitsbereich(-vorschau)planung
		Fehler im Prozess werden durch Restriktionsanalyse vermieden	J13	QRP	Fehlerverhinderung/-vermeidung
		Probleme durch Controllingprozess bereits im Vorfeld erkennbar	J14	KVP	Qualitätszirkel PM
		P: Restriktion Raum/Zugang im Vorfeld bestenfalls koordiniert	P	JIT	Arbeitsbereichphasenplanung
		P: Restriktion "Qualität" sichergestellt	P	QRP	Arbeitspaket-Start-Check (QRK 3)
Wochenarbeitsplanung	Controlling Aufgabenerfüllung, PM Meeting (PM/Globale Fehler-Ursachen-Analyse (→KVP), PEA-Auswertung/ Problembehebung, Wochenarbeitsplan	Fixiert im letzten Schritt die Wochenarbeiten	J15	JIT	Arbeitsbereich(-vorschau)planung
		Finalisiert die Planung des Ausführungszeitpunkt von Montageprozessen	J16	JIT	JIT-Logistiksystemlösung (Abrufprodukte)
		Fehler (Abweichungen) sammeln und dokumentieren (Eingang Fehlersam-melisten)	J17	QRP	Systematische Fehleranalyse
		Probleme identifizieren/transparent machen und dokumentieren	J18	KVP	Qualitätszirkel PM
		Fehler/Abweichungen (PEA=0) identifizieren	J19	KVP	Fehler-Ursachen-Analyse
		PEA-Trendauswertung spiegelt indirekt Produktivität wider	J20	APO	Zielvereinbarungen
		Wochenarbeitsplanung erlaubt es indirekt, mehr Verantwortung auf die Facharbeiter Gruppe zu delegieren	J21	APO	Gruppenarbeit Facharbeiter-Team
		Arbeitszusagen vom "letzten Planer" tatsächlich getroffen	J22	APO	Bau-PS-Organisationsmodell
Arbeitsbereichphasen-planung		Arbeitsbereichsplanung erstmals standardisieren	J23	PASV	Ablaufstandardisierung
		Arbeitsbereiche kooperativ geplant	J24	JIT	Vorschauplanung
		Grobplanung von Arbeits- und Lagerbereichen	J25	JIT	Produktionsorientiertes Layout
		P: Prozesse definiert und verterminiert als Vorgabe für Arbeitsbereich-planung	P	JIT	Phasenplanung
		P: Arbeitsbereichplanung als Qualitätsmerkmal	P	QRP	Qualitätsvereinbarungen

Kategorie	Instrument	Beschreibung	Nr.	Typ	Bezug
Arbeitsbereichvorschauplanung, Arbeitsbereichwochenplanung	Fortschreibung Arbeitsbereichplan im Vorschauprozess, Arbeitsbereichwochenplanung	Arbeitsbereichplan zur Visualisierung auf der Baustelle	J26	PASV	Visualisierung im Prozess
		Erstellt die Soll-Situation für die ordentliche Einrichtung der Baustelle	J27	PASV	5A(S)
		Bereitstellungslager an Einbauorten planen	J28	JIT	JIT-Logistiksystemlösung (Abrufprodukte)
		Ort von Lagerstationen planen	J29	JIT	JIT-Logistiksystemlösung (Lagerprodukte) - Kanbansystem
		Arbeits- und Lagerflächen geplant	J30	JIT	Produktionsorientiertes Layout
		P: Standardisierter Einrichtungen geben Input in die Arbeitsbereichplanung	P	PASV	Einrichtungstandardisierung
		P: Verknüpfung der Vorschau des Montageprozesses mit Arbeitsbereichplanung	P	JIT	Vorschauplanung
		P: Finalisiert den Arbeitsbereichplan	P	JIT	Wochenarbeitsplanung
Wertstromdesign		Vereinheitlicht Beschaffungsprozesse	J31	PASV	Ablaufstandardisierung
		Bestellfristen und Durchlaufzeiten definieren und vereinbaren	J32	JIT	Phasenplanung
		Beschaffungsprozesse planen und optimieren	J33	JIT	JIT-Logistiksystemlösung (Abrufprodukte)
		Verbesserungen in der Logistik über Unternehmensgrenzen auslösen	J34	KVP	KVP-Wertschöpfungspartnersch.
		P: Reduziert zu betrachtende Warengruppen der ETO/MTO-Materialien, gibt logistische Vorgaben	P	PASV	Produktstandardisierung
		P: Die Supply Chain zusammen verbessern	P	APO	Partnering Nu/Lieferanten
JIT- Logistiksystemlösungen (Abrufprodukte)	Materialbeschaffungssystem (MBS), Anlieferungsmanagementsystem, Logistik-Zentrum, Materialmanager	Ordnet den Beschaffungs- u. Bereitstellungslogistikprozess, Reduziert Puffer	J35	PASV	5A (SS)
		Bedarfsgerechte Materialversorgung	J36	JIT	Produktionsorientiertes Layout
		Steuerung der Beschaffung und Bereitstellung	J37	QRP	Fehlerverhinderung/-vermeidung
		Reduzierung von Zwischenlagerung, Umlagerungen und Transport	J38	KVP	Allgemein
		Geplante und transparente Beschaffung und Bereitstellung	J39	KVP	Allgemein
		P: Durchgängige, teils automatisierbare und eindeutige Teileidentifizierung und -bereitstellung	P	PASV	Bauteilkennzeichnung
		P: Reduziert Umfang der Bauteile und notwendigen Ressourcen	P	PASV	Produktstandardisierung
		P: Wesentliche Einbauteile in der Planung eindeutig ihrem Einbauort zugeordnet	P	PASV	Produktstandardisierung
		P: Reduziert die Materialgruppen von Einbauteilen	P	PASV	Bauteilstandardisierung
		P: Standards für Logistikeinrichtungen	P	PASV	Einrichtungsstandardisierung
		P: Beschaffung und Bereitstellung im Vorfeld planen und verbessern	P	JIT	Wertstromdesign
		P: Materialbeschaffung verknüpft mit Vorschauplanung (ePMS)	P	JIT	Vorschauplanung
		P: Definiert Bereitstellungszeitpunkt und Ort der Materialien	P	JIT	Wochenarbeitsplanung
		P: Bereitstellungslager platzieren	P	JIT	Arbeitsbereich(vorschau)planung
		P: Ressourcen und Kapazitäten werden in der Vorplanung geprüft	P	QRP	Fehlerverhinderung/-vermeidung
		P: kontinuierliche Verbesserung der Logistikprozesse	P	KVP	KVP-Wertschöpfungspartnersch.

JIT-Logistiksystem-lösungen (Lagerprodukte)-Kanbansystem	Innerbetrieblicher Routenverkehr, Außerbetrieblicher Routenverkehr, Materialbeschaffung und Steuerung	Nur die erfordlichen Teile und Mengen vor Ort	J40	PASV	5A (5S)
		Materialumlauf und Bedarf visualisiert	J41	PASV	Visualisierung im Prozess
		Bedarfsgerechte Versorgung von Hilfsstoffen und Kleinteilen	J42	JIT	Produktionsorientiertes Layout
		Möglichkeit der schrittweisen Reduzierung (weniger Kanban)	J43	KVP	Allgemein
		P: Insbesondere MTS-Produkte können in ihrer Anzahl mit Vorfertigung reduziert werden	P	PASV	Produktstandardisierung
		P: Reduziert die Materialgruppen von Verbrauchsstoffen/MTS-Produkten erheblich	P	PASV	Bauteilstandardisierung
		P: Standards für Logistikeinrichtungen	P	PASV	Einrichtungsstandardisierung
		P: Kanbanstationen (Lager) platzieren	P	JIT	Arbeitsbereich(vorschau)planung
Produktionsorientiertes Layout	Arbeitsraumplan, Lagerplan, Ausgestaltung der Arbeits- und Logistikbereiche	Alles hat seinen Platz…	J44	PASV	5A (5S)
		P: Standardarbeitsplätze und -einrichtungen sollen fortwährenden Einsatz gewährleisten.	P	PASV	Einrichtungsstandardisierung
		P: Arbeitsbereichplan wird mit visuellen Hilfsmitteln auf den Baustellen umgesetzt	P	PASV	Visualisierung im Prozess
		P: Geordnete und bedarfsgerechte Bereitstellung von Bauteilen	P	JIT	JIT-Logistiksystemlösung (Abrufprodukte)
		P: Planungsvorgabe für "dynamische" Baustellen- und Montageplatzeinrichtung / Lager- und Arbeitsflächen	P	JIT	Arbeitsbereichphasenplanung
		P: Ausreichender Materialbestand und frühzeitiger, einfacher Materialabruf	P	JIT	JIT-Logistiksystemlösung (Lagerprodukte) - Kanbansystem
		P: Abschließende Planungsvorgabe für "dynamische" Baustellen- und Montageplatzeinrichtung / Lager- und Arbeitsflächen	P	JIT	Arbeitsbereich(-vorschau)planung
		P: Den eigenen Arbeitsplatz analysieren und verbessern	P	KVP	Ideenmanagementsystem
		P: Arbeitsplätze optimal gestalten	P	KVP	Qualitätszirkel Facharbeiter-Teams
Allgemein		P: JIT-System in der Praxis überprüfen	P	QRP	Audits
		P: Qualität durch Einsatz von PMS JIT erzeugen	P	QRP	Qualitätsvereinbarungen
		P: JIT-System ständig verbessern und weiterentwickeln	P	KVP	Qualitätszirkel PM
		P: Systemimplementierungen	P	KVP	KVP-Workshops

Kausalketten zu Hauptelement Qualität und Robuste Prozesse

PS-Unterelement	Bestandteile	Aufgabe/Mehrwert	Haupt-Element	Unter-Element
Werkereigenprüfung (QRK 1)	Eigenprüfung, Checklisten, "Reißleine", Grenzmuster	Geprüfte und fehlerhafte Bauteile kennzeichnen	QR1	Visualisierung im Prozess
		Qualität von Anfang an ...	QR2	Kunden-Lieferanten-Beziehungen
		Eigenprüfung identifiziert Problempunkte	QR3	Ideenmanagementsystem
		Eigenprüfung folgt ein Problemlösungsprozess im Team	QR4	Qualitätszirkel Facharbeiter-Team
		P: Werkereigenprüfungen als Bestandteil der Arbeit machen	P	Qualitätsvereinbarungen
		P: Mitarbeiter in Qualitätsbewußtsein, Technik und Eigenprüfung schulen	P	Mitarbeiterschulung/Ein-Punkt-Schul.
		P: Eigenprüfungen verstärken durch Sensibilisierung und Methodik	P	KVP-Workshops
		P: Verstärktes Verantwortungsbewußtsein	P	Bau-PS-Organisationsmodell
Arbeitsgruppenprüfung (QRK 2)	Arbeitspaketchecklisten, Prüfprotokoll, Fehlersammelliste, Qualitätsreport	Fehler identifizieren	QR5	Systemat. Fehleranalyse
		Ergebnisse der Prüfungen werden im Qualitätsreport transparent dargestellt	QR6	Transparente Qualitätsziele u. information
		Wiederholte Fehler leiten Problemlösungsprozess ein (QZ Bauteam)	QR7	Qualitätszirkel Facharbeiter-Team
		Qualitätsziele aus Scoring der Arbeitsgruppenprüfung ableitbar	QR8	Zielvereinbarungen
		P: Arbeitsgruppenprüfung als Bestandteil der Gruppenarbeit vereinbaren	P	Qualitätsvereinbarungen
		P: Qualitätsanforderungen der nachfolgenden Gewerke in Prüfung berücksichtigen	P	Arbeitspaket-Start-Check (QRK 3)
		P: Gruppenprüfung einführen und effektiv gestalten	P	KVP-Workshops
		P: Rotation der Prüfer und offener Umgang mit Fehlern im Team	P	Gruppenarbeit Facharbeiter-Teams
Arbeitspaket-Start-Check (QRK 3)	Arbeitspaket-Start-Checkliste, Definierte Qualitätsanforderungen im Prozess, Ready Report	Check der erforderlichen Qualitätsvorleistungen im Prozess	QR9	Vorschauplanung
		Definition der Qualitätsanforderung an jeweiligen Vorläufer	QR10	Arbeitsgruppenprüfung (QRK 2)
		Qualitätsanforderungen des Nachfolgers (Kunden) an Vorgänger (Lieferant) definiert und geprüft	QR11	Kunden-Lieferanten-Beziehungen
		Ready Report informiert über bestandene Qualitätsprüfung	QR12	Transparente Qualitätsziele u. -info.
		Probleme im System gesamthaft erkennen und gemeinsam lösen	QR13	KVP-Wertschöpfungspartnerschaften
		P:Kunden-Lieferanten im Prozess erkennen	P	Phasenplanung
		P: Arbeitspaket-Start-Check unter den Beteiligten im Projekt vereinbaren	P	Qualitätsvereinbarungen
		P: Vertrauen, um gemeinsam Qualität zu erzeugen statt Fehler zu dokumentieren	P	Partnering NU/Lieferanten

Hinweis: Die Spalte "Haupt-Element" enthält folgende Werte (von oben nach unten): PASV, QRP, KVP, KVP, QRP, QRP, KVP, APO, QRP, QRP, KVP, APO, QRP, QRP, KVP, APO, JIT, QRP, QRP, QRP, KVP, JIT, QRP, APO.

Kategorie	Methoden/Werkzeuge	Beschreibung	Code	Typ	Bezeichnung
Kundenprüfung (QRK 4)	Abnahme, Inbetriebnahme, Prüfung, Kundenqualitäts-sensor, Fehlersammelliste	Fehler aus Kundenprüfung erfassen und in Sammellisten sammeln	QR14	QRP	Systemat. Fehleranalyse
		Qualitätskennzahlen als Kundenqualitätssensor definieren	QR15	QRP	Transparente Qualitätsziele u. -information
		Mängel erfassen, auswerten und ein Problemlösungsprozess einleiten	QR16	KVP	KVP-Workshops
		Qualität wird nach Kundenkriterien geprüft und gibt Indiz über derzeitige Produktqualität und Kundenzufriedenheit	QR17	KVP	KVP-Teams
		Qualitätskennzahlen als Ergebnis der Prüfung bilden	QR18	APO	Zielvereinbarungen
Fehlerverhinderung/ -vermeidung	Produkt-, Prozess- u. Betriebsmittel-Standards, Constructability Review, Poka Yoke-Prinzip, Änderungs-Wirkungsanalyse, Fehlerver-meidungsmaßnahmen	Planungen nach Ausführungskriterien überprüfen, ggf. Änderungen hinsichtlich der Auswirkungen analysieren	QR19	JIT	Phasenplanung
		Constructability Review gibt vor und überprüft auch Beschaffung und Bereitstellung von Bauteilen insbesondere bei Vorfertigung	QR20	JIT	JIT-Logistiksystemlösung (Abrufprodukte)
		P: Verbesserte Montagevorbereitung und Anschaulichkeit verringert fehlerhafte Montagen	P	PASV	Objektvisualisierung
		P: keine Verwechslung von Bauteilen sowie Fehlmontagen	P	PASV	Bauteilkennzeichnung
		P: Produktstandards reduzieren die fehleranfälligere Baustellenmontage	P	PASV	Produktstandardisierung
		P: Montagevereinfacht, Verwechslungen reduziert, Fehler reduzieren	P	PASV	Bauteilstandardisierung
		P: Wiederholte Fehler werden durch Prozesstandards vermieden	P	PASV	Ablaufstandardisierung
		P: Betriebsmittelstandards reduzieren Fehler und Störungen	P	PASV	Einrichtungsstandardisierung
		P: Wiederholte Analysen reduziert Fehler im Prozess durch fehlende Voraussetzungen	P	JIT	Vorschauplanung
		P: Reduzierung von Fehl- und Falschlieferungen, gesicherte Materialverfügbarkeit	P	JIT	JIT-Logistiksystemlösung (Abrufprodukte)
		P: Entwicklung von Fehlervermeidungsmaßnahmen	P	KVP	Ideenmanagementsystem
		P: Entwicklung von Fehlervermeidungsmaßnahmen	P	KVP	Qualitätszirkel PM
		P: Entwicklung von Fehlervermeidungsmaßnahmen	P	KVP	Qualitätszirkel Facharbeiter-Team
Mitarbeiterschulung/Ein-Punkt-Schulung	Ein-Punkt-Schulung, Toolbox-Talks	Schulung der Einrichtungsstandards	QR21	PASV	Einrichtungsstandardisierung
		Anleitung zu mehr Ordnung und Sauberkeit	QR22	PASV	5A(S)
		Schulung der Methodik der Standardisierung und Ablaufstandards	QR23	PASV	Ablaufstandardisierung
		Anleitung zur Qualitätsprüfung	QR24	QRP	Werkereigenprüfung (QRK 1)
		P: Schulen nach Standards (Bauteile)	P	PASV	Bauteilstandardisierung
		P: Schulen der Mitarbeiter in definierten Standardprozessen	P	PASV	Ablaufstandardisierung
		P: Den aktuellen Stand und Bedarf ausweisen	P	PASV	Visualisierung im Prozess
		P: Montageschritte visualisieren	P	PASV	Objektvisualisierung
		P: Verbesserungen auf der Shop-Floor-Ebene vermitteln und umsetzen	P	KVP	Allgemein
Systematische Fehler-analyse	Auswertung und Analyse der Fehlersammelliste, Qualitäts-regelkarte	Fehlerhäufigkeit und Ursachen auswerten	QR25	QRP	Transparente Qualitätsziele u. -inform.
		Häufige Fehler erfordern zusätzliche Analysen	QR26	QRP	Audits
		Auswertung und Analyse auftretender Fehler machen Probleme ersichtlich	QR27	KVP	Allgemein
		P: Aus Fehlern lernen und nicht wiederholen	P	JIT	Wochenarbeitsplanung
		P: Fehlersammellisten werden aus QRK 2 erstellt	P	QRP	Arbeitsgruppenprüfung (QRK 2)
		P: Auswertung der Fehlersammellisten aus QRK 4	P	QRP	Kundenprüfung (QRK 4)

	System, Verfahren, Produkt		Code		
Audits	System, Verfahren, Produkt	Abläufe auf Sicherheit, Qualitätsfähigkeit und Zuverlässigkeit überprüfen	QR28	PASV	Ablaufstandardisierung
		Maßnahmen erhalten	QR29	PASV	5A(S)
		Wirksamkeit und Angemessenheit des gewählten Systems in der Praxis nochmals überprüfen	QR30	JIT	Allgemein
		Überprüfung der Wirksamkeit der Qualitätssicherungsmaßnahmen (Qualitätsregelkreise)	QR31	QRP	Allgemein
		P: Treten Fehler vermehrt auf kann durch ein Audit der Sache konzentriert auf den Grund gegangen werden	P	QRP	Systematische Fehleranalyse
Transparente Qualitätsziele	Kundenqualitätssensor, Qualitätsreport, Qualitätskennzahlen	Qualität soll und ist jedem bekannt	QR32	PASV	Visualisierung im Prozess
		Qualitätsziele und -leistungen des Projekts darstellen	QR33	APO	Gruppenarbeit PM Team
		Qualitätsziele und -leistungen der Arbeitsgruppen als Motivator ausweisen	QR34	APO	Gruppenarbeit Facharbeiter-Teams
		Qualitätsziele u. -leistungen der beteiligten Unternehmen offen ausweisen	QR35	APO	Partnering NU/Lieferanten
		P: Scoring der Arbeitsgruppenprüfung steigert die Motivation	P	QRP	Arbeitsgruppenprüfung (QRK 2)
		P: Ready Report zeigt an, dass ein Arbeitspaket ohne Behinderung ausgeführt werden kann	P	QRP	Arbeitspaket-Start-Check (QRK 3)
		P: Qualitätskennzahlen aus Kundenprüfung bilden und transparent machen	P	QRP	Kundenprüfung (QRK 4)
		P: Auswertung der Fehlersammellisten transparent machen	P	QRP	Systematische Fehleranalyse
		P: Gesetzte und vereinbarte Ziele allen transparent machen	P	APO	Zielvereinbarungen
Kunden-Lieferanten-Beziehungen		P: Kunden und Lieferanten im Bauprozess definieren, Leistung koordin.	P	JIT	Phasenplanung
		P: Qualität schon beim ersten Kunden im Prozess	P	QRP	Werkereigenprüfung (QRK 1)
		P: Aufbau eines internen Kunden-Lieferanten-Verhältnis in Q-Prüfung	P	QRP	Arbeitspaket-Start-Check (QRK 3)
Qualitätsvereinbarungen		Organisatorische/technische Anforderungen an die betriebliche Leistungserstellung vereinbaren	QR36	PASV	Einrichtungsstandarisierung
		Ordnung und Sauberkeit verankern	QR37	PASV	5A(S)
		Ablaufstandardisierungen miteinander vereinbaren	QR38	PASV	Ablaufstandardisierung
		Arbeitsraumplanung und deren Einhaltung vereinbaren	QR39	JIT	Arbeitsbereichphasenplanung
		PMS als Grundlage der JIT-Produktion verbindlich machen	QR40	JIT	Allgemein
		QRK 1 Eigenprüfung verbindlich machen	QR41	QRP	Werkereigenprüfung (QRK 1)
		QRK 2 Arbeitsgruppenprüfung verbindlich machen	QR42	QRP	Arbeitsgruppenprüfung (QRK 2)
		QRK 3 Arbeitspaket-Start-Check verbindlich machen	QR43	QRP	Arbeitspaket-Start-Check (QRK 3)
Allgemein		P: Qualitätssicherung im Ablauf vereinheitlichen	P	PASV	Ablaufstandardisierung
		P: Ordnung und Sauberkeit erhöht die Qualität	P	PASV	5A(S)
		P: Qualitätsregelkreise/sicherungsmaßnahmen überprüfen u. verbessern	P	QRP	Audits
		P: Qualitätsregelkreise/sicherungsmaßnahmen als tägliche Leistung miteinander vereinbaren	P	APO	Leistungsvereinbarungen

Kausalketten zu Hauptelement Kontinuierliche Verbesserung (KVP)

PS-Unterelement	Bestandteile	Aufgabe/Mehrwert		Haupt-Element	Unter-Element
Ideenmanagementsystem	Selbstanalyse, VUU-Verfahren, Ideendialog, Problemidentifizierung, IMS-Bewertungsindize	Standardbauteile mit neuen Ideen in Technik und Montage verbessern	K1	PASV	Bauteilstandardisierung
		Einrichtungsstandards weiterentwickeln	K2	PASV	Einrichtungsstandardisierung
		Abläufe besser und einfacher gestalten	K3	PASV	Ablaufstandardisierung
		Arbeitsplatz besser gestalten	K4	JIT	Produktionsorientiertes Layout
		Neue Ideen zur Fehlervermeidung entwickeln	K5	QRP	Fehlerverhinderung/-vermeidung
		Ideen entwickeln und zur Diskussion stellen	K6	KVP	Qualitätszirkel Facharbeiter-Teams
		Teilnahme und Motivation des Einzelnen am Verbesserungsprozess	K7	APO	Bau-PS-Organisationsmodell
		IMS-Bewertungsindizes bilden, um Erfolg des Ideenmanagement zu quantifizieren und Ziele abzuleiten	K8	APO	Zielvereinbarungen
		P: Probleme erkennen	P	PASV	Visualisierung im Prozess
		P: Aus der Eigenprüfung entstehen neue Ideen	P	QRP	Werkereigenprüfung (QRK 1)
Qualitätszirkel PM	PM-Ursachenanalyse, PM-Problemspeicher	Ursachen von Störungen im Prozess finden, Prozesse optimieren und verbindlich machen	K9	PASV	Ablaufstandardisierung
		Probleme der JIT-Produktion /Logistik erkennen und gemeinsam beheben	K10	JIT	Allgemein
		Aus Fehlern lernen	K11	QRP	Fehlerverhinderung/-vermeidung
		Komplexe Probleme erkennen und Lösungsprozess mit Dritten anstoßen	K12	KVP	KVP-Teams
		Problemlösungsprozess in der Gruppe	K13	APO	Gruppenarbeit PM Team
		P: Transparente Prozesse und Abläufe erleichtern Verbesserung	P	JIT	Phasenplanung
		P: Probleme im Vorfeld erkennen und beseitigen	P	JIT	Vorschauplanung
		P: Probleme des PM füttern Problemspeicher des Zirkels	P	JIT	Wochenarbeitsplanung
		P: Fehler-Ursachen-Analyse deckt Probleme zur Lösung auf	P	KVP	Fehler-Ursachen-Analyse
		P: Beteiligung aller Wertschöpfungspartner (NU, Lieferanten) am Problemlösungsprozess	P	KVP	KVP-Wertschöpfungspartnerschaften
Qualitätszirkel Facharbeiter-Teams	Facharbeiterteam-Problemspeicher, Bau- und Supportprozesse verbess.	Abläufe, Bauteile und Einrichtungen der Montage verbessern und weiterentwickeln	K14	PASV	Bauteilstandardisierung
		Abläufe, Bauteile und Einrichtungen der Montage verbessern und weiterentwickeln	K15	PASV	Einrichtungsstandardisierung
		Abläufe, Bauteile und Einrichtungen der Montage verbessern und weiterentwickeln	K16	PASV	Ablaufstandardisierung
		Arbeitsplätze und Gestaltung verbessern	K17	JIT	Produktionsorientiertes Layout
		Fehlervermeidungsmaßnahmen als Ergebnis des QZ	K18	QRP	Fehlerverhinderung/-vermeidung
		Bei komplexeren Problemen einen Lösungsprozess im Workshop einleiten	K19	KVP	KVP-Workshops
		Problemlösung erfolgt in der Arbeitsgruppe	K20	APO	Gruppenarbeit Facharbeiter Team
		P: Probleme im Team besser lösen	P	QRP	Werkereigenprüfung (QRK 1)
		P: Identifizierte Fehler in der Gruppe abstellen	P	QRP	Arbeitsgruppenprüfung (QRK 2)
		P: Ideen einzelner in der Gruppe weiterentwickeln	P	KVP	Ideenmanagementsystem

Bereich	Unterkategorie	Prozess / Maßnahme	Code	Methode	Bezeichnung
KVP-Workshops	Implementierungsworkshop, Verbesserungsworkshop	Implementierung der Methoden des JIT-Systems (Produktion/Logistik)	K21	JIT	Allgemein
		Implementierung der Qualitätsregelkreise und Qualitätsbewusstsein	K22	QRP	Werkereigenprüfung (QRK 1)
		Arbeitsgruppenprüfungen einführen und effektiv gestalten	K23	QRP	Arbeitsgruppenprüfung (QRK 2)
		Implementierung KVP-Konzept	K24	KVP	Allgemein
		Implementierung des Organisationsmodells - Gruppenarbeit	K25	APO	Allgemein
		P:Fehler/Mängel zur Kundenzufriedenheit nachhaltig beseitigen, Maßnahmen finden	P	QRP	Kundenprüfung (QRK 4)
		P: Probleme der Shop-Floor-Ebene im gemischten Team des Workshops lösen	P	KVP	Qualitätszirkel Facharbeiter-Teams
KVP-Teams	eKVP, Management-orientierter KVP, GPS-Team	P: Auslösen von managementorientierten Maßnahmen zur Qualitätsverbesserung	P	QRP	Kundenprüfung (QRK 4)
		P: Komplexe Probleme durch Expertenteams lösen	P	KVP	Qualitätszirkel PM
		P: Gemeinsam neue Prozessstrategien entwickeln	P	APO	Partnering NU/Lieferanten
KVP-Wertschöpfungspartnerschaften	Integration und Austausch	KVP-Prozess in der Beschaffung und Bereitstellung mit Lieferanten u. NU	K26	JIT	JIT Logistiksystemlösung
		Integration und Austausch im Team aller Beteiligten	K27	KVP	Qualitätszirkel PM
		Gemeinsame Weiterentwicklung von Produkten	P	PASV	Produktstandardisierung
		P: Lieferprozesse mit Lieferanten / NU gemeinsam verbessern	P	JIT	Wertstromdesign
		P: Kooperative Planung stärkt das Vertrauen und fördert Verbesserungen	P	JIT	Phasenplanung
		P: Stetige Verbesserung der Bauabläufe	P	JIT	Phasenplanung
		P: Probleme über eigene Gewerk-oder Unternehmensgrenzen wahrnehmen, kommunizieren und lösen	P	QRP	Arbeitspaket-Start-Check (QRK 3)
		P: Voraussetzungen für gemeinsamen KVP schaffen	P	APO	Partnering NU/Lieferanten
Fehler-Ursachen-Analyse	PM-F-U-Analyse, Globale F-U-Analyse	Probleme und wirkliche Ursachen offenlegen, Problemlösung im PM Team anstoßen	K28	KVP	Qualitätszirkel PM
		P: PEA=θ folgt die Ursachensuche und Einleitung des Verbesserungsprozesses	P	JIT	Wochenarbeitsplanung
Allgemein		Verbesserungen auf der Shop-Floor-Ebene einfach umsetzen	K29	QRP	Mitarbeiterschulung/Ein-Punkt-Schul.
		P: Standardisierte Problemlösungsprozesse strukturieren und erhalten KVP	P	PASV	Ablaufstandardisierung
		P: Prozessstandards bilden den Ausgangspunkt der fortwährenden Verbesserung	P	PASV	Ablaufstandardisierung
		P: Kommunikation unterstützen, Ergebnisse umsetzen	P	PASV	Visualisierung im Prozess
		P: Reduzierung von Verschwendungen (Lagerung, Fehllieferung, Transport), Kapitalbindung	P	JIT	JIT Logistiksystemlösung (Abrufprodukte)
		P: Transparenter Logistikprozesse als Basis für weitere Verbesserugn	P	JIT	JIT Logistiksystemlösung (Abrufprodukte)
		P: Reduzierung von Umlaufmaterial, Materialbestand	P	JIT	JIT Logistiksystemlösung (Lagerprodukte)-Kanbansystem
		P: KVP im Unternehmen einführen	P	KVP	KVP-Workshop
		P: KVP ist Aufgabe für jeden	P	APO	Leistungsvereinbarungen

Kausalketten zu Hauptelement Arbeits- u. Prozessorganisation (APO)

PS-Unterelement	Bestandteile	Aufgabe/Mehrwert		Haupt-Element	Unter-Element
Gruppenarbeit PM Team		Gruppenarbeitsprinzip ermöglicht es Verantwortungen nach unten zu delegieren	A1	APO	Bau-PS-Organisationsmodell
		P: LPS™ verstärkt und erfordert die Gruppenarbeit im PM	P	JIT	Phasenplanung
		P: Motivation zur Qualität in der Gruppe	P	QRP	Transpar. Qualitätsziele/ -information
		P: Qualitätszirkel erfordert und setzt die Gruppenarbeit im PM um	P	KVP	Qualitätszirkel PM
Gruppenarbeit Facharbeiter-Teams		Gruppenarbeit ermöglicht gleichberechtigte, offene Qualitätsprüfungen, Rotationsprinzip der Verantwortlichen	A2	QRP	Arbeitsgruppenprüfung (QRK 2)
		Gruppenarbeitsprinzip ermöglicht es Verantwortungen nach unten zu delegieren	A3	APO	Bau-PS-Organisationsmodell
		P: Wir Gefühl durch Einheitskleidung schaffen, Gruppen zuordnen können	P	PASV	Visualisierung im Prozess
		P: Gruppenarbeit wird durch Organisationsstandards (Regelkommunikation, Gruppengespräche) gestützt und erhalten	P	PASV	Ablaufstandardisierung
		P: Definierte und klare Arbeitsplanungen ermöglichen eigenverantwortliche Gruppenarbeit auf der Baustelle	P	JIT	Wochenarbeitsplanung
		P: Motivation Qualität im Team zu erzeugen, Wettbewerb	P	QRP	Transpar. Qualitätsziele/ -information
		P: QZ erfordert und verstärkt gleichzeitig die Gruppe	P	KVP	Qualitätszirkel Facharbeiter-Teams
Partnering NU/Lieferanten	Partnerschaftliche Verträge und Verhalten	Gemeinsam erfolgreich wirtschaften und zu Organisationsprinzipien bekennen	A5	PASV	Einrichtungsstandardisierung
		Partnering schafft Vertrauen eigene Reserven preiszugeben	A6	JIT	Phasenplanung
		Supply Chain Management ermöglichen	A7	JIT	Wertstromdesign
		Gemeinsam Qualität erzeugen	A8	QRP	Arbeitspaket-Start-Check (QRK 3)
		Langfristige Partner haben Interesse, ihre Zusammenarbeit ständig zu verbessern	A9	KVP	KVP-Wertschöpfungspartnerschaften
		Neue Wege der Zusammenarbeit gehen	A10	KVP	KVP-Teams
		P: Offene und partnerschaftliche Kommunikation von Qualitätszielen	P	QRP	Transpar. Qualitätsziele/ -information
		P: Leistungsvereinbarungen zwischen den Unternehmen festlegen	P	APO	Leistungsvereinbarungen

Gruppe		Beschreibung	ID	Code	Verweis
Zielvereinbarungen		Qualitätsziele vereinbaren und kundtun	A11	QRP	Transpar. Qualitätsziele/ -information
		Unternehmens-/Projektziele definieren	A12	APO	Leistungsvereinbarungen
		P: Ziele transparent machen	P	PASV	Visualisierung im Prozess
		P: PEA-Trendauswertung kann eine Zielgröße definieren	P	JIT	Wochenarbeitsplanung
		P: Qualitätsziele für die Arbeitsgruppen definieren	P	QRP	Arbeitsgruppenprüfung (QRK 2)
		P: Qualitätskennzahlen (Fehler/Mängelquote) als globales Ziel vereinbaren	P	QRP	Kundenprüfung (QRK 4)
		P: IMS-Bewertungsindizes zur Zielvereinbarung und Beurteilung der Bauleitung	P	KVP	Ideenmanagementsystem
Leistungsvereinbarungen		Qualitätsregelkreise/-sicherungsmaßnahmen ist Teil der Leistungsziele	A13	QRP	Allgemein
		KVP als Leistung vereinbaren	A14	KVP	Allgemein
		Offene Vereinbarung von Leistungsstandards in Kommunikation mit Gruppenmitgliedern	A15	APO	Bau-PS-Organisationsmodell
		Leistungsvereinbarungen sind Grundlage partnerschaftlicher Verträge	A16	APO	Partnering NU/Lieferanten
		P: Unternehmensziele/Projektziele sind Teil jeder Leistungsvereinbarung	P	APO	Zielvereinbarungen
Bau-PS-Organisations-modell	Verantwortungsdelegation	Eigenverantwortung beginnt bereits im Kleinen	A17	PASV	5A(S)
		Eigenverantwortung motiviert zur Arbeitsqualität	A18	QRP	Werkereigenprüfung (QRK 1)
		P: Gestaltungsfreiheit und Verpflichtungen zur kooperativen Projektabwicklung	P	JIT	Phasenplanung
		P: Subsidiarität in der Ablaufplanung	P	JIT	Wochenarbeitsplanung
		P: Enrichment durch Einbringung und Umsetzung eigener Ideen	P	KVP	Ideenmanagementsystem
		P: "Bottom-up"-Organisation durch Gruppenarbeit ermöglichen	P	APO	Gruppenarbeit PM Team
		P: Rückkopplung in der Definition von Leistungsstandards	P	APO	Leistungsvereinbarungen
		P: "Bottom-up"-Organisation durch Gruppenarbeit ermöglichen	P	APO	Gruppenarbeit Facharbeiter-Teams
Allgemein		P: Kommunikation in Organisation und Gruppen vereinfachen	P	PASV	Visualisierung im Prozess
		P: Gruppenarbeit im Unternehmen entwickeln	P	KVP	KVP-Workshops

Beziehungsschemata

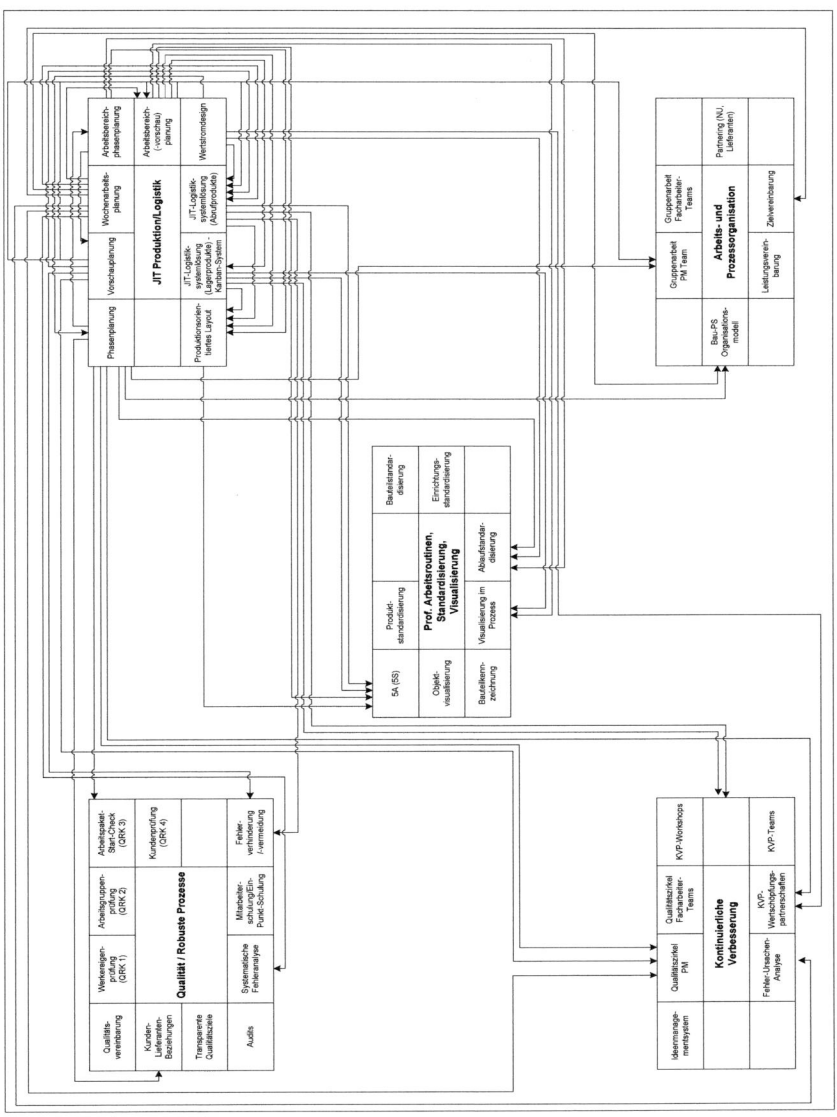

Abb. 71: Beziehungsschemata: aussendende Beziehungen des Elements JIT

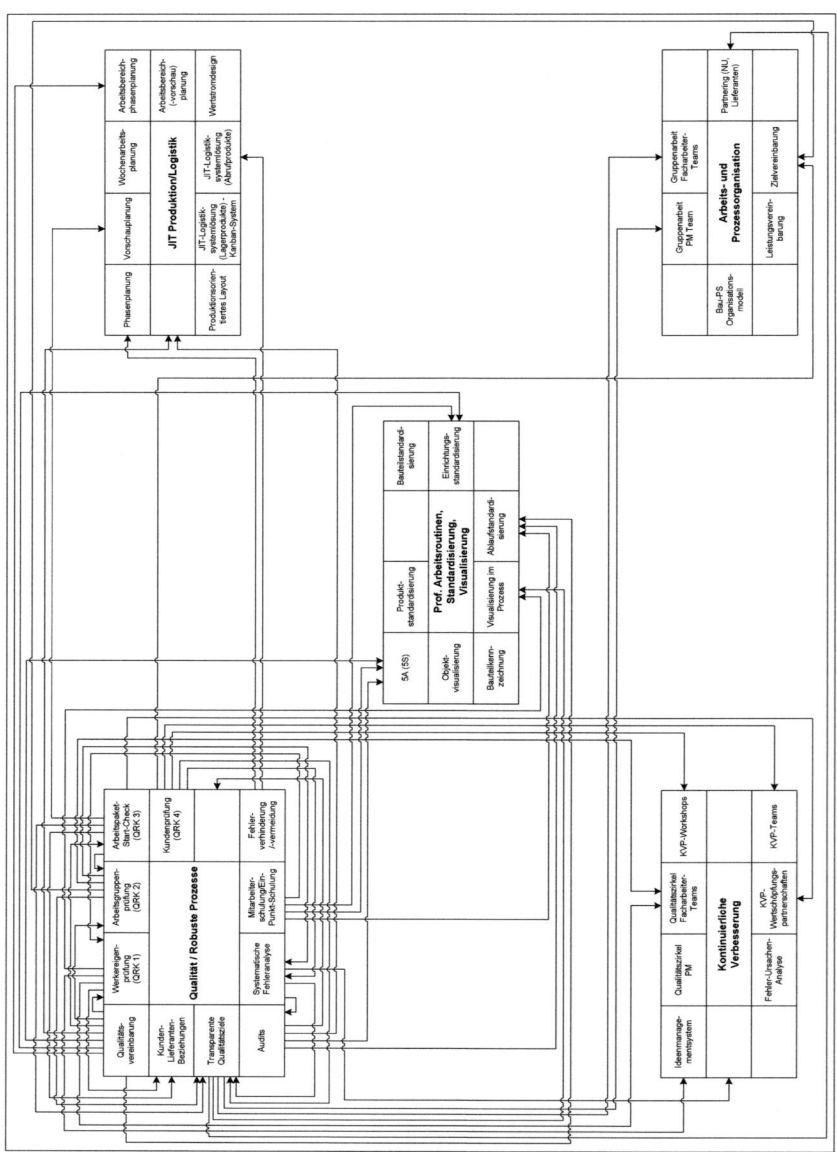

Abb. 72: Beziehungsschemata: aussendende Beziehungen des Elements QRP

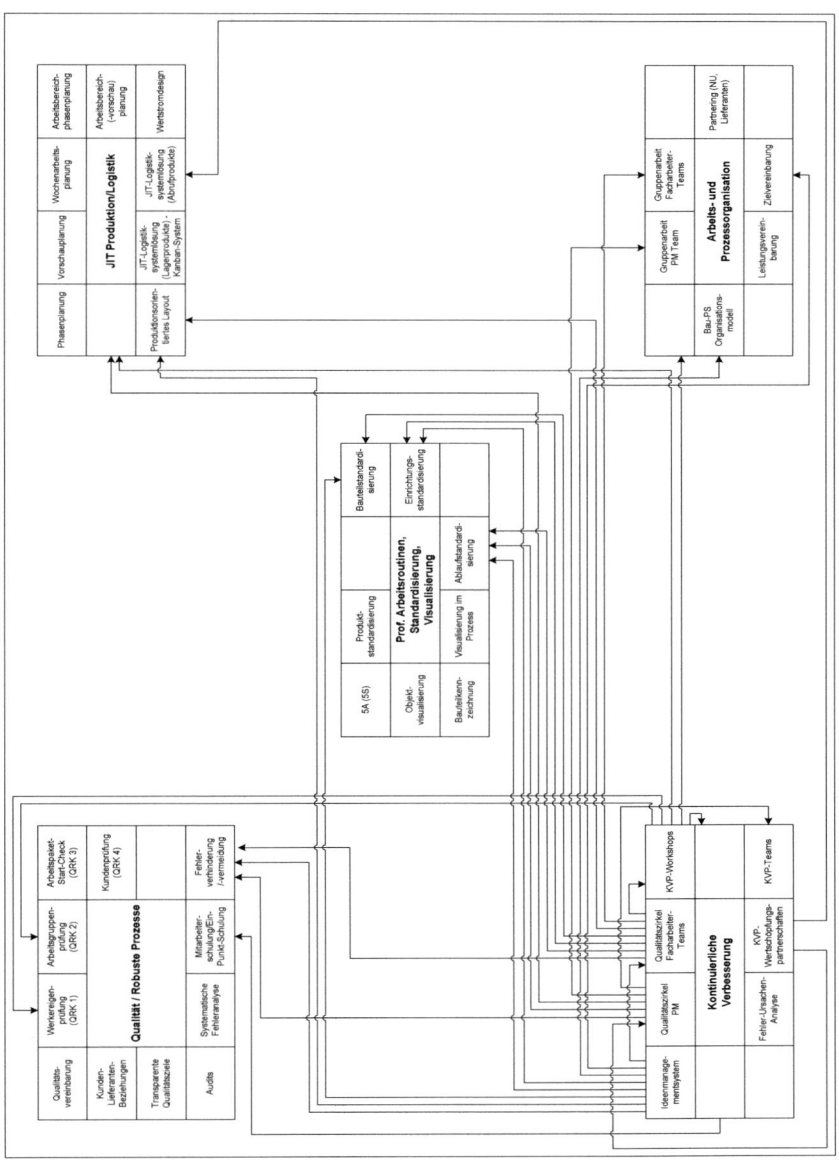

Abb. 73: Beziehungsschemata: aussendende Beziehungen des Elements KVP

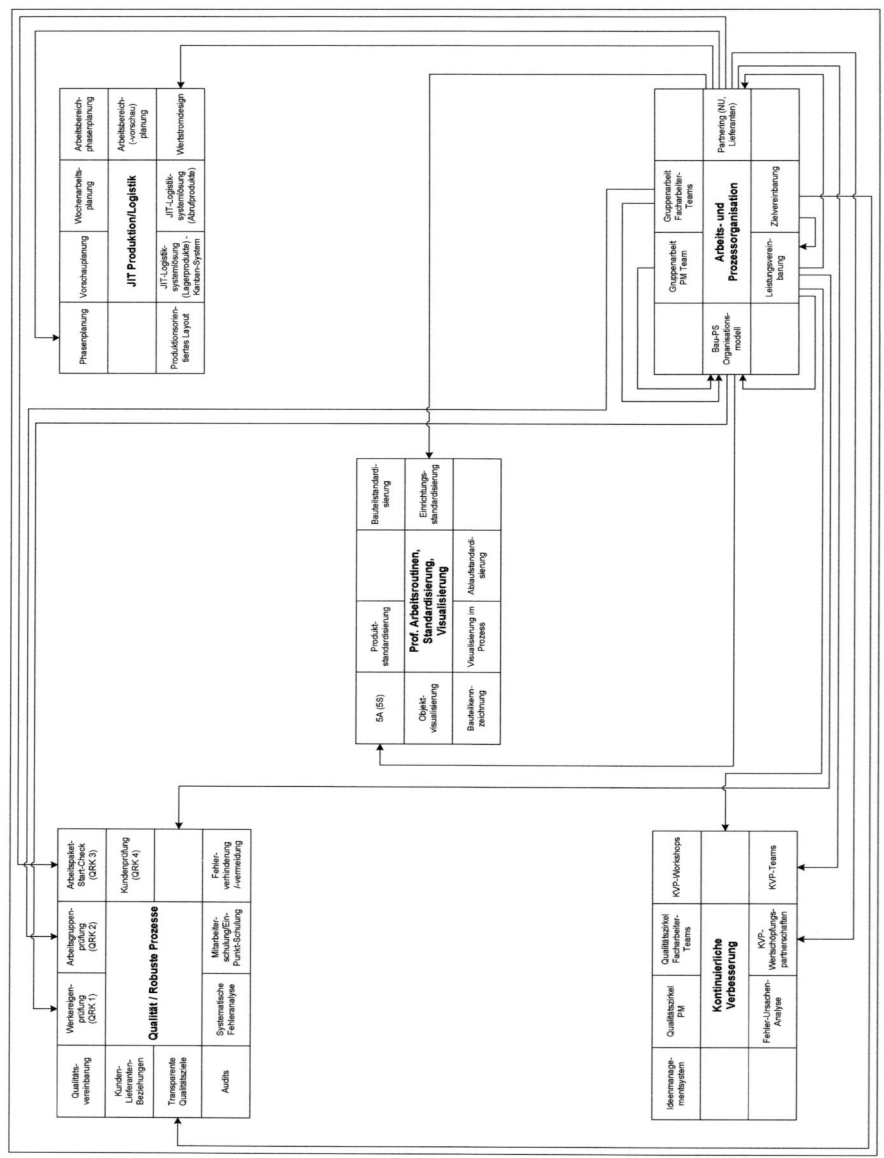

Abb. 74: Beziehungsschemata: aussendende Beziehungen des Elements APO

Anhang 6: Fallbeispiel - Problemidentifikation

Problemidentifikation		
Identifizierte A-Probleme		**Beschreibung und Quellenangabe (kodierte Einzelaussagen aus Interviews)**
Planung und technische Bearbeitung	Unzureichende Qualität und Detaillierung der Planungsvorgabe	"…zu 90% entspricht die Ausführungsplanung nur einer Entwurfsplanung, d.h. sie ist in Detaillierungsgrad und Qualität unzureichend" [1.23.1]
		"…die Qualität der Planung ist heute ungenügend…"[2.11.2];
		"…aufgrund der schlechten Honorare entspricht die Ausführungsplanung vielfach nur der Qualität und Detaillierung einer Entwurfsplanung"[3.22.3] "…heute ist meist noch nicht mal die Funktionalität der Bauteile und deren Montage in der Ausführungsplanung des Planers gewährleistet, so dass Planungen von uns umfassend geprüft und häufig verbessert werden müssen"[3.22.5]
		"Tendenziell ist eine Verschlechterung der Qualität in der Planung zu beobachten, welche bei uns zu direkt Mehrkosten in der technischen Bearbeitung führt"[4.22.6], "Aufgrund der vielfach kurzen Planungszeiten in den Projekten liegt nur eine unbefriedigende Planreife seitens der Fachplaner bei Baubeginn vor" [4.22.3]
		"Selbst bei funktionalen Beschreibung auf Basis der Entwurfsplanung sind diese meist nicht vollständig und korrekt" [5.31.8]
	Unzureichende Koordination der Gewerkeplanung in den Planungsvorgaben	Mehrfache Erstellung der Ausführungsplanungen aufgrund unzureichender Koordination der Planungen zwischen Roh-, Ausbau und Gebäudetechnik [2.00.2]; ".die in der Ausschreibung so schön bezeichnete "koordinierte Ausführungsplanung ist in vielen Fällen nicht gegeben…oft nicht mal mit Architektur plänen, zwischen den Technikgewerken noch weniger" [2.53.3]
		" …zum Beispiel Durchbruch- und Aussparungspläne sind häufig entweder falsch geplant und/oder falsch ausgeführt, was letztlich neben Nacharbeiten auch neue Umplanungen erforderlich machen" [5.23.1]
		"Nur in 40% der Fälle liegt trotz vertraglicher Zusicherung der Idealfall ein koordinierten Ausführungsplanung vor"[5.23.1]
Industrielles Bauen	Vorfertigung wird in zu geringem Masse in der Praxis umgesetzt	"Allgemein werden heute zu wenige Bauteile vorgefertigt. Nur etwa 5% des Auftragsvolumens ist der durchschnittliche Anteil an Vorfertigung in den Projekten"[1.41.1]
		"Im Projekt wurde keine Vorfertigung eingesetzu da wir zu spät im Projekt beteiligt wurden und unsere Planungszeiten zur technischen Bearbeitung zu gering waren" [3.41.1]
		"Unser Handlungsspielraum ist für die Vorfertigung sehr eingeschränkt. I.d.R. haben wir keinen direkten Einfluss auf den Gesamtablauf der Baustelle, bieten aber immer aus unserer Sicht sinnvolle Vorschläge dem Kunden an (z.B. Vorfertigung mit angepassten Bauablauf" [4.68.2]
		"…wesentliches Verbesserungspotential in der Baumontage liegt u.a. in einer stärkeren
Bauablaufplanung u. -steuerung	Unkoordinierte Ablaufplanung und -steuerung (der eigenen Gewerke / Zusammenspiel mit Vor- und Nebengewerken)	"…wesentliches Verbesserungspotential liegt in einer besseren Projekt-Terminplanung, -koordination u. -steuerung um letztlich eine bessere Kapazitätsplanung für uns zu erzielen" [2.68.1]
		"Unzureichende Koordination und Austausch erforderlicher Informationen zwischen den Beteiligten" [2.68.2] "Die Terminplanung wird meist von Jemanden erarbeitet, der kein Knowhow und geringe Kompetenz in der Gebäudetechnik und deren Montage besitzt. Als Ergebnis wird dann die Gewerkefolgen und logischen Montageabläufe in der Terminplanung nicht richtig abgebildet"[3.68.1]
		"der Bauablauf der Technikgewerke steht immer stark in Abhängigkeit vom Ablauf und Fortschritt des Roh- und Ausbaus"[4.64.1]…"Die Verbesserung des Bauabläufs ist durch den RTP des AG und den Schnittstellen zu Roh- und Ausbau von vornherein bestimmt"[4.68.1]
		"Ein Hauptproblem auf der Baustelle liegt in der übergreifenden Koordination der eigenen Gewerke als auch zum Roh- und Ausbau" [2.76.1]
		"…aus der Vielzahl der Beteiligten in den Projekten entstehen im eigenen Unternehmen als auch extern zu allen vor- und nebengelagerten Gewerken eine hohe Zahl an Schnittstellen…deren Koordination ist schwierig und meist ungenügend"[4.11.2]
		"…es erfolgt keine direkte Koordination von uns mit den Beteiligten anderer Gewerke sondern immer durch den AG und dessen Projektsteuerers"[5.61.7]
		"…Vorleistungen für unsere Montagen sind vielfach nicht fristgerecht erbracht oder behindern unsere Nebenleistungen, so ist folglich die eigene Material- und Personaldisposition und Ablaufplanung sofort gestört"[5.11.5]

Problemidentifikation

Identifizierte A-Probleme	Beschreibung und Quellenangabe (kodierte Einzelaussagen aus Interviews)
Logistik — Hohe Such- und Wegzeiten in der Baustellenlogistik (Materialbereitstellung/ -verteilung)	"Bauteile werden nach Möglichkeit direkt zum Einbauort antransportiert...wie im Beispielprojekt war dies nicht möglich da durch große Anlieferungen und gleichzeitig engen Verhältnissen am Einbauort mehrere Zwischenlagerungen ungeplant durch geführt werden mussten"[2.92.2]
	"Auf den Baustellen wird sehr oft und unnötigerweise Material gesucht. Wir versuchen bereits durch Bestellung in kleinen Arbeitsabschnitten das Material gerichteter abzurufen und das Material auf der Baustelle insgesamt zu verringern"[3.11.4]
	"Vielfach wird die angelieferten Materialien nicht vollständig in Ihrer Menge überprüft. Dann wir die Arbeiten unterbrochen, das Material auf den Baustellen gesucht und letztlich nochmals nachbestellt"[3.96.1]
	"Es mangelt in vielen Fällen an einer ordentlichen Lagerung zentral sowie nahe der Arbeitsplätze, was dazu führt das mehr gesucht wird und unnötige Materialnachlieferungen ausgelöst werden" [3.96.2]
	" Wir haben teilweise lange Unterbrechungen und Wegzeiten zur Materialbeschaffung, weil wir entfernte Lagerflächen zugeteilt bekommen haben und müssen Einbauteile häufig Zwischenlagern durch große Materialabrufe"[4.96.2]
Unzureichende Koordination von Materialbedarf und Beschaffung/ Anlieferung (verspätete und ungeplante Anlieferungen, Lieferengpässe, fehlende Avisierung)	"...das Material wird zum Teil ohne Anmeldung angeliefert und ungeplant irgendwo entladen, d.h. die Zulieferung wird nicht mit den Bauleitern koordiniert"[1.96.1]
	"Es entstehen häufig Terminprobleme auf Baustellen, da das Material zu kurzfristig von der Baustelle abgerufen wird, z.T. vergessen wird. Gleichzeitig kommt es oft zu Lieferschwierigkeiten/Verspätungen in der Auslieferung"[1.96.2]
	"In Großprojekten kommt es durch die dezentralen, ungeplanten Anlieferungen und Koordination durch die einzelnen Obermonteure zu vielfachen Störungen in der eigentlichen Bauabwicklung"[4.96.1]
	"Wesentliches Problem sind verspätete Anlieferungen des Einbaumaterials auf den Baustellen"[5.96.1]
Bauprozesse — Schlechte Ordnung und Sauberkeit*	"Es wird zu wenig Wert auf Ordnung und Sauberkeit gelegt, was sich negativ im Gesamtablauf niederschlägt"[1.102.2]
	"Je mehr Nachunternehmer auf den Baustellen tätig sind, desto schwieriger wird die Organisation und die Ordnung und Sauberkeit wird schnell vernachlässigt.Es ist für die Bauleiter manchmal kaum möglich den Verursacher auszumachen oder herumliegendes Material zuzuordnen."[2.102.1] "Durch den Mehraufwand alleine in der Bauleitung schlagen sich diese Kosten schon direkt auf uns als TGU durch"[2.102.3]
	"Baustellen sind heute sehr unter Zeitdruck und die Ordnung und Sauberkeit leidet darunter, verursacht unnötige Suchzeiten und macht einen schlechten Eindruck beim Kunden. Das ist jeweils sehr abhängig vom Bauleiter vor Ort"[3.102.2]
	"Die Ordnung und Sauberkeit ist auf den meisten Baustellen katastrophal" [5.102.4]
Erhöhte Fehlerkosten durch Mängel und Nacharbeiten	"Sehr viele Nacharbeiten sind auf den Baustellen notwendig, da oft schlampig gearbeitet wird"[1.104.3].
	"Verfahrensabläufe im Unternehmen sind im QM-Handbuch zu oberflächlich beschrieben und können nicht praktikabel für die Qualitätssicherung auf der Baustelle eingesetzt werden" [3.72.2]
	"...es werden heute neue Materialien und Konstruktionen eingesetzt, bei denen die Montagequalität höher sein muss. Meist herrscht heute hoher Termindruck auf den Baustellen und Fehler häufen sich..."[3.104.2]

Quellenangabe gemäß Interviewkodierung:

1.11.7

— 7. Aussage innerhalb der Fragestellung

— Aussage als Antwort auf Frage Nr. 11

— Interviewpartner Nr. 1

Hinweis:

* Der identifizierte Problempunkt "Schlechte Ordnung und Sauberkeit" stellt eine wesentliche Ursache u.a. für den Problempunkt "Hohe Such- und Wegezeiten" dar. In der Ursachensuche im Rahmen der Untersuchung wurde so die "Schlechte Ordnung und Sauberkeit" unter dem Ursachen-Wirkungs-Zusammenhang der hohen Such- und Wegezeiten weiter betrachtet.

Bisherige Veröffentlichungen des Instituts für Technologie und Management im Baubetrieb

Innerhalb der Karlsruher Reihe Bauwirtschaft, Immobilien und Facility Management,
Universitätsverlag Karlsruhe, ISSN 1867-5867

Band 1	Jochen ABEL „Ein produktorientiertes Verrechnungssystem für Leistungen des Facility Management im Krankenhaus"	2009
Band 2	Carolin BAHR „Realdatenanalyse zum Instandhaltungsaufwand öffentlicher Hochbauten: Ein Beitrag zur Budgetierung"	2008
Band 3	Karin DIEZ „Ein prozessorientiertes Modell zur Verrechnung von Facility Management Kosten am Beispiel der Funktionsstelle Operationsbereich im Krankenhaus"	2009

Die Bände sind unter www.uvka.de als PDF frei verfügbar oder als Druckausgabe bestellbar.

__Ab Heft 63 erscheint die Reihe F im Universitätsverlag Karlsruhe, ISSN 1868-5951__

Die Bände sind unter www.uvka.de als PDF frei verfügbar oder als Druckausgabe bestellbar.

Sonderhefte, Reihe F – Forschung, institutsintern verlegt

Heft 1	Vorträge anläßlich der Tagung "Forschung für den Baubetrieb" am 15. und 16. Juni 1972	1972
Heft 2	Vorträge anläßlich der Tagung "Forschung für den Baubetrieb" am 11. und 12. Juni 1974	1974
Heft 3	Vorträge anläßlich der Tagung "Forschung für den Baubetrieb" am 12. und 13. Juni 1979	1979
Heft 4	Vorträge anläßlich der Tagung "Forschung für die Praxis" am 15. und 16. Juni 1983	1983
Heft 5	Vorträge anläßlich der Tagung "Baumaschinen für die Praxis" am 04. und 05. Juni 1987	1987
Heft 6	Vorträge anläßlich der Tagung "Forschung und Entwicklung für die maschinelle Bauausführung" am 26. Juni 1992 **- vergriffen -**	1992
Heft 7	Abschlusssymposium 2007 Graduiertenkolleg „Naturkatastrophen" Verständnis, Vorsorge und Bewältigung von Naturkatastrophen Stefan Senitz Universitätsverlag Karlsruhe ISBN: 978-3-86644-145-3	2007

REIHE G – GÄSTE, institutsintern verlegt

Heft 1	Zbigniew KORZEN "Ähnlichkeitsbetrachtungen der Bodenbearbeitungsvorgänge"	1981
Heft 2	Yoshinori TAKADA "Untersuchung zur Abschätzung der Aufreißleistung von Reiß- raupen - Wechselwirkung von Maschine und Fels beim Reißen"	1983
Heft 3	Geza JANDY "Systemtechnik (Systems Engineering)" Günter KÜHN "Was ist die Systemtechnik, und was nutzt sie dem Bauinge- nieur?"	1986
Heft 4	Piotr DUDZINSKI "Konstruktionsmerkmale bei Lenksystemen an mobilen Erdbau- maschinen mit Reifenfahrwerken"	1987
Heft 5	Yoshitaka OJIRO "Impact-Reißen - Untersuchungen über die Optimierung der Be- triebsparameter mit Hilfe der Modellsimulation"	1988

Wird künftig fortgesetzt in Reihe F.

REIHE L - LEHRE UND ALLGEMEINES, institutsintern verlegt

Heft 1	Günter KÜHN "Baubetrieb in Karlsruhe" - vergriffen -	1972
Heft 2	Dieter KARLE "Afrika-Exkursion Gabun - Kamerun" - vergriffen -	1971
Heft 3	Gabriele und Uwe GRIESBACH "Studenten berichten: 52.00 km Afrika - Asien"	1975
Heft 4	Günter KÜHN "Letzte Fragen und ihre Antworten - auch für das Leben auf der Baustelle" - vergriffen -	1976
Heft 5	Festschrift 1967 - 1977 zum 10jährigen Bestehen des Instituts für Maschinenwesen im Baubetrieb	1977
Heft 6	Günter KÜHN "Baumaschinenforschung in Karlsruhe - Rückblick auf eine zehnjährige Institutstätigkeit"	1978
Heft 7	Günter KÜHN "Baubetriebsausbildung in Karlsruhe"	1979
Heft 8	Bertold KETTERER/Hans-Josef KRÄMER "Studenten-Exkursionen Saudi-Arabien 1978/1979"	1980
Heft 9	Hans-Josef KRÄMER "Baubetrieb - Studium und Berufserfahrung - Referate bei Semi- naren für Bauingenieurstudenten"	1980
Heft 10	Christian BENOIT "Studenten-Exkursion Brasilien 1980"	1980
Heft 11	Christian BENOIT "Studenten-Exkursion Holland 1981"	1982
Heft 12	Günter KÜHN "Bauen mit Maschinen"	1983
Heft 13	Günter KÜHN "Aus dem Leben eines Bauleiters" - vergriffen -	1984
Heft 14	Günter KÜHN "Was ist die Systemtechnik, und was nutzt sie dem Bauingen- ieur?"	1984
Heft 15	Günter KÜHN "Baumaschinenforschung am IMB 1967 - 1987"	1987
Heft 16	Franz FURGER "Ethik und Management"	1987

Wird künftig fortgesetzt in Reihe V.

REIHE U – UNTERSUCHUNGEN, institutsintern verlegt

Heft 1   Günter KÜHN
          "Monoblock- oder Verstellausleger?"   1973
          - vergriffen -

Heft 2   Roland HERR
          "Untersuchungen der Ladeleistung von Hydraulikbaggern im
          Feldeinsatz"   1974

Heft 3   Thomas TRÜMPER
          "Einsatzstudie hydraulischer Schaufelradbagger SH 400"   1975

Wird künftig fortgesetzt in Reihe F.

REIHE V - VORLESUNGEN UND MITTEILUNGEN, institutsintern verlegt

Heft 1	Heinrich MÜLLER "Management im Baubetrieb"	1974
Heft 2	Erwin RICKEN "Baubetriebswirtschaft B" **- vergriffen -**	1974
Heft 3	Thomas TRÜMPER "Elektrotechnik" **- vergriffen -**	1975
Heft 4	Albrecht GÖHRING "Zusammenfassung des Seminars Anorganische Chemie"	1975
Heft 5	Joachim HORNUNG "Netzplantechnik" **- vergriffen -**	1975
Heft 6	Günter KÜHN "Baubetriebstechnik I" Teil A: Baubetrieb Teil B: Hochbautechnik **- vergriffen -**	1988
Heft 7	Günter KÜHN "Baubetriebstechnik II" Teil A: Tiefbau Teil B: Erdbau	1985
Heft 8	Bernhard WÜST "Maschinentechnik I"	1982
Heft 9	Norbert WARDECKI "Maschinentechnik II"	1983
Heft 10	Fritz HEINEMANN "Einführung in die Baubetriebswirtschaftslehre" **- vergriffen -**	1991
Heft 11	Fritz GEHBAUER "Wer soll die Zukunft gestalten, wenn nicht wir?"	1989
Heft 12	Die Studenten "Studenten-Exkursion 1989 Chile - Argentinien - Brasilien"	1989
Heft 13	"Mitgliederverzeichnis - Gesellschaft der Freunde des Instituts"	1996
Heft 14	"Das Institut"	1996
Heft 15	Die Studenten "Studenten-Exkursion 1990 Deutschland - Dänemark - Norwegen - Belgien"	1990
Heft 16	Fritz GEHBAUER "Baubetriebstechnik I" Teil A: Baubetrieb Teil B: Hochbau	1994